# 万盛经济技术开发区地图

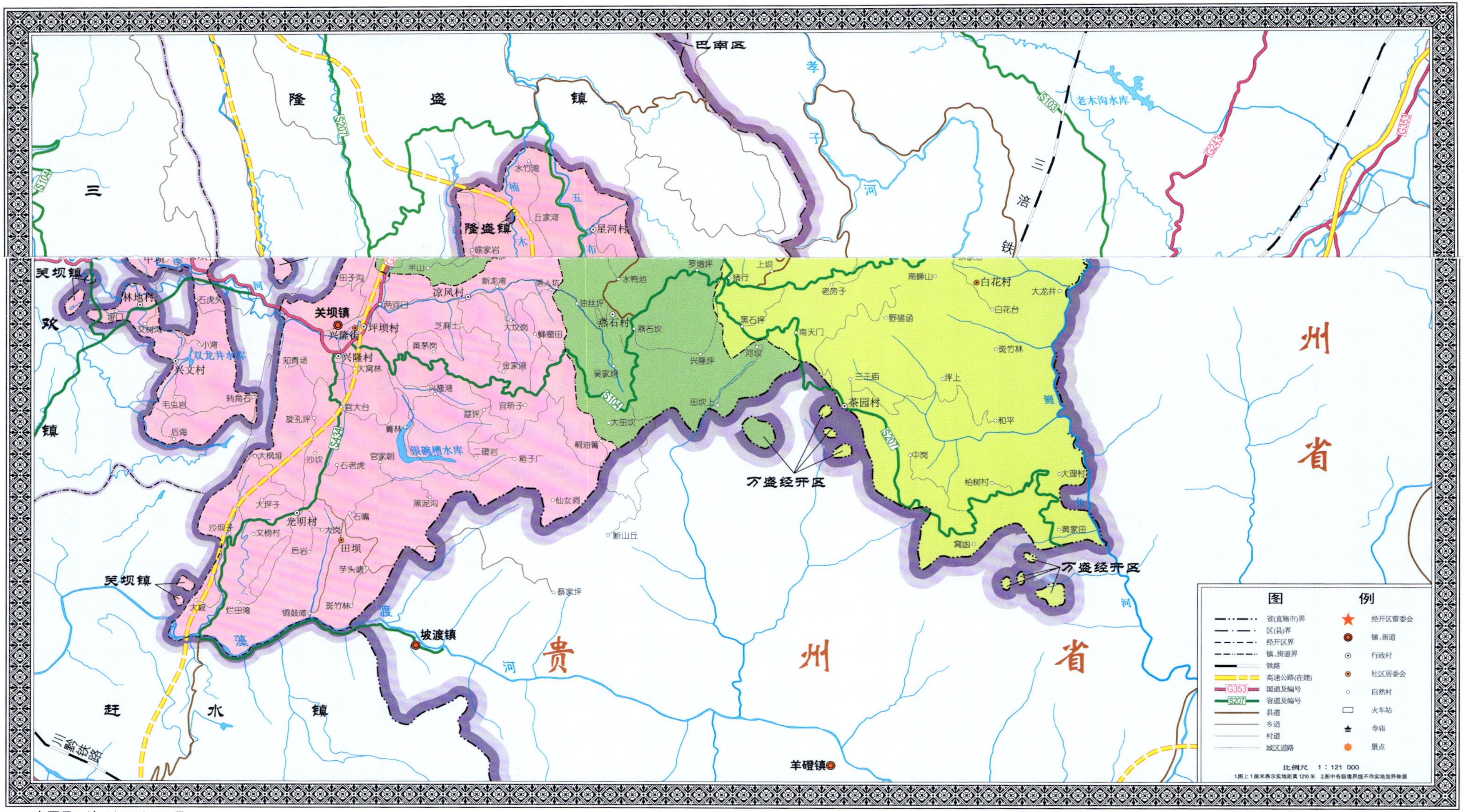


审图号：渝 S(2019)003 号

重庆市勘测院 编制 万盛经济技术开发区民政局 监制 二〇一九年三月

# 万盛经济技术开发区年鉴

WANSHENG JINGJIJISHU KAIFAQU NIANJIAN

## 2019

重庆市万盛经济技术开发区管理委员会办公室
重庆市万盛经济技术开发区地方志办公室 编

方志出版社
Publishing House of Local Records

图书在版编目（CIP）数据

万盛经济技术开发区年鉴. 2019 / 重庆市万盛经济技术开发区管理委员会办公室，重庆市万盛经济技术开发区地方志办公室编. --北京：方志出版社，2019.11
ISBN 978-7-5144-4025-6

Ⅰ. ①万… Ⅱ. ①重…② 重… Ⅲ. ①技术开发区—重庆—2019—年鉴 Ⅳ. ①F127.719—54

中国版本图书馆CIP数据核字（2020）第009855号

万盛经济技术开发区年鉴（2019）

编　　者：重庆市万盛经济技术开发区管理委员会办公室
重庆市万盛经济技术开发区地方志办公室
责任编辑：黄　彦
出 版 者：方志出版社
地址　北京市朝阳区潘家园东里9号（国家方志馆4层）
邮编　100021
网址　http://www.fzph.org
发　　行：方志出版社图书经销中心
电话（010）67110500
经　　销：各地新华书店
印　　刷：重庆巴南彩印厂
开　　本：889×1194　　1/16
印　　张：19.5
字　　数：574千字
版　　次：2019年11月第1版　　2019年11月第1次印刷
印　　数：001～600册
ISBN 978-7-5144-4025-6　　定价：280.00元

# 《万盛经济技术开发区年鉴》编辑委员会



# 《万盛经济技术开发区年鉴》编辑部

# 《万盛经济技术开发区年鉴（2019）》供稿人员名单

（按分目先后为序）

朱雪峰　金宗雯　梁艳　周燕秋　张丽　石将来　梅兵　张孝富
王俊锋　罗绍忠　刘小东　杨娅　余红　邓聪　刘亮　戴春洪
张松　程超　冯谦　余方运　高朝平　李银军　王忠元　金奉
吴凤鸣　张我勇　刘琴　万立红　李宇　陈峥嵘　梁俊　夏兴旺
罗玲　田勇　吴贵玲　封仕清　霍本银　王燕菡　仝西江　桂金莲
邹大燕　肖兰　姚晓东　金谊　罗远智　刘韦宇　张娴　袁瑶
林晓明　刘文娅　万承毅　刘燕　刘茂雪　杨校　蔡朝君　蓝世其
程凡凡　杨昉炜　曾忠全　周龙　崔玉英　刘杰　王斌越　方永生
杜全能　曾辉　罗亚玲　陈敏　罗万里　刘丽莎　胡昌平　肖柯
邓永红　元艳　毛学明　胡越　崔玉英　周会斌　李小华　犹广勇
张丽　李广　犹岳斌　李攀峰　朱飞洋　闫兴庄　娄金梅　梁小兵
唐小燕　刘露　王一清　淦欣　张荣　甄玉君　刘晓冬　李勇
郑军　文治　彭齐新　范文卓　张琴　张栌引　樊丽芬　李娟
李云伟　王鸿　梁睿　陈艳　罗阳　郭倩如　苏丹　郭遥遥
陈忠妮　余婷　霍同香　欧晓娟　佘文英　杨琳　姜申　付道会
黄帅　马兆林　朱笑雪　蔡玮　罗玉林　瞿进　邹登伟　段彬
谭舒月　郑红　甄青青　罗佳　阮飞　赵秀明　陶维　董艳
蔡春霞　陈亭　张垚鑫　犹霞　蔡玲玉　万静　罗夏　金登琼
丁庭军　雷卢锋　李明国　陈业伟　罗晓利　沈玥　张天阳　苏静
方堃　梁力耕　吴密　傅奇　余显杰　曾姚　孙天容　曾蔚
佘星呈　张双霜　幸雪冰　封峰　魏春燕　林倩茹　王涵　甄鏰
郭小仕　沈庭建　呷底江

# 编 辑 说 明

一、《万盛经济技术开发区年鉴》以马克思列宁主义、毛泽东思想、邓小平理论、“三个代表”重要思想、科学发展观、习近平新时代中国特色社会主义思想为指导，坚持辩证唯物主义和历史唯物主义的立场、观点和方法。它逐年真实、全面、系统地记载和反映万盛经开区经济发展、社会进步和资源型城市转型的情况，收录年度性文献，旨在为各级领导决策服务、为经济发展导航、为社会各界人士和民众提供信息、为修志积累资料。

二、《万盛经济技术开发区年鉴（2019）》记录2018年万盛经开区自然、政治、经济、文化、社会等各方面发展变化情况。本卷年鉴共11个部分，分别是特载、大事记、万盛概貌、政治、经济、社会事业、街道·乡镇、光荣榜、统计资料、附录、索引共设置27个部目。

三、《万盛经济技术开发区年鉴》采取部目、分目、条目的编辑体例，少数分目下增设次分目，以字体、字号等版式区别不同层次，以条目为主要载体，条目标题用黑体字加【 】表示。

四、为免繁冗，凡直书月、日而未写年份，即为2018年；数据增加或减少多少未说明与某年相比较，即为记载当年（2018年）与上年（2017年）比较。

五、《万盛经济技术开发区年鉴（2019）》内容收录对象以万盛经开区管理范围为界，凡在区域内的机关、团体、学校、企事业单位的信息和资料，无论归属，均予收录；收录时限为2018年1月1日至2018年12月31日，个别事物适当予以追溯和下延，便于读者了解始末。

六、《万盛经济技术开发区年鉴（2019）》稿件由万盛经开区党工委各部委、管委会各部门，各人民团体，经开区管理范围内的各街道、乡镇、驻经开区各机构及企业提供；统计资料由万盛经开区统计局提供（因统计口径等原因，部门和街道、乡镇稿件中有个别数据与统计资料数据不尽一致的，采用时请予以注意）；图片由万盛经开区融媒体中心等单位及个人提供。

# 数字万盛

（2018年）

| | |
|---|---|
| 面积 | 565.58平方千米 |
| 常住人口 | 27.32万人 |
| 耕地面积 | 12655公顷 |
| 园林绿地面积 | 744.73公顷 |
| 城市人均公共绿地面积 | 13.27平方米 |
| 城区空气环境质量优良天数 | 316天 |
| 地区生产总值 | 141.08亿元 |
| 地方财政收入 | 15.57亿元 |
| 地方财政支出 | 38.07亿元 |
| 工业总产值 | 191.84亿元 |
| 固定资产投资总额 | 83.48亿元 |
| 社会消费品零售总额 | 33.85亿元 |
| 农林牧渔业总产值 | 14.32亿元 |
| 粮食总产量 | 5.1万吨 |
| 旅游总收入 | 145.85亿元 |
| 金融机构存款余额 | 162.53亿元 |
| 金融机构贷款余额 | 106.19亿元 |
| 城镇居民人均可支配收入 | 27573元 |
| 农村居民人均可支配收入 | 14458元 |

2018年10月22日，万盛经开区党工委书记肖猛（中）到南桐镇调研乡村振兴与脱贫攻坚工作时，与贫困群众交流（万盛经开区党工委办公室 供图）

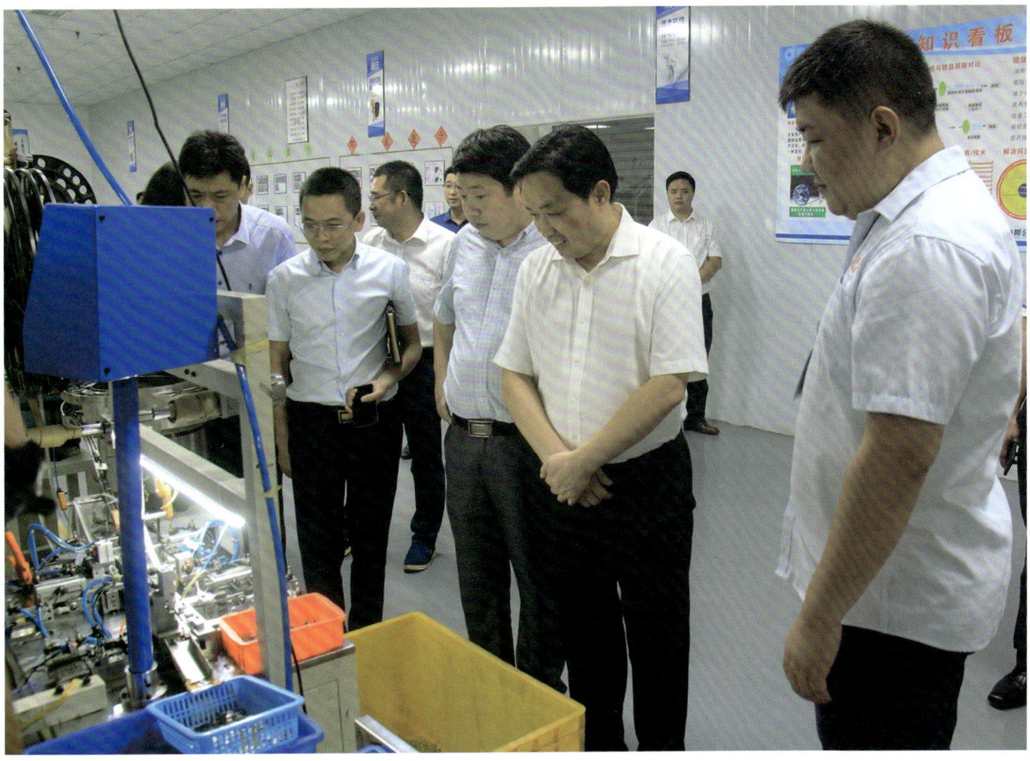


2018年8月7日，万盛经开区党工委副书记、管委会主任袁光灿(前排右二）调研电子信息产业（万盛经开区管委会办公室 供图）

重庆万盛浮法玻璃有限公司自动化生产线（曹永龙 摄）

平山产业园区（曹永龙 摄）

重庆万盛煤电化产业园区内的川东化工项目（曹永龙 摄）

万盛智能终端产业园区（曹永龙 摄）

重庆华绿生物有限公司金针菇生产车间（王泸州　摄）

重庆多普泰制药股份有限公司全貌（曹永龙　摄）

万盛天馈线产品检测实验室项目（曹永龙 摄）

2018年11月15日，“万盛造”智能终端产品参加第二届重庆·国际手机展（肖贵平 摄）

2018年4月29日，首届世界苗族文化艺术节暨万盛第二十届苗族踩山会在万盛石林开幕（尹南源 摄）

2018年4月30日，中国·万盛民谣歌会在青年汇巅峰乐园举行（曹永龙 摄）

奥陶纪云端廊桥和悬崖秋千（曹永龙　摄）

板辽湖溱州桥（李　攀　摄）

鱼子新区秋色（曹永龙 摄）

青山湖国家湿地公园（尹南源 摄）

黑山八角小镇夜色（岳建忠 摄）

丛林菌谷蘑菇总动员（曹永龙 摄）

尚古村落盛开的粉黛乱子草（曹永龙 摄）

云雾缭绕刀子岩（曹永龙 摄）

2018年3月5日，万盛经开区庆“三八”妇女节集体舞比赛在万盛经开区体育馆举行。图为幸福万东队表演节目《万盛，万业兴盛》（刘亚兰　摄）

2018年4月21日晚，重庆·万盛石林2018年拳力联盟第四季揭幕战在万盛文体中心落幕。图为帷于杰（图左）对阵潘丽娟（图右）（曹永龙　摄）

2018年4月30日，万盛跑步爱好者参加第二届环重庆城市接力公益马拉松活动（高丽萍 摄）

2018年5月16日，中国乒乓球俱乐部比赛“黑山谷杯”甲A第一站比赛在万盛体育馆举行（李 攀 摄）

2018年7月11日，“营动中国”全国青少年户外营地夏令营（重庆站）在黑山谷等你户外教育营地开营（曹永龙 摄）

2018年10月2日，自行车漫骑爱好者在青山湖骑行（曹永龙 摄）

2018年11月7日，全国老年人健步走大联动活动（重庆分会场）启动仪式暨重庆市老年人持杖健走比赛在万盛文体中心体育场举行（王泸州 摄）

2018年12月23日，2017—2018年度“黑山谷杯”国际羽毛球挑战赛总决赛在万盛文体中心体育馆举行（王泸州 摄）

万盛高速路口新貌（曹永龙 摄）

西城大道街景（曹永龙 摄）

马鞍山公园全景（曹永龙 摄）

孝子河迎春灯饰（廖维龙 摄）

羽毛球公园全景（曹永龙 摄）

万盛城区全景（尹南源 摄）

建设中的万盛首座城市立交桥——鱼田堡至万东南路立交桥（王泸州 摄）

南万高速公路万盛段（曹永龙 摄）

黑山镇南门村的乡村公路（曹永龙 摄）

黑山镇天星村盘山公路（曹永龙 摄）

腰子口至楠竹山公路（曹永龙 摄）

石林镇茶园村的盘山公路（曹永龙 摄）

丛（林）黑（山）公路（曹永龙 摄）

腰（子口）黑（山）公路（曹永龙 摄）

万东镇五和梨园春色（曹永龙 摄）

关坝镇凉风村脆李（万盛经开区融媒体中心 供图）

丛林镇新建村油菜花海（村 人 摄）

青年镇湛家村金色稻田（曹永龙 摄）

金桥镇金堰村村民“晒秋”（曹永龙摄）

石林镇两河村玉米丰收（曹永龙摄）

黑山镇南门村雷竹笋（余敏摄）

# 目　　录

## 特　载



## 大事记



## 万盛概貌



## 政　治

## 社会事业

## 光荣榜



## 统计资料



## 附　录



## 索　引

# 特　载

# 特　　载

## 在党工委（扩大）会议暨经济工作会议上的讲话

中共重庆市万盛经济技术开发区工作委员会书记　肖　猛

（2019 年 2 月 19 日）

这次党工委（扩大）会议暨经济工作会议的主要任务是，以习近平新时代中国特色社会主义思想为指导，贯彻落实党的十九大和十九届二中三中全会精神，贯彻落实中央经济工作会议、市委五届三次四次五次全会、全市经济工作会议、全市“两会”精神，总结 2018 年全区各项工作，安排部署 2019 年工作。刚才，光灿主任代表党工委、管委会，全面总结 2018 年经济工作，就 2018 年经济工作作了安排部署，请同志们认真抓好落实。下面，我再讲四个方面意见。

**一、2018 年全区上下团结一致、克难奋进，工作成效可圈可点、亮点纷呈**

一年来，我们深入贯彻习近平新时代中国特色社会主义思想和党的十九大精神，认真落实中央和市委、市政府部署要求，围绕建设资源型城市转型发展示范区这个定位，坚决打好“三大攻坚战”，谋划实施“八项行动计划”，突出工业强区、全域旅游、全民健身“三个抓手”，统筹推进稳增长、促改革、调结构、惠民生、防风险工作，经济运行平稳健康，全年实现地区生产总值 141.08 亿元、同比增长 6%，一般公共预算收入 12.02 亿元、同口径增长 6.7%，从严治党纵深推进，民生福祉持续改善，社会大局平安稳定，多项工作有声有色、成果丰硕。

——转型发展再上台阶、全国领先。我们持续用力、久久为功，因地制宜走好转型路，因势利导打造升级版，万盛资源枯竭城市转型绩效考核获评全国 7 个优秀城市之一，在全国资源枯竭城市转型发展暨采煤沉陷区综合治理经验交流现场会上作会议发言，新华社《内参选编》、国家发改委网站等多次刊登万盛经开区转型经验做法。

——工业经济稳步发展、提质增效。成功引进北大未名等重大工业项目 20 个、总投资 197 亿元，出台政策、优化服务助推民营经济高质量新发展，光宇电池、高科幕墙、顺安盛钛、华绿生物等一批重点项目建成投产，“3 + 3”产业集群逐步壮大，占规模以上工业总产值比重 78.5%，全年工业投资增长 31.3%，规模以上工业总产值增长 14.7%，全区智能产业企业 34 家，工业“智能化 + 绿色化”发展路子受到市委、市政府充分肯定。

——全域旅游持续发力、如火如荼。全区累计建成景区景点 22 个，黑山旅游度假区获评“2018 中国旅游影响力度假区”全国前十强，黑山谷、万盛石林景区获“绿色亚太 2018 环保成就奖——杰出健康绿色旅游目的地”奖，奥陶纪成为全国十大网红景区之一，青山湖创建为国家湿地公园，万盛获评重庆市“十佳康养胜地”，成功举办首届世界苗族文化艺术节，全年接待游客突破2200万人次，全域旅游走在全市前列。

——全民健身激扬活力、走向世界。人均体育场地面积、经常性参加体育锻炼人数比例、国民体质合格率均高于全国全市水平，入选全国全民运动健身模范区创建试点城市，国家轮滑（滑板）训练基地等项目被列入全国优选体育产业项目，连续2年承办全市体育旅游产业发展大会，万盛全民健身走上世界舞台、在全球活力城市建设研讨会上分享万盛经验。

——城乡一体统筹推进、融合发展。国能奥特莱斯商业综合体成为城市新地标，首座城市立交桥和南桐大道建成通车、实现历史新突破，城区空气质量优良天数316天、为实施新评价标准以来最高水平，城乡公交、天然气、生活垃圾治理实现全覆盖，卫生厕所、“河长制”等工作获国家部委好评，万盛获全国农村一、二、三产业融合发展先导区、全国“四好农村路”示范区、全国农村创业创新典型区3块“国字号”招牌。

——改革开放取得突破、成效显现。国有企业改革深入推进，南桐总医院移交地方管理，建设领域审批时限提速50%以上，高新技术企业产值占工业总产值比重超过30%。从黑公路建成通车，渝黔高速公路扩能项目有序推进、万盛段首座隧道顺利贯通，重庆江南机场加快建设，万正高速进入可研阶段，万盛地处重庆南向通道重要支点的区位优势日益凸显。

——民生福祉持续改善、更加向好。全年投入民生资金占一般公共预算支出一半以上，农村贫困人口动态减少近2300户8200余人，义务教育优质均衡发展加快推进，建成全市中职学校唯一的ICT实训基地，分级诊疗工作扎实推进，人民医院住院部综合业务楼等项目加快建设，就业创业形势稳中向好，“五险”参保人数超额完成市下达目标任务，城乡低保提标，连续4年被评为“全市安全生产先进区县”，群众安全感指数创历史新高、连续五年居全市前列。

过去一年，我们在诸多压力交织叠加、多重困难挑战并存的形势下，能够取得这样的成绩，实属来之不易。这是习近平新时代中国特色社会主义思想指引的结果，是市委、市政府坚强领导的结果，是各有关部门鼎力支持的结果，也是全区干部群众努力奔跑、勇敢追梦的结果。在此，我代表党工委、管委会，向关心支持万盛发展的各有关方面，向为地区发展付出艰辛努力的广大干部群众，表示衷心的感谢并致以崇高的敬意！

**二、准确把握经济形势，始终保持战略定力，切实增强推动高质量转型发展的信心和决心**

认清形势、把握大势，才能因势而谋、应势而动、顺势而为、乘势而上。我们既要正确认识发展中的困难和挑战，沉着冷静、保持定力、未雨绸缪、积极应对，又要看到发展的有利条件，抢抓机遇、锐意进取、担当实干、奋发有为，奋力开创万盛高质量转型发展新局面。

当前，从国际看，世界经济正在经历深刻调整，贸易保护主义、单边主义抬头，中美经贸摩擦影响日益显现，不稳定不确定因素增多，全球经济复苏势头放缓，增长动能正在减弱，下行风险逐步加大。国际货币基金组织把2019年世界经济增长预期从3.7%降至3.5%，世贸组织把2019年全球贸易增长预期从4.0%降至3.7%。从国内看，党的十九大以来，以习近平同志为核心的党中央以非凡的战略定力和政治智慧，在百年未有之大变局中运筹帷幄、指挥若定，经济保持总体平稳、稳中有进的良好态势，2018年全国经济总量首次突破90万亿元人民币、同比增长6.6%。中央经济工作会议总结做好新形势下经济工作“五个必须”的规律性认识，指出我国仍处于并将长期处于重要战略机遇期，明确2018年全国经济增长预期目标为6%—6.5%，强调“五个坚持”“六个稳”，保持经济持续健康发展和社会大局稳定。从全市看，2018年全市经济总量突破2万亿元人民币、同比增长6%，呈现出“稳、进、好”的态势，支撑高质量发展的基础在筑牢，高质量发展的动能在集聚，经济发展的质效在提升。但受周期性市场变化、长期积累的结构性矛盾、体制机制不够完善等因素影响，也面临着经济下行压力加大等挑战。2018年全市经济增长预期目标为6%，将保持经济运行在合理区间，全力推动高质量发展。从万盛看，地区经济增速与全市同步，总体平稳、稳中有进，高质量发展的动能在集聚，高品质生活的基础在夯实。在国内外复杂严峻的宏观环境面前，万盛不可能独善其身、不可能风景这边独好。当前，我们仍然面临诸多困难和挑战，存在一些问题和不足。比如，宏观经济稳中有变带来的经济下行压力加大，传统产业亟待升级，战略性新兴产业尚待培育，民营经济总量不大、“四多四少”问题较为突出，财政增收难度加大、刚性支出压力增大。另外，在干部工作作风方面，有的担当精神不足，为了不出事宁愿不干事，有的习惯当“甩手掌柜”、做“二传手”，工作抓而不紧、抓而不细、抓而不实，有的奉行教条主义、本本主义，思想僵化、工作打不开局面，有的遇到问题只谈困难、不想办法，矛盾上交、责任外推，有的协作配合不够，敷衍塞责、推诿扯皮，有的服务意识不强，办事拖拉、效率低下，影响发展环境，阻碍工作推进。我们要采取针对性措施，有效应对困难和挑战，切实解决问题和不足，扎实有力推进地区经济社会发展。

当今世界面临着百年未有之大变局，经济稳中有变、变中有忧，变局中危与机同生并存。克服了危即是机，失去了机即是危。习近平总书记在中央经济工作会议上强调，我国发展仍处于并将长期处于重要战略机遇期的基本判断是正确的，要求我们紧扣重要战略机遇期的新内涵，坚定不移抓机遇、用机遇。当前，万盛加快推动高质量转型发展，既有挑战，也有机遇，总体上机遇大于挑战。我们要善于化危为机，善于发现新机遇、把握新机遇、用好新机遇，努力把机遇转化为项目实体、转化为发展动能、转化为民生福祉，转化为高质量发展的实际成果。一要抓住用好宏观调控政策带来的新机遇。2018 年，中央将继续实施积极的财政政策，更加注重加力提效，着力实施更大规模的减税降费、更大力度优化财政支出结构、更加有效发挥地方政府债券作用；将继续实施稳健的货币政策，更加注重松紧适度，保持流动性合理充裕，着力发展多层次资本市场，提高直接融资比重，着力解决民营企业和小微企业融资难融资贵问题。这为我们推进重点项目建设、防范化解债务风险以及支持民营企业和小微企业发展带来了重大政策利好，我们要提前谋划、积极对接，不遗余力争取更多政策和资金支持。二要抓住用好加快经济结构优化升级带来的新机遇。当前，全球新一轮科技革命和产业变革同我国经济优化升级交汇融合，新产业新业态层出不穷，市场空间广阔。万盛具有较好的工业发展基础，是重庆市唯一的煤电化工基地、西南地区玻璃新材料示范基地、国家级镁合金高新技术产业化基地，煤电化工、新型材料、装备制造和医药健康、电子信息、通用航空“3 +3”产业集群正在加速形成，集聚了一大批中国乃至世界500 强工业企业，这正是我们加快推动经济结构优化升级的基础和优势。我们要顺应发展大势，加快改造提升传统优势产业，加快培育发展战略性新兴产业，推动产业向价值链中高端迈进，努力构建起面向未来的经济结构。三要抓住用好提升科技创新能力带来的新机遇。当前全球科技创新进入空前密集活跃时期，我国科研力量、设备条件、资金支撑今非昔比，加上旺盛的市场需求、强大的制度优势，可望在关键核心技术创新上取得重大突破，抢占创新发展制高点。我们要抓住这一重要契机，结合万盛实际，落实市委、市政府大力实施以大数据智能化为引领的创新驱动发展战略行动计划的部署要求，以高新技术产业园、智能终端产业园为主要依托，加大争上支持和招商引资力度，加快培育发展一大批智能产业企业，着力引进和打造高水平科研平台，推进科技创新成果转化运用，切实为地区高质量转型发展增添新的动能和优势。四要抓住用好深化改革开放带来的新机遇。改革开放是推动经济高质量发展的关键一招。近年来，我们认真贯彻落实中央和市委、市政府部署要求，深入推进供给侧结构性改革、中小城市综合改革、“放管服”改革等，加快推进渝黔合作先行区建设，改革开放各项事业稳步推进，增强了地区经济发展动力活力。我们要乘势而上，通过深化改革开放拓展发展新空间，进一步增添推动高质量转型发展的动力。尤其要发挥万盛处于重庆南向通道重要支点的通道资源优势，抓住重庆加快建设内陆开放高地，特别是重庆与贵州共同推进渝南黔北区域合作先行区、渝贵高铁经济带“一区一带”重点合作平台建设并即将出台《渝黔合作先行示范区建设实施方案》等机遇，积极包装策划项目，加快推进前期工作，争取一批重大项目在万盛布局落地。五要抓住用好加快绿色发展带来的新机遇。加强生态文明建设、加强环境治理本身就是新形势下经济发展的重要推动力。万盛背靠大娄山，地处云贵高原和四川盆地过渡带，形成了区域内大山、大谷、大景交错共存的景象，拥有距重庆主城一小时车程、保存最为完好的高山峡谷原始生态自然景观黑山谷、“中国最古老石林”万盛石林，以及奥陶纪主题公园、“三湖”、鱼子新区、九锅箐森林公园和若干乡村旅游景点，生态旅游、乡村旅游、体育旅游发展方兴未艾。我们要学好用好绿水青山就是金山银山“两山论”，走深走实产业生态化、生态产业化“两化路”，打好打活全域旅游、全民健身“两张牌”，努力走出一条生态优先、绿色发展助推资源型城市高质量转型发展的新路。

我们推动高质量转型发展，当前尤其要把握好三个方面内容。第一，要把握好高质量发展的深刻内涵。推动高质量发展，要深入学习领会习近平新时代中国特色社会主义经济思想，深刻领会把握高质量发展的内涵和要义。高质量发展，是能够很好满足人民群众日益增长的美好生活需要的发展，是体现新发展理念的发展，是创新成为第一动力、协调成为内生特点、绿色成为普遍形态、开放成为必由之路、共享成为根本目的的发展。我们要紧扣推动高质量发展、创造高品质生活，坚持目标导向、需求导向、问题导向，切实转变思想认识、思维模式、工作方式、方法措施，破除惯性思维、克服路径依赖、冲破瓶颈制约，勇于探索实践、敢于开拓创新，加快转变发展方式，着力提升服务水平，真正把工作抓到点子上、抓到关键处。要处理好增长速度和质量效益的关系，把握好“稳”与“进”的辩证关系，平衡好稳增长和防风险的关系，以“稳”求“进”，以“进”固“稳”，纵深推进质量变革、效率变革、动力变革，推动经济社会持续健康发展。第二，要把握好借力发展这个重要手段。借力比努力更重要，我们既要自力更生，更要借力发展。当前万盛转型发展正处于滚石上山、爬坡过坎的关键阶段，只有加大招商引资、争上支持力度，才能借力发力、借势造势，推动高质量发展、创造高品质生活。要千方百计招商引资，借鸡生蛋、借船出海，引进更多社会资本、更多优质企业参与万盛转型发展。要更加注重争上支持，勇于担当作为，积极做好向上对接汇报工作，全力争取上级在政策、资金、项目等方面给予万盛更多关心支持。第三，要把握好量力而行这个重要原则。万盛仍处于不发达阶段、属于不发达地区，只有坚持尽力而为、量力而行，经济发展和民生改善才能更有保障、更可持续，才能在推动高质量发展、创造高品质生活的道路上行稳致远。大家要牢固树立过紧日子思想，厉行节约、反对浪费，把握重点、合理支出，把有限的资金用在刀刃上，坚决防止上项目不计成本，严控项目超概，坚决防止花钱大手大脚、铺张浪费。要坚持“有保有压”方针，科学调度财政资金，切实做好“保工资、保运转、保稳定、保基本民生”相关工作，拉长有限资金使用链条，切实提升资金使用效益。

**三、因地制宜因势利导，综合施策精准发力，努力开创万盛资源型城市高质量转型发展新局面**

2019年是新中国成立70周年，是全面建成小康社会关键之年。2019年全区工作的总体要求是：坚持以习近平新时代中国特色社会主义思想为指导，全面贯彻党的十九大和十九届二中三中全会精神，贯彻落实习近平总书记对重庆提出的“两点”定位、“两地”“两高”目标和营造良好政治生态、做到“四个扎实”的重要指示要求，贯彻落实市委陈敏尔书记调研万盛指示精神，统筹推进“五位一体”总体布局，协调推进“四个全面”战略布局，坚持稳中求进工作总基调，坚持新发展理念，坚持推动高质量发展，坚持以供给侧结构性改革为主线，坚持深化市场化改革、扩大高水平开放，围绕建设资源型城市转型发展示范区这个定位，因地制宜走好转型路，因势利导打造升级版，继续打好“三大攻坚战”，深入实施“八项行动计划”，突出工业强区、全域旅游、全民健身“三个抓手”，统筹推进稳增长、促改革、调结构、惠民生、防风险及“六稳”工作，持续营造风清气正的良好政治生态，保持经济持续健康发展和社会大局和谐稳定，为全面建成小康社会收官打下决定性基础，以优异成绩庆祝新中国成立70周年。

2019年，全区经济增长预期目标确定7%左右。这既是贯彻落实市委、市政府对渝西片区各区经济发展指标“不低于2018年自身发展水平、不低于全市平均发展水平”的要求，也综合考虑了发展的外部环境和万盛的基础条件、潜力后劲、发展所需，兼顾了需要和可能，既有利于稳定预期、提振信心，又为深化供给侧结构性改革、推动高质量发展预留了空间。实现2019年预期目标，需要“跳起来摘桃子”，需要经过艰辛努力才能实现。我们要以奋发进取的精神状态，履职尽责、担当作为，苦干实干、克难攻坚，确保圆满完成既定目标任务。

做好2019年经济社会发展工作，要抓实抓好以下七项重点任务：

（一）深入推进供给侧结构性改革。供给侧结构性改革是改善供给结构、提高经济发展质量和效益的治本之策。我们要认真领会和贯彻落实中央经济工作会议提出的“巩固、增强、提升、畅通”八字方针，持续深化供给侧结构性改革。一要在“巩固”上下功夫。切实巩固“三去一降一补”成果，加大“破、立、降”力度，继续清理处置“僵尸企业”，科学把握化解过剩产能的节奏和力度，综合施策、稳妥有序降低企业杠杆率。落实好税收优惠和降低电气成本、社保缴费等政策，下大力气降低企业负担，让企业轻装上阵。着力补齐基础设施等领域短板，有序破解制约发展的深层次问题。二要在“增强”上下功夫。立足增强微观主体活力，进一步强化政务精细管理、优质服务，推动建立公平开放透明的市场规则和法治化营商环境，切实破除各类要素流动壁垒，用政府服务的“加法”换市场活力的“乘法”，推进创新创业“铺天盖地”。三要在“提升”上下功夫。紧扣提升产业链水平，加大支持力度，消除阻碍市场主体创新的“痛点”“难点”和“堵点”，持续推进传统产业转型升级，注重利用技术创新和规模效应形成新的竞争优势，打造“顶天立地”产业集群；要主动瞄准市场，持续开展精准招商、专业招商，进一步优化产业结构，加快打造产业链中高端的支柱产业，培育发展新兴产业集群。四要在“畅通”上下功夫。围绕畅通经济循环，加快建设统一开放、竞争有序的现代市场体系，畅通生产、流通、分配、消费循环。要促进生产和消费良性互动，瞄准市场需求调整优化供给；要促进经济增长和扩大就业良性互动，实现产业转型与就业提升协同发展；要促进金融和实体经济良性互动，在助推实体经济中壮大金融行业。

（二）全力打好“三大攻坚战”。按照中央和市委、市政府部署要求，坚持问题导向，抓重点、补短板、强弱项，坚决打好打赢三大攻坚战。一要打好防范化解重大风险攻坚战。要以防范金融市场异常波动和共振为重点，严厉打击金融违法犯罪活动。要按照“坚定、可控、有序、适度”要求稳妥处理政府债务风险，进一步盘活各类资金资产，多渠道化解政府隐性债务，确保政府债务风险处于绿色可控范围。二要打好精准脱贫攻坚战。要深学笃用习近平总书记扶贫重要论述，深入贯彻落实精准方略，下足“绣花”功夫，切实抓好问题整改，整体提升脱贫攻坚质量。要强化产业扶贫，积极扶持发展龙头企业、农民专业合作社，因地制宜发展好特色效益农业、乡村旅游业等致富产业，千方百计增加贫困群众收入。要统筹推进农村基础设施和基本公共服务均等化，实现发展和扶贫良性互动。要把防止返贫摆到更加重要的位置，建立健全扶贫后扶机制，全面巩固脱贫攻坚成果。三要打好污染防治攻坚战。上年全区污染防治和环境保护工作取得积极成效，要坚守阵地、巩固成果、再接再厉、扩大战果。要聚焦打赢蓝天保卫战、柴油货车污染治理、城市黑臭水体治理、农业农村污染治理等重点战役，加大工作和投入力度，坚持问题导向抓好各类督查检查发现问题的整改落实，努力让万盛的天更蓝、地更绿、水更清、空气更清新。

（三）持续推进“三个抓手”。一要突出扩总量、提质量，强力推进工业强区。工业是万盛的主导产业，是推动资源型城市高质量转型发展的重中之重。当前，万盛经开区工业发展正处于转型升级的关键时期，必须紧扣高质量发展目标，大力实施以大数据智能化为引领的创新驱动发展战略行动计划，坚持智能化、绿色化方向，持续提升煤电化工、新型材料、装备制造三大传统优势产业，抓好技术改造、产品研发、品牌建设和市场开拓等，推进制造业改造升级、提质增效。要积极培育壮大新兴产业、发展数字经济，加快壮大医药健康、电子信息、通用航空等战略性新兴产业，着力培育发展智能产业，积极谋划争取5G产业布局。加快园区信息通信基础设施建设，开展数字化车间和智能工厂试点示范。二要围绕产品升级、效益提升，打造全域旅游升级版。旅游是万盛高质量转型发展的战略方向。要利用好万盛生态资源优势，推动产业生态化、生态产业化，提升全域旅游质量效益，做响“山水重庆·全景万盛”品牌。要立足市场需求升级产品供给，提档升级黑山谷、万盛石林、奥陶纪等核心景区，启动黑山·万盛之眼项目，加快完善A级景区体系。要着力在康养经济上做文章，加快打造全市康养旅游示范基地。要推进城区、度假区星级酒店建设，大力发展乡村民宿、努力形成品牌效应，启动城区旅游集散中心和全域旅游服务中心建设，加快打造旅游目的地，有效扩大旅游消费。要深化旅游管理体制改革，加强与市场主体合作，提升国有景区运营管理水平。三要释放全民健身社会功能、经济功能，推进活力城市建设。全民健身惠及全民，体育产业前景广阔。要深入推进全民健身事业发展。持续开展全民健身季、健身月、健身日活动，坚持举办全区全民健身运动会，加快创建全国全民运动健身模范城市。聚焦羽毛球、轮滑、拳击、定向运动、跑步等项目打造品牌赛事，积极承办国际国内知名赛事，让城市更富活力。要着力补齐经济功能短板。推进国家体育产业示范基地建设，大力发展体育制造、健身休闲、竞赛表演、场馆服务等体育产业。推进国家轮滑（滑板）训练基地、青年汇户外运动中心、关坝凉风运动休闲特色小镇、石林定向运动基地、板辽湖水上运动中心等体育综合体建设，推进“体育+旅游”融合发展。

（四）千方百计抓投资扩消费。一方面，要抓投资推项目，发挥有效投资关键作用。一要大力招商引资，激活社会投资。要坚持把招商引资作为发展的“生命线”、作为经济工作的“主抓手”，切实聚焦聚力、抓紧抓实抓出成效。要紧盯重点领域，创新招商方式，强化专业招商，围绕主导产业、重点企业大力开展招商引资，引进更多市场主体、社会资本投资万盛、发展万盛。要加快补齐旅游产业、体育产业招商引资短板，加快引进一批有资本、有能力、有市场的体育旅游产业项目。二要加大融资力度，优化政府投资。要拓展融资渠道和方式，加大融资力度，优化融资结构，把控融资成本，以时间换空间，全力保障地区发展资金需要。要用好政府有限资金，坚持精准、有效投资，准确把握政府资金投资方向、重点领域，进一步优化投资结构，加大对全区支撑作用大的基础设施项目、战略性新兴产业项目以及公共产品、公共服务领域项目投资，着力提升投资效率。三要全力争上支持，扩大有效投资。万盛发展离不开上级的关怀帮扶、输血供氧，必须把争上支持作为重要工作来抓，深入研究、准确把握中央和市级投资投向，全面加大上级政策、资金、项目对接争取力度，积极争取交通、水利等重大基础设施项目纳入国家和市级“盘子”。要做深做细做实项目前期工作，加强项目策划、包装、储备，加快规划选址、用地、环评等方面的前期准备，及时将争取项目转化为开工和在建项目。另一方面，供需两端同时发力，发挥消费基础性作用。消费需求是最终需求，其规模扩大和质量提升，将对投资起到引领和乘数作用。一要提升供给质量。要适应服务消费增速加快、比重上升新趋势，适应物质消费加快升级需要，落实国务院《关于完善促进消费体制机制进一步激发居民消费潜力的若干意见》，实施消费升级行动计划，围绕旅游、体育等相关业态和改善型住房、优质教育、优秀文化、养生养老等刚性需求，多渠道扩大服务供给，提升产品供给质量，改善市民消费环境，让老百姓吃得放心、穿得称心、玩得开心、住得舒心，不断满足人民群众日益增长的美好生活需要。二要扩大消费需求。要从需求侧发力，保障社会就业，稳定居民收入，保障农民工工资及时足额发放，持续提升居民消费能力，释放居民消费预期。要稳住传统消费领域，加快推进教育、养老、医疗、文化、旅游等社会民生领域服务业发展，不断扩大消费。加快消费领域产品创新，着力培育新兴消费热点，促进线上线下消费良性互动。

（五）大力促进城乡协调发展。要统筹抓好乡村振兴和城市提升两个基本面，推动城乡各美其美、美美与共。一要大力抓好乡村振兴。坚持农业农村优先发展，精准落实“五个振兴”要求，促进农业全面升级、农村全面进步、农民全面发展。坚持质量兴农、品牌强农，深化农业供给侧结构性改革，大力发展特色效益农业，深入推进全国农村一二三产业融合发展先导区建设。培育壮大一批农业龙头企业和新型农业经营主体，全力打造西南地区最大的食用菌产业基地。深入推进农村人居环境综合整治，加快建设宜居宜业宜游美丽乡村。二要促进城市品质提升。要紧紧围绕创造高品质生活，大力实施城市提升专项行动，努力实现城市让生活更美好。要加快推进城市西区、鱼子新区建设和采煤沉陷区综合治理、城市棚户区改造，进一步完善城市道路、综合管廊、农贸市场等基础设施。深入推进大城细管、大城智管、大城众管，推行“马路办公”，提升市容环卫、市政设施、园林绿化管理水平，健全完善城市管理长效机制。切实整治道路交通秩序，进一步缓解停车难问题，促进城市畅通、有序、规范、文明。深入推进城市绿化美化，扮靓城市重要节点、窗口地段，进一步提升城市形象。加快智慧城市建设，积极发展智慧交通、智慧旅游、智慧教育、智慧医疗等，以大数据智能化提升城市公共服务水平。

（六）全面增强发展动力活力。当前，万盛正处于资源型城市高质量转型发展的关键阶段，需要依靠改革、开放和创新的力量加速发展动能转换，为推动高质量发展注入强劲动力活力。一要在改革推动上出实招。进一步加大改革力度，推动重点领域、关键环节改革走深走实。要深化“放管服”改革，认真落实“全渝通办”工作要求，着力提升政务服务效能。要深化国资国企改革，做强做优做大国有资本，加快实现从管企业向管资本转变，形成融资服务产业、产业促进融资的可持续发展机制。要大力支持民营经济发展，认真落实习近平总书记在民营企业座谈会上提出的支持民营企业发展六大措施、中办国办《关于加强金融服务民营企业的若干意见》和全市支持实体经济企业健康发展18条政策措施等，营造良好营商环境，着力增强民营经济对地区经济发展的支撑能力。二要在开放带动上做文章。万盛处于重庆南向通道的重要支点，在全市对外开放发展中大有可为。要积极融入中新互联互通项目“陆海新通道”建设，着力谋划和打造对外交通大通道，加快推进渝黔高速公路扩能、重庆江南机场等项目建设，深入开展渝贵高铁、万正高速、渝柳铁路等重大交通项目前期工作，推进构建对外交通大格局，促进各类开放通道互联互通。要大力推动渝黔合作先行示范区建设，加强交流合作、资源利用，不断提高开放发展水平。三要在创新驱动上求突破。要强化创新平台功能，加快国家科技型企业孵化器和创业孵化基地等平台创建，建立健全产学研一体化创新机制。要完善支持研发创新的扶持政策，鼓励设立多层次、市场化创新基金，加大对中小企业创新支持力度，推动科技成果转化和产业化。要用好万盛经开区引进人才若干政策，加大科研院所、高层次研发人才团队引进力度，为创新发展提供坚实的智力保障。

（七）扎实抓好民生改善和安全稳定工作。增进民生福祉是发展的根本目的，安全稳定是发展的底线要求。一要把稳就业放在突出位置。稳就业是“六稳”之首，是经济发展的重要目标。当前全区就业形势总体稳定，城镇登记失业率稳定在市下达指标以内，但也还存在一定隐忧，特别是“招工难”和“就业难”的问题并存，供需结构性矛盾突出。要着力解决结构性失业问题，加快高素质人才引进步伐，抓好高校毕业生、退役军人、关闭煤矿登记失业人员等重点群体就业，多渠道、多方式提供职业培训和就业服务，提高转岗再就业能力。二要解决好群众普遍关心的突出问题。坚持从群众最关心最直接最现实的利益问题入手，突出抓好教育、医疗、养老、住房和社会保障等民生工作。加快城区学校改扩建，推进义务教育优质均衡发展，提高公办幼儿园占比，稳步推进高中教育综合改革，切实打造职教中心ICT特色专业品牌。深化医药卫生体制改革，着力缓解“看病难、看病贵”问题，加快创建“全国健康促进区”，全面启动“三甲”医院创建工作。全面放开养老服务市场，完善养老护理体系，努力解决养老难问题。精准调控房地产投资，促进房地产市场平稳健康发展。全面加强社会保障工作，持续提升兜底保障能力。三要坚持不懈做好安全稳定工作。确保社会平安稳定是经济社会发展的前提。我们要加强和创新社会安全机制建设，大力推进依法治区，立足抓早抓小加大矛盾纠纷排查化解力度，切实强化社会治安防控，深入开展扫黑除恶专项斗争，层层压实安全生产责任，扎实开展安全大排查大整治大执法，确保群众安全感指数保持在全市前列。

**四、加强党的领导，为推动高质量转型发展提供坚强组织保障**

加强党的领导是推动高质量发展的根本保证。全区各级党组织和广大党员干部要认真贯彻落实中央和市委、市政府决策部署，担当作为、增强本领、改进作风、狠抓落实，以实干实绩推动地区高质量转型发展。

第一，越是形势紧迫、任务繁重，越要听从党中央号令。做好各项工作，首先要时时处处事事做到自觉维护习近平总书记党中央的核心、全党的核心地位，维护党中央权威和集中统一领导。要牢固树立“四个意识”，始终坚定“四个自信”，坚决做到“两个维护”。坚决反对工作中的分散主义、自由主义、本位主义，决不允许上有政策、下有对策，决不允许有令不行、有禁不止，决不允许在贯彻执行中央决策部署上打折扣、做选择、搞变通。要以学习贯彻习近平新时代中国特色社会主义思想为主要内容，扎实开展好“不忘初心、牢记使命”主题教育。要认真落实习近平总书记对重庆所作重要讲话和系列重要指示批示精神，以实际行动兑现市委“三个确保”政治承诺，推动万盛各项事业始终沿着正确方向前进。要层层压紧压实“两个责任”，坚定不移推进全面从严治党，加强法治和德治工作，严肃党内政治生活，深化“十破十立”，坚决肃清孙政才恶劣影响和薄熙来、王立军流毒，着力营造风清气正的良好政治生态。

第二，越是形势紧迫、任务繁重，越要担当尽责作为。习近平总书记强调，“干部干部，‘干’字当头”“有多大担当才能干多大事业，尽多大责任才会有多大成就”。要严格落实新时期好干部标准，树立重实干、重实绩的用人导向。要切实抓好基层党组织建设，充分发挥基层党组织的战斗堡垒作用和党员的先锋模范作用。要认真落实“三个区分开来”，旗帜鲜明为敢扛事、敢担当的干部撑腰鼓劲，让真正干事的干部放下包袱、轻装上阵。要坚持严管厚爱结合，激励约束并重，激发和保护干部干事创业的积极性，让广大干部安心、安身、安业。广大干部要以对上级组织负责、对人民群众负责、对万盛发展负责的态度，振奋精神、履职尽责，以更加强烈的责任担当、更加良好的精神状态，勤勉工作、奋发有为，努力作出无愧于时代、无愧于人民、无愧于历史的业绩。

第三，越是形势紧迫、任务繁重，越要提高能力素质。做好各项工作，必须增强干部能力素质。广大干部要学懂弄通做实习近平新时代中国特色社会主义思想，着眼“学懂”抓深化、“弄通”抓消化、“做实”抓转化，真正学在深处、谋在新处、干在实处。要紧扣“三大攻坚战”“八项行动计划”“三个抓手”等事业发展需要，分类分级开展精准化教育培训，促进广大干部学用结合、知行合一，成为各领域的行家里手。广大干部要自觉加强学习，坚持干什么学什么、缺什么补什么，完善知识结构，提高专业能力，提升驾驭各项工作的能力。要深入一线广泛开展调研，提高工作针对性、实效性。要切实增强斗争精神，面对困难和矛盾不畏难、不退缩，以“踏平坎坷成大道，斗罢艰险又出发”的顽强意志，敢于迎难而上，勇于开拓进取，在斗争中经风雨、长才干、壮筋骨、增本领。

第四，越是形势紧迫、任务繁重，越要改进工作方法。抓好各项工作，重在方法、要在抓手、贵在见效。各级各部门各单位要抓好工作调度，列出时间表，挂图作战、打表推进，及时研究解决工作中存在的问题，确保各项目标按计划如期实现。要推动项目落地，强化跟踪服务，解决实际问题，确保签约项目尽快转化为有效投资。要抓好企业服务，坚持“一企一策”，深入走访下沉服务，为企业创造更优良的发展环境。要强化要素保障，加强用地、用电、用气、用工等调度，促进企业运行降本增效。要强化宣传舆论引导，牢牢掌握意识形态工作领导权，积极回应社会关切，为干事创业营造良好氛围。要持续抓好统战工作，进一步发挥好群团组织桥梁纽带作用，凝聚起共同团结奋斗的强大力量。

第五，越是形势紧迫、任务繁重，越要强化作风保障。推进经济社会发展，干部是决定性因素，作风是关键性因素，必须靠作风吃饭、拿实绩说话。党工委、管委会研究决定，2019 年在全区深入开展“狠抓落实年”活动，以以上率下、示范带动为引领，以督查考核、监督问责等为手段，推动广大干部转变作风、强化执行，以抓铁有痕、踏石留印的作风狠抓工作落细落小落地落实，坚决反对形式主义、官僚主义，坚决消除“懒政不作为”现象，以干部作风的持续改进、工作效能的持续提升、发展环境的持续优化推动地区高质量转型发展。各级各部门各单位主要负责人要切实担负起“第一责任人”责任，坚持深入一线、靠前指挥，分管负责人要分兵把口、齐抓共管，形成一级做给一级看、一级带着一级干的良好局面。各级各部门各单位要牢固树立“一盘棋”思想，密切配合、通力协作，确保各项工作顺利推进。要深化党风廉政建设，加强纪检监察和巡察工作，深入开展“以案四说”警示教育，落实好监督执纪“四种形态”，严格执行中央“八项规定”精神，锲而不舍正风肃纪，严肃查处群众身边的不正之风和腐败问题，让干净干事成为广大干部的思想自觉和行动自觉。

万盛正处于推动高质量发展、创造高品质生活的关键时期，做好2019年工作意义重大。让我们更加紧密地团结在以习近平为核心的党中央周围，以习近平新时代中国特色社会主义思想为指导，在市委、市政府的坚强领导下，团结一致、沉心静气、真抓实干、砥砺奋进，奋力谱写万盛资源型城市高质量转型发展新篇章，以优异成绩庆祝新中国成立70周年！

# 重庆市万盛经济技术开发区管理委员会工作报告

——在重庆市綦江区第二届人民代表大会第四次会议上

重庆市万盛经济技术开发区管理委员会主任　袁光灿

（2019年1月9日）

根据市委、市人大常委会要求，现将《重庆市万盛经济技术开发区管委会工作报告》书面提交人大代表审议，并请政协委员和列席会议的同志提出意见。

## 2018年工作回顾

2018年极不寻常，面对错综复杂的国内外形势和宏观经济下行压力，全区上下迎难而上、扎实工作，走过了一段不平凡的历程，续写了万盛转型发展新的篇章。这一年，陈敏尔书记、唐良智市长先后到区调研，对万盛发展把脉问诊、定向导航，提出了“因地制宜走好转型路，因势利导打造升级版”的指示要求，为万盛经开区加快推进资源型城市高质量转型发展指明了方向和路径。

一年来，我们深入贯彻党的十九大精神，高举习近平新时代中国特色社会主义思想伟大旗帜，在市委、市政府和党工委的坚强领导下，在市级相关部门的大力支持下，坚持稳中求进工作总基调，落实高质量发展要求，坚决打好“三大攻坚战”，大力实施“八项行动计划”，突出工业强区、全域旅游、全民健身“三个抓手”，统筹做好稳增长、促改革、调结构、惠民生、防风险各项工作，全区经济运行平稳健康，社会大局和谐稳定，资源型城市转型发展取得新进展。全年地区生产总值增长6%，固定资产投资增长12.4%，社会消费品零售总额增长7.6%，一般公共预算收入同口径增长6.7%，规模以上工业增加值增长6.3%，城乡常住居民人均可支配收入分别增长8.3%、8.4%。

**一、抓产业、调结构，发展质量稳步提升。**

坚持质量第一、效益优先，加快构建现代产业体系，经济创新力和竞争力进一步增强。工业经济提质扩量。推动企业由“制造”向“智造”转变，福耀玻璃等20家企业完成智能化改造，国电恒泰成功申报为市级“两化”融合企业，全区智能产业企业达34家。推进工业集群化，成功引进北大未名、珠海光宇等工业项目20个、计划总投资197亿元；新开工工业项目17个、投产14个，高科幕墙、顺安盛钛等项目建成投产，新增规模工业企业7家，园区规模以上工业集中度达61%。全年工业投资增长31.3%，规模以上工业总产值增长14.7%。全域旅游提档升级。丰富旅游产品，鱼子新区完成景观建设，奥陶纪恐龙冰雪世界、21米悬崖秋千等项目火爆亮相，累计建成景区景点22个，新增市级特色景观旅游名镇（村）3个；新建、改建旅游厕所103座，累计建成旅游公路200余千米、观景平台70余个，住宿接待设施达710家。强化旅游营销，举办市级及以上重大旅游活动18场次，“山水重庆·全景万盛”形象广告在央视、重庆卫视推出，奥陶纪高空挑战项目火遍网络，黑山谷景区荣获“2017年全国最具影响力景区”称号。全年接待游客增长22.24%，旅游收入增长59.94%。商贸服务提速发展。壮大商贸经济，国能奥特莱斯成为城市商业新地标，国际商贸物流园完成主体工程；全年批零销售额增长22.2%，住餐营业额增长12.2%。大力发展电子商务，“邮乐购”电商服务站点达57个、农村淘宝服务站点达20个，全年电商交易额10.8亿元、网络零售额2.05亿元。现代农业提质增效。大力发展特色产业，茶叶、猕猴桃、方竹笋、食用菌、蜜柚五大特色农业总规模达10万亩。推进农业“接二连三”，西南地区规模最大、智能化自动化程度最高的食用菌工厂化项目全面投产，建成年加工50吨茶叶全自动化生产线2条，万盛被评为国家农村一二三产业融合发展先导区。

**二、抓统筹、靓形象，城乡环境更加宜居。**

统筹城市提升与乡村振兴，加快城乡一体化建设，逐步实现城乡各美其美、美美与共。城市品质显著提升。持续刷新城市“颜值”，投入6.7亿元建成“海绵城市”47万平方米，完成城市棚改9.2万平方米，改造人行道板10.5平方米；高速路口至黑山谷大道绿化美化有序推进，城市门户形象明显提升。完善城市功能配套，万盛首座城市立交桥——万东南路立交桥建成通车，南桐大道建成投用，城市综合管廊项目完成投资1.45亿元，新增停车位5062个。深入实施“大城细管、大城智管、大城众管”，智慧管理指挥中心、综合管理平台、综合区情系统等建成投用。乡村振兴深入实施。硬化油化“四好农村路”195千米，行政村实现公交车和天然气全覆盖，50%以上行政村完成农网升级改造，农村卫生厕所覆盖率达77%，万盛经开区农村生产生活条件明显改善。以乡村旅游带动农村发展，累计建成农家乐537家、休闲观光农庄43个、旅游民宿105家，乡村旅游综合收入达30亿元。弘扬乡风文明，大力整治“活人墓”，创建全国文明村镇2个。生态环境明显改观。全面打响污染防治攻坚战，完成国电恒泰2号机组超低排放改造，城区空气质量优良天数实现316天；煤电化园区污水处理工程和3个煤矿矿井废水处理扩能工程全面完工，规模养殖场粪污处理设施配套率达80%以上，建制镇集中式饮用水源地水质达标率92.8%；集镇生活污水处理率达80%，农村生活垃圾治理覆盖率达100%。

**三、抓项目、建平台，转型基础不断夯实。**

强化投资拉动作用，筑牢产业发展平台，转型发展的基础更加牢固。重点项目有序推进。坚持以项目补短板、增优势、强支撑，扎实推进109个重点项目建设，全年完成投资66亿元。其中，新开工100万套天窗总成、鸿元展印等项目，完成投资22.2亿元；有序推进东方希望碳酸二甲酯、铁锚玻璃等续建项目，完成投资43.8亿元。特别是珠海光宇项目完成投资6.6亿元，创造了年内签约、年内开工、年内投产的“万盛新速度”。园区建设全线发力。投入7.5亿元，实施园区基础设施建设项目22个。平山园区东西侧环道桥梁、鱼田堡道路及智能终端产业园基础设施建设等项目全面建成，煤电化园区排洪沟和化工二路等工程投入使用，高新技术产业园标准厂房完成总工程量的80%。完善工业园区生活服务设施，完成园区公厕建设、路灯线路改造、园林绿化等工作。平山园区创建为全国模范劳动关系和谐工业园区。基础设施加速完善。渝黔高速公路扩能境内段全线开工、完成投资10亿元，重庆江南机场完成投资6.8亿元，从黑公路建成通车，万正高速公路进入可研阶段，对外通道建设取得新突破。鲤鱼河引水工程、松涛湾水库等建成投用，汤家沟分干渠全线贯通，水资源瓶颈制约有效缓解。

**四、抓改革、促开放，经济动力日益强劲。**

深入推进改革开放和创新发展，内外结合、联动发力，发展潜力、市场活力和社会创造力竞相迸发。重点改革实现新突破。推进医疗保险改革，首批25个医保药品带量采购成功落地，价格平均降幅达18.8%，万盛与全国4.2万家定点医院实现医保异地联网结算。推进涉企社保改革，为企业降费减负1.33亿元。深化国有企业改革，形成“1+4+6”区属国有重点企业架构，完成混合所有制改革5家。实施农村“三变”改革，“三资”管理规范公开率达100%。对外开放呈现新格局。招商引资创历史新高，全年签约招商项目62个，其中投资亿元以上项目15个；协议引资216亿元，同比增长206.8%；签约项目多为国家、市级鼓励类产业，投资业主多为行业龙头企业，项目质量实现重大突破。全面参与“陕煤入渝”战略计划，实现煤炭销售收入19.9亿元。积极开拓国际市场，圆满完成智博会、西洽会参展任务和首届中国国际进口博览会采购工作。大力发展外资外贸，新引进外资企业3家，新增外贸企业14家，实际利用外资8940万美元。创新驱动展现新成效。组建3000万元创业种子投资基金、1亿元知识价值信用贷款风险补偿基金，新增国家高新技术企业3家、国家科技型中小企业17家。加大招才引智力度，新引进创新创业项目9个、各层次人才200余名。全年万人发明专利拥有量超过7件；预计规模以上工业企业研发经费投入占GDP比重达1.73%，高新技术企业产值占工业总产值比重超过30%。

**五、抓服务、提效能，营商环境更加优良。**

深入贯彻落实全国民营企业座谈会、全市民营经济发展大会精神，不断强化服务措施、提高服务效能，推动民营经济实现高质量新发展。强化政策扶持。出台《关于全面优化营商环境促进民营经济发展的意见》等文件。设立3000万元创业扶持担保基金，创新开展民营经济市场主体免担保、免抵押创业贷款。全年减免企业税费3.3亿元，帮助民营企业争取上级资金3500万元，用电用气大户同比减少电气成本2900万元。深化简政放权。持续推进“放管服”改革，取消行政许可事项8项，编制“马上办、网上办、就近办、一次办”清单990项，“互联网+政务服务”网络实现村（社区）全覆盖，建设领域审批时限提速50%以上。积极推进商事制度改革，全面落实“三十一证合一”等改革措施，企业注册当日办结率达90%以上，全年新增市场主体3136户。开展精准服务。建立区领导联系帮扶民营企业制度，成立民营经济发展协调处置领导小组，扎实开展集中走访精准服务民营企业活动，研究解决民营经济发展的现实困难117个。落实行政审批服务全程代办制度，开展一站式、“一对一”精准服务，协调解决项目行政审批手续办理。

**六、抓民生、强保障，人民生活持续改善。**

始终坚持在发展中保障和改善民生，全年投入民生资金16.3亿元，占一般公共预算支出的56.2%，人民群众获得感、幸福感、安全感不断增强。脱贫攻坚成效明显。深入实施精准扶贫，改造贫困户危房94户，帮助2613名贫困劳动力实现转移就业或创业，贫困人口医保参保率达100%，符合条件的贫困户养老保险参保率达100%。全年减少贫困人口100人。凉风“梦乡村”获得全国精准扶贫典范奖。在2017年市对区脱贫攻坚考核中，万盛经开区名列15个非重点贫困区县第2位。全民健身深入推进。持续完善体育基础设施，千里健身步道建成投用，文体中心体育场、老体育馆完成提升改造。加快体育产业发展，运动商城入驻率85%以上，羽毛球拍生产基地等项目全面投产。全年举办大型群众体育活动超过50项次，国民体质合格率94.4%。万盛作为世界6座活力城市代表之一，在全球活力城市建设研讨会上交流发言。万盛经开区成为国家全民运动健身模范区创建试点城市。民生保障持续增强。强化社会保障，发放各类救助资金2400余万元，城市、农村居民低保标准分别提高9.2%、17.1%，养老保险、医疗保险覆盖率均达95%以上。着力推进创业就业，落实创业就业补贴2476.2万元，实现城镇新增就业6904人、创业2900户，城镇登记失业率稳定在市下指标以内。加强养老服务体系建设，开工建设老年养护中心，建成4个社区养老服务站，发放高龄补贴540.9万元。社会事业全面发展。大力发展教育事业，中盛小学扩建工程建成投用，进盛中学扩建、职教中心实训基地建设顺利推进，智慧教育完成投资2000余万元；顺利通过义务教育发展基本均衡复查验收，8所中小学创建为国家级、市级特色学校；万盛职教中心建成全市中职学校唯一ICT培训基地。加快发展医疗卫生事业，妇幼保健综合业务楼和残疾人康复中心建设进展顺利，公立医院综合改革和“全国健康促进区”创建工作有序开展。繁荣发展文化事业，持续推进50个村（社区）基层综合文化服务中心建设，“溱州楼”主体工程完工，万盛“全媒体中央厨房”申报为全市首批6个区县媒体融合发展试点项目之一。社会治理再上台阶。扎实开展信访稳定四项攻坚，坚决防范化解重大风险，积极开展扫黑除恶专项斗争，八类主要刑事案件下降25%，群众安全感指数达99.6%、名列全市第二。持续开展道路交通、建设施工、消防、特种设备、食品药品等重点行业领域安全专项整治，生产安全事故起数同比下降30%。

与此同时，统计、审计、机关事务、外事、气象、保密、应急救灾、民防、公共资源交易、民宗侨台、档案、地方志、老龄、残疾人、工会、青年、妇女儿童、关心下一代和老干部等工作也取得新成效。

一年来，面对各种挑战和复杂局面，万盛经开区先后获得“绿色亚太2018环保成就奖”、全国农村创业创新典型县、“四好农村路”全国示范县等殊荣，圆满承办首届中国药品安全技术大会、全市安全宣传工作暨安全文化建设现场会、全市“四好农村路”建设现场会、全市体育旅游产业发展大会等国家、市级重大会议活动；万盛经开区在2017年度全国262个资源枯竭城市转型绩效考核中名列第4位，并在全国资源枯竭城市转型发展经验交流现场会上作了大会发言。拼搏的历程充满艰辛，取得的成绩令人鼓舞。这是市委、市政府和党工委坚强领导的结果，是人大代表、政协委员和社会各界大力支持的结果，是全区广大干部群众共同努力的结果。管委会向奋力拼搏在全区各行各业、各条战线的广大干部群众，向所有关心支持万盛发展的社会各界人士，表示衷心的感谢并致以崇高的敬意！

安不忘危、兴不忘忧。我们清醒地认识到，万盛转型发展基础仍然薄弱，经济社会发展还面临一些突出矛盾和问题，比如：宏观经济运行稳中有变、变中有忧，国内市场需求增长放缓，经济下行压力加大；国家信贷政策收紧、风险管控加强，融资难度较大；传统产业链条不长、效益不高，战略性新兴产业处于培育起步阶段，对经济增长支撑不够；个别党员干部担当意识不强，存在为官不为的消极现象和心态等。对此，我们将在今后工作中采取更有力、更有效、更精准的措施和行动认真加以解决。

## 2019年工作安排

2019年是新中国成立70周年，是全面建成小康社会关键之年。面对时代赋予的新任务新要求和人民群众的新期盼新向往，我们必须准确把握新形势，全力抢抓“一带一路”、长江经济带、西部大开发等战略机遇，深度融入陆海新通道和渝黔合作先行示范区建设，为全面建成小康社会、加快建设资源型城市转型发展示范区打下坚实基础；必须切实找准新坐标，严格按照陈敏尔书记、唐良智市长到区调研的指示要求，充分发挥万盛处于重庆工业发展重要板块的地位和作用，大力推动数字产业化、产业数字化和生态产业化、产业生态化，努力实现资源型城市高质量转型发展；必须积极展示新形象，正视问题、直面差距、理清思路，铆足滚石上山劲头，发扬自我革命精神，重整行装再出发，坚定信心再前行，推进万盛转型发展换新颜。

2019年管委会工作的总体要求是：坚持以习近平新时代中国特色社会主义思想为指导，全面贯彻党的十九大和十九届二中三中全会精神，贯彻落实习近平总书记对重庆提出的“两点”定位、“两地”“两高”目标和营造良好政治生态、做到“四个扎实”的重要指示要求，统筹推进“五位一体”总体布局，协调推进“四个全面”战略布局，坚持稳中求进工作总基调，坚持新发展理念，坚持推动高质量发展，坚持以供给侧结构性改革为主线，坚持深化市场化改革、扩大高水平开放，在市委、市政府和党工委的坚强领导下，围绕建设资源型城市转型发展示范区这个定位，因地制宜走好转型路，因势利导打造升级版，继续打好“三大攻坚战”，深入实施“八项行动计划”，突出工业强区、全域旅游、全民健身“三个抓手”，统筹推进稳增长、促改革、调结构、惠民生、防风险及“六稳”工作，为全面建成小康社会收官打下决定性基础，确保资源型城市高质量转型取得重大进展。

2019年经济社会发展的主要预期目标是：地区生产总值增长7%左右，规模以上工业增加值增长7.5%，固定资产投资增长10%，社会消费品零售总额增长8%，一般公共预算收入同口径增长5.5%，全体居民人均可支配收入增长9%。

**一、坚持“扩总量”与“提质量”并重，做强工业经济。**

以大数据智能化为引领，优化存量、提升质量、扩大总量，加快建成全市新型工业化示范区。

壮大产业集群。持续推动“3+3”产业提质量、延链条、扩规模，努力形成具有较大影响力的产业集群。加快推进神华国能、渝南循环经济等项目，确保煤电化工产业实现产值28亿元以上。引进培育电子玻璃、日用玻璃等高端玻璃项目，大力支持福耀玻璃、重庆高科扩大投资，加快鸿元展印、北威新材料等项目建设，确保新型材料产业实现产值85亿元以上。鼓励方汀机械、爱优工业扩大投资，推进恒嘉汽车等项目建设，确保装备制造产业实现产值25亿元以上。加快5G产业布局，重点推进珠海光宇、新宝创智能光电等项目建设，确保电子信息产业实现产值25亿元以上。提速推进北大未名系列项目，全面启动未名国际生殖中心、青山湖生物经济产业园项目，建成黑山谷生物医学共享实验室，确保医药健康产业实现产值13亿元以上。加快推进制造业与大数据、互联网、人工智能深度融合，引进和打造高水平科研平台，助力传统产业搭上“数字化”快车。

做强园区平台。全力推进园区规模化、集约化、标准化发展，形成吸引企业入驻的“强大磁场”。有序推进平山园区基础设施建设，确保110千伏变电站等项目建成投用。加快推进高新技术产业园配套设施建设，确保天馈线检测实验室等项目建成投用。全力抓好煤电化园区配套设施项目，确保工业固废处置中心、市政配套工程等项目建成投用。抓好工业园区规划修编，拓展园区发展空间。推动智慧园区建设，逐步开展数字车间、智能化生产线改造，努力在园区内形成智能增产、绿色增效的良好发展局面。

深化精准服务。认真落实国家一揽子减税降费政策和我市“涉企减负30条”“制造业降本36条”“支持实体经济企业18条”等减负措施，切实降低企业用电、用气、物流成本，有效降低企业负担。进一步强化政银企合作，拓宽企业融资渠道、降低融资成本。用好万盛经开区工业发展专项资金、产业引导股权投资基金等，围绕主导产业择优引导和扶持企业发展。进一步强化政策措施落地落实，着力破解政策多、落实差问题。深入开展一站式、“一对一”精准服务，全力推动项目签约落地、投产见效。

**二、坚持“做产品”与“塑品牌”并重，升级全域旅游。**

牢牢把握“山水之城·美丽之地”目标定位和“行千里·致广大”价值定位，唱响“山水重庆·全景万盛”品牌，加快打造全域旅游升级版，促进万盛旅游领跑全市、享誉全国。

丰富旅游产品供给。提档升级黑山谷、石林、奥陶纪等核心景区，启动黑山·万盛之眼项目，创建国家AAAA级景区1家、国家AAA级景区4家。加快推进城区、度假区酒店建设，完成京伦酒店装修，新增4星级饭店1家，发展特色民宿100家。大力发展研学旅行，着力引入高校研学旅行活动。积极打造一批有特色、有创意、有市场的旅游商品，推动“万盛好礼”入驻景区及周边卖场，拉动游客二次消费。

完善旅游配套设施。优化提升旅游环线公路，实施公路景观绿化改造，打造“快旅慢游”交通体系。全面启动城区旅游集散中心和全域旅游服务中心建设，推进鱼子岗、白花度假区等重点区域基础设施配套建设及环境整治，提升综合接待能力。强化智慧旅游建设，打造“一部手机游万盛”系统，让旅游体验、管理、服务等更加智慧智能。

打响全域旅游品牌。强化“山水重庆·全景万盛”旅游目的地形象宣传，在中央电视台、重庆卫视等高端媒体投放广告，借力抖音、今日头条等新媒体开展营销，让万盛全域旅游品牌传遍大江南北。制定旅游产业专项资金管理使用办法，出台田园综合体建设、研学旅行、旅游商品开发等方面的奖励扶持政策，优化完善旅游发展投入机制，多渠道引进培育市场主体，促进旅游产品及经营管理集团化、品牌化。

**三、坚持“促健康”与“育产业”并重，深化全民健身。**

推进全民健身与全民健康深度融合，深入挖掘全民健身经济功能，全力打造“活力万盛”城市品牌。

加快完善健身设施。全面推进国家轮滑（滑板）基地建设，实施文体中心体育馆改造工程，提升改造奥林匹克公园、羽毛球公园，完善全民健身中心功能配套。加快建设镇街全民健身中心、全民健身广场、全民健身公园和村（社区）健身点，建成1个镇级全民健身中心、13个市级社区健身点。全年开展区级全民健身活动50项次以上。

深入推进体旅融合。扎实开展全国全民运动健身模范区创建工作，全力办好全国全民运动健身模范城市创建工作现场推进会。升级改造黑山谷运动中心、石林定向运动基地、板辽湖水上运动中心等体育旅游综合体，进一步对景区体育基础设施进行提档升级，丰富景区体育类项目。深入推进“体育+”“+体育”，探索发展家庭消费式体育旅游产品。加快推进关坝凉风运动休闲特色小镇打造。

培育壮大体育产业。大力发展体育赛事经济，积极承办国家和市级体育赛事。深化全国体育产业联系点城市、国家体育产业示范基地建设，积极推动发展健身休闲、竞赛表演、场馆服务等门类的体育产业，新培育体育产业市场主体10家以上。加强体育招商，积极引进体育生产企业、销售企业、中介培训机构等落户万盛。力争体育产业规模达到11亿元。

**四、坚持“抓特色”与“抓品质”并重，加快城市提升。**

围绕“北欧韵味”的城市特色，深入实施城市提升行动计划，大力建设美丽幸福旅游城市、运动健康休闲城市、生态文明宜居城市和现代智慧智能城市。

抓好城市建设。推进城市有机更新，加快建设鱼子新区，启动娄黄坝、团结村、小坡脚片区等城市建设项目，实施鱼田堡片区旧城改造，全力抓好城市综合管廊、国有企业办社会职能物业移交维修整治等项目，完成城市棚改8.76万平方米。畅通城市交通“动脉”，力争鱼子新区景城连通隧道工程、鱼子新区旅游西环线工程、东林煤矿至石桥公路开工建设。提升城市服务功能，启动小坡脚农贸市场、两河口综合市场工程建设，确保东林农贸市场全面完工；加强市政设施维修维护，确保环卫基地建成投用。

加强城市管理。深入推进大城细管，建成餐厨垃圾收运系统，健全垃圾分类收运处理体系，推进市政设施、环卫作业、绿化管护全面精细化管理和市场化运作；完成“三供一业”供电分离移交改造工程。深入推进大城智管，整合各类资源应用于城市执法管理，启动旅游城市AI防控体系建设，推动智慧城管终端向职能部门和公用单位基层延伸。深入推进大城众管，探索建立“五长制”工作机制，全面推行“马路办公”，积极搭建公众参与平台，引导广大市民参与城市管理。

繁荣城市业态。推动商贸服务业向高端化迈进，提档升级国能奥特莱斯，稳步推进渝黔边城农产品交易中心建设，新培育限上商贸企业5家，确保批零销售额和住餐营业额分别增长15%、18%以上。支持多团科技、重庆牧同等电商企业发展，组织开展电商消费体验活动，力争电子商务交易额达11亿元、网络零售额达2.1亿元。大力发展现代物流、金融服务、文化创意等现代服务业，组织开展各具特色的展会、赛事、促销活动，挖掘开发本土特色商品，满足市民多元化消费需求。

**五、坚持“农业强”与“农村美”并重，推进乡村振兴。**

深入实施乡村振兴战略行动计划，促进农业全面升级、农村全面进步、农民全面发展，努力开创万盛“三农”工作新局面。

促进农村产业兴旺。加快构建现代农业产业体系、生产体系、经营体系，推动一二三产业融合发展。推动乡村旅游持续升温，开发特色乡村旅游产品，确保乡村旅游综合收入增长10%以上。按下农业发展“快进键”，实施2000吨竹笋深加工、2000吨蜜柚粗加工和100吨绿茶加工生产配套设施改建等项目，提档升级茶叶、方竹笋、蜜柚等特色农业；延伸食用菌产业链条，打造西南地区最大的食用菌生产销售基地和产业集聚中心。实施品牌强农行动，大力发展涉农商标，培育一批知名度较高的农业品牌。

夯实农村基础设施。持续改善农村条件，实施农村卫生改厕2000户以上，完成采煤沉陷区受损农房避险安置500户，确保农村生活污水处理率达67.8%，建制镇生活垃圾无害化处理率和农村生活垃圾有效治理率均达100%。投入3亿元，完善“四好农村路”和普通干线公路网络，建设农村公路200千米。深入推进“天然气进村”工程，努力提高农村天然气安装率。夯实水利设施，开工建设板辽水库扩建工程、刘家河水库和金南分干渠，确保凉风水库工程全面完工。

改善城乡生态环境。坚定不移走生态优先、绿色发展之路，建立健全“三线一单”、自然保护区建设等方面的长效机制，坚决打赢污染防治攻坚战。全面落实中央和市环保督察整改要求，确保24个突出环境问题整改销号。深入实施环保“五大行动”，进一步加强环境监管，确保城区空气质量优良天数达300天以上。全面落实“一河（库）一策”，完成刘家河河道治理工程和集中式饮用水源环境污染整治工程，全区自然岸线保有率不低于80%。大力开展国土绿化提升行动，完成采煤沉陷区植被恢复工程和工矿废弃地复垦，实施农业生态综合治理1.44万亩，确保森林覆盖率稳定在55%以上。

**六、坚持“强内力”与“借外力”并重，增强经济活力。**

坚持改革不停顿、开放不止步、创新不懈怠，不断增强经济发展的内生动力与持续活力。

勇蹚改革深水区。推进供给侧结构性改革，力争在“巩固、增强、提升、畅通”上取得明显成效。深化“放管服”改革，推进政务服务“全渝通办”，力争网上办理比例不低于80%。深化国资国企改革，进一步规范企业法人治理结构，加快企业整合重组和混改，确保国有资本保值增值。深化财税体制改革，加快建立现代财政制度，构建全方位、全过程、全覆盖的预算绩效管理体系。稳步推进农村“三变”改革，确保凉风村试点改革任务全部完成。抓好统计管理体制改革，做好第四次全国经济普查工作。

打造开放新高地。全方位推进“大招商、招大商”，紧盯重点地区、重点产业、重点企业，引进一批产业带动性强、对地区经济发展有支撑作用的重大项目，力争协议引资200亿元以上。积极谋划和打造对外交通大通道，全力推进渝黔高速公路扩能、重庆江南机场等项目建设，启动平山至江南机场道路、万盛至关坝铁路建设，加快开展万正高速、渝贵高铁、渝柳铁路等重大交通项目前期工作。着力建设渝黔合作先行示范区，围绕34条渝黔合作事项加强对接，促进通道资源整合、产业协作联动、生态文明共建。全力稳预期，进一步加大对民营企业的扶持力度，着力激发微观主体活力，确保市场主体提质增量。

激活创新加速器。深入实施创新驱动发展战略，加快建设市级高新区。加大科技创新投入，用活用好各项财政金融扶持政策，引导全社会研发经费投入强度达到全市平均水平；加快创新中国成立家科技型企业孵化器和创业孵化基地等创新平台，力争新培育市级科技型企业20家、国家高新技术企业3家，万人发明专利拥有量突破8件，确保高新技术企业产值占工业总产值比重达32%。深入推进科教兴区和人才强区行动计划，引进培养一批“高精尖缺”人才。

下好投资先手棋。坚定不移推进项目建设，千方百计稳投资，确保98个重点项目完成投资70亿元以上。深入发挥政府投资“四两拨千斤”的撬动作用，着力补短板、强基础、惠民生，确保全年政府投资完成40亿元以上。聚焦“三大攻坚战”“八项行动计划”和“六稳”工作，认真研究中央、市里改革政策导向和资金安排投向，进一步加大争上对接力度，力争更多资金和项目落户万盛。密切关注宏观政策和资本市场动态，进一步拓展融资渠道、创新融资方式，为项目建设提供资金支持。

**七、坚持“尽力为”与“量力行”并重，抓实民生工作。**

坚持以人民为中心的发展思想，用心答好新时代民生考卷，继续办好一批重点民生实事，让发展更有温度、幸福更有质感。

巩固脱贫攻坚成果。坚决打赢打好精准脱贫攻坚战，完成97名贫困人口稳定脱贫任务，确保全区综合贫困发生率控制在1%以内，返贫率控制在0.5%以内。巩固提升扶贫产业和贫困村基础设施，深化落实就业扶贫、医疗扶贫、教育扶贫等政策措施，让贫困户持续稳定增收。做好结对帮扶，健全驻村帮扶工作机制，推动帮扶工作向非贫困村延伸。全力抓好脱贫攻坚问题整改落实，确保市对万盛经开区检查、督查反馈的问题全部整改清零。

强化公共服务供给。深入贯彻全国、全市教育大会精神，推进义务教育优质均衡发展，开工建设和平小学、新华小学教学楼，确保中盛小学改建工程、职教中心专业技能实训基地、进盛中学艺体楼建成投用；加快推进万盛职教中心专业升级，大力培养 ICT 人才；确保公办幼儿园占比达到48%以上，中职学生就业率达98%以上。加快建设“健康万盛”，持续深化医药卫生体制改革，扎实推进中医院综合业务楼、美丽医院建设等项目，确保妇幼保健综合业务楼、人民医院住院部综合业务楼全面完工，成功创建“全国健康促进区”。繁荣文化事业，加快建设美术馆，完成3个镇级基层综合文化服务中心改扩建工程，青少年活动中心建成投用。深化殡葬改革，持续开展“活人墓”治理，启动新陵园和殡仪馆建设。

完善社会保障体系。全力以赴稳就业，力争城镇新增就业4000人以上，城镇登记失业率控制在4.3%以内。健全社会保障体系，保质保量完成市下扩面征缴任务，确保城乡养老、医疗保险覆盖率稳定在95%以上。推进养老产业发展，创建重庆市康养示范基地，支持社会力量兴办养老服务机构，加快万东片区等3个老年养护中心建设，适时启动医养产业项目。强化基层便民服务，持续推进城市社区便民服务中心建设，依法有序开展第十一届村（居）民委员会换届选举工作。

筑牢平安稳定根基。坚决打好防范化解重大风险攻坚战，持续开展扫黑除恶专项斗争，确保群众安全感指数保持在96%以上。深入开展“七五”普法，积极推进“3+N”信访突出问题专项治理，确保矛盾纠纷调解率达到90%以上。着力稳金融，严格政府债务管控，推动金融行业健康发展。扎实开展安全大排查大整治大执法，统筹推进食品药品安全、质量监管、灾害防治等各项工作，切实保障人民群众生命财产安全。

**八、坚持“转作风”与“提效能”并重，强化自身建设。**

加强作风建设，强化责任担当，提升工作效率，不断增强政府公信力和执行力，努力建设人民满意的服务型管委会。

坚定立场，筑牢信念之基。深学笃用习近平新时代中国特色社会主义思想，牢固树立“四个意识”，不断增强“四个自信”，积极践行“两个维护”，坚决做到“三个确保”。深入贯彻落实中央大政方针政策和市委市政府、党工委的决策部署，确保政令畅通、令行禁止。坚决肃清孙政才恶劣影响和薄熙来、王立军流毒，营造风清气正的良好政治生态。

依法履职，把握施政之要。全面贯彻落实依法治国决定和《法治政府建设实施纲要》，确保48项法治政府建设任务圆满完成。健全依法决策机制，构建决策科学、执行坚决、监督有力的权力运行机制。自觉接受司法监督、舆论监督和社会监督，高质量办好人大代表建议、政协委员提案。全面推进政务公开“两清单、两制度、一指南”，主动公开各类政务信息2万条以上。

担当作为，强化为民之责。深入推进“两学一做”学习教育常态化制度化，着力提高干部队伍综合素质。大兴担当实干之风，坚持实字当头、干字为先，做到敢担大事、不畏难事、勇挑重事。探索建立“容错纠错机制”，给改革创新者撑腰鼓劲，让广大干部愿干事、敢干事、干成事。坚持节用裕民，树牢“过紧日子”的思想，确保“三公”经费支出降低5%。

从严治政，践行清廉之道。持之以恒落实中央八项规定精神等纪律要求，紧盯不敬畏、不在乎、喊口号、装样子的问题，坚决破除形式主义、官僚主义，巩固发展反腐败斗争压倒性胜利。扎实开展扶贫领域腐败和作风问题专项治理，严查快处“动奶酪”行为。深入推进审计监督全覆盖，突出抓好对工程项目招投标、国有资产、政府采购等重点领域和关键环节的监管。始终把好用权“方向盘”、系好廉洁“安全带”，秉持忠诚、干净、担当的政治本色，推动形成心齐气顺劲足的良好局面。

幸福靠奋斗，兴区靠实干。让我们更加紧密地团结在以习近平为核心的党中央周围，深入贯彻党的十九大精神和习近平新时代中国特色社会主义思想，在市委、市政府和党工委的坚强领导下，推动高质量发展、创造高品质生活，为决胜全面建成小康社会、推进资源型城市转型发展、加快建设美丽幸福现代的新型经济技术开发区而努力奋斗，以经济社会发展的优异成绩迎接中华人民共和国成立70周年！

**名词解释：**

**三大攻坚战** 防范化解重大风险攻坚战、精准脱贫攻坚战、污染防治攻坚战。

**八项行动计划** 以大数据智能化为引领的创新驱动发展战略行动计划、乡村振兴战略行动计划、基础设施建设提升行动计划、军民融合发展战略行动计划、科教兴市和人才强市行动计划、内陆开放高地建设行动计划、以需求为导向的保障和改善民生行动计划、生态优先绿色发展行动计划。

**六稳** 稳就业、稳金融、稳外贸、稳外资、稳投资、稳预期。

**两化** 信息化和工业化。

**农业“接二连三”** “接二”，就是生产的工业化和经营的市场化；“连三”，就是与农业服务业“连”起来，与旅游、健康、环境、文化等产业“连”起来。

**海绵城市** 通过加强城市规划建设管理，充分发挥建筑、道路和绿地、水系等生态系统对雨水的吸纳、蓄渗和缓释作用，有效控制雨水径流，实现自然积存、自然渗透、自然净化。

**四好农村路** 建设好、管理好、养护好、运营好农村公路。

**三变** 资源变资产，资金变股金，农民变股民。

**三资** 农村集体资金、农村集体资产和农村集体资源。

**陕煤入渝** 开展渝陕两地能源战略合作，按照合作一揽子计划约定，每年由陕煤集团保障我市不低于千万吨煤炭需求。

**放管服** 简政放权、放管结合、优化服务。

**两点、两地、两高** “两点”即西部大开发的重要战略支点，“一带一路”和长江经济带的联结点；“两地”即内陆开放高地、山清水秀美丽之地；“两高”即高质量发展、高品质生活。

**四个扎实** 扎实贯彻新的发展理念、扎实做好保障和改善民生工作、扎实做好深化改革工作以及扎实落实“三严三实”要求。

**旅游城市AI防控体系** 在全区的城镇、景区布建智能人脸人像采集前端，搭建结构化视频图片存储和智能应用等。

**五长制** 街长制、路长制、巷长制、楼长制、店长制。

**三线一单** 生态保护红线、环境质量底线、资源开发利用上线和环境准入负面清单。

**ICT** 即信息和通信技术，是电信服务、信息服务、IT服务及应用的有机结合。

**巩固、增强、提升、畅通** 巩固“三去一降一补”成果，增强微观主体活力，提升产业链水平，畅通国民经济循环。

**两清单、两制度、一指南** 政务公开清单、负面清单，保密审查制度、责任追究制度和信息公开指南。

**3+N** 市级层面开展“房地产开发建设、涉众型经济案件、环境保护领域”三个方面专项治理。区县结合实际，开展N项信访突出问题专项治理。

# 大事记

# 大事记

## 1 月

2日

△元旦期间，万盛经开区接待游客41.87万人次，比上年增长208.78%；旅游总收入21288.45万元，增长210.2%。其中，黑山谷景区接待游客2.31万人次，增长42.59%，旅游收入459.84万元，增长68.36%；龙鳞石海景区接待游客1.98万人次，增长24.53%，旅游收入179.76万元，增长34.48%。

4日

△民革重庆市委主委王新强到万盛经开区调研。先后到万盛规划展览馆和万盛浮法玻璃等企业，实地了解地区经济社会发展情况。

△万盛经开区召开加快实施全域旅游战略大会，学习贯彻党的十九大精神，安排部署当前和今后一个时期全域旅游发展工作。

△万盛经开区召开加快实施全面健身战略大会，学习贯彻党的十九大精神，研究部署加快实施全民健身战略各项工作，加快建设全国运动健康城市。

7日

△第十二届中国纪录片国际选片会在河北正定县举行，万盛经开区新闻中心选送的专题纪录片《古稀老人的书香晚年》获三等奖。

8日

△驻万盛经开区的市、区两级人大代表、政协委员开展集中视察活动。

9日

△万盛经开区党工委书记肖猛到石林镇调研。先后到奥陶纪、南天门冰雪世界等景区，了解冬季旅游接待和景区安全管理情况。

△晚，万盛街道在万盛影剧院举办“起航2018 拥抱新时代”专场文艺演出。

11日

△万盛经开区管委会主任袁光灿专题调研工业强区工作，并听取工业系统各单位工作情况汇报。

△下午，万盛经开区召开杭州·万盛旅游合作座谈会，来自杭州市旅游业界及新闻界的20余名代表参加会议，重庆万盛旅业（集团）有限公司与杭州挚鹏旅游有限公司签署战略合作协议。

12日

△万盛经开区民办幼儿园行业第一次妇女代表大会召开。标志着重庆市首个民办幼儿园行业妇联组织成立。

13日

△重庆市农村生活垃圾分类和资源化利用示范现场督导工作座谈会在万盛经开区召开。住房和城乡建设部督导专家组到万盛经开区督导全国第一批农村生活垃圾分类和资源化利用示范县（市、区）试点情况。

16日

△重庆市妇联党组成员、副主席郎晓莉到万盛经开区调研基层妇联组织建设。

17日

△万盛经开区获重庆市2017年度“四好农村路”（指建设好、管理好、养护好、运营好农村公路）示范区县称号。

18日

△国家体育总局主办的全民运动健身模范市（区、县）创建工作研讨会召开，讨论《全民运

动健身模范市评价指标体系（初稿）》，研究全民运动健身模范市（区、县）创建工作整体实施计划。万盛经开区党工委书记肖猛应邀参加会议并在会上发言。

△城口县县长黄宗林率考察团到万盛经开区考察交流资源型城市转型工作。

△阿里巴巴首次向外界公布开设22个兴农扶贫县域官方服务站。万盛经开区成为22个兴农扶贫县域官方服务站之一，并推荐农产品特色菜系——盐菜烧白加入阿里首批电商脱贫项目。

19日

△至21日，万盛电商消费节在万盛体育馆羽毛球雕像旁举行。

22日

△为期4天的第十七届西部（重庆）国际农产品交易会在重庆国际会议展览中心（南坪）落幕。万盛经开区13家企业携50多种农产品参展，签约金额4.9亿元。

23日

△万盛经开区党工委书记肖猛主持召开会议，研究城市地下综合管廊规划建设工作。

△万盛经开区2018年“三节”（元旦节、春节、元宵节）系列群众体育活动——“体彩杯”迎新年第六届羽毛球比赛在区文体中心体育馆开赛，全区各部门、镇街、企事业单位的31支队伍、240名选手参赛。

25日

△国家体育总局社会体育指导中心业务一部部长黄强到万盛经开区考察国家轮滑全项目赛训基地建设情况。

△重庆市商务委员会副巡视员孙华培带领市政府第四检查组到万盛经开区检查消防工作。

27日

△“中国工业遗产保护名录（第一批）”发布会在北京举行。丛林镇海孔洞作为重庆抗战兵器工业遗址群之一，入选全国首批100个保护项目名单。

**是月**

△万盛经开区首个文创基地成立。基地位于万盛公园灯塔1号观景平台内侧。养林艺术馆、清华大学美术学院书画高研班王林文人画专项课程基地、中国城市山水画卷传世工程万盛创作基地、余水清工作室等入驻基地。

△万盛博物馆收到来自英国世界纪录认证总部颁发的“世界最大唢呐”世界纪录认证书和通知：通过向全球发出“世界最大唢呐”挑战标准和严格的纪录审核，“青山莽”唢呐为“世界最大唢呐”。

△中国工程院院士、市科协主席、重科院院长、国家镁中心主任潘复生到万盛经开区调研科技工作，推动万盛经开区工业招商引资。

△万盛经开区第二个胸痛中心在南桐总医院上线。

## 2　月

4日

△黑山谷入选2017“重庆十大热门景区”名单。

△万盛经开区召开党工委（扩大）会议暨经济工作会。会议学习贯彻习近平新时代中国特色社会主义思想和党的十九大精神，贯彻中央经济工作会议精神，贯彻落实市委五届三次全会、重庆市经济工作会议和重庆市“两会”精神，总结2017年全区各项工作，安排部署2018年工作。

6日

△万盛经开区召开农民工工资清欠工作专题会，研究部署保障农民工工资支付工作。

△万盛经开区举行卫生系统高级专业技术人才代表座谈会，22名高级专业技术人才代表围绕经开区卫生系统如何聚才、留才、用才，建言献策。

△“三节”系列群众体育活动——迎新年第六届“体彩杯”拔河比赛在安全广场举行。

7日

△万盛经开区党工委、管委会班子召开2017年度民主生活会。

8日

△万盛经开区召开2018年区级离退休老干部迎春座谈会。

△万盛经开区2018年“三节”系列群众体育活动——“体彩杯”迎新年国民体质健身技能大挑战竞赛在区文体中心开赛。

10 日

△重庆市旅游发展委员会主办的“2018 重庆旅游新春推广月”在重庆欢乐谷景区开幕。万盛经开区大型情景剧《最后的夜郎王》在开幕式上演出。

△2018 万盛老街第二届新春文化庙会开幕。本届庙会主题“幸福万盛，魅力老街”。

△万盛经开区举行 2018 年春节团拜会。

15 日

△晚，农历除夕夜，万盛经开区党工委书记肖猛到城区街头、区公安分局指挥中心，代表党工委、管委会亲切看望慰问一线的干部职工、公安民警，感谢大家为保障千家万户幸福安宁所做出的辛勤劳动和无私奉献，向节日期间坚守岗位的干部职工致以春节的问候，向全区人民致以新春的美好祝福。

21 日

△春节期间，万盛经开区接待游客 130.21 万人次，比上年增长 246.3%；旅游总收入 66216.76 万元，增长 248.85%。其中，黑山谷景区接待游客 4.98 万人次，增长 22.66%，旅游收入 354.48 万元，增长 275.15%；龙鳞石海景区接待游客 3.78 万人次，增长 41.57%，旅游收入 111.55 万元，增长 269.62%。

22 日

△万盛经开区党工委书记肖猛，党工委副书记、管委会主任袁光灿等全体在区市管领导，到城市西区毗邻的荒坡上，与全区 300 余名干部群众一道参加春季义务植树活动。

24 日

△万盛经开区 2018 年“春风行动”暨化解过剩产能职工、脱贫攻坚专场招聘会在子如广场举行，来自区内外的 70 余家企业提供 20 余个工种、3000 余个岗位。当天有 4000 多名求职者到场咨询，现场达成意向性用工协议 2300 余人次。

27 日

△万盛经开区召开 2018 年全区党风廉政建设和反腐败工作会议。

# 3 月

1 日

△万盛经开区召开平安稳定暨扫黑除恶专项斗争工作会议。

△万盛经开区召开工商行政管理工作会，总结 2017 年工商行政管理工作，安排部署 2018 年工商工作重点任务。

△3 月 1 日起，全区 65 岁以上老人可免费乘坐公共交通工具。

5 日

△“巾帼心向党·舞动万盛美”万盛经开区 2018 年庆“三八”节集体舞比赛在区体育馆举行。全区各单位、各镇街的 700 余名选手组成的 18 支队伍参赛。

△万盛经开区党工委副书记、管委会主任袁光灿专题研究调度 2018 年全区重点项目建设工作，听取 1—2 月全区重大项目进展情况汇报，安排部署 2018 年重点项目工作。

6 日

△万盛经开区党工委书记肖猛会见重庆顺安爆破器材有限公司党委书记、董事长吴明胜。双方就进一步深化合作进行交流。

7 日

△万盛经开区召开 2018 年庆祝三八国际劳动妇女节座谈会。

△鲤鱼河引水工程试通水成功。

8 日

△重庆市委老干局局长、市委组织部副部长郑平到万盛经开区调研老干部工作。

△万盛经开区召开 2018 年全区武装工作会议暨“十三五”时期民兵调整改革部署会。

10 日

△2018 年重庆市青少年羽毛球精英赛（第一站）在万盛经开区文体中心体育馆举行。来自重庆市 16 个区县的 238 名运动员参赛。万盛经开区的 41 名选手获单项冠军 3 个、单项亚军 2 个、单项季军 3 个，单项冠军居金牌榜首。

△“相约金色花海·乐享新建农趣”丛林镇新建村首届油菜花节开幕。7000 余名游客到此

观赏。

△“2018 重庆第一泡，万盛茶飘香”活动在龙鳞石海景区举行。4000 名游客到茶山采摘春茶。

11 日

△万盛与四川美术学院、市工商局签署合作协议，共同创建凉风精准扶贫微企梦乡村美术写生创作基地，四川美术学院为关坝镇凉风村授牌。

△2018 年迎春系列活动暨关坝镇“顺隆杯”巾帼健步跑邀请赛在关坝镇凉风村举行。300 余名妇女参加比赛。

12 日

△万盛经开区党工委副书记、管委会主任袁光灿调研卫生计生工作。

△2018 年春运结束。全区累计投入客运车辆 9800 辆次，比上年降低 6%，其中公交车 6080 辆次，加班车 2385 班次；检查行李包裹 258257 件，查扣“三危品”（指易燃、易爆、有毒有害物品）104 件。

13 日

△万盛经开区党工委副书记、管委会主任袁光灿调研重大基础设施项目建设工作。重点踏勘重庆江南机场、松涛湾水库建设情况。

14 日

△江津区委书记程志毅率党政代表团到万盛经开区考察。先后到丛林镇食用菌工厂项目现场、丛林菌谷蘑菇总动员、青年汇巅峰乐园、旅游综合管理执法集中服务区、梦幻奥陶纪主题公园、板辽湖金沙滩、凉风“梦乡村”等地，实地了解经开区全域旅游发展工作和实施乡村振兴战略情况。

△重庆市质监局党组书记、局长杨宏伟调研万盛经开区质监工作。杨宏伟对万盛经济社会发展和质监工作取得的成绩给予高度评价。

15 日

△万盛职业教育中心的市级中等职业教育改革发展示范学校建设计划项目通过验收。

△万盛经开区启动“新时代万盛好少年”学习宣传活动。党工委书记肖猛宣布活动启动。

16 日

△重庆市旅发委副主任秦定波到万盛经开区调研全域旅游发展工作和实施乡村振兴战略情况。

△重庆市民间文艺家协会 2018 年工作会在万盛经开区召开。会议总结回顾 2017 年协会工作成绩，安排部署 2018 年重庆市民间文艺工作。

17 日

△至 18 日，“春风十里 · 和美梨园 ”重庆万盛第五届“青山湖 · 五和”梨花文化旅游开幕。

19 日

△万盛经开区举行 2018 年城市管理服务主题周活动启动仪式。

20 日

△陕西煤业化工集团有限责任公司党委书记、董事长杨照乾率队到万盛经开区考察。

△万盛经开区召开 2018 年人才工作会议暨党工委理论学习中心组（扩大）会。

22 日

△万盛经开区教育系统 2018 年全民健身运动会启动仪式暨第五届小学生“萌芽杯”篮球赛开幕式在中盛小学 A 区举行。全区 18 所学校的 26 支队伍、261 人参加比赛。

27 日

△交通运输部安全总监成平率调研组到万盛经开区调研。

28 日

△水利部督导检查组到万盛经开区督导检查河长制工作开展情况。先后到清溪河鱼子岗段、溱溪河关坝凉风段了解经开区河长制组织体系、制度建设、河长巡河履职、一河一策管护等落实情况。

△万盛经开区党工委书记肖猛会见重庆银行董事长林军，双方就进一步拓宽合作领域、提高服务质效、共同推动区域经济健康快速发展进行交流和洽谈。

△第十八届中国金属冶金展暨中国交通用铝展在重庆国际博览中心隆重开幕。万盛经开区携 38 个、总投资逾 120 亿元的工业招商项目参展。

29 日

△重庆市人大代表到万盛经开区视察全域旅游发展情况。

△万盛经开区党工委书记肖猛率队到龙焱能源科技（杭州）有限公司和上海融联租赁股份有

限公司考察，洽谈引进龙焱能源碲化镉薄膜太阳能组建生产项目等相关事宜。

△万盛经开区党工委召开2018年第一轮巡察工作动员部署会议。

## 4　月

△2018重庆体育旅游专题新闻发布会在万盛经开区召开。党工委书记肖猛出席发布会。

△万盛经开区召开2018年人大代表建议和政协提案交办工作会。2017年，万盛经开区办理区二届人大一次会议代表建议128件、区政协二届一次会议委员提案112件，办结率100%，代表、委员满意和基本满意率分别为100%、99.1%。2018年区两会期间，收到人大代表建议135件、政协提案98件。

8日

△万盛经开区召开专题会议研究生态文明建设和环境保护工作。

△由市委宣传部、市文明办、市委教育工委、市教委组织举办的“寻找最美教师”活动结果揭晓，万盛经开区5名教师获“最美”称号。分别是：关坝小学李万建获“最美校长”称号，黑山实验学校王霞、重庆市一〇四中学罗兴媛获“最美教师”称号，进盛实验中学刘雪梅获“最美班主任”称号，石林小学王淋获“最美乡村学校少年宫辅导员”称号。

12日

△由澳门旅行社代表、新闻媒体代表等20人组成的考察团到万盛经开区考察。先后到龙鳞石海、梦幻奥陶纪主题公园和黑山谷景区，了解经开区景区发展、运营情况和历史文化等，并就如何发挥好特色优势、资源优势，拓展旅游线路等方面提出意见和建议。

13日

△凌晨，万盛经开区普降大到暴雨，局部地区有冰雹，全区各地不同程度受灾，据区民政局初步统计，造成直接经济损失约433.3万元。

△2018年重庆市安全生产宣传工作暨安全文化建设现场会在万盛经开区召开。与会人员先后到安全文化广场、南桐小学、万盛浮法玻璃有限责任公司、城市管理局、鱼子新区等地，了解万盛安全知识进社区、进学校、进企业等方面的建设情况。

15日

△第33届重庆市青少年科技创新大赛在重庆八中渝北校区落幕。万盛经开区入围的参赛作品有19件，其中教师作品9件，学生作品10件，最终获金奖5个，银奖6个，铜奖11个。

△重庆市乒乓球协会第四届代表大会在重庆市第二师范学院南山校区举行。会上，万盛经开区乒乓球协会被授予“2016—2017年度先进集体”称号。

16日

△万盛经开区举行2018年干部教育培训春季开学典礼暨党工委中心组（扩大）会学习。会议邀请杭州市委统战部副部长、杭州市城市管理委员会原副主任邵根松作题为“中国城管执法的改革与创新”的专题讲座。

△万盛经开区党工委书记肖猛会见到万盛考察的上海融联租赁股份有限公司董事长王炜，双方就加快推动龙焱能源碲化镉薄膜太阳能组建生产项目落地等相关事宜进行洽谈。

17日

△万盛“记忆157”文化旅游主题项目开工。

△至18日，万盛经开区党工委副书记、管委会主任袁光灿率队到山东京博控股股份有限公司考察。

19日

△万盛经开区党工委书记肖猛率队到市国土房管局联系对接工作。

△万盛经开区党工委副书记、管委会主任、区总河长袁光灿率队开展河长制巡河工作。

△共青团万盛经开区委召开党的十九大精神宣讲会。

△由携程主办的年度中国旅行口碑榜颁奖典礼在西安曲江国际会议中心举行。黑山谷获评“国内最佳旅游景点”称号。

20日

△至21日，重庆·万盛石林2018年拳力联盟第四季揭幕战在万盛经开区文体中心羽毛球馆举行。青岛俱乐部拳手董有礼获世界拳击组织（WBO）亚太洲际青年金腰带，伊力夏提·艾尼

瓦尔获世界拳击理事会（WBC）洲际金腰带。

21 日

△由重庆市体育局、九龙坡区人民政府主办的2018“寻迹九龙”重庆市首届全民定向越野挑战赛在九龙坡区九凤山景区落幕，万盛经开区代表队获挑战组冠军。

22 日

△至23 日，万盛经开区党工委副书记、管委会主任袁光灿率队到江苏开展招商引资工作。

23 日

△万盛经开区 2018 年“兴盛杯”职工羽毛球比赛在区文体中心羽毛球馆举行，252 名羽毛球爱好者参赛。

24 日

△万盛经开区党工委全面深化改革领导小组召开第31 次会议。

△万盛经开区召开采煤沉陷区综合治理指挥部会议，研究审议《地方小煤矿采煤损害农村房屋治理方案（送审稿）》。

△万盛经开区党工委副书记、管委会主任袁光灿专题调研“放管服”（指简政放权、放管结合、优化服务）改革工作。

△万盛经开区党工委统战部召开体育基础设施及体育产业工作专题协商会，听取各民主党派、工商联、无党派人士的建议意见，助推经开区全民健身工作发展。

26 日

△万盛经开区党工委统战部举办“五一口号开创中国新型政党关系”专题讲座，全区各民主党派、无党派人士共计150 余人参加。

27 日

△万盛经开区党工委书记肖猛看望慰问“全国五一劳动奖章”获得者郭平牯、“重庆市五一劳动奖章”获得者王令囡，并向全区各行各业、各条战线的广大职工和劳动群众致以节日的问候。

△至28 日，万盛经开区党工委书记肖猛率队到湖南长沙，与中建五局总经理、党委副书记田卫国接洽双方合作事宜，并签订战略合作框架协议。

△万盛经开区与胜高连锁酒店管理股份有限公司以及上海特诚汽车运输有限公司分别签订战略合作框架协议与总部经济项目投资协议。

△万盛经开区总工会召开第二届委员会第二次全体会议，总结 2017 年工会工作，安排部署2018 年工作。

△万盛经开区首批投用的10 辆新能源纯电动公交车开始运营。

29 日

△2018 年首届世界苗族文化艺术节暨重庆万盛第二十届苗族踩山会在万盛龙鳞石海景区举行，来自美国、欧洲、东南亚等国家和地区以及贵州、湖南、云南等省市的200 余支苗族后裔共赴盛会。

△作为2018 年首届世界苗族文化艺术节暨万盛第二十届苗族踩山会系列活动之一的新时代的苗族非遗文化传承与创新高峰论坛在万盛经开区召开。来自国内外的各苗族分支代表、文化旅游专家学者、苗族文化爱好者等近200 人参会。全国政协常委、中国作协副主席白庚胜，中国少数民族作家学会秘书长赵晏彪出席活动。

30 日

△2018 中国·万盛民谣歌会在青年汇巅峰乐园举行，田馥甄、张磊、左立等著名歌手倾情演唱。

**是月**

△重庆市首个水土保持科普馆在万盛经开区建成并对外试开放。该科普馆坐落在青山湖国家湿地公园，由形象墙、序言、重庆水土保持成就、水土科普数字互动、数字沙盘、水土保持知识科普、水土保持技术展示、管理展示 8 大主要板块构成。

△万盛经开区党工委宣传部、区文联邀请中国诗歌学会副会长傅天琳、重庆市作家协会原党组书记王明凯等25 名重庆知名作家、诗人到经开区开展为期 2 天的“美丽乡村万盛行”采风活动。

△西南地区首家碳纤维羽毛球拍生产项目在万盛经开区投产，标志着经开区实现羽毛球拍“万盛造”。

△第三届渝东南片区十区县老年人羽毛球联谊赛在万盛经开区举行。来自南川区、涪陵区、武隆县、丰都县、秀山县等区县的60 余名羽毛球爱好者参赛。万盛经开区选手罗应林、霍祥丽获

乙组混双冠军。

## 5　月

2 日

△“五一”小长假期间，万盛经开区接待游客59.63万人次，比上年同期增长11.98%；旅游总收入41323.59万元，增长55.04%。

3 日

△团区委举办万盛经开区纪念五四运动99周年青年座谈会，全区23个行业的39名优秀青年代表参加会议。

6 日

△至7日，国家林业局湿地保护管理中心巡视员程良率专家组到万盛经开区，考察论证青山湖国家湿地公园（试点）总规修编。

9 日

△万盛经开区召开实施乡村振兴战略行动计划动员会议、交通建设“三年行动”计划动员会议、精准脱贫攻坚战动员部署会议。

△万盛经开区举行2018年招商引资重点项目集中签约仪式，涉及煤电化工、新型材料、医药健康、电子信息及相关产业领域的8个重点项目签约，总投资额179.5亿元。

10 日

△至11日，重庆市政府督学郑金城率督导专家组到万盛经开区开展义务教育发展基本均衡督导评估复查验收工作。

11 日

△万盛经开区党工委书记肖猛率队到陕西，与陕西煤业化工集团有限责任公司党委书记、董事长杨照乾会谈，就进一步加强合作进行交流。

13 日

△生态环境部“清废行动2018”第4督查小组到丛林镇、万东镇、金桥镇，现场督察工业固体废物和生活垃圾堆存情况。

14 日

△由重庆卫视和重庆国际频道倾力打造的大型全媒体文旅综合节目《我为家乡代言》完成首场录制。党工委副书记、管委会主任袁光灿应邀参加节目录制，向国内外观众推介万盛。

15 日

△万盛经开区党工委副书记、管委会主任袁光灿调研国土房管并检查地质灾害防治工作。

△万盛经开区新开通2条公交路路线，即211路（鱼田堡—团山堡）、212路（两河—田湾）。至此，全区行政村通公交率98%。

16 日

△在福建省举行的2018年全国特奥足球比赛暨全国第十届残运会暨第七届特奥会特奥足球比赛中，万盛经开区运动员李雪峰跟随重庆市特奥足球队出征，代表重庆市参加比赛，获得亚军。

△2018年中国乒乓球俱乐部比赛“黑山谷杯”甲A第一站比赛在万盛文体中心开幕。来自全国各地40余个乒乓球俱乐部的50支队伍的230名运动员参赛。

△万盛经开区教育系统举行学习习近平总书记在全国两会期间系列重要讲话精神宣讲报告会。

△梁平区委副书记、区长蒲继承率队到万盛经开区考察全域旅游工作。

17 日

△万盛经开区召开专题会议，研究民营经济发展工作。

△万盛经开区举行第28次“全国助残日”活动启动仪式并成立区助残志愿服务队。

18 日

△万盛经开区召开“活人墓”专项治理工作动员大会。

△为期8天的2018年万盛科技活动周开幕，区科技局联合10余个部门和企业在区文化广场开展科普宣传咨询及科技成果展示等活动。

△5月18日是国际博物馆日，区博物馆开馆一周年，共开放展厅7个，累计接待区内外团队300余支，免费讲解400余场次，接待观众量12万余人次。

△民进重庆市委专职副主委黄硕率队到万盛经开区，分别在万盛民族学校和进盛实验中学开展2018年“进盛合作”表彰、捐赠活动。

19 日

△国家体育总局副局长赵勇率队调研全区全民健身工作。

△2018年“中国旅游日”暨“健康万盛绿

色出行”启动仪式在万盛黑山谷旅游度假区举行。1500余名彩跑爱好者参加活动。

20日

△2018年中国乒乓球俱乐部比赛“黑山谷杯”甲A第一站在万盛经开区文体中心体育馆落幕。来自北京、上海、天津、内蒙古、黑龙江等18个省、直辖市，以及德国、波兰、韩国、新加坡等国家、中国香港地区230名运动员参赛。武汉经开港乒乓球俱乐部、内蒙古明华新能源获得团体赛男子第一名，陕西三八妇乐女乒俱乐部、新疆队获得团体赛女子第一名。

△2018首届世界苗族文化艺术节暨万盛第二十届苗族踩山会闭幕式在龙鳞石海景区举行。本届踩山会以“歌不断，舞不断，酒不断，欢乐不断”为主题，吸引来自美国、欧洲、东南亚等国家、地区和贵州、湖南、云南等省市的200余支苗族后裔共赴盛会。本届踩山会以新时代苗族非遗传承与创新研讨会、苗族非遗文化展演、2018万盛民谣歌会、苗族民族特色产品集市暨重庆“非遗”展演、万盛红苗砍火星节特色活动等方式，打造了万盛石林独具特色的苗族文化视觉盛宴。

22日

△万盛经开区开发投资集团召开2018年工作会，安排部署全年重点工作。

△万盛经开区党工委副书记、管委会主任袁光灿调研环保污染防治并检查“河（湖）长制”工作。

△重庆市老干部党校第79期培训班在万盛开班。

23日

△贵州省六盘水市政协副主席田满华率队到万盛经开区考察旅游发展工作。

△由万盛经开区老体协主办的2018年全国老年人太极拳健身推广展示大联动重庆万盛分会场活动在区文体中心体育馆举行。

△万盛经开区召开脱贫攻坚大排查工作反馈会。

24日

△“文明旅游·为中国加分·绿色出行”暨“文明在行动·满意在重庆”主题活动启动仪式在万盛举行，重庆市各区县（自治县）文明办、旅游局（委）负责人，两江新区文明办、市场监管局负责人，以及文明旅游志愿者代表、旅游行业职工代表、市民代表共计1000余人参加启动仪式。

25日

△第二十一届中国西部国际投资贸易洽谈会在重庆悦来国际博览中心开幕，区领导陈宇出席开幕式暨重大项目签约仪式。在洽谈会上，万盛经开区签约13个项目，签约投资总额183亿元。

△中央电视台第七套相亲交友类大型户外访谈栏目——《乡约》第三次到万盛经开区进行“乡约万盛”节目现场录制。区领导唐应良出席活动。

26日

△万盛经开区首个以“孝文化”为主题的综合文化服务中心——万东镇综合文化服务中心开馆。

28日

△重庆市委书记陈敏尔到万盛经开区调研，强调要深学笃用习近平总书记对重庆工作的重要指示要求，认真落实总书记在全国生态环境保护大会上的重要讲话精神，坚定贯彻新发展理念，因地制宜走好转型路，因势利导打造升级版，努力推动高质量发展、创造高品质生活。

△越南客商一行到万盛经开区智能终端产业园进行考察。

29日

△2018年全国残疾人羽毛球锦标赛在贵阳市贵州师范学院体育馆落幕。万盛残疾人运动员程良华获银牌2枚。

30日

△万盛经开区党工委副书记、管委会主任袁光灿专题调研应急救灾和防汛抗旱工作。

△万盛经开区举办第五届老干部运动会，犹春香、马礼政等200余名老干部参加6个项目的比赛。

31日

△万盛经开区党工委副书记、管委会主任袁光灿调研科技创新工作。

# 6　月

1 日

△万盛经开区党工委副书记、管委会主任袁光灿带队开展城市管理“马路办公”，调研城市品质提升工作。

△2018 年全国 U10—11 羽毛球比赛（西南赛区）在万盛经开区文体中心体育馆开幕，来自北京、四川、山东、湖北等 8 个省、直辖市的 13 支参赛队伍、近 200 名运动员参赛。

2 日

△1 月 2 日，党工委理论学习中心组（扩大）专题学习会暨全区“以案说纪、以案说法、以案说德、以案说责”警示教育大会举行。

3 日

△2018 重庆市第三届击剑公开赛在重庆大学城落幕，万盛经开区运动员张宝月获少年组乙组女子个人冠军和团体亚军，彭俞维获成人组女子团体季军。

5 日

△武隆区委书记黄宗华率党政代表团到万盛经开区考察。

△万盛经开区召开专题会议，听取交通项目工作汇报。

6 日

△2018 年全国 U10—11 羽毛球决赛（西南赛区）在万盛经开区文体中心体育馆举行，共有 64 名选手参加决赛次。最终，韩奇克、何舒旸等选手获西南赛区 11 组男子、女子单打前 8 名，黄铭浩、臧欣悦等选手获西南赛区 10 组男子、女子单打前 8 名，何恩浩泽、曹雪等选手获西南赛区 11 组男子、女子双打前 8 名，并获得参加 2018 年全国 U10—11 羽毛球比赛总决赛的入场券。

7 日

△万盛经开区党工委书记肖猛会见到区考察的中国铁建投资集团有限公司副巡视员兼房地产事业部总经理郑玉欣一行，双方就相关合作事宜进行交流。

△2018 年普通高等学校招生全国统一考试拉开帷幕。全区有 1603 人报名参加高考，其中，在 3 月举行的高职单招中，有 336 人被高职院校录取，6 月高考实际参考人数 1267 人。全区设置重庆市四十九中高中部校区一个考点，共 44 个考场。

8 日

△万盛经开区召开安全生产大排查大整治大执法督查情况反馈工作会。

△至 10 日，2018 重庆春季商业商务地产暨旅游休闲度假区展览会开展，万盛经开区五大精品旅游地产组团参展，集中展示区内优秀旅游休闲度假景区及精品旅游地产项目。

△万盛经开区党工委书记肖猛带队赴上海，拜会东方希望集团董事长刘永行。

△万盛经开区物流商会成立大会暨第一次会员大会在万盛经开区国际大酒店举行。

9 日

△2018 重庆春季商业商务地产暨旅游休闲度假区展览会在江北观音桥步行街开展。万盛经开区以“山水重庆 · 全景万盛”为主题，组织区内 5 个精品旅游地产项目参展。

13 日

△万盛经开区与中交第四航务工程局有限公司签订战略合作框架协议，双方一致同意建立长期战略合作关系，拟在基础设施、特色小镇、旅游及其他相关领域开展全方位合作。

14 日

△万盛经开区党工委书记肖猛率队到市体育局对接工作。

△万盛经开区党工委书记肖猛先后到重庆万盛汽车配件有限公司、“记忆 157”主题文化旅游项目施工现场、华绿集团食用菌生产基地等地，开展明察暗访项目进展情况，与相关负责人交谈，了解他们在建设过程中遇到的困难和问题。

18 日

△端午小长假期期间，全区接待游客 56. 32 万人次，比上年增长 21. 33%；旅游总收入 3. 9 亿元，增长 86. 05%。

19 日

△万盛经开区党工委理论学习中心组举行学习（扩大）会，邀请北大未名生物工程集团有限公司董事长、北京大学教授潘爱华作题为《生物经济理论与实践》的专题辅导讲座。

△至20日，北大未名生物工程集团有限公司董事长、北京大学教授潘爱华一行到区考察，就加快推动北大未名重庆万盛生物经济示范区项目建设进行对接交流。

20日

△重庆市“四好农村路”建设现场推进会在万盛经开区召开。

21日

△重庆市第十四环境保护督察组督察万盛经开区工作动员会召开，标志着市第十四环境保护督察组进驻万盛，开展为期20天的环境保护督察。

△至24日，第十三届中国重庆高新技术交易会暨第九届中国国际军民两用技术博览会在重庆市南坪国际会展中心举行，万盛经开区有22家企业参展，展出产品24件，涉及新型材料、医药健康、装备制造、通用航空、电子信息等多个领域。

△海航实业集团运营总裁兼海航基础控股集团有限公司董事长黄秋一行，到区考察重庆江南机场项目建设情况，并召开座谈会，听取重庆江南机场公司建设总体情况汇报，双方就项目在推进过程中存在的困难和问题，进行交流与沟通。

22日

△中共重庆市委常委、市委政法委书记刘强到万盛调研平安稳定工作。

23日

△新华社、半月谈、瞭望周刊记者到万盛调研资源型城市转型发展情况，专访万盛经开区党工委书记肖猛书记。

△第八届冰心散文奖颁奖仪式在四川眉山举行，万盛经开区作家简云斌的散文《山路马帮》获冰心散文奖“散文优秀奖”。

25日

△至26日，重庆市第十四环境保护督察组分3个小组，分别到区农林局、环保局、国土房管局、规划局、建设局、经信局、水务局、交通局、气象局、城管局、卫计局、旅发委及2个园区开展走访问询工作。

26日

△重庆市体育局局长丁洪、万盛经开区党工委书记肖猛到国家体育总局汇报工作，就贯彻落实国家体育总局部署和赵勇副局长到重庆及万盛调研时讲话精神等工作进行汇报。

28日

△万盛经开区党工委办公室开展“拥抱新时代·践行新思想·实现新作为”庆“七一”党的知识竞赛暨一支部主题党日活动。

△中国梦·巴渝风·万盛情原创舞台之“唱响新时代·赞歌献给党”2018年群众歌咏比赛，在万盛影剧院激情开唱。全区区8镇2街的10支代表队参赛。东林街道获比赛一等奖。

29日

△全区网络安全和信息化工作会议召开。

△2018年全国残疾人羽毛球锦标赛在贵阳市贵州师范学院体育馆落幕，万盛残疾人运动员程良华获2枚银牌。

△是日起，万盛至重庆大客车票价由原来的36元调整成30元，商务快客票价由原来的50元调整成40元。

30日

△“重庆黑山谷杯”2018年全国东西南北中羽毛球大赛（重庆选拔赛）在区文体中心体育馆开幕，来自重庆、贵州、湖北、四川、陕西等地的400余名业余羽毛球选手参赛。

**是月**

△万盛经开区开通209路（三元桥—黄高山）公交车。

## 7　月

2日

△万盛经开区召开总河长会议。会议传达学习重庆市深入推动长江经济带发展加快建设山清水秀美丽之地领导小组第一次会议暨2018年第一次总河长会议精神，审议万盛经开区“一河（库）一策”清单汇总表和《万盛经开区2018年河长制考核办法》，签订万盛经开区2018年度河长制工作目标责任书，听取全区河长制工作情况汇报，研究部署下一步工作。

3日

△万盛经开区与中共重庆市委党校签订合作备忘录，双方将在强化经开区党工委党校软实

力、提升资政科研及教学水平等方面开展战略合作。

4日

△至5日，市委宣传部组织《重庆日报》、重庆电视台、重庆之声等9家市属主流媒体集中到万盛开展“在行动 大型系列报道”活动，万盛经开区党工委书记肖猛主持召开新闻发布会并接受专访。

5日

△上午，新组建的国家税务总局重庆市万盛经济技术开发区税务局挂牌成立。

△重庆市第十四环境保护督察组组长吴亚一行先后到黑山镇、金桥镇等地，实地了解和督察经开区生态环境保护相关工作情况。

9日

△由云南省公路局局长陈钢带队的交通运输部2018年“四好农村路”建设及交通扶贫督导省际交叉互评工作督导组到万盛，检查指导“四好农村路”建设及交通扶贫工作。

△万盛经开区召开深入推动长江经济带发展动员大会暨生态环境保护大会。

11日

△贵州省遵义市桐梓县副县长杜仲率桐梓县党政代表团到万盛经开区考察交流全域旅游发展。

13日

△重庆市政协副主席陈贵云到万盛经开区调研。先后到旅游综合管理执法集中服务区内、石林镇、青年镇、关坝镇等地，了解万盛旅游管理服务工作及经济社会发展情况。

14日

△2018年重庆市避暑纳凉之地全民健身启动仪式暨“万盛千里健身步道”系列健身跑（黑山段）活动在万盛举行。

16日

△万盛经开区召开扫黑除恶专项斗争专题会，传达学习重庆市扫黑除恶专项斗争领导小组第二次会议精神，安排部署全区扫黑除恶专项斗争相关工作。

17日

△重庆市扫黑除恶专项斗争第11检查指导组检查指导经开区工作动员会召开。

18日

△万盛经开区党工委书记肖猛调研黑山旅游度假区创建工作。

△万盛经开区党工委副书记、管委会主任袁光灿率队到重庆能投渝新能源有限公司南桐煤矿检查煤矿安全生产工作。

19日

△万盛经开区党工委书记肖猛到万东镇五和村、金桥镇三台村调研脱贫攻坚工作，详细了解贫困户生产生活、家庭收支等情况。

△万盛经开区党工委副书记、管委会主任袁光灿到区税务局调研。

△重庆市人力资源和社会保障法治知识竞赛第五赛区决赛在万盛经开区举行。

20日

△万盛经开区召开2018年国务院大督查迎检自查整改调度会。

25日

△万盛经开区召开上半年经济形势分析会，总结分析上半年全区经济运行和重点项目建设情况，安排部署下半年经济工作和重点项目建设工作。

26日

△万盛经开区召开扫黑除恶专项斗争领导小组会议，通报市扫黑除恶专项斗争第11检查指导组对经开区第一阶段整改情况评价及第二阶段问题反馈情况，安排部署下一阶段扫黑除恶专项斗争相关工作。

27日

△重庆市督查五组组长、市国资委副主任李星强率队督查经开区剥离国有企业办社会职能和解决历史遗留问题工作。

30日

△重庆市扫黑除恶专项斗争第11检查指导组召开工作反馈会。

△万盛经开区党工委书记肖猛专题调研工业招商项目建设进展和投产达产情况。

**是月**

△由万盛经开区文创基地与重庆市美术家协会合作设立的重庆市美术家协会耀程创作基地在区文创中心揭牌。

## 8 月

1 日

△驻经开区的市、区两级人大代表、政协委员开展集中视察活动。

2 日

△至 3 日，由国家卫生健康委员会疾病预防控制疾控局（全国爱卫办）监察专员常继乐带队的中央督导调研组到区，督导调研经开区农村人居环境整治工作。

6 日

△万盛经开区召开 2018 年厅级离退休干部暑期学习活动情况通报会。

7 日

△万盛经开区党工委书记肖猛率队到市林业局对接工作。

△重庆市城乡建委副巡视员乔墩率市政府督查组到万盛经开区，开展深化“放管服”改革专项督查。

△万盛经开区党工委副书记、管委会主任袁光灿调研经开区电子信息产业发展工作并召开座谈会。

8 日

△由市公路局组织的《重庆市公路路政管理办法》立法调研座谈会在万盛经开区举行，就《重庆市公路路政管理办法（征求意见稿）》听取意见和建议。

△2018 年重庆万盛“全民健身挑战日，健康万盛动起来”总决赛在区文体中心体育馆举行。

△国家煤矿安监局党组成员、副局长李万疆到区督导调研煤矿安全生产工作，并召开煤矿安全生产工作现场会。

9 日

△万盛经开区召开全域旅游发展委员会 2018 年第二次会议。会议审议《万盛经开区全域旅游发展专项资金管理办法（试行）》《万盛经开区旅游民宿奖励办法（试行）》《万盛经开区旅游商品无理由退货管理办法（试行）》等方案文件。

10 日

△万盛经开区党工委书记肖猛，党工委副书记、管委会主任袁光灿到市规划局对接工作。

13 日

△万盛经开区党工委书记肖猛会见新中天环保股份有限公司副董事长林松一行，双方就加快推动渝南循环经济项目建设等相关事宜交换意见。

14 日

△万盛经开区召开 2018 年全民健身运动委员会第一次会议暨全国全民运动健身模范城市创建工作现场推进会筹备工作会议。

15 日

△万盛经开区党工委召开 2018 年民主党派、工商联负责人和无党派人士暑期谈心会。

16 日

△由桐梓、南川、綦江、万盛四县区共同发起的“渝南黔北”区域旅游发展联盟在贵州省桐梓县成立。

△万盛经开区党工委书记肖猛专题调研市级工业重点项目建设进展情况。

17 日

△重庆市环保局党组书记、局长辛世杰一行到区调研指导生态环境保护工作。

19 日

△第 33 届全国青少年科技创新大赛在重庆闭幕。万盛小学教师杨波的作品《电从哪里来》获科技辅导员科技教育创新项目全国一等奖和中科普 STEAM 教育园丁奖，杨波获全国“十佳优秀科技辅导员”称号；和平小学教师余斌的作品《古代农具推动演示仪》获科技辅导员科技教育创新项目全国一等奖、中鸣科学奖、智慧圆专项奖。

22 日

△南川区政协主席简支全率队到万盛经开区考察全域旅游工作。

△万盛经开区召开扶贫开发领导小组会议。

23 日

△首届中国国际智能产业博览会在重庆国际博览中心开幕。在重庆市大数据智能化展示中心 D 馆的重庆智慧旅游展馆，万盛旅游大数据分析平台、“全景万盛” HTML5 轻应用、万盛全域旅游智能机器人等诸多智慧旅游前沿科技应用进行集中展示，向全世界唱响“山水重庆 · 全景万

盛”品牌。

24 日

△至26 日，2018 年首届全国东西南北中羽毛球大赛青少年赛（万盛站）在区文体中心体育馆举行。来自重庆、云南、陕西、四川、天津、新疆、江苏等省市的350 余名运动员参赛，万盛经开区运动员获金牌10 枚。

28 日

△凉风微企梦乡村建设工作现场推进会召开。

30 日

△国家体育总局调查组到万盛经开区调研全民健身工作开展情况。

31 日

△由山西省大同市政府督查室副主任李志龙带队的国务院督查组到万盛经开区，督查经开区实施乡村振兴战略和脱贫攻坚工作。

## 9 月

3 日

△国家开发银行重庆市分行党委委员、副行长刘天会一行到万盛经开区考察，就相关合作事宜进行交流。

5 日

△重庆市政协副主席、民革市委会主委王新强到万盛调研。

△至7 日，万盛经开区党工委副书记、管委会主任袁光灿率队到北京开展招商引资活动。

6 日

△山东省日照市委副书记、市长李永红率队到万盛考察全民健身工作。

△全区 25000 余名中小学生开学行课。

7 日

△全国“四好农村路”管理现场会在浙江省安吉县召开。交通运输部、农业农村部、国务院扶贫办对 117 个“四好农村路”全国示范县进行命名。万盛经开区成为全国“四好农村路”示范县之一。

△至9 日，第七届重庆（国际）文化产业博览会在重庆国际博览中心举行，万盛经开区携三大特色文化产品亮相本届展会。

9 日

△万盛经开区举行“传承红色基因 汇聚强军力量”2018 年新兵欢送大会暨国防教育宣传周启动仪式。

10 日

△晚，国家艺术基金 2017 年度资助项目、重庆市曲艺团原创跨界融合曲艺剧《啼笑因缘》在万盛影剧院上演，500 余名观众观看演出。

11 日

△至12 日，“全民健身·全景万盛”2018 年全国重点网络媒体记者到万盛经开区采访报道。

12 日

△重庆市供销系统农业综合开发项目管理现场会暨业务工作培训会在万盛经开区召开，重庆市各区县供销社代表就重庆市供销系统农业综合开发项目进行现场考察和培训交流。

△山东省政协常委、日照市政协副主席王坤英率队到万盛经开区考察运动城市建设工作。

13 日

△万盛经开区实施乡村振兴战略工作领导小组召开会议。

18 日

△万盛经开区举行 2018 年干部教育培训秋季开学典礼。

△重庆市政协副主席陈贵云率市政协常委视察团第二分团到区，视察交通建设“三年行动计划”实施情况。

△由重庆市民政局副局长谭书凯率队的市“七五”普法中期检查组第五小组到万盛，检查“七五”普法中期工作开展情况。

△万盛经开区党工委统战部召开城市基础设施建设工作专题协商会，会议听取各民主党派、工商联、无党派人士的意见建议，全力助推经开区城市基础设施建设发展。

19 日

△重庆市水利投资（集团）有限公司与万盛经开区签订合作协议，双方将在重点水利工程建设等方面开展合作，全力推进万盛水利事业发展。

20 日

△万盛经开区中心法庭对易某、曾某等 13 人

涉嫌聚众斗殴罪、寻衅滋事罪、故意伤害罪、非法持有毒品罪一案进行依法公开开庭审理。这是经开区开展扫黑除恶专项斗争以来，公开审理的首例涉恶势力犯罪案件。

△重庆市脱贫攻坚常态化督查第23督查组组长、市民族宗教委副主任向远道率督查组到区，召开脱贫攻坚常态化督查工作见面会，启动常态化督查工作。

△“红领巾心向党”重庆市第九届少先队辅导员职业技能大赛复赛（万盛片区）在万盛经开区中盛小学落幕。

21日

△万盛经开区党工委副书记、管委会主任袁光灿先后到子如陵园、荣懿堂文化旅游工艺品制造有限公司、万盛国家矿山公园、妙音山紫竹寺等地进行现场调研，并主持召开专题会议，研究经开区历史人文资源保护利用工作。

△以“庆丰收 爱运动 展新风”为主题的首届中国农民丰收节暨万东镇第三十届农民运动会在区文体中心开幕，来自该镇的16支代表队、1000余名运动员参加运动会。

△至23日，重庆市首届体育产业博览会在重庆市国际会议展览中心举行。区体育局组织7家体育企业参展。

22日

△关坝镇凉风村举办首届中国农民丰收节。

23日

△由法国中法服装实业商会、法国东方华人协会等20余人组成的法国侨界代表团到黑山谷景区考察生态旅游情况。

24日

△中秋小长假期间，万盛经开区接待游客60.27万人次，旅游总收入2.70亿元。其中黑山谷景区接待游客2.9万人次，旅游收入524.9万元；龙鳞石海景区接待游客2.43万人次，旅游收入208.98万元；梦幻奥陶纪景区接待游客3.5万人次。全区投入客运车辆1007辆次（其中公交539辆次），加班车225辆次，完成客运量28.39万人次（其中公交车26.67万人次），客运量比上年同期降低0.62%。

26日

△万盛经开区党工委副书记、管委会主任袁光灿主持召开专题会，研究稳金融工作。

△万盛经开区召开专题会，研究中央预算内投资项目建设推进工作。党工委副书记、管委会主任袁光灿出席会议并讲话。

△万盛经开区2018年统战培训班开班。各镇街统战委员、各民主党派代表人士、非公经济代表人士等200余人参加培训。

△万盛经开区妇联2018年基层妇联干部培训班开班。

△2018年区属国有重点企业党支部书记（党务工作者）培训班开班。40名区属国有企业党组织书记、党务干部参加集中培训。

27日

△“高举团旗跟党走 青春建功新时代——重庆市青年岗位能手事迹分享暨万盛经开区青年职业技能展示”活动在万盛影剧院举行。

△万盛经开区党工委书记肖猛率队到超市、景区、酒店、旅游度假区等地，检查安全生产暨旅游服务工作。

△“山水之城·美丽之地”中国著名画家画重庆活动到万盛龙鳞石海景区，近30名画家用画笔勾勒万盛之美。

29日

△万盛经开区党工委书记肖猛调研纪检监察工作。

△万盛经开区党工委副书记、管委会主任袁光灿会见中国银行重庆市分行党委书记、行长段忠辉一行，双方就进一步深化政银合作，大力支持实体经济发展，推进重点项目合作等进行交流。

## 10　月

7日

△国庆期间，黑山谷景区接待游客6.52万人次，旅游收入1453.96万元；龙鳞石海景区接待游客5.75万人次，旅游收入960.25万元；奥陶纪景区接待游客8.5万人次。期间共投入客运车辆2369辆（其中公交车1311辆），加班车1058辆次，完成客运量66.29万人次（其中公交车59.95万人），客运量比上年增长5.51%。

8 日

△万盛经开区召开国庆假日旅游工作总结会，会议总结和分析 2018 年国庆黄金周旅游工作经验及存在的问题，安排部署下一步全区旅游工作。

△万盛经开区党工委书记肖猛先后到万盛“记忆 157”文化旅游主题项目建设现场、海孔村、松涛湾水库等地调研丛林镇脱贫攻坚工作。

△万盛经开区召开城市综合管理工作领导小组会议。

△由重庆市体育局、重庆市教委主办的 2018 年重庆市青少年羽毛球锦标赛在长寿区体育馆闭幕。万盛经开区代表队获金牌 6 枚、银牌 4 枚和铜牌 2 枚，获乙组、丙组两个团体总分第一。

9 日

△万盛经开区党工委书记肖猛调研组织与人才工作。

10 日

△重庆市“绿色学校”验收专家组组长黄红率领相关成员一行到万盛经开区，验收青年小学和重庆市一〇五中学校“绿色学校”创建工作。

△至 12 日，为期 3 天的全国全民健身公共服务体系暨全民健身设施建设管理培训班在山西省太原市举行。万盛以“探索全民健身国家战略万盛实践 创新推进全民健身设施建设管理”为题，围绕万盛深入实施全民健身国家战略取得的显著成效，对万盛全民健身创新推进全民健身设施建设管理的主要做法和经验作交流发言。

11 日

△万盛经开区党工委组织部召开机关干部职工大会，传达学习全区组织工作会议精神，安排部署具体贯彻落实工作。

12 日

△万盛经开区党工委副书记、管委会主任袁光灿专题调研重点水源工程建设工作。

13 日

△第三届亚洲残疾人运动会在印尼雅加达闭幕，万盛残疾人羽毛球训练基地选送的运动员肖祖贤代表中国队参加羽毛球比赛项目，获女双（站立组）铜牌 1 枚。

15 日

△万盛经开区党工委书记肖猛调研民营经济发展工作。

△万盛经开区党工委副书记、管委会主任袁光灿主持召开专题会议，研究调度全区深化殡葬改革暨“活人墓”专项治理工作。

18 日

△2018 年全民健身挑战日“残健融合关爱一千米竞跑”在鱼子新区举行。

19 日

△重庆川东化工集团六十周年庆典活动在万盛举行。党工委书记肖猛出席庆典活动。

△重庆市园林行业协会风景名胜区分会 2017 年度总结表彰暨 2018 年度工作推进会议在万盛经开区召开。

20 日

△由区教育局、区教育工会举办的教育系统全民健身活动暨第四届教职工趣味体育运动会在中盛小学新校区举行，全区各中小学、职教中心、教师进修校、教育局机关的 29 支代表队、近千名教职工参加运动会。

△国家体育总局乡村体育振兴调研组到万盛经开区调研。

22 日

△万盛经开区党工委书记肖猛到南桐镇调研乡村振兴与脱贫攻坚工作。

25 日

△2018 年度全区职工第九套广播体操比赛举行。

△万盛经开区召开民营经济发展大会。

26 日

△万盛经开区党工委召开 2018 年脱贫攻坚专项巡察工作动员部署会。

△清华大学校友企业家代表到万盛经开区考察。

30 日

△重庆市委常委、统战部部长李静到万盛经开区调研。

△国家林业和草原局湿地管理司巡视员程良率专家组一行到万盛经开区检查验收青山湖国家湿地公园。

31 日

△上午，南桐镇第六届全民健身运动会在二郎山公园健身广场举行。

**是月**

△万盛经开区首个乡镇全民健身中心——关坝全民健身中心建成投用。

△重庆电子工程职业学院与区职教中心签订重庆电子工程职业学院万盛 ICT 分院教学支持与服务合作协议。

## 11　月

1 日

△万盛经开区召开 2018 年四季度道路交通安全工作会。

△重庆市农委公布 781 家农业产业化市级龙头企业名单，万盛经开区 9 家企业入选，分别是重庆功成农业开发有限公司、重庆互为农业发展有限公司、盛泉茶厂、欣润农业开发有限公司、渝旺食品有限公司、楷林农业发展有限公司、贵先米业有限责任公司、翠信茶业有限公司、九锅箐农林综合开发有限责任公司。

2 日

△万盛经开区召开 2018 年民生实事调度推进会，听取 2018 年民生实事项目推进情况汇报，部署推进下一阶段工作。

5 日

△首届中国国际进口博览会在上海国家会展中心举行。

△万盛经开区召开生物经济示范区项目建设指挥部会议。

6 日

△万盛经开区党工委召开统一战线工作领导小组会。

7 日

△2018 年全国老年人健步走大联动活动（重庆分会场）启动仪式暨重庆市老年人持杖健走比赛在万盛经开区文体中心举行，来自重庆市各区县和行业系统老年体协的 260 余名老年运动员参赛。

△万盛经开区党工委副书记、管委会主任袁光灿率队检查校园安全工作。

8 日

△重庆市人大常委会副主任张定宇率市人大常委会视察组到万盛视察交通建设情况。

9 日

△至 10 日，“2018 年中国体育彩票 · 重庆万盛凉风梦乡村钓鱼比赛”在关坝镇凉风村举行，来自全国各地的百余名垂钓爱好者参加比赛。

11 日

△由中国十大爱情主题景区联盟发起的“为爱奔跑——寻找 2018 十大最美旅游情侣系列活动”颁奖典礼暨红苗友方节、万人相亲会闭幕式在龙鳞石海景区举行。

12 日

△“重庆画院耀程创作基地”揭牌仪式在万盛公园举行。

13 日

△中共重庆市委副书记、市长唐良智到万盛经开区调研。

15 日

△万盛经开区党工委副书记、管委会主任袁光灿到重庆光宇电池有限公司调研。

△万盛经开区召开宣传思想工作会议。

△至 17 日，第二届重庆 · 国际手机展在南坪重庆国际会议展览中心举行。万盛经开区 6 家企业携 20 余类智能化产品参展。

16 日

△万盛经开区党工委书记肖猛到青年镇调研乡村振兴与脱贫攻坚工作。

△至 17 日，万盛经开区党工委副书记、管委会主任袁光灿率队到广东深圳、福建漳州开展招商引资工作，实地考察深圳茂雄实业有限公司，与企业就相关合作事宜进行洽谈对接，并出席第十二届中国蘑菇节活动开幕式。

17 日

△首届“中国农民丰收节”美丽乡村动起来暨 2018 万盛国际跑步节活动在万盛经开区青山湖湿地公园举行，600 余名选手参加比赛。

19 日

△万盛经开区党工委书记肖猛调研污染防治攻坚战暨五大环保行动工作。

20 日

△万盛经开区党工委书记肖猛调研重庆市 2018 年体育旅游产业发展大会和全国全民运动健身模范城市创建工作现场推进会筹备工作。

21 日

△重庆市高级人民法院党组书记、院长杨临萍到万盛经开区调研。

22 日

△万盛经开区党工委副书记、管委会主任袁光灿到石林镇调研乡村振兴与脱贫攻坚工作。

23 日

△重庆市政府副市长潘毅琴到万盛经开区走访调研民营企业，宣讲习近平总书记在民营企业座谈会上的重要讲话精神和重庆市民营企业座谈会精神，进一步推动中央和市委、市政府关于促进民营经济发展的措施落地落实。

△至24 日，全球活力城市建设研讨会在江苏省苏州市举行。万盛党工委书记肖猛作为全球6座活力城市代表之一，在会上分享全民健身“万盛经验”，展示万盛运动健康新名片。

△院线电影《我的英雄》开机仪式在万盛影剧院举行。

24 日

△万盛经开区首条地下人防商业街——万盛地下商业街开街。

27 日

△住房和城乡建设部村镇建设司调研组到万盛经开区调研农村生活垃圾治理工作。

△国家发展改革委振兴司副司长王冬欣到万盛经开区调研资源型城市和产业转型升级示范区建设工作。

△万盛经开区 2018 年审计专题培训班开班。

△至28 日，水利部发展研究中心调研组到万盛经开区调研水资源管理工作。

29 日

△万盛经开区启动城市环境综合整治行动。

△“绿色亚太 2018 环保成就奖”颁奖典礼在香港举行，万盛黑山谷、万盛石林景区获“绿色亚太 2018 环保成就奖——杰出健康绿色旅游目的地奖”。

△重庆市第二次污染源普查质量核查第十核查组到万盛经开区开展入户调查阶段质量核查工作。

## 12 月

4 日

△重庆市政府副市长潘毅琴到万盛调研民营企业发展情况。

5 日

△重庆·万盛石林 2018 年拳力联盟常规赛第四季“拳力角斗场”在万盛文体中心体育馆举行。世界拳击组织（WBO）大中华区金腰带得主刘中获 122 磅八人战比赛冠军。3000 名观众观看比赛。

6 日

△重庆市体育旅游产业发展大会在万盛经开区召开。

△“万盛千里步道”徒步大会（黑山八角站）在黑山谷运动中心举行，500 余名徒步爱好者参加活动。

△万盛经开区与中铁金控融资租赁有限公司、中国中铁六局集团有限公司签订三方合作意向协议，共同推进万盛基础设施建设。

7 日

△重庆广电融媒体特别报道《改革开放区县行》摄制组到万盛经开区开展为期 1 天的直播连线报道，从工业强区、全域旅游、全民健身、乡村振兴等方面，报道万盛经开区改革开放40 年来的巨大变迁。

9 日

△重庆高科幕墙门窗项目投产。

12 日

△至13 日，全国资源枯竭城市转型发展暨采煤沉陷区综合治理经验交流现场会在江苏省徐州市召开。全国 9 个市区县作典型经验交流发言。万盛经开区党工委书记肖猛以《重庆市万盛经开区资源枯竭城市转型发展探索实践》为题，分享万盛转型发展经验和感受，提出资源枯竭城市发展和采煤沉陷区综合治理的新路径。

13 日

△万盛经开区党工委副书记、管委会主任袁光灿专题调研青山湖国家湿地公园生态环境保护工作。

14 日

△万盛经开区党工委书记肖猛会见到区考察的中国能源建设集团有限公司市场开发部副主任司明一行，双方就相关合作事宜进行对接交流。

17 日

△万盛经开区党工委书记肖猛会见江苏华绿生物科技股份有限公司董事长余养朝，详细了解重庆华绿生物有限公司生产经营情况，调度解决企业实际困难。

18 日

△万盛经开区召开 2018 年“渝创渝新·创汇万盛”乡村民宿创业论坛暨旅游行业扶贫培训会。

19 日

△万盛经开区与香港俊匯控股科技集团有限公司签订黑山谷万盛之眼项目投资协议，将在万盛新建大型旅游项目。

20 日

△“家国大爱 公仆情怀”——重庆市优秀扶贫干部杨骅先进事迹报告会万盛经开区专场在区影剧院举行。

21 日

△万盛经开区党工委副书记、管委会主任袁光灿到石林镇调研脱贫攻坚工作。

22 日

△至 23 日，中国·重庆万盛石林 2018 拳力联盟第四季拳力巅峰赛在万盛文体中心体育馆举行。中国拳手收获三金一银，其中，董有礼、吴举相继获 147 磅世界拳击组织（WBO）亚太洲际青年金腰带，刘中获 122 磅世界拳击理事会（WBC）亚洲大陆洲际金腰带，曲鹏获太平洋拳击联合会（OPBF）洲际银腰带。

23 日

△2017—2018 年度中国·重庆万盛“黑山谷杯”国际羽毛球挑战赛在万盛文体中心体育馆落幕。中旭交通队获总决赛冠军，北京火星兔子队、宁波兴明液压队获总决赛亚军和季军。

24 日

△信息和通信技术（ICT）四方合作项目授牌仪式暨华为首期培训班开班典礼在区职教中心举行。万盛经开区将与重庆电子工程职业学院、华为技术有限公司、中国信息通信研究院西部分院进行 ICT 四方合作项目，在区职教中心开展学历教育和社会培训。

△至 25 日，中国科学院地理科学与资源研究所研究员、自然资源学会副理事长兼秘书长沈镭到万盛经开区调研资源型城市转型发展工作。

26 日

△晚，“新时代·新篇章”2019 年新年音乐会在区影剧院奏响。来自重庆市歌剧院、重庆交响乐团的演员们为万盛市民带来一场音乐盛宴。

27 日

△“2019 年万盛经开区迎新年登高大联动暨‘三节’系列群众文体活动”启动。

△南桐总医院由重庆能源集团移交给万盛经开区管委会管理。

28 日

△晚，“新时代·新征程”公共文化服务体系精品节目会演在区影剧院上演。

29 日

△万盛经开区消防救援大队举行授衔和换装仪式。

△万盛青山湖国家湿地公园通过国家林业和草原局验收，创建为国家湿地公园。

（万盛经开区档案局办公室）

雾漫山村

（曹永龙　摄）

# 万盛概貌

# 万盛概貌

## 基本情况

**【地理位置】** 万盛经开区在行政区划上归属于重庆市綦江区，位于重庆市南部，綦江区东部，地处北纬28°44′—29°07′，东经106°45′—107°03′。东和北与南川区相邻，南与贵州省桐梓县相接。管理区境长约221.3千米，南北最长40.5千米，东西最宽23千米，面积565.58平方千米。

**【历史沿革】** 万盛经开区管理区境（以下简称区境）在殷商、西周、春秋及战国时期为巴国地。周慎靓王五年（公元前316年），秦惠王遣司马错领兵灭蜀国、巴国，建秦之蜀郡、巴郡，区境为巴郡地。公元前221年，秦始皇统一六国后，至隋朝时期，区境从属尚难考证。

唐贞观十六年（642年），置溱州隶江南道，辖荣懿、扶欢、乐来3县（州及荣懿县治在今青年镇境），区境分属江南道溱州荣懿、扶欢县及山南道涪州隆化县。开元二十一年（733年），分山南道为东西2道，涪州隶属山南道东道；分江南道设黔中道，南州、溱州隶属黔中道。元和三年（808年），废珍州，并入溱州；宾化县改隶黔州。大中二年（848年），宾化县复隶涪州。区境分属黔中道溱州荣懿县、扶欢县及山南东道涪州宾化县。

五代十国时期，前蜀废道，以州统县，后蜀继之。区境分属溱州荣懿县、扶欢县及涪州宾化县。

北宋时期，咸平四年（1001年），分蜀地为益州、梓州、利州、夔州四路，路下置府、州、军、监各领县，特殊地区置寨和羁縻州，南州、溱州皆为羁縻州，原南州所辖南川县已不存在。庆历八年（1048年），南州、溱州改隶于夔州路渝州。皇祐五年（1053年），改南州为南川县（今綦江县），仍隶属渝州；改宾化县为宾化砦（寨），隶属夔州路涪州。区境分属夔州路渝州荣懿县、扶欢县及涪州宾化砦。治平元年（1064年），渝州僚人首领李光吉、梁承秀、王兖3族反叛，区境为3族所占据。熙宁三年（1070年），转运使孙构等率兵“平荡3族”，废宾化砦复隆化县，仍隶属涪州；以荣懿、扶欢县2县地置荣懿、扶欢2砦，隶属渝州。熙宁七年（1074年）。南川僚人木斗反叛。八年（1075年），转运使熊本平息木斗反叛，于南川县铜佛坝（今綦江县赶水镇对岸）置南平军，隶属夔州路；撤南川县并入隆化县，隶属南平军；废溱州及县置溱溪砦，隶属南平军。元丰元年（1078年），复置南川县，隶属南平军，辖荣懿等5砦1堡。崇宁元年（1102年），改渝州为恭州。宣和六年（1124年），改播州城为播川县，区境地分属夔州路南平军溱溪砦、隆化县、南川县。

南宋时期，淳熙十六年（1189年）八月，升恭州为重庆府。嘉熙三年（1239年），复置播州，隶属南平军；南平军徙治隆化县。宝祐六年（1258年），以播川县地置鼎山县，隶南平军。区境地隶属夔州路南平军鼎山县、隆化县及南川县。

元朝在地方置行中书省（简称行省），代行中央政权，下辖路、府、州、县。至元十六年（1279年），置重庆路总管府，隶四川行省。至元二十二年（1285 年），撤销南平军；隆化县改名南川县，隶属重庆路总管府；废原南川县，置南平綦江长官司，隶属播州安抚司。至元二十九年（1292 年），以行播州军民安抚使杨汉英为绍庆、珍州、南平等处沿边宣慰使，行播州军民宣抚使，南平、珍州、溱溪等处诸长官并为所属，隶属湖广行省，区境地分属湖广行省播州鼎山县、南平綦江长官司及四川行省重庆路总管府南川县。至正二十二年（1362 年），明玉珍据成都称王，次年在重庆建立大夏国，改南平綦江长官司为綦江县，仍隶属播州，区境地分属播州鼎山县、綦江县及重庆路总管府南川县。

明朝时期，洪武四年（1371 年），灭大夏国，綦江县隶属四川行省重庆府。洪武五年（1372 年），仍置播州宣慰使司，改隶四川行省。洪武六年（1373 年），以播州地废县置播川、桐梓、松坎 3 驿。洪武九年（1376 年），改行中书省为承宣布政使司（简称布政司），废路置府。洪武十年（1377 年），撤南川县，并入綦江县。洪武十三年（1380 年），复置南川县，仍隶属重庆府。洪武十五年（1382 年），置贵州都指挥使司（明地方一级军事区划），改播州宣慰使司隶贵州都指挥使司。隆庆二年（1568 年），播州照旧专属四川管辖，仍听贵州节制调遣。区境分属贵州都指挥使司、四川布政司播州松坎驿及四川布政司重庆府南川县、綦江县。万历二十五年（1597 年），播州宣慰使杨应龙反叛朝廷。万历二十八年（1600 年）六月十六日，杨应龙兵败自缢。万历二十九年（1601 年），废播州置遵义府，隶属四川布政司；废播川、桐梓、松坎 3 驿，置桐梓县，辖夜郎里等 7 里。区境分属四川布政司遵义府桐梓县夜郎里、重庆府南川县及綦江县遵化里、永兴里。

清朝时期，顺治三年（1646 年），改布政使司为省。康熙六年（1667 年），实行里甲制。雍正六年（1728 年），以遵义全属改隶贵州。区境分属贵州省遵义府桐梓县夜郎里、四川省重庆府南川县丰隆里及綦江县遵化、永兴里。嘉庆七年（1802 年），设道领府，重庆府隶属川东道。光绪三十四年（1908 年），桐梓县废里设区，夜郎里分为第四、五、六区。宣统二年（1910 年），南川县设城、镇、乡、场。区境地分属贵州遵义府桐梓县第六区、四川省川东道重庆府南川县万盛场、刀子口场、丛林镇及綦江遵化里、永兴里。

中华民国时期，清宣统三年（1911 年）十月初二（11 月 22 日），重庆独立，成立蜀军政府。民国元年（1912 年）3 月，蜀军政府和四川军政府合并。重庆设重庆镇抚府，辖川东南 54 州、厅、县，南川、綦江县隶之。是年，贵州省设都督府。民国 2 年（1913 年），废府、州、厅，设道辖县，南川县、綦江县隶属四川省川东道（道治在巴县，今渝中区），桐梓县隶属贵州省黔中道。民国 3 年（1914 年），川东道改为东川道。民国 4 年（1915 年），升桐梓县为一等县。民国 7 年（1918 年）始，军阀割据防区，行政设置混乱。民国 24 年（1935 年），川政统一后，区境地分属贵州省桐梓县、四川省南川县和綦江县。

中华人民共和国时期，1950 年，西南军政委员会在四川省置川东、川南、川北、川西 4 个行署区，行署区下设专区，南川县隶属川东行署区涪陵专区，綦江县隶属川东行署区璧山专区；桐梓县隶属贵州省遵义专区。1951 年，璧山专区改为江津专区，区境地分属贵州省遵义专区桐梓县，四川省涪陵专区南川县、江津专区綦江县。

1955 年 1 月 21 日，国务院〔1955〕国政常字第 6 号文批准：由贵州省桐梓县第十区的 17 个乡、四川省南川县第十区的 1 个镇 6 个乡、綦江县的青年乡、建设乡、金灵乡（包括南桐煤矿、东林煤矿区），建立重庆市市辖区，称重庆市南桐矿区，区人民委员会设在万盛。8 月 16 日，重庆市南桐矿区成立。区境为南桐矿区。

1993 年 2 月 16 日，经国务院批准，重庆市南桐矿区更名为重庆市万盛区。4 月 8 日，重庆市万盛区成立。区境为万盛区。

1997 年重庆市划出四川省，成为直辖市，万盛区隶属重庆市。

2011 年 10 月 22 日，经国务院批复（国函〔2011〕129 号），同意重庆市撤销万盛区和綦江县，设立綦江区，辖万盛区和綦江县所辖行政区域，区人民政府驻原綦江县古南街道中山路 1 号。10 月 29 日，重庆市政府决定设立重庆市万盛经济技术开发区。12 月 26 日，綦江区、万盛经济技术开发区成立。

2012 年 4 月 20 日，重庆市委、市政府印发

《关于万盛经开区管理体制调整的决定》（渝委发〔2012〕10号）。文件决定在万盛经开区区划总体归属綦江区的前提下，万盛经开区党工委、管委会由綦江区委、区政府代管的体制，调整为由市委、市政府直接管理。同时，綦江区委、区政府委托万盛经开区党工委、管委会，对万盛街道、东林街道、万东镇、南桐镇的党务、行政工作、经济社会发展事务进行领导和管理。至此，万盛经开区管理范围是万盛街道、东林街道、万东镇、南桐镇。

2012年6月2日，重庆市委、市政府同意扩大万盛经开区党工委、管委会关于扩大经开区管理范围的请求。6月5日，重庆市政府办公厅印发《关于万盛经开区管理体制调整的补充通知》（渝办〔2012〕44号），文件同意万盛经开区管理范围由2个街道2个镇（万盛街道、东林街道、万东镇、南桐镇）调整为2个街道8个镇（万盛街道、东林街道、万东镇、南桐镇、关坝镇、青年镇、丛林镇、石林镇、金桥镇、黑山镇）。

（朱雪峰）

**【管理范围】** 万盛经开区下辖2个街道8个镇，含万盛街道、东林街道、万东镇、南桐镇、青年镇、关坝镇、丛林镇、石林镇、黑山镇和金桥镇。2018年末，万盛经开区有行政村57个、城市社区42个，农村社区试点村6个。

**2018年万盛经开区行政村一览表**

| 序号 | 镇 | 行政村 | 村民小组 |
|---|---|---|---|
| 1 | 万东镇 | 建设村 | 新华、石桥 |
| | | 六井村 | 白塔、联丰 |
| | | 五和村 | 霍家堡、伍家湾、支子沟、夹石头、窑罐厂、会厂湾、苦竹沟、石道场、内槽、杉树榜、黄高、小湾、白岩、干田榜 |
| | | 新田村 | 皂角、龙洞坎、新地坝、熊家湾、白果坪、老君坝、喻家沟、张家湾、小坡脚、枣坪、水落、韩家、茶林、凉水 |
| | | 团结村 | 青桥树、瓦啄沟、三层坎 |
| | | 箐溪村 | 黄桷桥、李子山、下堡、梨子榜、五斗堡 |
| | | 新华村 | 土地坪、胡家沟、瓦子坝、双鹞嘴、二井、新井、白果、忠联、尖山 |
| | | 榜上村 | 杨家堡、柏树林、大坪、大沟 |
| | | 五里村 | 高家、下房、上房、六福、鱼田、新湾、凤凰、柏杨、新屋、八字石 |
| 2 | 南桐镇 | 南桐村 | 大石元、蒋家山、砖房、余家湾、桃子、水井湾、长槽、沙滩、三角寺 |
| | | 麒麟村 | 光明、联盟、联合、麒麟、杨柳井、海棠、王家嘴、新铺子、娄家湾、沙坝子、艳阳、堰塘 |
| | | 金龙村 | 瓦房、元木沟、柿湾、大石坝、田湾、岗上 |
| | | 温塘村 | 温塘、窝凼、打坪坎、石板塘、代家沟 |
| | | 营寨村 | 下坝、金龟、垭口、水井沟、白云、喻家坳、胡家嘴、金灵 |
| | | 民权村 | 大土、罗家湾、梨树台、齐兴、读书沟、坪土、斧头坝、四楞、茶垭、烂田湾 |
| | | 沙坝村 | 桐梓沟、戴家湾、沙坝、财井、新田、庆坎、四坪、回龙湾、苏家林、白家坡、白家湾、苏家塘、风岩、大坪 |

续表一

| 序号 | 镇 | 行政村 | 村民小组 |
|---|---|---|---|
| 2 | 南桐镇 | 王家坝村 | 王家坝、黄家湾、大山坡、大竹林、群力、通杆坡 |
| | | 岩门村 | 茶山、槲栗坡、榜上、大湾、岩门、花子湾、马鞍山、前进 |
| | | 石桥村 | 和平、胜利垭、新房子、八面山、八零、大塘、大淌、石桥、卢家湾、跃进、岩孔坝、生基坪、池井沟、黄干沟、四合头 |
| 3 | 关坝镇 | 田坝村 | 水井台、沙坎、大坝、大岗、枇杷林、南垭、芋头塘、炉堂、田坝、石咀、关井、后岩 |
| | | 光明村 | 张家湾、铁炉、团窝田、黄土坎、沙土、新田、大榜、水井沟 |
| | | 兴隆村 | 青丰、水井湾、龙井、全兴、和平、油沙坡、联合、木耳厂、三合、砖房、祠堂、兴隆湾、王家言、年丰、铁心 |
| | | 坪坝村 | 关口、张家山、转角石、街上、枣林湾、皂角树、鱼家垭口、新铺子、染房 |
| | | 双坝村 | 天成、罗斗田、小沟子、卫东、高坎子、河沟、李家沟、青塘井、羊吼台、冷水台、青家沟、半坡、鱼塘坎、竹林湾、天坪丘、千口、苦竹林、椅子台、新房子、南天门 |
| | | 凉风村 | 水井坎、芝麻土、堰消井、边湾、立梓林、仁和、黄泥坎、蜂蜜田、鱼塘、苏家湾、财兴 |
| | | 兴文村 | 阴半岩、石虎头、黄卜湾、金家沟、大沟、三角石、杨家山、石岗、石林岗、松林堡 |
| | | 林地村 | 李家湾、石板山、垭口、红星、艾树沟、霍家湾 |
| 4 | 青年镇 | 堡堂村 | 桐梓街、陈家湾、龙洞湾、吴家坝、双星 |
| | | 板辽村 | 联合、坡足、回龙、水库、兴龙、大屋基、板辽 |
| | | 燕石村 | 山岔、岩塘、千丘、燕石、铜锣 |
| | | 更鼓村 | 罗家林、元石井、赵家湾、均田、道竹、上坝、曾家湾、金鹅、庙岗 |
| | | 毛里村 | 白鹭垭、瓮子塘、小桥、三湾、小坪子、关山沟 |
| | | 湛家村 | 大路坪、熊家坪、钟河、山足、半山、上湾、堰口、龙叫、堰塘、小湾 |
| 5 | 丛林镇 | 永胜村 | 一碗水、芭蕉湾、何家湾、田湾、红光、中坝、老房子 |
| | | 白龙湖村 | 雷家堡、汤家沟、观音寺、张家山、麻窝、塔岗、袁家沟、刘家沟、新开寺、大湾、达足沟、张家沟 |
| | | 红岩村 | 石道、磨盘、唐家堡、白岩、下龙井 |
| | | 海孔村 | 余家林、果园、黄草坪、海孔坝、松涛湾 |
| | | 绿水村 | 新桥、牟沙、周家院、重塘、方家湾、水井湾、小竹林、岩脚 |
| | | 新建村 | 郭家沟、水角井、彭家湾、界牌、碑岗 |

续表二

| 序号 | 镇 | 行政村 | 村民小组 |
|---|---|---|---|
| 6 | 金桥镇 | 金堰村 | 大堰、金子山、坪上、其黄、四合头、小竹、新棕、张家湾 |
| | | 星河村 | 长河、梁子上、两河口、青枫湾、天井、土坎坝、乌抛湾、下榜、银匠 |
| | | 新木村 | 柏树、丁互、南木滩、新房子、自愿 |
| | | 三台村 | 红岩、丛林、前进、新建、太平 |
| | | 马头桥村 | 范家、和平、前丰、沙坝、胜利、先丰、新丰、新建、新民、幸福 |
| | | 青山村 | 戴家沟、邓家岩、桂花、花园、林星、庙树、蒲家沟、石坝、苏家岗、新田 |
| 7 | 石林镇 | 农林村 | 龙背、范家湾、龙洞坪、花果山、鱼池 |
| | | 两河村 | 半坡、蒙溪沟、耳香坪、石人足、双河、田湾、石堡 |
| | | 茶园村 | 青白、油茶、河水、茶园、和平、柏树、大田 |
| | | 石鼓村 | 王家嘴、大坝、天地岗、毛家湾、撕栗坪、范家山、朱行、椅子台、石鼓坪 |
| | | 庙坝村 | 王家坪、庙坝、松树坡 |
| | | 茶树村 | 抬慈、新华、团山、园场 |
| | | 白花村 | 新建、白花台、大湾、沙坡、柏果 |
| | | 星台村 | 朱水井、通湾、石坎子、龙孔头、红星、大坪、当湾、丁家湾、青龙嘴 |
| 8 | 黑山镇 | 鱼子村 | 飞炉寺、鱼子岗、大铺子、石堰、中学、古墓坪、万家山、白水、和平、龙塘溪 |
| | | 南门村 | 石院墙、鲜家坪、落凼、响水河、廖家湾、林口、窝凼 |
| | | 北门村 | 石门、石笋、河沟、家园 |
| | | 天星村 | 田坝、铁炉、联合、天星 |

**2018 年万盛经开区社区一览表**

| 序号 | 街道、镇 | 社区 |
|---|---|---|
| 1 | 万盛街道 | 新田社区、建设社区、万新社区、万北一社区、万北二社区、松林社区、砚石台社区、江山城社区 |
| 2 | 东林街道 | 腰子口社区、铁路村社区、和平村社区、清溪桥社区、观井湾社区、鱼田堡社区 |
| 3 | 万 东 镇 | 莲池苑社区、红枫社区、建新社区、海棠社区、莲池社区、塔山社区、新房社区、永利社区、天池社区、花卉园社区 |
| 4 | 南 桐 镇 | 支路社区、南桐社区、新工村社区、平山社区、八〇一社区、二郎峡社区、皂角井社区、后湾社区 |
| 5 | 关 坝 镇 | 兴隆街社区、中坝社区 |
| 6 | 青 年 镇 | 青年街社区 |
| 7 | 丛 林 镇 | 五十公里社区、九一一社区 |
| 8 | 金 桥 镇 | 金灵社区 |
| 9 | 石 林 镇 | 两河口社区、百花社区 |
| 10 | 黑 山 镇 | 八角社区、江流坝社区 |

（金宗雯　梁　艳）

【气候】 万盛经开区属亚热带湿润季风气候区，气候特点表现为春季气温变化大，盛夏炎热多暴雨、强对流天气频繁、局部风雹雷电灾害多，秋冬季光照少、阴雨时段长、霜期短、云多、日照少，区内各地气温、降水地域差异大。2018 年，万盛经开区平均气温 17.0℃，较多年（1981—2010 年）平均气温偏低 1.2℃；年极端最高气温 39.0℃，年极端最低气温 -1.4℃；年总降水量 1333.4 毫米，与历年平均降水量相比偏多 4.9%；年总日照时长 1165.4 小时，与历年平均日照时长相比偏多 5.0%。年内出现的气象灾害有暴雨、强降温、干旱、高温、大风、冰雹、雷电和连阴雨等。

（周燕秋）

【水文】 万盛经开区管理范围内多年平均降水量 1278 毫米，多年平均径流量 3.2 亿立方米（地表水资源量是当地水资源量，下同），多年平均地下水资源量 0.46 亿立方米，产水系数 0.49、产水模数 56.24 万立方米/平方千米。地下水资源量 0.34 亿立方米，产水系数 0.5，产水模数 50.5 万立方米/平方千米。

（张　丽）

【环境质量】 2018 年，万盛经开区城区空气质量满足优良以上天数 316 天，可吸入颗粒物（PM10）、细颗粒物（PM2.5）、二氧化硫（$SO_2$）、二氧化氮（$NO_2$）年平均浓度分别为 63 微克/立方米、46 微克/立方米、18 微克/立方米、29 微克/立方米，一氧化碳（CO）24 小时平均浓度 1.3 毫克/立方米，臭氧（$O_3$）日最大 8 小时平均浓度 124 微克/立方米，均达到国家空气质量二级标准；水环境质量良好，城区集中式饮用水源地水质达标率 100%，建制镇集中式饮用水源地水质达标率 92.8%，金蝶湖、板辽湖水质为Ⅱ类（优），青山湖水质为Ⅲ类（良）；黑山谷鲤鱼河水质为Ⅲ类（良），满足水域功能要求；辖区声环境质量良好，区域环境噪声昼间等效声级 52.8 分贝，交通环境噪声昼间等效声级 65.7 分贝，功能区噪声昼间等效声级 51.1 分贝，均与上年同期相当。

（石将来）

【自然资源】 万盛地区属四川盆地东南边缘与云贵高原衔接的过渡山区，以低中山为主，兼有岩溶丘陵槽坝，地形起伏大，相对高低悬殊。境内重峦叠嶂，岭谷相间，地势东高西低，山脉南北延伸，最高点黑山镇狮子槽东侧峰顶，海拔 1973 米，最低点南桐镇温塘孝子河出境处河床，海拔 265 米，境内自然资源丰富。

*土地资源* 全区农业土壤由潮土、紫色土、石灰岩土、黄壤、水稻土五个大类组成。潮土占耕地面积 0.82%，紫色土占耕地面积 19.93%，石灰岩土占耕地的 9.38%，黄壤土占耕地面积 24.01%，水稻土占耕地面积 45.86%。

*矿产资源* 境内有丰富的矿产资源和旅游资源。煤炭、石灰石、白云石、金属镁、石英砂等矿产资源种类多，储量大、品位高。每年集聚开采煤炭 500 万吨，白云石 30 万吨以上。

（梅　兵）

【旅游资源】 万盛是中国优秀旅游城市，全国唯一的国家资源型城市旅游经济转型试点区，首批国家全域旅游示范区创建单位，国家级旅游业改革创新先行区，全国休闲农业与乡村旅游示范区。万盛旅游产品丰富，生态旅游、体育旅游、乡村旅游、城市旅游四大产品类型齐备；主要景区有国家 AAAAA 级景区、国家地质公园——被誉为“中国最美养生峡谷”“渝黔生物基因库”的黑山谷景区；“海枯石不烂、等你六亿年”，被称为“中华石林之祖”的龙鳞石海景区；梦幻奥陶纪、九锅箐森林公园、青山湖国家湿地公园、丛林菌谷、板辽金沙滩、凉风梦乡渔村、尚古村落、南天门风雪世界、青年汇巅峰乐园、“万盛场”老街、国能·奥特莱斯、百花谷、金蝶湖文化公园、五和梨园、鲤鱼河漂流、黑山房车露营基地、奥林匹克公园等。万盛旅游配套设施完备，一元化公交可直达各景区并实现相互换乘；主要景区、节点实现免费 WiFi，旅游交通广播 FM92.2 全覆盖；景区、度假区水电气通信保障有力，住宿餐饮购物方便，医疗文化健身场所设施完善。有全域旅游投诉中心、应急指挥中心、数据中心及旅游警察、旅游工商、旅游巡回法庭等各类旅游专业机构全程为游客服务。

（张孝富）

【人口】 2018年，万盛经开区户籍人口266748人，户籍总户数100820户，其中男性132680人，女性134068人。18岁以下40401人，18岁～34岁58408人，35岁～59岁107006人，60岁以上60933人。2018年人口出生率7.19‰，人口自然增长率2.09‰。

（王俊锋）

【民族】 万盛是一个少数民族散杂居地区，有常住少数民族30个，总人口3006人。其中：苗族2074人，土家族368人，布依族77人，壮族68人，彝族66人，仡佬族62人，回族55人，侗族41人，满族29人，藏族28人，黎族24人，蒙古族17人，瑶族16人，白族13人，朝鲜族9人，景颇族9人，哈尼族9人，羌族9人，畲族5人，高山族4人，仫佬族4人，傣族3人，水族3人，拉祜族2人，傈僳族2人，布朗族1人，哈萨克族1人，基诺族1人，土族1人，维吾尔族1人，其他（穿青人）4人。世居苗族约占少数民族总人口的70%，他们有自己的语言、服饰、节日、习俗、文化等，主要分布在万东、南桐、关坝、青年、丛林、石林、黑山7个镇和万盛、东林2个街道的24个村、16个社区。

【宗教】 万盛有宗教团体2个，即区佛教协会和区基督教三自爱国运动委员会，有佛教、道教、天主教、基督教4种宗教。依法登记宗教活动场所10个和筹备设立佛教固定活动处所1个，其中佛教寺庙6处、道教宫观2所、天主教堂1处、基督教教堂1座，佛教固定活动处所1个。经政府宗教部门登记备案的宗教教职人员16人，其中佛教10人，道教3人，天主教1人，基督教2人。宗教信徒25400余人，其中佛教信徒16000余人，道教信徒5000余人，天主教信徒400余人，基督教信徒4000余人。

（罗绍忠）

## 经济社会发展

【概况】 2018年，是全面贯彻落实党的十九大精神的开局之年，是改革开放40周年，是决胜全面建成小康社会、实施“十三五”规划承上启下的关键一年。这一年，万盛经开区经济社会发展极具挑战，面对错综复杂的国际宏观环境和稳中有变的国内经济下行压力，万盛经开区党工委、管委会团结带领全区干部群众，坚持深学笃用习近平新时代中国特色社会主义思想和党的十九大精神，认真贯彻落实中央和市委、市政府决策部署，认真践行新发展理念，坚持稳中求进工作总基调，以供给侧结构性改革为主线，围绕建设资源型城市转型发展示范区这个定位，坚决打好“三大攻坚战”（指防范化解重大风险攻坚战、精准脱贫攻坚战、污染防治攻坚战），大力实施“八项行动计划”（指以大数据智能化为引领的创新驱动发展战略行动计划、乡村振兴战略行动计划、基础设施建设提升行动计划、军民融合发展战略行动计划、科教兴市和人才强市行动计划、内陆开放高地建设行动计划、以需求为导向的保障和改善民生行动计划、生态优先绿色发展行动计划），突出工业强区、全域旅游、全民健身“三个抓手”，认真落实“六稳”（指稳就业、稳金融、稳外贸、稳外资、稳投资、稳预期）工作部署，经济运行总体保持在合理区间，主要经济指标实现稳定增长，高质量发展特征明显，高品质生活保障有力。全年地区生产总值比上年增长（下同）6%，规模以上工业产值增长7%，全社会固定资产投资增长12.4%，社会消费品零售总额增长7.6%，一般公共预算收入增长（同口径）6.7%，城乡常住居民人均可支配收入分别增长8.3%、8.4%。

【工业经济】 工业经济稳中提质。工业总产值对GDP增长的贡献率46.4%，煤电化工、新型材料、装备制造、医药健康、电子信息等五大优势主导产业产值增长15.6%，拉动规模以上工业产值增长15个百分点。规模以上工业企业销售收入增长7%，其中高技术产业主营业务占比10%，利润增长39.5%，工业园区内规模以上工业集中度67%，工业经济发展质量效益同步提升。

【农业经济】 农业经济增产增效。扎实推进农业标准化生产，有效促进茶叶、猕猴桃、方竹笋、食用菌、蜜柚等特色农业稳产增收，总规模

6666.67 公顷。着力培育新型农业经营主体，累计发展龙头企业 40 家、种养大户 423 户、家庭农场 73 家，农民专业合作社 205 个。加大农产品品牌培育，新认证“三品一标”产品 8 个。大力实施农业综合开发，生态综合治理面积 946.67 公顷。大力推进农业与二、三产业融合发展，西南地区规模最大、智能化自动化程度最高的食用菌工厂化项目全面投产，建成年加工 50 吨茶叶全自动化加工生产线 2 条，万盛被评为国家农村一、二、三产业融合发展先导区，黑山镇被评为重庆市农村一、二、三产业融合发展示范镇。

**【商贸服务】** 商贸服务优化升级。国能奥特莱斯商家入驻率 95%，国际商贸物流园完成主体工程。培育壮大“菜背篼”“微万盛”“邮乐购”等电商平台，扶持发展“果万盛”“我要去度假”“优果蜜”等电商新主体，成功举办 2018 年电商消费节，实现电商交易额 10.8 亿元、网络零售额 2.05 亿元。举办或参加万盛首届旅游商品博览会、中国国际进口博览会、中国（重庆）商品展示交易会等各类展会促销活动 36 项次。培育创新中国成立家五钻、四钻级酒家各 1 家、三星级农家乐 13 家，打造万盛经开区餐饮业品牌。批发零售业商品销售总额增长 22%，住宿餐饮业营业收入增长 11%。

**【项目投资】** 项目投资稳步推进。全年固定资产投资增长 12.4%，持续保持稳定增长势头。从投资领域看，工业类、水利环境和公共设施管理业类完成投资分别占总投资比重为 33.9%、38.2%，产业投资占据主力。从项目建设看，新增入库项目 94 个，计划总投资 119.88 亿元，对投资稳定增长形成较好支撑。重点项目完成投资 66 亿元，其中，富士莱智能终端、必扬星环无人机、羽毛球拍生产基地、丛黑公路、鲤鱼河引水工程等 33 个项目全面完成年度投资计划。

**【改革创新】** 改革事项持续深化。深入推进供给侧结构性改革，全力推动国家降低能源要素价格系列政策和重庆市“涉企 30 条”“电气 15 条”落实，减免企业税费 3.3 亿元，用电用气大户减少电气成本 2900 万元。扎实推进“放管服”改革，建设领域审批时限提速 50% 以上，全面推进“双随机一公开”和“互联网＋政务服务”，打造“审批一张网”网审工作机制。制定出台民营经济发展意见，建立区领导联系帮扶民营企业制度，研究解决民营经济发展现实困难 117 个，促进民营经济高质量新发展。推进医疗保险改革，首批 25 个医保药品带量采购成功落地，价格平均降幅 18.8%，与全国 4.2 万余家定点医院实现医保异地联网结算。深化涉企社保改革，为企业降费减负 1.33 亿元。深化国有企业改革，重组构架“1＋4＋6”区属国有重点企业，完成混合所有制改革 5 家，市属国有企业办社会职能剥离移交基本完成。

创新活力不断增强。积极探索推进科技创新改革，新评审认定 3 个区级研发机构，新增市级科技型企业 48 家、国家科技型中小企业 17 家、国家高新技术企业 3 家，万人发明专利拥有量超过 7 件。加大招才引智力度，新引进创新创业项目 9 个，新认定区级科技创新创业人才 13 人、获批市级创新创业团队 1 个。加大科技金融扶持，首期种子基金放贷 780 万元，组建 3000 万元创业种子投资基金和 1 亿元知识价值信用贷款风险补偿基金，新增区级科技专项资金 400 万元。推动军民融合创新发展，组织必扬星环、耀皮玻璃等 16 家科技型企业参加“第十三届中国重庆高交会暨第九届军博会”，被组委会授予优秀成交奖和优秀组织奖。全社会研发经费投入增长 4.8%，高新技术企业产值增长 18.2%。

**【对外开放】** 开放合作不断拓展。全面参与“陕煤入渝”战略计划，实现煤炭销售收入 17.7 亿元、税收 6500 万元。成功参展智博会、西洽会、首届中国国际进口博览会。大力发展外资外贸，新增外资企业 3 家、外贸企业 14 家、对外投资企业 1 家，实际利用外资 8940 万美元。累计签约招商引资项目 62 个，协议引资 216 亿元，实际利用区外资金 50 亿元。全力推进渝黔合作示范区建设，与贵州桐梓等城市共同发起成立“渝南黔北”区域旅游发展联盟。

**【工业强区】** 工业强区纵深推进。出台《以大数据智能化为引领的创新驱动发展战略行动计划》，国电恒泰成功申报为市级“两化”（指信息化和工业化）融合企业，浮法玻璃、福耀玻璃、顺安爆破等20家企业完成智能化改造，成功引进集成电路芯片设计项目，实现集成电路芯片领域零的突破，累计引进智能产业企业34户，智能产业集群雏形初现。成功引进北大未名、北威新材料等工业项目20个、计划总投资197亿元，碳酸二甲酯、鸿元展印等17个项目开工建设，珠海光宇、顺安盛钛（一期）、杰威通信等14个项目实现投产。积极协调电力、天然气等公司保障重点项目供电、供气，平山园区、煤电化园区桥梁道路工程建成投用，天馈线检测实验室主体工程完工，高新技术产业园标准厂房完成总工程量的80%。

**【全域旅游】** 全域旅游成效凸显。金蝶湖成功创AAA，鱼子新区完成景观建设，黑山谷、丛林菌谷、尚古村落等增加游乐项目，奥陶纪恐龙冰雪世界、21米悬崖秋千等项目火爆亮相，全域旅游产品更加丰富。累计建成旅游公路200余千米，修建观景平台70余个，开通旅游专线4条、旅游公交49条，新建、改建旅游厕所103座，发展特色民宿79家，全区住宿接待设施达710家。黑山旅游度假区、黑山谷景区被列为第一批重庆市智慧旅游景区（度假区）创建单位。“山水重庆·全景万盛”形象广告在中央电视台、重庆卫视推出，奥陶纪景区由“网红”变“常红”，黑山谷景区荣获中国旅行口碑榜“2017年全国最具影响力景区”称号。全年接待游客2207万人次，旅游综合收入145.9亿元。

**【全民健身】** 全民健身活力无限。万盛作为国家全民运动健身模范城市创建试点城市，国家轮滑（滑板）基地建设有序推进，奥林匹克公园、马鞍山骑行公园、千里健身步道建成投入使用，文体中心体育场、滨江路体育馆全面完成改造。全年举办、承办大型体育赛事活动超过50项次，全区各界开展全民健身活动超过2200项次，全民健身中心每天服务群众超过2万人次，文体中心体育场免费服务健身群众超过210万人次。累计引进体育产业实体企业7家，众创空间累计入驻企业42家，运动商城入驻率85%以上。承办重庆市2018年体育旅游产业发展大会获一致好评，羽毛球公园成功申报市级城市体育公园，关坝凉风梦乡村、黑山谷国际运动医院、国家轮滑（滑板）基地入选2018年全国优选体育产业项目名录。万盛作为世界6座活力城市代表之一，在全球活力城市建设研讨会上交流发言。全区国民体质监测合格率达到94.4%，体育产业增加值占GDP比重提高至3.5%，高于全国、全市水平。

**【城乡建设】** 基础设施日益完善。内畅外通路网加快构筑，制定出台万盛交通建设“三年行动计划”实施方案，渝黔高速公路扩能万盛段开工建设，万正高速前期工作进展顺利，万盛—关坝铁路纳入地方铁路规划。重大水利设施提速建设，鲤鱼河引水工程全面完工，汤家沟分干渠全线贯通，板辽水库扩建开工在即，刘家河水库等工程前期扎实推进，万盛二水厂二期完成扩建，南桐污水处理厂建成投用。通信设施加快完善，新建光缆1567皮长千米，宽带家庭普及率85%；新建基站216个，4G网络覆盖率99%。

城市品质不断提升。突出旅游城市“气质”和“颜值”，加快城市有机更新，海绵城市、城市综合管廊一期有序推进，高速路口至黑山谷大道绿化美化有序推进，城区公交站台二期、人行道板改造完成。播州界公园、马嘶坝湿地公园、方家山公园（二期）建成投用，城市绿地景观品质显著提升。下足城市管理“绣花”功夫，智慧管理指挥中心、综合管理平台、综合区情系统等建成投用，“马路办公”解决实际问题2263个。

乡村振兴深入推进。加快编制《万盛经开区乡村振兴战略规划（2018—2022）》及试点镇村建设和空间利用规划，全力打造乡村振兴“万盛样板”。加快基础设施建设，实现行政村天然气全覆盖、行政村农网升级改造率50%以上，镇、村光纤通达率100%，新增农村光纤到户2.5万户，凉风村、青山村、绿水村纳入市级“移动互联网村”试点建设，万盛获评“四好农村路”全国示范县。建成丛林菌谷等乡村旅游景区景点，带动3万余人吃上“旅游饭”、走上致富路。持续改善人居环境，创建整洁庭院250个、市级美丽宜居示范村庄2个、绿色村庄1个，改造农村危房96户，竣工75户。积极探索农村创业实体的扶持政策，万盛作为重庆市唯一代表入选全国农村创业创新典型县。

生态优先绿色发展。坚持把生态优势作为发展优势，出台《万盛经开区污染防治攻坚战实施方案（2018—2020年）》，打响污染防治攻坚战。持续推进碧水、蓝天、绿地、田园和宁静“五大行动”，建成南桐污水处理厂和工业园区污水处理厂，城区空气质量优良以上天数达316天，城区、建制镇集中式饮用水源地水质达标率分别达100%、92.8%。持续改善农村人居环境，农村集镇生活污水处理率达80%，农村生活垃圾治理覆盖率达100%，农村卫生厕所覆盖率77%，关坝镇纳入重庆市农村人居环境整治典型示范乡镇，水清、岸绿、景美逐步成为农村新标签。盘活用好城市小块土地和坡面空地等“金角银边”，大力实施国土绿化提升行动，森林覆盖率达55%。万盛在2017年度全国262个资源枯竭城市转型绩效考核中名列第4位，并在全国资源枯竭城市转型发展经验交流现场会上作大会发言。

**【社会民生】** 脱贫攻坚纵深推进。落实兑现各项扶贫政策，进一步巩固脱贫攻坚成果，实施贫困户危房改造94户，教育资助贫困家庭子女1054人，培训贫困劳动力982人，帮助2613名贫困劳动力实现转移就业或创业，建立健康医疗救助基金，贫困人口医保参保率100%，贫困村全部实现整村脱贫，全年减少贫困人口36户100人，全区贫困发生率为0.08%，返贫率为0，脱贫村贫困发生率为0.17%，低于国家现行标准。凉风“梦乡村”获得全国精准扶贫典范奖。在2017年市对区脱贫攻坚考核中，万盛名列15个非重点贫困区县第2位。

社会事业全面进步。中盛小学扩建工程、关坝小学教学综合楼建成投用，职教中心成功创建重庆市中等职业教育改革发展示范学校。人民医院住院部综合业务楼和残疾人康复中心主体工程完工，公立医院综合改革和“全国健康促进区”创建工作有序推进。实现城镇新增就业9028人、城镇登记失业人员就业2486人、城镇就业困难人员就业1452人，超额完成市下达目标任务，城镇登记失业率为4%，稳定在市下达控制指标以内。社会保障应保尽保，城市、农村居民低保标准分别提高6%、18.9%，养老、医疗保险覆盖率达95%以上。万盛“全媒体中央厨房”获批重庆市首批6个区县媒体融合发展试点项目之一，“青山莽”获“世界最大唢呐”世界纪录认证称号。

民生实事扎实推进。坚持促增长与惠民生相结合，投入民生资金16.25亿元，占一般公共预算支出的56%，覆盖教育、卫生、交通、城市管理、住房保障等领域的20件民生实事顺利推进。职业培训2288人，“农家乐服务员”纳入市级专项资金补贴范围，中小学及幼儿园“明厨亮灶”工程覆盖率100%，家庭医生签约服务覆盖率领先，改造城市棚户区1100户、9.2万平方米，实施采煤沉陷区受损农房维修加固或搬迁506户，老旧住宅增设电梯工程有序推进。坚决打好防范化解重大风险攻坚战，全力抓好安全稳定工作，生产安全事故起数同比下降30%。扎实开展扫黑除恶专项斗争，八类主要刑事案件下降32.1%，群众安全感指数保持在96%以上。

总体来看，2018年万盛经开区经济社会实现平稳健康发展，各项工作均取得积极成效，实属不易。在未来，我们还需主动适应经济发展新常态，坚持新发展理念，推动高质量发展，为决胜全面建成小康社会、实现资源型城市成功转型、加快建设美丽幸福现代的新型经济技术开发区奠定坚实基础。

（刘小东）

## 精神文明建设

**【概况】** 2018年，万盛经开区精神文明工作以习近平新时代中国特色社会主义思想为指导，以培育和践行社会主义核心价值观为根本，围绕全区中心工作，着力推进群众性精神文明创建常态长效，着力推进未成年人思想道德建设扎实有效，注重文明示范引领和文明新风养成，着力培育群众成为讲道德、重诚信、明礼仪、树新风的万盛好市民。

**【选树先进典型】** 举办万盛经开区2018年度道德典范展示暨“我们的节日·重阳”敬老爱老活动，开展“好人在身边”微访谈12场次；发现挖掘先进典型40余人，1人荣登“中国好人榜”，7人荣登“重庆好人榜”，1人被评为“最美巴渝·感动重庆”月度人物，5人荣获重庆市“最美教师”称号，1人荣获重庆市“最美交通志愿者”称号。万东镇五和村、黑山镇南门村竹林山庄分别荣获“重庆市乡村文明旅游示范村、示范农家乐”称号，评选命名区级文明单位12个、区级文明村镇9个，荣获重庆市学雷锋志愿服务先进典型组织1个、项目1个、志愿服务站1个。关爱礼遇道德典型30人次，树立宣传“好人好报”的社会共识。

**【志愿服务活动】** 建设万盛志愿服务指导中心，成立助残、核心价值观进万家等志愿服务队伍4支，打造乡村振兴志愿服务市级试点镇、村各1个。围绕“山水之城 美丽之地”主题，常态化开展文明劝导，组织“整治城市环境 提升城市品质”“守护青山”“守护绿水”“绿色生活”等志愿服务活动350余场。举办重庆市2018年“文明旅游·为中国加分·绿色出行”暨“文明在行动·满意在重庆”主题活动启动仪式，采取社工+志愿者模式，组织志愿者常态开展旅游咨询、环境保护等志愿服务活动，形成文明出游氛围。

**【文明乡风倡导】** 着重成风化人，倡导文明乡风，组织开展“我们的节日”“文明在行动·万盛更洁净”等主题活动，评选文明卫生户、清洁户1600户，最美家庭120户。深入开展农村移风易俗“十提倡十抵制”（指抵制家园脏乱，提倡清洁宜居；抵制不孝父母，提倡孝老爱亲；抵制婚嫁恶俗，提倡喜事新办；抵制丧葬陋习，提倡文明治丧；抵制乱摆酒席，提倡节俭适度；抵制迷信邪教，提倡崇尚科学；抵制好逸恶劳，提倡勤劳致富；抵制不讲诚信，提倡信守诺言；抵制沉溺赌博，提倡健康娱乐；抵制强梁蛮横，提倡邻里和谐），宣传教育活动650余场次，建立移风易俗“十抵制十提倡”监督员，协调邻里矛盾、劝阻大操大办婚丧喜庆50余起，将移风易俗纳入村规民约。开展“时事主题日”宣讲、聚焦脱贫故事等活动120余场次，向贫困村赠送精神扶贫书籍120套，不断深化精神扶贫。抓实文明传播，利用报纸、电视、网络等媒介刊播“图说我们的价值观”“比心重庆人”“行千里·致广大”等讲文明树新风公益广告450万条次，开展网络文明传播主题活动40次，营造良好社会新风尚。

**【未成年人思想教育】** 精心组织“新时代好少年”推选工作，在重庆市率先启动“新时代好少年”学习宣传活动，举办“新时代万盛好少年”发布会4场，评选表彰32名“新时代万盛好少年”，2人荣获“新时代重庆好少年”称号。加强乡村学校少年宫的管理和指导，培育特色项目6个，6所乡村学校少年宫在重庆市年度考核中分别获二、三等奖。不断丰富未成年人精神文化生活，开展“扣好人生第一粒扣子”“九童圆梦”等系列主题活动30余场，3首童谣获市级奖项，1人获“十佳小能手”称号，2人获“优秀劳动小能手”称号，5人获九童圆梦狗年春节行动市级荣誉，4幅作品在重庆市乡村学校少年宫书画大赛中获奖。组织开展“冬日针爱”关爱留守儿童活动，在人民日报海外版等媒体刊登报道。

（杨　娅）

# 政　治

# 中共重庆市万盛经济技术开发区工作委员会

## 综　述

**【概况】** 中共重庆市万盛经济技术开发区工作委员会（以下简称万盛经开区党工委）是中共重庆市委的派出机构，履行区一级党委的领导和管理职权。其主要职责是领导和管理万盛经开区管理范围内的党务工作、经济发展和社会稳定工作，以及承办重庆市委、市政府交办的其他事项。2018 年，万盛经开区党工委下设工作机构 5 个，即党工委办公室（含万盛经开区督查室、万盛经开区党工委政策研究室、万盛经开区党工委保密委员会办公室、万盛经开区机要局）、党工委组织部（含万盛经开区机构编制委员会办公室、万盛经开区党工委老干部局、万盛经开区党工委非公经济和社会组织工委、万盛经开区直属机关工作委员会）、党工委宣传部（含万盛经开区精神文明建设委员会办公室、万盛经开区网络安全和信息化领导小组办公室）、党工委统战部（含民宗侨台办公室）、党工委政法委（含万盛经开区司法局、万盛经开区社会管理综合治理委员会办公室、万盛经开区信访办公室、万盛经开区党工委防范和处理邪教问题领导小组办公室）；直属事业单位 1 个，即万盛经开区党工委党校（含万盛经开区行政学校、万盛经开区党史研究室、万盛经开区社会主义学院）。万盛经开区党工委驻万盛街道新田路 74 号。

**【重要会议】** 委员会议　全年万盛经开区党工委召开委员会议 32 次。会议重点研究党的建设、纪检监察、反腐倡廉、宣传文化、安全稳定、机构编制、干部职务任免、经济发展、国有企业改革、社会民生改善、脱贫攻坚、重点项目建设等工作。

全域旅游战略大会　1 月 4 日，万盛经开区召开加快实施全域旅游战略大会，深入学习贯彻党的十九大精神，深学笃用习近平新时代中国特色社会主义思想，认真贯彻落实市委五届三次全会精神，安排部署当前和今后一个时期全域旅游发展工作，加快打造万盛全域旅游升级版。市旅游局局长刘旗出席会议并讲话。党工委书记肖猛讲话。党工委副书记、管委会主任袁光灿部署工作。党工委副书记、政法委书记李川等全体市管领导出席会议。

全民健身战略大会　1 月 4 日，万盛经开区召开加快实施全民健身战略大会，深入学习贯彻党的十九大精神，以习近平新时代中国特色社会主义思想为指导，贯彻落实市委五届三次全会精神，研究部署加快实施全民健身战略各项工作，加快建设全国运动健康城市。党工委书记肖猛讲话。党工委副书记、管委会主任袁光灿部署工作。市体育局党组成员、副巡视员陈玉林出席会议并讲话。党工委副书记、政法委书记李川等全体市管领导出席会议。

委员（扩大）会议　2 月 5 日召开，会议学习贯彻习近平新时代中国特色社会主义思想和党的十九大精神，贯彻中央经济工作会议精神，贯彻落实重庆市委五届三次全会、重庆市经济工作会议和重庆市“两会”精神，总结 2017 年全区各项工作，安排部署 2018 年工作。会上，万盛经开区党工委书记肖猛代表党工委报告2017年工作，全面部署2018年工作；万盛经开区党工委副书记，管委会主任袁光灿安排2018年经济工作和重点项目工作，并代表党工委、管委会与重点项目牵头领导、有关单位签订年度目标责任书。

全区党风廉政建设和反腐败工作会议　2月27日召开，会议学习贯彻习近平新时代中国特色社会主义思想，全面贯彻落实党的十九大和十九届二中全会精神，认真落实十九届中央纪委二次全会、市委五届三次全会、市纪委五届二次全会和党工委（扩大）会议精神，总结2017年全区党风廉政建设和反腐败工作，研究部署2018年全区党风廉政建设和反腐败工作。

2018年财税金融国资审计工作会　5月10日，万盛经开区召开2018年财税金融国资审计工作会，总结2017年财税金融国资审计工作，对2018年工作进行安排部署。党工委书记肖猛出席会议并讲话。党工委副书记、管委会主任袁光灿部署工作。党工委副书记、政法委书记李川等全体在家市管干部出席会议。

上半年经济形势分析会　7月25日，万盛经开区召开上半年经济形势分析会，全面总结分析上半年全区经济运行和重点项目建设情况，安排部署下半年经济工作和重点项目建设工作。党工委书记肖猛讲话，党工委副书记、管委会主任袁光灿部署工作。会议强调，要重点抓好工业强区、全域旅游、全民健身、城乡融合发展、改革开放、民生改善和安全稳定工作、统计工作等七个方面的工作。会上，区领导胡俊、马应华、黄能金、詹旭东、饶为富、令狐昌海、陈宇、唐应良、李华全分别总结分管领域工作，安排部署下半年工作。

全区组织工作会议　10月11日召开，会议深入学习贯彻习近平总书记关于党的建设和组织工作重要思想，贯彻落实全国、重庆市组织工作会议精神，安排部署全区党的建设和组织工作。

全区民营经济发展大会　10月25日，党工委书记肖猛在全区民营经济发展大会上强调，要以习近平新时代中国特色社会主义思想和党的十九大精神为指导，全面贯彻新发展理念，认真落实重庆市民营经济发展大会精神，以民营经济新发展推动地区高质量转型。党工委副书记、管委会主任袁光灿安排部署工作，党工委副书记、政法委书记李川等全体在家市管领导出席会议。会议强调，要全面加强党对民营经济工作的领导，大力培养民营企业家和人才队伍，营造促进民营经济发展的良好氛围，打造一支有理想守信念、懂技术会创新、敢担当讲奉献的万盛产业人才队伍。要聚焦突出问题、抓住薄弱环节，对症施策、持续发力，以更加精准的扶持、更加到位的服务、更加优良的环境，全力推动万盛经开区民营经济发展再上新台阶。

全区宣传思想工作会议　11月15日召开，会议深入学习贯彻习近平总书记关于宣传思想工作的重要思想，全面贯彻落实全国、重庆市宣传思想工作会议精神，研究部署万盛经开区宣传思想工作。

**【重大决策】**　2月1日，出台《关于加快发展职业教育的实施意见》，立足万盛经开区实际，完善职业教育和培训体系，深化产教融合、校企合作，优化职业教育布局结构，创新人才培养模式，激发办学活力，为经济社会发展培养大批高素质劳动者和技术技能人才。包括7项重点任务：办学规模稳步扩大；专业建设契合产业；产教融合更加紧密；办学实力上档升位；校企合作不断深化；硬件建设明显改善；师资水平显著提升。

5月8日，印发《万盛经开区乡村振兴战略行动计划实施方案》，加快推进乡村治理体系和治理能力现代化，加快推进农业农村现代化，加快建设宜居宜业宜游的美丽乡村，让农业成为有奔头的产业，让农民成为有吸引力的职业，让农村成为安居乐业的美丽家园。包括10项重点任务：实施城乡融合发展行动；实施共同富裕行动；实施质量兴农行动；实施乡村旅游升级行动；实施乡村绿色发展行动；实施乡村文化兴盛行动；实施农民体育健身行动；实施乡村善治行动；实施农村民生保障和改善行动；加强党对“三农”（指农业、农村、农民）工作的领导。

5月8日，印发《万盛经开区精准脱贫攻坚战实施方案》，围绕如期稳定脱贫、巩固脱贫成果、完善长效机制三大任务，全面聚焦特定贫困群众，全面改善贫困农村生产生活生态条件，全面深化精准到人到户政策措施，全面提升脱贫攻坚能力。包括12项重点任务：实施资金投入保障行动；实施基础设施提升行动；实施特色产业扶贫行动；实施乡村旅游扶贫行动；实施电子商务扶贫行动；实施就业创业扶贫行动；实施健康医疗保障行动；实施教育文化扶智行动；实施集体经济壮大行动；实施金融精准扶贫行动；实施美丽乡村建设行动；实施全社会参与扶贫行动。

6月12日，印发《万盛经开区以大数据智能化为引领的创新驱动发展战略行动计划（2018—2020年）》，以资源型城市转型发展为主线，以工业强区为目标，以发展智能产业为重点，以招商引资为抓手，以创新驱动为动力，推动互联网、大数据、人工智能与实体经济深度融合，推动经济发展质量变革、效率变革、动力变革，提高全要素生产率。包括5项重点任务：大力发展智能产业；以大数据智能化推动主导产业转型升级；全面推进智能化应用发展；构建数据驱动创新体系；5强化信息化基础设施建设。

7月10日，印发《万盛经开区污染防治攻坚战实施方案（2018—2020年》，践行“绿水青山就是金山银山”理念，全面推动绿色发展，共抓大保护、不搞大开发，统筹“建、治、改、管”，突出抓重点、补短板、强弱项，坚决打好打胜污染防治攻坚战。包括5项重点任务：加强突出环境问题治理；加快补齐环保设施“短板”；强化环境全过程管理；深化环境监管制度改革；加强组织保障。

8月16日，出台《关于推进安全生产领域改革发展的实施意见》，坚持安全第一、预防为主、综合治理的方针，依靠严密的责任体系、严格的法治措施、有效的体制机制、有力的基础保障和完善的系统治理，切实增强安全防范治理能力，推动全区安全发展。包括5项重点任务：全面落实安全生产责任；深化安全生产体制机制改革；大力推进依法治理；建立安全预防控制体系；提升安全基础保障能力。

10月23日，出台《关于全面优化营商环境促进民营经济发展的实施意见》，促进全区民营经济转型升级、提质增效、创新发展，不断提升民营经济活力、创造力和整体实力，确保全区全面建成小康社会、资源型城市转型发展、建设美丽幸福现代的新型经济技术开发区取得重大进展。包括5项重点任务：优化公平公正的法治环境；建立高效透明的政务环境；促进平等竞争的市场环境；规范安商亲商的社会环境；鼓励智能开放的创新环境。

10月23日，出台《关于进一步营造企业家健康成长环境弘扬优秀企业家精神更好发挥企业家作用的实施意见》，着力营造依法保护企业家合法权益的法治环境、促进企业家公平竞争诚信经营的市场环境、尊重和激励企业家干事创业的社会氛围，引导企业家爱国敬业、遵纪守法、创新创业、服务社会，调动广大企业家积极性、主动性、创造性。包括9项重点任务：着力营造依法保护企业家合法权益的法治环境；努力营造促进企业家公平竞争诚信经营的市场环境；全力为企业家提供优质高效服务的营商环境；大力营造尊重和激励企业家干事创业的社会氛围；大力弘扬企业家爱国敬业守纪守法艰苦奋斗的精神；大力弘扬企业家创新发展专注品质追求卓越的精神；大力弘扬企业家履行责任敢于担当服务社会的精神；合力加强优秀企业家培育；切实加强党对企业家队伍建设的领导。

11月7日，印发《万盛经开区科教兴区和人才强区行动计划（2018—2020年）》，坚持党管教育、党管人才原则，以大数据智能化为引领推进科技创新，以提质增效为方向推进教育强区，以“近悦远来”为目标建设人才强区，努力将万盛建设成为重庆市创新型城市、国家义务教育优质均衡发展合格区和人才集聚高地。包括4项重要任务：实施人才集聚工程；实施教育优先发展工程；实施科技创新提升工程；实施创新创业生态优化工程。

11月10日，出台《关于加强和完善城乡社区治理的实施意见》，坚持以基层党组织建设为关键、政府治理为主导、居民需求为导向、改革创新为动力，健全体系、整合资源、增强能力，完善城乡社区治理体制，推动社会治理重心向基层下移，实现党领导下的政府治理和社会调节、居民自治良性互动，全面提升城乡社区治理社会化、法治化、智能化、专业化水平。包括4项重点任务：健全完善城乡社区治理体系；不断提升城乡社区治理水平；着力补齐城乡社区治理短板；强化组织保障。

12月29日，印发《万盛经开区保障和改善民生行动计划（2018—2020年）》，立足万盛全面建成小康社会发展实际，在对标对表国家和重庆市基本公共服务清单的基础上，坚持“抓重点、补短板、强弱项”，从人民群众最关心的教育、就业、医疗、住房、社会保障等民生热点问题入手，持之以恒实施民生工程、办好民生实事。包括9项重点任务：实施“幼有所育”，补齐公共服务短板；实施“学有所教”，持续提高教育质量；实施“劳有所得”，构建和谐劳动关系；实施“病有所医”，维护保障人民健康；实施“老有所养”，提高养老服务质量；实施“住有所居”，改善群众居住条件；实施“弱有所扶”，健全社会救助体系；实施“便民设施服务”，提升美好生活需求；实施“文化体育惠民”，满足精神文化追求。

（万盛经开区党工委办公室）

## 纪检监察工作

**【概况】** 2018年2月，重庆市监委派出万盛经开区监察室（以下简称万盛经开区监察室）挂牌，与中共重庆市纪委派出万盛经开区纪律检查工作委员会（以下简称万盛经开区纪工委）合署办公。全区设置纪检监察组织40个，其中镇街10个，纪检监察组10个，监察组3个，国有企业11个，驻区市属部门6个。重庆市纪委监委派出万盛经开区纪工委监察室内设8室1中心，即办公室、组织部、宣传部、党风政风监督室、信访和案件监督管理室、第一纪检监察室、第二纪检监察室、案件审理室、信访中心，有编制36人，其中行政编制20人，检察院专项编制9人，信访中心财政全额拨款事业编制7人。区纪工委设书记1人、副书记3人、委员5人；区监察室设主任1人（由区纪工委书记兼任）、副主任4人（其中3人由区纪工委副书记兼任）。设室主任8人，按副处级领导干部配备；核定科级领导职数8人。全年区纪工委（监察室、巡察办）机关在编在岗人员37人。

**【严明政治纪律规矩】** 带头认真学习贯彻党的十九大精神，深刻领会习近平新时代中国特色社会主义思想，引导广大党员干部牢固树立“四个意识”（指政治意识、大局意识、核心意识、看齐意识），坚定“四个自信”（指道路自信、理论自信、制度自信、文化自信）。坚决维护习近平总书记核心地位、维护党中央权威和集中统一领导，自觉在思想上政治上行动上同以习近平为核心的党中央保持高度一致。协助党工委抓好“主体责任”落实，组织学习市委关于深化落实全面从严治党主体责任的意见，协助党工委、管委会做好市纪委大数据平台履责情况纪实。坚持镇街、部门党组织书记落实主体责任情况报告制度，问责落实党风廉政建设主体责任不力的党员领导干部。全面履行“监督责任”，开展全区政治生态评价工作，动态分析政治生态状况，派员全覆盖监督区管班子民主生活会，督促各单位深入反思、对照检查，坚决肃清孙政才恶劣影响和薄熙来、王立军流毒。严格执行重大事项请示报告制度、领导干部报告个人事项等制度。

**【党风廉政宣传教育】** 统筹用好区内主流媒体开设的“党风廉政看万盛”和区纪工委主办的“廉洁万盛”微信工作号等阵地，开展好纪律宣传教育工作，全年发布相关稿件300余篇；为全区党员干部购买《中华人民共和国监察法》等党规党纪学习辅导用书400余套，经常性开展纪律知识学习教育；全区纪检监察干部深入田间地头、农村院坝，进行广泛宣传，着力营造全社会知纪遵纪守纪的良好氛围。丰富纪律教育载体，通过闭卷考试、中心组学习、知识竞赛、文艺演出等载体，开展丰富多彩、入脑入心的宣传教育。扎实开展纪律宣讲，深入抓好廉政党课宣讲，区级宣讲团成员应邀到党校主体班和区内各单位开展宣讲30场次；各镇街、部门、国有企业党委（党组）利用党委中心组学习、干部职工大会等开展专题学习200余次。固化纪律教育成果，开展《中华人民共和国监察法》书法作品展活动，评出入展作品40幅，其中一等奖2幅、二等奖3幅、三等奖5幅，评选出的40幅优秀书法作品在市群众艺术馆展出，其中有2幅获奖作品被市纪委宣传部选用于警示教育场地布置。突出重点人群，针对“一把手”、重要岗位人员，有针对性地开展纪法知识专题辅导21场次。

【纪检监察体制改革】 2月9日，撤销万盛经开区监察局、綦江区人民检察院职务犯罪侦查局万盛办案组，将万盛经开区监察局、綦江区人民检察院在万盛辖区设立的职侦、预防职务犯罪相关机构的职能及9名工作人员转隶至重庆市监委派出万盛经开区监察室。重庆市纪委监委派出万盛经开区纪工委监察室增设2个室，将执纪监督与执纪审查分设，案件监督管理与案件审理分设，进一步完善监督执纪各环节相互协调、相互制约的工作机制。将原18个区纪工委派驻纪检组整合保留到10个，并更名为区纪工委监察室第一至第十纪检监察组。调整综合监督单位，赋予监察职能。撤销镇街监察室，由区监察室在镇街综合设立3个监察组，履行监察职能。在各镇街设立村（社区）监察监督员。

【办信办案】 全年受理群众信访举报250件次，其中检举控告类191件次，办结率84.1%。全年运用监督执纪“四种形态”（指党内关系要正常化，批评和自我批评要经常开展，让咬耳扯袖、红脸出汗成为常态；党纪轻处分和组织处理要成为大多数；对严重违纪的重处分、作出重大职务调整应当是少数；严重违纪涉嫌违法立案审查的只能是极少数）处理176人次，其中第一种形态135人次，占76.7%；第二种形态29人次，占16.5%；第三种形态6人次，占3.4%；第四种形态6人次，占3.4%。全年立案36件43人，党纪政务处分32件38人。按照市监委制定管辖留置调查3人。严格执行《中国共产党纪律检查机关监督执纪工作规则》《重庆市纪委监委机关执纪监察工作办法（试行）》等规定，出台《关于全面加强审查调查安全工作的通知》，开展突发安全事件应急演练、“走读式”谈话安全培训和全覆盖检查，确保审查调查安全。

【纪检监察干部队伍建设】 严格执行提名考察办法，严把政治关、廉洁关、形象关，择优选配纪检监察干部。全年提名考察9名区管纪检监察干部、3名科级干部，遴选6名科级及以下干部。对新提任和遴选干部全部开展任前谈话和廉政谈话。审查355名评优评先、干部提拔人选，为党委选人用人和评优评先把好廉洁关。采取自办培训、外出调训、实战练兵等措施，对全区纪检监察干部开展“复合式”教育培训，切实增强日常监督、执纪审查、依法调查本领。举办全区纪检监察干部综合业务培训和审查调查安全工作培训，组织参加重庆市纪检监察系统集中培训，选派34人参加中央纪委、市纪委业务培训，选送8人到市纪委监委机关跟案学习，抽调8名基层纪检监察干部到委机关顶岗锻炼。严格执行集体决策、请示报告等制度，重大案件查办等情况及时向党工委和市纪委监委报告。开展委机关各室部中心权力运行风险防控，有针对性地建章立制、堵塞漏洞。督促各级纪检监察组织负责人、室主任、审查组组长落实好党风廉政建设主体责任。在全区纪检监察系统开展陶某某案专题警示教育。全年开展干部家访32人次，开展谈心谈话115人次。办理反映纪检监察干部的问题线索4件4人，组织处理2人。

（余　红）

# 组　织　工　作

【概况】 中共重庆市万盛经济技术开发区工作委员会组织部（以下简称万盛经开区党工委组织部）是经开区党工委下设机构，挂重庆市万盛经济技术开发区机构编制委员会办公室牌子，中共重庆市万盛经济技术开发区工作委员会非公有制经济组织和社会组织工作委员会、中共重庆市万盛经济技术开发区直属机关工作委员会与其合署办公。经开区党工委组织部有内设职能科室9个，即办公室（挂信访室牌子）、干部科（挂干部监督科牌子）、人才工作科（挂干部教育科牌子）、组织科、研究室、非公经济和社会组织党建科、人大代表联络科、机关党建科、机构编制管理督查科；有直属事业单位4个，即重庆市万盛经济技术开发区事业单位登记管理局、重庆市万盛经济技术开发区党员教育中心、重庆市万盛经济技术开发区党员信息管理中心、重庆市万盛经济技术开发区党代表和人大代表服务中心，其中重庆市万盛经济技术开发区事业单位登记管理局、重庆市万盛经济技术开发区党员教育中心2个机构为参公事业单位；有在编在岗人员26人，其中行政编制人员12人，参照公务员法管理人员8人，事业人员6人。

（邓　聪）

**【“两学一做”学习教育】**　深入学习宣传贯彻习近平新时代中国特色社会主义思想和党的十九大精神，举办基层党支部书记集中轮训、十九大专题培训以及各领域专题培训班85期，开展党的十九大精神进企业、进农村、进机关、进校园、进社区宣讲活动300余场次，组织领导干部、专家学者及各级党组织书记讲专题党课620余场次，举办专题培训辅导221期，收看专题节目130余场次，开展知识竞赛、征文、演讲、诵读等活动100余场，全区14628人全覆盖接受党的十九大精神教育培训。开展“送党章·学党章”活动，向基层党员赠送《中国共产党章程》1.5万余本，教育引导广大党员认真学习党章、尊崇党章、维护党章，敬畏党章、遵守党章、践行党章。成立5个督导组，采取每个督导组列席10个以上党组织的“三会一课”（指定期召开支部党员大会、党支部委员会和党小组会，按时上好党课）和主题党日等党组织活动、蹲点督导10个以上基层党支部、收集整理10个以上基层党建工作的典型案例、收集10篇以上党支部书记专题党课优秀教案和课件、编报10篇以上督导调研信息和经验文章的举措，深入机关、村、社区、学校、医院、国企、非公等领域严督实导，指导解决基本制度落实不到位、组织生活质量不高、查摆问题不实不准、学做结合不紧密等问题，提炼总结和推广具有借鉴性、实操性的成功做法，全方位提供实践支撑、经验借鉴和理论指导，推动交流互鉴、取长补短，纵深推进“两学一做”（指学党章党规、学系列讲话，做合格党员）学习教育常态化制度化。

**【党的队伍建设】**　从村（社区）优秀干部中招录镇街公务员1人，镇街事业编制人员1人。选派5名基层干部参与市委组织部组织的示范培训班。深入实施农村党组织带头人队伍整体提升行动，建立健全村（社区）党组织书记区级联审和备案管理制度，摸排研判全区57个村班子配备和运行情况，一村一策优化提升，新选用4名村（社区）党组织书记。加强村（社区）后备干部队伍培养储备，回引优秀本土人才57人，确定后备干部82人。建立青年人才联谊交友平台，投入10万余元，组织开展联谊交友活动6场次。严格执行“控制总量、优化结构、提高质量、发挥作用”党员发展要求，全年发展党员83人，其中农村年轻党员25人。全区65个区管领导班子召开民主生活会，282个基层党组织、14842名党员参加组织生活会和民主评议党员工作。

**【党的组织建设】**　2018年，全区有基层党组织682个，党员1.48万人。其中镇街党组织337个，党员1.11万人；国有企业党组织30个，党员188人；机关事业单位党组织221个，党员3060人；非公经济党组织90个，党员521人；社会组织党组织4个。开展扫黑除恶专项斗争，发放《致全市党员干部的倡议书》1.5万余份，摸排问题线索4条，依纪依法处置有前科劣迹的基层干部2人，制定村党组织发挥政治功能任务清单，修订57个村村规民约，纯洁干部队伍、加强基层治理、巩固执政根基，群众安全感指数连续多年在重庆市名列前茅。推进脱贫攻坚，优化调整配强7支驻村工作队，制定驻村工作队选派管理实施意见和职责清单，按照第一书记2000元/人·月、队员1800元/人·月的标准落实驻村综合补助。建立健全村（社区）组织运转经费保障机制和增长机制，提高补贴标准，惠及3400余名基层干部。推进支部标准化规范化建设，推进村便民服务中心三年规划和社区便民服务中心五年规划，全区99个村（社区）阵地全面规范达标。贯彻“兴调研、转作风、促落实”要求，变现场为会场，聚焦重点任务，分领域召开党建现场推进会，强化“清单式”部署、“项目式”推进、“台账式”调度，全面加强各领域基层党建。“一村一策”研究发展规划，制定10条硬政策，实施一年“清零”两年“消薄”三年“提升”计划，发展壮大村级集体经济。建立区、镇街、社区三级党建联席会议制度，组建网格党支部95个，楼栋党小组257个，城市基层党建工作扎实推进。开展进企业送政策、进农村送知识、进社区送服务200余次，机关党组织和党员服务发展、服务基层、服务民生的作用更加凸显。学校围绕“立德树人”根本任务，推动党建与教育教学工作深度融合。医院建立党委领导下的院长负责制，推行党员挂牌上岗，党建引领作用更加到位。国企全面加强党的领导，推进改革发展，运行日趋成熟高效。非公党组织坚持精准走访服务民营企业，党组织覆盖率分别达89%、91%。

（刘　亮）

【领导班子和干部队伍建设】　2018年，全面落实新时期好干部标准，抓好素质培养、知事识人、选拔任用、从严管理、正向激励五大体系建设，聚焦“工业强区、全域旅游、全民健身”三大抓手，切实把好干部选出来、用出来、管出来、带出来。一是健全干部管理制度。制定出台《区属国有企业领导人员管理办法》《区属国有企业聘任制领导人员管理办法》《区管领导干部谈心谈话办法》等3个文件。二是选优配强领导班子。重点围绕监察体制改革、国有企业改革和清理规范挂职干部，先后选配6批次78人，其中选拔任用区管党政正职领导干部2人、副职领导干部11人，平级任职8人，交流任职干部35人。三是考准干部工作实绩。完善领导干部考核机制，首次推行纪工委派驻部门纪检组组长实行单独拉通考核。按照差异化考核要求，制定镇街、部门考核办法，优化考核内容，改进考核方式，完成全区63个领导班子、379名区管干部2017年年度考核工作。四是抓实干部教育培训。突出理想信念教育，举办习近平新时代中国特色社会主义思想专题培训班和学习贯彻党的十九大精神基层党支部书记全覆盖培训等系列党性教育培训班；全年举办培训班76期，培训干部9716人次。集中抽调8批78名年轻干部参与全区重点工作培训锻炼。五是从严干部监督管理。2018年有2人被终止任用程序。完成全区460名区管干部2018年个人事项集中填报和信息录入等工作，随机抽查47名领导干部个人事项报告，重点核查101名拟提拔重用干部个人有关事项报告，对9名领导干部开展经济责任审计，建立区管干部提醒、函询和诫勉操作规程，下发函询通知书31份，批评教育23人次，作出书面检查3人次，诫勉4人次。

（戴春洪）

【人才工作】　2018年，区党工委、管委会印发《科教兴区和人才强区行动计划（2018－2020年）》，引进各类人才206人，其中引进硕士学历人才39人、博士学历人才24人，评选区级拔尖人才、优秀人才、骨干人才195人，使用人才专项资金668万元。一是强化党管人才。构建领导小组牵头抓总、人才办统筹协调、部门各司其职，各责任单位书记总体抓，分管领导具体抓、工作人员抓落实的统筹统管工作机制。制定《人才工作目标责任考核办法》，把人才工作纳入党建考核重要内容。出台《人才服务证制度》等10个规范性文件，制定引才合同模本和薪酬标准。全年组织召开人才工作大会1次、领导小组会5次、评审联席会3次、专题会议3次。二是引才工作。实施“招商＋引才”捆绑行动，组团到深圳、西安参加集中引才活动。组织8家企业参加重庆国创会，对接人才及项目35个，4个项目和人才参加重庆市签约仪式。开展“万众举才、盛情迎才”活动，采集在外优秀人才信息1100余条。组织区内重点企业走进校园，举行“起航有家的期待·归来有梦的港湾”主题活动，57名高中毕业生签订定向培养意向书。三是加强人才培育。召开经开区成立以来首次全区人才工作会议，举办为期3天的人才强区专题培训班，全区500余名人才及工作者参训。开展人才强区专题调研，召开人才座谈会9次，撰写人才强区调研报告1篇，创新“一对一”结对子等培育机制。推荐西部之光访问学者2人、三峡之光访问学者2人。完成第18批博士服务团和博士生服务队接收相关工作，落实1名博士选调生相关人才优惠政策。四是优化人才环境。万盛经开区党工委肖猛书记调研推进人才工作，看望新引进人才代表，坚定“广开进贤之路、广纳天下英才”决心。明确全区投入人才专项资金每年不少于1000万元。推出首批30套人才公寓，启动人才安居工程。在重庆市率先开发人才统计服务系统，为人才提供医疗、健身等一站式服务。搭建青年人才网上交友平台，开设网下活动载体，引导和促进青年人才融入万盛、扎根万盛、建功万盛。编印

《万盛人才》月刊10期，制作引才宣传手册、拍摄宣传片，推介万盛经开区人才政策和人才发展环境。

（张　松）

**【人大代表基本情况】**　2018年，万盛经开区有重庆市第五届人大代表8人，綦江区第二届人大代表102人。

**【人大代表参加人代会情况】**　1月25—31日，重庆市第五届人民代表大会第一次会议召开，8名驻经开区市人大代表参加会议，会议期间提出建议、批评和意见17件。1月11—15日，綦江区第二届人民代表大会第二次会议召开，万盛经开区辖区内102名区人大代表参加会议，审议管委会工作报告，完成各项选举任务，会议期间共提出建议、批评和意见135件。7月12—13日，綦江区第二届人民代表大会第三次会议召开，经开区辖区内102名区人大代表参加会议，完成大会选举任务。

**【人大代表履职活动】**　一是开展集中视察活动，围绕全区经济社会发展大局，于年中和年末开展全体市区人大代表集中活动2次，组织代表视察煤电化园区、渝黔复线工程、重庆华绿生物有限公司、重庆顺安盛钛科技新材料有限公司等项目并召开座谈会听取管委会主要领导关于全区经济社会发展情况的报告。二是开展专业代表小组履职活动，组织财政经济、农业农村、社会民生、城乡建设4个专业代表小组，分别视察并听取经信局、农林局、中心法庭、中心检察室、城市管理局关于天然气进村、乡村振兴、司法工作、城市建设的专项工作报告，提出建议意见53条。三是开展镇街人大代表小组履职活动，全年围绕万盛小学校园安全工作、渝黔高速公路扩能项目征地拆迁进展情况、消防设施改造、食用菌工厂建设项目、采煤沉陷治理等内容开展履职活动92次，其中专题视察28次、专题调研24次、工作评议18次、执法检查22次。四是开展代表走访联系选民活动，组织全体区人大代表选区走访联系选民，固定联系选民500余人，定期坐班接访选民1000余人，随机走访选民3000余人，收集选民意见建议540余条。五是开展代表向选民述职活动，有46名区人大代表和168名镇人大代表向原选区选民述职。

**【人大代表建议办理情况】**　万盛经开区负责办理的綦江区人大代表建议、批评和意见共135件。其中国土资源和交通建设方面39件，占28.9%；城乡建设和城市管理方面30件，占22.2%；农林和水利方面15件，占11.1%；经济发展和环境保护方面13件，占9.6%；全域旅游和全民健身方面13件，占9.6%；科教文卫方面10件，占7.4%；社会保障等其他方面15件，占11.1%。2018年的代表建议由交通局、城市管理局、国土房管局等40个部门和单位研究办理。建议办结率、回执回收率、回执满意与基本满意率均为100%。

（程　超）

# 宣传思想工作

**【概况】**　重庆市万盛经济技术开发区党工委宣传部（以下简称万盛经开区党工委宣传部）是万盛经开区党工委主管宣传思想文化及意识形态方面的综合职能部门。万盛经开区精神文明委员会办公室、万盛经开区党工委对外宣传办公室与其合署办公。万盛经开区党工委宣传部有职能科室4个，即办公室、理论科、宣传科、文艺科。下设事业单位3个，即万盛经开区互联网信息办公室（与党工委网信办同一机构）、区宣传文化中心（挂牌机构包括地方历史文化研究会办公室、新媒体运营管理中心）、区特色文化办公室。2018年，万盛经开区党工委宣传部有在编在岗职工37人。

（冯　谦）

**【理论武装工作】**　制发《2018年度万盛经开区党工委中心组学习意见》《2018年度全区党委（党组）理论学习中心组学习意见》。党工委理论学习中心组围绕习近平新时代中国特色社会主义思想和党的十九大精神等内容开展专题学习18次。全区各级党委（党组）理论学习中心组累计开展学习1200场次。编制《党委（党组）理论学习中心组学习规范手册》，编印《党建知识应知应会》，发放《习近平新时代中国特色社会主义思想三十讲》《新时代面对面》《全面从严治党面对面》等理论书籍5000余本。组建区级宣讲团、镇街宣讲团、理论名嘴基层宣讲队等三级宣讲队伍，围绕习近平新时代中国特色社会主义思想、习近平总书记在民营企业座谈会上的重要讲话精神，开展基层宣讲活动1200余场次。举办习近平新时代中国特色社会主义思想微宣讲比赛，培育基层理论名嘴12人，万盛推荐的理论名嘴陈松在重庆市习近平新时代中国特色社会主义思想微宣讲渝西片区赛中获一等奖并在决赛中获奖。万盛在2018年度重庆市基层理论宣讲“先进个人”“先进集体”“优秀理论宣讲报告”三项评比中均获奖，重庆市仅7个区县获此殊荣。开展市委宣传部课题调研11项，成立专项课题组撰写《发展基层宣传思想文化工作新格局的研究》，在关坝镇凉风村和新田路社区开展将宣传思想工作做到群众身边，打通宣传思想工作服务群众“最后一千米”的探索实践。在《中国组织人事报》《重庆学习论坛》《重庆宣传》等市级以上刊物发表理论文章、调研报告18篇。《运用“互联网+”做好基层宣传思想工作》调研报告获重庆市思想政治工作研究会课题研究成果一等奖。“刘君子如文化促进会”被评为全国社科“先进社会组织”和重庆市“社会科学先进社团单位”，刘子如纪念地被评为重庆市“人文社科普及先进单位”。意识形态阵地管理到位，网络空间风清气正，全区意识形态领域平稳可控。

（余方运）

**【新闻宣传管理】** 围绕党的十九大、十九届三中全会、习近平参加重庆代表团审议重要讲话、全国全市宣传思想工作会议精神，开设“推动重庆各项事业沿着习近平总书记指引的方向奋力前行”“因地制宜走好转型路 因势利导打造升级版”“在行动和看效果大型系列报道”等专题专栏110余个，策划“2018年万盛重点招商项目集中签约仪式”“记忆157”“体育旅游新闻发布会”等专题宣传报道80余次，开展网络直播活动6次，累计浏览量超过7200万人次。策划“改革开放40年，转型发展换新颜：看万盛‘72变’”宣传报道，点击率100万余人次。开展安全生产活动月、3·15消费维权、全民阅读、禁毒等社会宣传活动20余次。探索融媒体建设，《万盛日报》、“幸福万盛APP”、“万盛微发布”等平台实现信息共享互通，传统纸媒与新媒体合作机制、采编框架不断成熟，形成“一报一网一端一坛两微三账号多微信公众号矩阵”现代传播体系。区新媒体中心各平台总订阅量34.5万人次。《我在万盛等你》获重庆市“行千里 致广大”短视频大赛二等奖，幸福万盛APP、万盛微发布综合排名长期位列重庆市区县前十。2018年，幸福万盛APP成功上线积分系统和积分商城，活跃率、阅读率明显提升，全年新下载APP1.2万次、累计下载7.2万次，新增注册用户8200个、累计用户6万个，获重庆市十佳APP称号4次，优秀运营奖1次，十佳稿件5篇。

（高朝平　李银军）

**【舆论舆情管理】** 以社会主义核心价值观为统领，加强宣传教育引领，开展“榜样面对面”“梦想课堂”“万盛经开区‘拥抱新时代 践行新思想 实现新作为’人生规划大赛”“第五届好记者讲好故事”以及“榜样面对面脱贫微宣讲”“优秀扶贫干部杨骅先进事迹报告会”“梦想课堂”等宣传教育活动170余场次，悬挂社会主义核心价值观的宣传海报、标语1万余条，全媒体刊播“图说我们的价值观”“比心重庆人”等公益广告450万条次。推广“傅婆婆暖心室”“爱心爷爷课堂”“小马工作室”“杜老师工作室”经验做法，启动子如文化融入培育社会主义核心价值观进千家万家行动，夯实社会主义核心价值观民间阵地。探索“互联网+”模式，打造新田社区和凉风村思想政治教育基地，万盛经开区党工委宣传部撰写的“运用互联网+做好基层宣传思想工作的调研报告”获重庆市思想政治工作调查研究一等奖，通过系列措施推动社会主义核心价值观走进社区、走进家庭、走进群众。

（高朝平　王忠元）

**【文艺工作】** 2018年，万盛经开区党工委宣传部开展党的十九大文艺宣传“六进”文艺演出41场，组织党的十九大精神文艺宣传100多场；开展“红色文艺轻骑兵”系列活动40余场次；完成2018年万盛经开区科技、文化、卫生下乡活动3场；开展万盛2018年元旦春节期间“拥抱新时代”春节联欢会、团拜会、老街音乐会等文艺活动60余场；影剧院完成电影放映140余场次，组织中国梦·巴渝风·原创舞台演出4场次。完成“奉献人民·放歌巴渝”——渝州大舞台城乡文化互动工程暨2018年春秋季送演出进基层活动20场；完成“深入生活 扎根人民”文艺志愿在基层服务活动4次；完成“戏曲进校园”演出10场次；完成“拥抱新时代·践行新思想”学习宣传党的十九大精神职工诗文诵读比赛，完成“唱响新时代·赞歌献给党”万盛经开区2018年群众歌咏比赛；联系重庆市曲艺团完成市优秀剧目《啼笑因缘》下基层巡演2场；完成万盛经开区优秀剧目到市级剧院公益演出；开展群众文化活动“万盛大舞台”“送文化上山”“欢跃四季 舞动巴渝”重庆市广场舞展演，“阅读之星”重庆市民诵读大赛等活动。筹备建立盛青黛万盛艺术团，加强地区文化展演、非遗保护；参加重庆第七届（国际）文化产业博览会，组织奥陶纪和荣懿堂等企业参展，提升万盛文化产业对外形象。建立完善乡村文化振兴工作制度，推动乡村文化保护传承。推进地方历史文化研究，考察万盛工业遗产，牵头开展溱州文化园工程建设。

（金　奉　吴凤鸣）

**【网络监管】**　根据党工委委员会审议的《关于进一步加强全区党政机关网络安全和信息化建设管理工作的报告》，完善网信管理工作机制，规范全区党政机关网站和信息化系统建设和使用，形成网信部门牵头抓总，党工委机要局、区政府信息公开办公室、经信局（智慧办）等涉网、用网部门分工负责，网上、网下通力协作的工作格局。对全区13家单位的19个关键信息基础设施进行网络安全现场专项检查，提升防护能力。开展全区首次网络安全应急演练，采取模拟环境、真实攻击、实际推演相结合的模式，实现多部门对网络安全突发事件的联动协同处置，检验并完善应急工作机制，提升全区网络安全应急处突能力。联合区公安、文化等部门开展“2018·清朗”等专项行动11次，上报处置违规自媒体账号3个，落地查人2次，约谈3人次。

（王忠元）

**【对外宣传】**　2018年，万盛经开区对外宣工作围绕“聚民心、展形象”工作使命，精心策划外宣主题报道，主动加强与中央、市级新闻媒体对接，联系国内外媒体合作，讲出万盛好故事，唱响万盛好声音，不断提升万盛对外形象知名度、美誉度。2018年，累计向区外媒体投稿3400余篇，邀请区外记者采访510余人次。全年在中央、市级报刊类主流媒体上稿318篇，比上年增长21.71%；电视类主流媒体刊播150余条，增长34.18%；主流网络媒体上稿3300余篇，增长112.86%。其中，在中央电视台刊播新闻16条，9月23日中央电视台《新闻联播》头条刊播《万盛经开区关坝凉风村首届农民丰收节》新闻；在《人民日报》上稿11篇，头版2篇；《重庆日报》上稿221篇，头版50篇，头版头条2篇。

（高朝平）

## 统　战　工　作

**【概况】**　中共重庆市万盛经济技术开发区工作委员会统战部（以下简称万盛经开区党工委统战部），挂重庆市万盛经济技术开发区民宗侨台办公室牌子，有内设机构5个，即办公室、党派联络科、民宗侨台科、统战服务中心、政协委员服务中心，人员编制19人，在编在岗人员16人。重庆市万盛经济技术开发区归侨侨眷联合会机关与万盛经开区党工委统战部合署办公，有人员编制3人，在编在岗人员3人。

（张我勇）

**【政党协商】**　印发《万盛经开区2018年政党协商计划》，围绕全民健身、全域旅游、工业强区、乡村振兴等重点工作，开展专题协商5次，双月座谈会（含暑期谈心会）3次，收集意见建议240条，及时梳理并交予有关单位办理，为党工委、管委会及有关部门科学决策提供有益参考。印发《万盛经开区党工委统战部关于报送2018年协商计划的通知》，要求各镇街及有关部门制定2018年度协商计划，并按计划开展协商工作。

**【民主党派和无党派人士工作】** 思想引领。在全区统一战线开展“学讲做”学习活动140余次，参加人数5000余人。邀请九三学社市委有关领导作“‘五一口号’开创中国新型政党关系”专题讲座，凝聚各方面共识和力量，引导民主党派和无党派人士在思想、行动上同以习近平为核心的党中央保持高度一致。党派活动。组织各民主党派和无党派捐款6万元，支持岩门村、新华村、庙坝村扶贫攻坚工作。民盟资助民权学校3名困难学生高中毕业前每人每年500元生活费，主动联系金桥镇贫困户5户。民进重庆市委向“进盛教育基金”注资5万元，民进区委向进盛实验中学捐赠教育经费3万元，为茶园小学送去价值4000元的慰问品。九三学社组织社内专家开展送健康进基层、进景区活动2次。组织民主党派和无党派人士围绕地区经济社会发展开展调研，形成调研报告11篇，以《统战声音》编发8期，其中九三学社《关于减少区内卫生人才流失的几点建议》、无党派《关于推动万盛城区停车位（小型汽车）共享，缓解停车难问题的建议》等6期得到区领导批示。组织建设。支持民盟于2018年5月成立万盛经开区支部，党工委统战部常务副部长犹元超、副部长何跃、民盟綦江区委主委潘雪梅等出席成立大会。大会选举贾武为支部主委、叶明盛为支部副主委，有支部成员8人。各民主党派有计划、储备式地发展成员，2018年，民革党员120人（新发展党员6人），民进会员100人（新发展2人），民盟盟员8人，九三学社社员83人（新发展4人）。党外干部队伍建设。坚持“政治坚定、业绩突出、群众认同”标准，从体制内单位中筛选出党外代表人士个性化培养对象25人。在全区开展党外优秀年轻干部推荐工作，提出党外优秀年轻干部拟推荐人选名单，确定培养党外优秀年轻干部人选1人，“80后”党外优秀年轻干部人选5人。2018年，全区有党外处级干部17人（含国有企业领导班子党外干部1人），其中正处级3人，副处级14人；民革3人，民进3人，九三学社6人，无党派5人。区级行政部门中，有9个部门配备党外干部，比例42.8%。全区有党外科级干部155人，其中民主党派29人，无党派126人。全区机关及事业单位中，具有中级以上专业技术职称的党外干部881人，其中高级职称149人，中级职称732人。党外知识分子摸底工作。全区有党外知识分子905人，其中科级及以上党外知识分子170人，处级干部18人，科级干部152人。中级及以上专业技术职称的735人，高级职称75人，中级职称660人。相对集中在教育和卫生系统单位，这两个系统的人数有705人。

**【党外知识分子和新的社会阶层人士工作】** 加强政治引导和教育。以座谈会、培训会和研讨会的形式组织党外知识分子和新的社会阶层人士认真学习习近平新时代中国特色社会主义思想和党的十九大精神，引导其牢固树立社会主义核心价值观。组织党外知识分子和新的社会阶层人士调研万盛煤电化园区、渝黔复线、重庆江南机场等区级重点企业和项目，增强其对统一战线的向心力和认同感，把思想和行动统一到党中央、市委、区党工委的决策部署上来，凝聚起与党同心、同行、同向的统一思想和行动共识。搭建组织交流平台。2018年11月成立“万盛经开区新的社会阶层专业人士联合会”，吸纳会员57人，在万盛科创大厦建立“新智聚万”实践创新基地，发挥聚才引才、联谊交友、创业服务、教育培训、议政建言、实践锻炼、社会服务的作用。邀请党外知识分子和新的社会阶层人士参加“专题协商会”4次，畅通建言献策渠道。组织围绕精准扶贫、全民运动健身模范城市创建等课题开展调查研究，形成高质量意见建议18篇（条）。建立服务机制。建立“党外知识分子和新的社会阶层人士联系服务机制”，统战工作领导小组成员单位负责人分别联系1—2名党外知识分子和新的社会阶层人士，定期交心谈心，电话互动，座谈交流。根据行业分布，在新阶层人士中成立电商协会、律师协会、软件开发协会等组织，定期收集行业内需要解决的问题，并交相关部门办理。在实践创新基地设置“意见箱”，收集新的社会阶层人士的意见和建议、愿望诉求，并通过多种方式协调解决。

**【非公经济服务】** 营造良好的营商环境，解决民营企业困难。明确区党工委委员、统战部部长牵头主抓民营经济发展，区级领导每人定点帮扶2户重点民营企业，至少走访5户民营企业。区党工委、管委会主要领导分别组织召开专题会议研究民营经济发展工作，全年研究解决民营企业困难诉求117个。印发《关于全面优化营商环境促进民营经济发展的实施意见》《关于进一步营造企业家健康成长环境弘扬优秀企业家精神更好发挥企业家作用的实施意见》，着力创造良好营商环境。开展学习培训，提升企业家综合素质。开办“万商大讲堂”4期，为非公经济人士提供经济、管理、法律等多方面知识，参训人员400余人。特邀西南大学法学院副教授杨茂为建筑与房地产业商会、家居建材装饰商会企业负责人讲授劳动合同法律风险防控，增强企业用工法律风险防范意识；邀请重庆大学公共管理硕士（米PA）讲师唐文平为民营企业家和中层管理人员讲授市场营销三十六式，帮助企业提升市场竞争力。举办“学讲做”活动宣讲会，夯实非公经济人士思想政治基础，增强发展信心。按照“1 + N”培训模式，到清华大学举办第五期民营企业家高级研修班，55位企业家参与培训。引导企业“走出去”，加强经贸交流。组织11名民营企业家参加中国（重庆）—越南经贸与物流合作洽谈会。引导企业参加第二十一届中国西部国际投资贸易洽谈会，帮助企业寻求商机、谋求合作。举办银企座谈会、中色新材料投资路演会，与西南证券签订战略合作协议。组织商会会员到江津、大足考察洽谈合作，走访贵州桐梓、正安及重庆市有关区县工商联，与贵州桐梓、重庆九龙坡等地签订友好工商联或友好商会协议。鼓励企业创新发展，实现提质增效。重庆金鑫智慧科技有限公司、重庆盛镁镁业有限公司入选2018年重庆市企业专利创新百强榜。帮助企业运用资本市场融资，天冲商贸成功在重庆股份转让中心孵化板挂牌。与重庆银行就“金融扶贫与乡村振兴战略”进行对接，将《重庆银行助农贷款业务简介》等资料下发给基层商会和执委企业，鼓励企业在乡村扶贫中创新创业。做好企业人才服务工作。协助企业开展科技人才申报工作，成功推选“万盛经开区第二届区级拔尖人才”2人，“万盛经开区第二届区级优秀人才”5人，“万盛经开区第二届区级骨干人才”5人。开展人才资源调研，抽取8家民营企业开展《2017年度人才资源概况》和《人才资源对比情况》的问卷调查。

（刘　琴）

**【政协委员服务管理】** 做好提案、社情民意工作。全年召开提案审查会，审查提案169件，立案112件，合并成98件；转社情民意29件，不立案28件，确定8件重点提案由区领导领办。对承办5个以上提案及承办重点提案的18个单位进行走访督办，所有提案办理满意率100%。交办社情民意83件，编发《社情民意》刊物2期，均得到区领导批示。围绕工业强区、全域旅游、交通基础设施建设等重点工作，全年组织委员开展集中视察和小组、界别调研活动13次。万盛煤电化园区、重庆顺安盛钛新材料有限公司、重庆华绿生物科技有限公司、奥陶纪景区、渝黔复线关坝互通等，形成调研报告2篇。不断探索界别活动。明确20名界别召集人，各界分别开展调研，科协界提交界别提案2篇，共青团界提交社情民意1篇，工商界围绕民营经济发展召开座谈会，收集意见8条，总工会、科协和经济界别均到智博会现场进行观摩学习。参与社会活动。组织委员参加公墓选址、城市建设重点工作等征求意见会，参加各单位领导班子和领导干部2017年度考核述职民主测评会9次，为全区“最难办事科室”投票3期，审议《管委会工作报告》《万盛幼儿园入托办法》等。帮助全区因捡养等原因多年未入户的75名儿童登记落户，取得合法身份；看望帮扶贫困家庭25户，送去慰问金及物资2.3万余元；开展爱老敬老活动，为2家敬老院送去1万余元物资。组织委员培训。组织100余名政协委员开展培训，印发区发改局、城市管理局、旅游局、体育局等部门近年来重大项目建设情况材料，邀请市、区政协委员梁光华对政协委员如何撰写提案和社情民意进行专题辅导。做好接待工作。接待山东省日照市、贵州省六盘水市和万州区等15个市、区政协300余人到区考察交流学习。

（万立红）

# 机 构 编 制

【概况】　重庆市万盛经济技术开发区机构编制委员会办公室（以下简称万盛经开区编办）是万盛经开区机构编制委员会的常设办事机构，在党工委组织部挂牌，是党工委、管委会的工作机构，列入党工委机构序列。党工委组织部设立职能科室机构编制管理督查科，负责管理体制改革和机构编制管理督查等工作；部下设万盛经济技术开发区事业单位登记管理局，负责全区事业单位法人登记管理工作。经开区编办人员编制在经开区党工委组织部人员编制中调剂使用。

【机构管理】　2018 年，万盛经开区党工委、管委会内设机构 29 个，即党工委办公室（含政策研究室、保密委员会办公室、机要局、督查室）、管委会办公室（含法制办公室、应急救灾管理办公室、外事办公室）、党工委组织部（含编办、老干局、党工委机关党委、党工委非公工委）、党工委宣传部（文明办、文联、社科联、外宣办、党工委网信办）、党工委统战部（含民宗侨台办、侨联）、党工委政法委（含司法局、信访办、综治办、党工委防范处理邪教办）、发展改革局（含转型办）、财政局（含金融工作办）、经济和信息化局（含中小企业发展指导局）、教育局（含教育督导室）、科技局（含创新发展局、地震局、科协）、规划建设局（民防办）、交通局、农林局（含农综办、扶贫办）、商务局（含对外经济贸易局、粮食局、供销联社）、民政局（含救灾救济物资管理办）、人力资源和社会保障局、国土房管局（含采煤沉陷区房屋治理办）、环保局、城市管理局、水务局、文广新局、卫生计生局（含爱卫办、红十字会）、国资局、安监局（含煤管局）、统计局、旅发委、体育局、审计局（2016 年调整为市审计局直管）；纪检监察机构 1 个，即区纪工委监察室；派出机构 3 个，即平山园区管委会、煤电化园区管委会、黑山旅游园区管委会；直属事业单位 4 个，即党工委党校（含党史研究室、行政学校、社会主义学院）、机关事务局、新闻中心、投资促进中心；群团机构 11 个，即区总工会、团区委、区妇联、区工商联（总商会）、区残联、区科协、区侨联、区计生协会、区红十字会、区文联、区社科联（其中前 5 个独立运行）；8 个镇按“六办五中心”（“六办”指党政办、经济发展办、社会事务办、综治办、安监办、规划建设管理环保办，“五中心”指财政所、农业服务中心、水利站、文化服务中心、社会保障服务所设置；2 个街道按“六办四中心”（“六办”指党政办、经济发展办、社会事务办、综治办、安监办、规划建设管理环保办，“四中心”指社区服务中心、文化服务中心、财政所、社会保障服务所）设置。

【编制管理】　2018 年，万盛经开区有区级行政编制 444 人，实有 438 人，空编 6 人。乡镇行政编制 255 人，实有 241 人，空编 14 人。政法专项编制 50 人，实有 44 人，空编 6 人。区属事业编制 4779 人，实有 4567 人，空编 212 人；其中行政执法专项编制 125 人，实有 85 人，空编 40 人。镇属事业编制 345 人，实有 328 人，空编 17 人。机关工勤人员 70 人。

【行政审批制度改革】　推行审批服务“马上办、网上办、就近办、一次办”，清理确认区级部门行政许可事项 267 项、公共服务事项 344 项，乡镇、街道公共服务事项 379 项的办理方式。建立证明事项取消清单，2018 年取消全区自行设定的证明事项 52 项。推进 1.3 万平方米新行政服务中心大厅建设，实行集中办理、一站式办结，真正让企业和群众少跑腿。“互联网 + 政务服务”网络覆盖 10 个镇街、99 个村（社区），在线政务服务平台建设加快推进。优化投资项目并联审批，推行商事一窗受理制，为企业群众“减负解困”。

【行政体制机制改革】　2018 年，万盛经开区派驻纪检组和内设机构进行改革，撤销 8 个派驻纪检组，将 10 个派驻纪检组更名为派驻纪检监察组，赋予监察职责，调整综合监督范围。全面推行向镇街派出监察机构，设立重庆市监察委员会派出万盛经济技术开发区监察室派出第一监察室、第二监察室、第三监察室，同时撤销所有镇街原监察室。派出监察室由区监察室直接领导，协助、配合区监察室内设机构履行相关职责。派出监察室与归口镇街为监督与被监督的关系。派出监察室对区监察室负责，不受归口镇街党委（党工委）的领导。

（李 宇）

## 党 校

【概况】 中共重庆市万盛经济技术开发区工作委员会党校（以下简称万盛经开区党工委党校）是万盛经开区党工委直属参公事业单位，重庆市万盛经济技术开发区行政学校（以下简万盛称经开区行政学校）、重庆市万盛经济技术开发区社会主义学院（以下简称万盛经开区社会主义学院）、中共重庆市万盛经济技术开发区工作委员会党史研究室（以下简称万盛经开区党工委党史研究室）与其合署办公。万盛经开区党校有内设科室5个，即办公室、教研室、组教科、党史研究科、后勤服务科。下设事业单位1个，即干部教育培训中心。2018年，实有编制在编在岗16人，含试用期3人。有离退休干部12人，其中县处级9人，乡科级3人。

【干部培训】 2018年举办各类培训班76期，培训各级各类干部9716人次。其中万盛经开区党工委组织部、党工委党校主办承办重点班次12期，培训3432人次，含党政正职160人次，处级领导干部830人次；协助举办区级部门、镇街各类培训班8期，培训1015人次；完成重庆学习论坛干部周末讲堂8期，945人次参训；其他各部门各镇街主办承办班次48期，培训4324人次。全年干教培训工作以习近平新时代中国特色社会主义思想为引领，以强化党的理论学习、增强党性修养为重点，突出问题研究，结合万盛实际工作开展研讨，为推进万盛发展提供新思路。

【科研资政】 2018年，万盛经开区党工委党校筹备召开重庆市区县党校行政院校第三片区协作组理论研讨会，组织撰写并提交理论文章7篇，6篇入选论文集，其中获一等奖1篇，二等奖2篇，三等奖3篇。向重庆干部教育研究中心递交理论文章5篇，入选2018年川渝蓉两地三方党校系统理论研讨会理论文章1篇，在《重庆大学学报》《重庆行政公共论坛》《中共太原市委党校学报》《干部教育培训与实践》等市级以上刊物上发表理论文章30篇。承担市社院课题2项，即《城棚户区改造中群众统战工作研究》《用好宗教伦理，发挥好信教群众积极作用》；承担万盛社科联课题2项，即《万盛推进农旅融合发展问题研究》《万盛智慧旅游及其发展对策研究》；承担市委党校课题3项，即《城市精细化管理助推万盛全域旅游发展研究》《精准扶贫中的社会建设问题研究》《践行绿色发展理念，引领“海绵城市建设”》，所有课题均结题。成功立项万盛社科联2018年度课题2项，即《城市基层党建工作现状及对策研究》《新发展理念引领万盛城乡融合发展研究》；立项市委党校2018年度课题1项，即《乡村振兴视角下景区民宿品质提升问题探析》。申报市社会主义学院课题1项，即《乡贤文化参与乡村治理的现状及对策研究》1项。撰写《以生态旅游完善万盛全域旅游体系建设》《浙江体育旅游融合发展经验对万盛的借鉴思考》《关于加快万盛玻璃新材料产业发展的建议》《新时代城市基层党组织面临的新问题与新思考—以万东镇永利社区为例》《以文创促进万盛民宿高质发展的思考建议》等资政文章10期，其中3期获区领导肯定性批示。

【宣传宣讲】 2018年，万盛经开区党工委党校充分发挥理论武装重要阵地作用，扎实开展党校教师送教到部门、机关、基层村社区的宣传宣讲活动，全年组织党校教职工为区退休老干部、南桐矿区入党积极分子、平山园区、金桥镇等开展理论宣讲30余场次，宣讲受众2500余人次。

【党史研究】 《万盛党史人物传》公开出版，万盛经开区党工委党史研究室分别向重庆市委党史研究室、38个区县党史研究室以及全区69个机关单位等赠送书籍150册。完成《中国共产党重庆历史大事记·万盛卷》编辑工作，该书记录2007—2017年间的万盛大事，总字数25万字。完善万盛首部乡土教材《万盛历史》，并增设“先贤名人”章节。本年度党史资料搜集持续推进。继续搜集整理“三线建设”时期区晋林厂、库相关资料；搜集、整理完善万盛经开区党工委大事记；搜集到5篇反映革命战争年代和1篇反映重庆“雾城”一月大行动实况的口述资料。2018年将党史素材作为形势政策、意识形态和社会主义核心价值观教育的重要内容，紧密结合党的十九大精神，创新形式开展党史宣讲宣传。先后到街道、学校等地开展党的历史、理论宣讲4次，宣讲受众400余人，并多次邀请市委党校胡大牛等教授到区讲授党史课程。

**【师资培养】** 2018年度，进一步完善人才引进、学习进修等相关制度，建立学习进修登记、考核、经验交流机制，建立健全赛课练兵、挂职锻炼、绩效评估和考核制度，进一步强化人才培养、使用及管理工作。全年引进硕士研究生2人，完成校内赛课练兵8次，累计派教师到市委党校、浙江大学、上海浦东干部学院等参加专业培训10人次，派驻棚改办挂职1人，到市委党校访学2人。进一步优化兼职教师配备。在《关于建立万盛干部师资库的通知》的基础上，进一步健全兼职教师管理制度，对兼职教师聘用、解聘、课酬等作出明确规定。充实兼职教师队伍，将擅长讲课的区级领导、部门领导、重点部门科室负责人、区级骨干人才及高级技术人才、先进典型人物纳入师资库，至年末，万盛经开区党工委党校聘用各类别各层级兼职教师116人。

**【学历教育】** 完成2018年西南大学网络继续教育春季招生30人。完成2016、2017年春秋季50余位学员毕业工作。组织实施2018春季学期考试，200名学员参考，其中笔试考试40余人，网络考试160余人，完成西南大学网教院巡考检查工作。

（陈峥嵘）

## 老干部工作

**【概况】** 中共重庆市万盛经济技术开发区工作委员会老干部局（以下简称万盛经开区党工委老干部局），是负责全区离休干部和全区副处级及以上退休干部服务管理的党工委部门管理机构，有行政编制4人，其中，处级领导职数3人，科级领导职数1人。有下属正科级财政全额拨款事业单位2个，即重庆市万盛经济技术开发区离退休干部服务管理中心（以下简称离退休干部服务管理中心）、重庆市万盛经济技术开发区离退休干部党建中心（以下简称离退休干部党建中心）。离退休干部服务管理中心核定事业编制（参照公务员法管理）4名，其中科级领导职数1人。离退休干部党建中心核定事业编制3人，其中科级领导职数1人。截至2018年12月底，万盛经开区有副处级及以上离退休干部468任，其中离休干部26人，退休干部442人；厅级离退休干部30人中，有正厅级9人，副厅级21人。新中国成立初期参加革命工作退休干部29人 。2018年增加退休干部11人，均为处级退休干部。2018年逝世老干部15人，其中离休干部5人（副厅级1人，副处级4人），处级退休干部10人。

（梁　俊）

**【离退休干部党的组织建设】** 强化政治引领。坚持把政治建设摆在首位，全面落实新时代党的建设总要求，组织离退休干部学习习近平新时代中国特色社会主义思想和党的十九大精神、全国和重庆市老干部局长会议精神以及市委五届三次四次全会精神、万盛经开区党工委重要会议精神，引导离退休干部铸牢“四个意识”，坚定“四个自信”，自觉做到“两个维护”。全年举办情况通报会2次，参观及政治理论学习12次，党支部学习会600余场，向离退休干部党支部发放《离退休干部党支部学习参考》1000余册、《习近平新时代中国特色社会主义思想三十讲》读本80本，向离退休干部赠送党报党刊8000余份、《老同志园地》2000余份。强化基础建设。按照有利于教育管理、发挥作用、参加活动和“一方隶属、多方管理”的原则，全覆盖、立体式创新设置离退休干部党组织52个。制定《离退休干部党支部十项工作制度》，印发《离退休干部党支部学习参考》，严格落实“三会一课”、党内帮扶、联系党员群众、党费收缴等基本制度。组织全区离退休干部党支部书记参加由万盛经开区承办的重庆市第79期老干部党校培训班，开展参观红岩烈士墓、渣滓洞“不忘初心、牢记使命”红色教育活动。强化作用发挥。以“增添正能量、共筑中国梦”为主题，围绕“庆祝改革开放40周年”主题，开展参观、调研建言、征文抒怀、书画摄影、诗词创作五大正能量活动，参加的离退休干部3000余人次。组建重点课题调研组2个，围绕事关全区经济社会发展的重点工作，开展深入的调查研究，形成《大力发展自行车运动产业 打造万盛经开区体旅融合的新亮点》《关于实施乡村振兴战略行动的思考与建议》调研报告2篇。分2批次组织开展住万盛和住区外330余名老干部调研教育发展情况活动。交办完成“调研建言”活动中老同志们提出的200余条意见建议。组织老干部“志愿服务队”“老党员工作室”“金色夕阳艺术团”等志愿服务队开展环境保洁、交通劝导、慰问孤寡老人、关爱留守儿童等集中性老干部志愿服务活动12次，参加老干部400余人次。强化离退休干部党建带关建工作，150余名老同志活跃在“四点半课堂”“付婆婆暖心室”、社区道德讲堂等关心青少年的活动平台。

（夏兴旺）

**【老干部政治生活待遇】** 完成离退休干部家庭信息、工资账户信息采集和老干部工作人员统计，完善老同志和老干部工作基础数据。召开全区老干部工作者培训会。加强老干部兴趣活动小组活动服务和经费管理，建立联系制度。开展春节系列庆祝活动、“三八”节庆祝活动、调研教育工作活动、第五届老干部运动会、厅级老干部暑期学习活动、重阳节系列庆祝活动等，丰富老同志的晚年生活。参加重庆市委老干部局组织的老干部乒乓球赛、门球赛、棋牌赛、文艺会演和全国老年人执杖健步走万盛分会场等活动，并在门球赛中获第一名、棋牌赛获第二名。全面规范和落实老干部政治生活待遇，按政策完成离休干部和建初干部的调标工作，按照中央八项规定30问认真规范老干部政治生活待遇。按时按标准落实企业离休干部生活补贴及健康体检、休养、书报费等政治生活待遇。加强督查指导，上门志愿服务老同志180人次，开展学习活动30场次，组织试点社区傅之英、刘祖斌、王家良等老同志在关心下一代、环境保洁等方面发挥作用。做好老干部工作调研和各单位老干部工作者的来电来访答复工作，就老干部政策和老干部工作方法等进一步学习探讨。做好老干部走访慰问和帮扶工作，开展元旦、春节和重阳节集中慰问；全年看望慰问生病住院老同志185人次；吊唁逝世老干部15人；帮扶困难老干部及离休干部遗属47人，开展“夏送清凉、冬送温暖”慰问活动，做好离退休干部服务管理工作。

**【老干部活动场地】** 万盛经开区老干部活动中心位于白果坪湿地公园内，于2016年6月1日建成投用。新建的老干部活动中心占地7500平方米，建筑面积2678平方米，该中心一、二楼为老干部学习活动区域，设有棋牌室、乒乓球室、健身室、舞蹈室、阅览室、电子阅览室、多功能室、会议室等功能室，日均活动老干部100人次。三楼为老干部局办公区域。

（罗　玲）

## 督　查　工　作

**【概况】** 万盛经开区党工委督查室内设3个科室和1个下属事业单位，即综合科、决策督查科、专项查办科和万盛经开区考核中心。有行政编制5人，全额拨款事业编制3人。2018年，有在职职工7人，其中机关行政编制5人（主任1人、副主任1人），全额拨款事业人员2人。

**【重大决策事项落实情况督查】** 全年分解细化工作任务642项，明确责任领导、责任部门、完成时限。注重一手抓部署、一手抓督查，全年开展专项督查65次，印发督查专报48期、督查快报17期。及时交办、季度督查党工委委员会、管委会主任办公会以及各专题会议议定事项，2018年党工委委员会、管委会主任办公会40个会议纪要涉及的178个议定事项落实161项，办结率90%。

**【绩效考核】** 按照定量考核为主、定性考核为辅要求，完成2017年绩效考核工作。科学合理开展2018年绩效考核工作，遵循奖优、治庸、罚劣原则，将全区所有单位分为“党群及综合部门、行政部门、镇街”三大类进行考核，制发《关于下达2018年度综合目标管理绩效考核责任书的通知》《关于印发〈万盛经开区党政机关和镇街综合目标管理绩效考核办法〉的通知》等文件，确保考核结果公平公正。加强2018年市对区考核指标的跟踪对接，动态汇总指标进展情况，调度研究存在问题的指标，确保市对区考核取得较好成绩。

（万盛经开区党工委办公室）

## 保 密 工 作

**【党管保密】** 2018年，保密工作继续纳入区对部门、镇街年度综合目标考核，万盛经开区党工委委员会会议3次传达学习中央和市委关于保密工作的文件。万盛经开区党工委书记肖猛通过书面批示、会议强调等方式要求各级各部门认真贯彻落实习近平总书记关于保密工作的重要指示批示精神和中央、市委关于保密工作的安排部署，要求准确把握形势、层层压实责任、查找整改隐患，严防泄密事件。2018年5月11日，党工委副书记、政法委书记、保密委主任李川主持召开党工委保密委全体会议，传达学习中央和市委保密工作会议精神，听取保密工作汇报，审议通过《保密委2018年工作要点》，提出“保密检查与督查考核联动”的工作机制。

**【依法治密】** 2018年，出台贯彻落实《泄密案件查处办法》《涉密载体销毁工作规范》等法规的文件和加强工勤人员管理、智慧城市保密管理、秘密载体印制工作等方面的规范性文件16个，保密规章、制度和标准进一步完善。动态完善涉密人员、计算机、微信公众号等6类电子台账。妥善处理互联网劫持攻击事件、党政内网电脑违规外联事件各1起。严格规范做好春季高考、全国高考等国家统一考试和全区27场涉密会议安全保密工作。

**【“两识”教育】** 保密意识和保密常识教育纳入2018年党员干部教育和公务员培训计划，党校7天以上的培训班均开展1个学时的保密教育培训。先后邀请市委保密办副主任、国家保密局副局长袁波、罗志伦等专家及相关处室负责人到区授课。各机关单位通过学习典型案例通报、学用《保密工作实用速查手册》等方式加强保密宣传教育，增强干部职工保密意识，普及保密知识。

**【保密监管检查服务】** 2018年，突出抓好定密规范、网络保密、涉密人员管理，组织开展即时通信软件办公专项整治、保密工作自查自评、互联网接入口安全排查和保密工作实地督导等工作。开展保密检查与督查考核联动，区督查室、区国家保密局量化15条保密督查项目，书面督查机关单位74家，实地检查21家，技术检查电脑84台、政务邮箱7个、微信公众号25个，通过调阅资料、召开座谈会、提问相关人员等方式“以查促改、以查促管、以查促教”，并印发《保密督查专报》。

（万盛经开区党工委办公室）

## 关心下一代工作

**【概况】** 万盛经济技术开发区关心下一代工作委员会（以下简称万盛经开区关工委）是财政全额拨款科级事业单位，内设1室1组6队，有编制2人。

**【主题教育活动】** 万盛经开区关工委组织开展“中华魂”（腾飞的祖国——改革开放四十年）和新时代好少年“红旗飘飘 引我成长”主题教育读书活动，全区28所中小学2万余名学生参加。200余名学生参加市、区级征文、演讲、朗诵比赛，89名中小学生入围市级决赛，获市级一等奖22人、二等奖30人、三等奖37人，一、二等奖的获奖比例超重庆市平均水平，其中金桥小学陈思宇获重庆市征文比赛第8名，南桐小学张艺姗获第11名，黑山实验学校郭俊锋获第17名，石林中学朱艳梅老师获第15名；重庆市第四十九中学校傅俊文获全国朗诵比赛二等奖。万盛经开区关工委连续5年获“中华魂”读书活动全国先进集体。全年全区各级关工委开展“传承红色基因，争做新时代好少年”主题教育活动200余场。万盛经开区关工委开展“传承红色基因 做自强不息好少年”夏令营活动，全区40名读书活动优秀选手参观重庆建川博物馆、渣滓洞、红岩魂陈列馆，在海石公园骁战军事拓展基地进行拓展训练。联合区区宣传部、教育局、妇联开展2018年“新时代万盛好少年”学习宣传活动，全区32名好少年被评为“新时代万盛好少年”，喻子茹、犹嘉怡同学被评为“新时代重庆好少年”。万盛经开区关工委思想道德教育队到学校、社区开展《金色的鱼钩》《抗日英雄杨靖宇》《狼牙山五壮士》《汪石冥的故事》等主题教育报告会近20场。万盛经开区关工委文艺辅导队把传承红色基因、弘扬革命传统、讴歌伟大祖国等内容贯穿于文艺辅导和表演中，在新房社区、五里村、石林中小学、职教中心等单位开展系列文艺辅导及演出活动。以第三届“关爱明天、普法先行”青少年普法教育活动为载体，充分发挥“五老”和职能部门的优势，开展法治教育活动。万盛经开区关工委法制教育队组织卢秀华、贾文丽、邵光庆等“五老”成员及青年法治宣讲团成员，到重庆市一〇四中学、福耀实验学校、关坝中学等中小学校开展“校园暴力的危害及其防范”“杜绝不良行为远离违法犯罪”“中小学生预防侵害及自我保护”“青少年常见犯罪行为及其防范”“远离毒品从我做起”等主题法治教育专题讲座近30场次，受教育学生近万人。区司法局、教育局、关工委联合组织50余名中小学生到区中心法庭参观法院立案大厅、监控中心、羁押室及警车和警械展示，旁听庭审，模拟法官宣誓，观摩法警队警务擒拿术实战演练，让青少年了解法院工作，敬畏法律。创建科普基地，开展科技教育活动。万盛经开区关工委科技服务队联合科技局、科协关工委到新房、腰子口、兴隆街等6个社区（村）开展太阳能寻迹小车、挖掘恐龙化石、火箭航模飞机制作竞赛等“快乐暑假，科技相伴”主题暑期科技活动。指导镇街关工委积极探索实践“13471”社区教育模式。近50个社区“儿童之家”关爱教育活动常态化、丰富化、特色化。全区筑牢社区关爱教育工作模式的举措和成效在年初重庆市关工委工作会、中关工委调研重庆市关心下一代工作座谈会上作交流发言，在全国社区教育联系点上海会议上做书面交流，得到教育

2018年3月15日，“新时代万盛好少年”学习宣传活动启动仪式在中盛小学开幕

（区关工委　供）

部关工委主任李卫红的充分肯定和高度评价。重庆电视台公共频道于年初专题宣传万盛关工委社区教育。开展“家庭教育进千家”讲座、家庭教育能力提升、家校共育立德树人课题研究三大行动，充分发挥家庭教育辅导队优势，助推家校共育工作。举办家教讲座，提升家长家庭教育的知识和能力。区关工委家庭教育辅导队屈家乐、犹慧、傅娅等队员到21个社区（村）“儿童之家”和16所园校举办“好家长 好家教 好孩子”“亲子共话助成长 素养提升携手行”“培养孩子的好习惯”等讲座近50场，惠及家长5000余人次。组织家教知识培训，提升家教工作者的能力和素质。组织6名中小学书记、德育主任到大连、重庆、贵州参加全国家长学校建设论坛、家庭教育指导者能力提升培训、全国家庭教育指导高级培训班学习；组织100名中小学教师参加实战型家庭教育讲师培训；组织20名书记、校长、德育主任代表到南岸区青龙路小学考察学习家校共育模式。探索家庭教育的课题研究。由区关工委主持，进盛中学、和平小学教师共同研究的课题《城乡接合部家长学校立德树人的实践研究》探索出家长学校立德树人的分段指导策略，被评为国家社会科学基金教育学一般课题《新时期中小学家庭教育立德树人的综合研究》精品子课题，区关工委被教育部家庭教育中心和课题组办公室联合评为优秀组织奖。

**【青少年关爱活动】** 万盛经开区关工委开展

“春泥护花　温暖童心”系列活动，为全区120名困难、留守等儿童赠送价值2.2万元的书籍、运动器材、衣物。到全区15个社区、村和山区学校开展“六一”关爱慰问行动，给孩子们讲红色故事、演文艺节目、赛书画作品等活动，为200余名孩子赠送价值1.6余万元的节日慰问品。万盛经开区关工委关爱帮扶队组织心理学专业老师到各中小学校、村（社区）开展自我认识、学习辅导、青春期安全教育等主题团体辅导活动10余场；争取到社会爱心人士对贫困儿童的长期帮助，金桥镇2名贫困儿童每人每年获资助金3000元，万东镇新房社区1名贫困儿童每年获资助金6000元，直至完成学业。万盛经开区关工委联合平山园区、人力社保局关工委开展“返乡就业 陪伴成长”新春关爱活动，用亲情感召16名留守儿童家长返乡就业。

（田　勇）

# 重庆市万盛经济技术开发区管理委员会

## 综　述

【概况】　重庆市万盛经济技术开发区管理委员会（以下简称万盛经开区管委会）是重庆市人民政府的派出机构。2018年，万盛经开区管委会有内设机构24个，即管委会办公室（含法制办公室、应急救灾管理办公室、外事办公室）、发展改革局（含转型办）、旅发委、财政局（含金融办）、经济和信息化局（含中小企业发展指导局）、教育局（含教育督导室）、科技局（含创新发展局、地震局、科协）、规划建设局（含民防办）、交通局、农林局（含农综办、扶贫办）、商务局（含对外经济贸易局、粮食局、供销联社）、民政局（含救灾救济物资管理办）、人力资源和社会保障局、国土房管局（含采煤沉陷区房屋治理办）、环保局、城市管理局、水务局、文广新局、卫生计生局（含爱卫办、红十字会）、国资局、安监局（含煤管局）、统计局、审计局（由重庆市审计局直管，机构数计入万盛经开区）、体育局；有派出机构3个，即平山园区管委会、煤电化园区管委会、黑山旅游度假区管委会；有直属事业单位3个，即机关事务局、新闻中心、投资促进中心。

【重要会议】　主任办公会议　2018年，万盛经开区管委会召开主任办公会议25次。会议重点研究经济发展、社会民生实事、重点项目建设等议题。

实施乡村振兴战略行动计划动员会议、交通建设“三年行动”计划动员会议、精准脱贫攻坚战动员部署会议　5月9日，万盛经开区召开实施乡村振兴战略行动计划动员会议、交通建设“三年行动”计划动员会议、精准脱贫攻坚战动员部署会议，深入学习贯彻习近平新时代中国特色社会主义思想和党的十九大精神，认真贯彻中央农村工作会议精神和《中共中央国务院关于实施乡村振兴战略的意见》要求，深入贯彻习近平总书记视察重庆重要讲话和参加重庆代表团审议时重要讲话精神，贯彻落实市委五届三次四次全会精神及重庆市有关会议和文件精神，全面部署万盛经开区乡村振兴、交通建设、精准脱贫等工作。党工委书记肖猛出席会议并讲话。党工委副书记、管委会主任袁光灿部署工作。

重点项目和政府投资项目推进会　5月10日，万盛经开区召开重点项目和政府投资项目推进会，全面详细地梳理全区民生、工业、城市、建设、交通、基础设施等领域重点项目和政府投资项目，督查进度、分析研判、细化任务，安排部署相关工作。会议强调，要进一步增强责任感、紧迫感，狠抓落实、克难攻坚，全力加快重点项目和政府投资项目建设，确保全年目标任务完成。

全区脱贫攻坚大排查工作反馈会及全区扶贫开发领导小组会议　5月23日，全区脱贫攻坚大排查工作反馈会召开。市脱贫攻坚大排查督导组第20组组长、市人力资源与社会保障局劳动就业培训中心主任张德友就近期对万盛脱贫攻坚工作排查督导情况进行反馈。会议安排部署下一步脱贫工作，要求扎实做好整改工作，打好脱贫攻坚

"硬仗"。党工委副书记、管委会主任袁光灿，区领导唐应良出席会议。

扫黑除恶专项斗争专题会　7月16日，万盛经开区召开扫黑除恶专项斗争专题会，传达学习重庆市扫黑除恶专项斗争领导小组第二次（扩大）会议精神，安排部署全区扫黑除恶专项斗争相关工作。会议强调，要强化综合治理，将专项斗争与重点地区排查整治、农村赌博问题整治、校园及周边治安综合整治等结合起来，与整顿软弱涣散基层党组织、加强基层群众性建设结合起来，严厉打击各类违法犯罪，推进自治、法治、德治相结合的现代基层社会治理体系建设，坚决铲除黑恶势力滋生土壤。

扶贫开发领导小组会议　10月16日，区扶贫开发领导小组召开会议，传达学习有关会议精神，研究部署脱贫攻坚工作。党工委书记、区扶贫开发领导小组组长肖猛强调，要深学笃用习近平总书记扶贫重要论述，强化思想武装，提高政治站位，紧扣精准方略，切实担责履职，务实开展工作，认真落实脱贫攻坚专项巡视要求，大力度高质量打赢打好脱贫攻坚战。党工委副书记、管委会主任、区扶贫开发领导小组组长袁光灿，区领导唐竹、马应华、张兴安、唐应良出席会议。区扶贫开发领导小组成员单位、各镇街主要负责人和7名驻村第一书记参加会议。

**【重要活动】**　1月18日，城口县县长黄宗林率考察团一行，到区考察交流资源型城市转型工作。黄宗林一行先后到万盛浮法玻璃、万盛耀皮玻璃、南桐花园小区、体育产业众创空间、黑山谷游客服务中心、旅游综合管理执法集中服务区、青年汇巅峰乐园、板辽湖金沙滩、凉风梦乡村等地，详细了解万盛经开区在资源型城市转型过程中，接续替代产业培育发展、全域旅游发展、全民健身工作及采煤沉陷区综合治理等情况。

3月16日，重庆市旅发委副主任秦定波到区调研万盛经开区全域旅游发展工作和实施乡村振兴战略情况。党工委副书记、管委会主任袁光灿，区领导唐应良陪同调研。秦定波表示，市旅发委将全力支持万盛打造全域旅游升级版，进一步加大对万盛全域旅游发展的帮助和指导，加大政策、项目、营销支持，积极帮助万盛创新中国成立家级旅游度假区、国家级全域旅游示范区、国家级旅游业改革创新先行区和全国知名旅游目的地，使万盛成为重庆市旅游发展的一面旗帜。

3月20日至21日，陕西煤业化工集团有限责任公司党委书记、董事长杨照乾率队到区考察。党工委书记肖猛，党工委副书记、管委会主任袁光灿，市经信委副主任涂兴永，党工委副书记、政法委书记李川，区领导陈宇陪同考察。杨照乾表示，陕煤集团将积极推动与万盛在更多领域开展全方位务实合作，助推万盛资源型城市转型发展。

3月27日，交通运输部安全总监成平率调研组一行到区，先后到万盛路政大队石桥超限检测站、鱼子新区、黑山镇南门村、八角驿站等地，实地调研万盛经开区农村公路建设、管理、养护、运营，交旅融合发展，全域公交发展，公路治超等情况，并听取万盛经开区工作汇报，深入调研"四好农村路"建设情况。交通运输部安全与质量监督管理司巡视员黄勇、交通运输部运输服务司副司长王绣春参加调研。党工委副书记、管委会主任袁光灿，市交委总工程师李关寿，区领导李华全陪同调研。

3月28日，水利部督导检查组到万盛经开区，督导检查"河长制"工作开展情况。党工委书记、区总河长肖猛，党工委副书记、管委会主任、区总河长袁光灿，市水利局总工程师、市河长办副主任谢飞，区领导胡俊陪同检查。督导检查组对万盛经开区"河长制"工作开展情况给予充分肯定。督导检查组认为，万盛经开区开展河长制工作思路清晰、措施得力、工作扎实，特别是在维护水生态、改善水环境、服务乡村振兴战略等方面取得明显成效，经验做法具有较强的示范性，值得学习借鉴。

4月14—16日，相关行业企业考察团到万盛考察。党工委书记肖猛，党工委副书记、管委会主任袁光灿，区领导饶为富、陈宇参加会见。

4月17—18日，万盛经开区党工委副书记、管委会主任袁光灿率队到山东京博控股股份有限公司考察，并与企业就相关合作事宜进行洽谈对接。区领导陈宇陪同考察。

4月22—23日，党工委副书记、管委会主任袁光灿率队到江苏开展招商引资工作，实地考察通鼎集团有限公司，并洽谈有关合作事宜。区领导陈宇、通鼎互联信息股份有限公司常务副总经理蔡文杰陪同考察。

4月29日，2018首届世界苗族文化艺术节暨万盛第二十届苗族踩山会开幕。来自美国、欧洲、东南亚等国家地区和贵州、湖南、云南等省市的200余支苗族后裔齐聚一堂、共到盛会。全国政协常委、中国作协副主席白庚胜，中国少数民族作家学会秘书长赵晏彪，区领导唐应良参加开幕式。

5月6—7日，国家林业局湿地保护管理中心巡视员程良率专家组一行到区，考察论证青山湖国家湿地公园（试点）总规修编。党工委副书记、管委会主任袁光灿，市林业局副局长张洪，区领导唐应良出席活动。专家组充分肯定青山湖国家湿地公园试点建设取得的成效。一致认为，万盛经开区党工委、管委会高度重视生态文明建设和湿地保护工作，尤其是在湿地保护、科普宣教、合理利用、可持续发展等方面做了大量工作，取得显著的生态效益、经济效益和社会效益。

5月9日，万盛经开区举行招商引资重点项目集中签约仪式，涉及煤电化工、新型材料、医药健康、电子信息及相关产业领域的8个重点项目签约，总投资额179.5亿元。市政府副市长李殿勋出席签约仪式。党工委书记肖猛致辞。党工委副书记、管委会主任袁光灿主持签约仪式，区领导胡俊、陈宇，市有关部门领导参加签约仪式。

5月16日，梁平区委副书记、区长蒲继承率队到万盛，考察全域旅游工作。党工委副书记、管委会主任袁光灿陪同考察。梁平区副区长徐勇一同考察。考察期间，蒲继承一行先后到万盛经开区旅游综合管理执法集中服务区、梦幻奥陶纪、板辽湖金沙滩、青山湖国家湿地公园等地，实地了解万盛经开区旅游综合管理和执法体制改革、景区（景点）开发运营、基础设施建设、湿地生态环境保护等方面的经验做法。

5月19日，国家体育总局副局长赵勇率队调研万盛经开区全民健身工作。国家体育总局群体司副司长邱汝、乒羽中心主任雷军一同调研。调研中，赵勇一行先后到万盛经开区千里健身步道零起点、羽毛球公园、凉风“梦乡村”、板辽湖金沙滩、黑山镇八角片区户外运动中心等地，实地了解万盛经开区全民健身工作开展情况。赵勇充分肯定万盛全民健身工作。他说，万盛经开区党工委、管委会对全民健身工作高度重视，群众健身意识强、满意度高，全民健身基础设施普及、公共服务体系完善、群众体育活动丰富，“体育+”融合发展成效明显，积累了许多可推广借鉴的经验。市政府副秘书长唐慎，市体育局局长丁洪，市体育局副局长张欣，市体育局副巡视员陈玉林，党工委副书记、管委会主任袁光灿，区领导唐应良陪同调研。

6月19—20日，北大未名生物工程集团有限公司董事长、北京大学教授潘爱华一行到区考察，就加快推动北大未名重庆万盛生物经济示范区项目建设进行对接交流。潘爱华一行先后到金桥镇、黑山镇进行实地考察。党工委书记肖猛，党工委副书记、管委会主任袁光灿，区领导唐竹、陈宇陪同考察或参加座谈会。北大未名生物工程集团有限公司总裁杨晓敏参加考察。

7月14日，2018年重庆市避暑纳凉之地全民健身启动仪式暨“万盛千里健身步道”系列健身跑（黑山段）活动在万盛举行。市体育局局长丁洪宣布活动启动，党工委书记肖猛致辞，市体育局党组成员、副巡视员陈玉林，区领导唐应良及有关区县分管领导出席活动。

8月7日，重庆市城乡建委副巡视员乔墩率市政府督查组到区，开展深化“放管服”改革专项督查。党工委副书记、管委会主任袁光灿，区领导李华全参加相关活动。督查组一行先后到区行政服务中心、税务局，通过听取汇报、实地查看、查阅资料等方式，详细了解万盛经开区深化“放管服”改革专项工作及迎接国务院大督查工作开展情况。

8月8日，2018年重庆万盛“全民健身挑战日，健康万盛动起来”总决赛举行。党工委书记肖猛宣布活动开幕，市体育局党组成员、副巡视员陈玉林，区领导胡俊、唐应良出席活动。重庆万盛“全民健身挑战日，健康万盛动起来”活动，是2018年全国“全民健身挑战日”重庆市承办的唯一分站赛，也是万盛经开区连续第3年承办此项国家级群众性体育活动。

8月17日，重庆市环保局党组书记、局长辛世杰一行到区调研指导生态环境保护工作。他表示，市环保局将全力支持万盛生态环保工作，推动区域生态环境质量持续改善，实现绿色发展。党工委副书记、管委会主任袁光灿，区领导唐应良、李华全陪同调研。辛世杰一行先后到万盛经开区生态环境监测站、万盛街道污普办，详细了解万盛经开区第二次全国污染源普查工作开展情况。他指出，全国污染源普查是国家统筹安排的一项基础性工作，要做好人财物及技术支撑保障，扎实开展各项工作，高质量完成第二次污染源普查工作任务。

8月31日，由山西省大同市政府督查室副主任李志龙带队的国务院督查组到区，督查万盛经开区实施乡村振兴战略和脱贫攻坚工作。党工委副书记、管委会主任袁光灿，市农委副主任杨宏，区领导唐应良陪同督查。当天，督查组一行先后到关坝镇凉风村、青年镇板辽村、石林镇庙坝村、丛林镇绿水村等地，通过实地走访、与群众座谈等方式，全面了解万盛经开区实施乡村振兴战略和脱贫攻坚工作情况。督查组充分肯定万盛经开区实施乡村振兴战略和脱贫攻坚工作。

9月6日，中共山东省日照市副书记、市政府市长李永红率队到万盛，考察全民健身工作。考察期间，李永红一行先后到万盛经开区全民健身中心、鱼子新区、旅游综合管理执法集中服务区、奥陶纪景区等地，实地了解万盛经开区全民健身工作开展情况。李永红一行充分肯定和高度评价万盛经开区在推动全民健身方面的经验做。他说，万盛经开区党工委、管委会高度重视全民健身工作，把全民健身作为推进地区转型发展的战略抓手，扎实工作，主动作为，积极实践，全民健身在万盛深入人心，对内凝聚力量，对外树立形象。有很多做法经验值得日照市学习借鉴。希望双方以此次考察为契机，进一步加强交流合作，推动优势互补、资源共享，更好实现互利共赢。

9月18日，重庆市政协副主席陈贵云率市政协常委视察团第二分团到区，视察交通建设“三年行动计划”实施情况。视察团一行先后到鱼子新区、黑山镇南门村、八角驿站、丛黑公路、丛林综合服务区等地，详细了解万盛经开区公路建设、管理、养护、运营等情况。陈贵云充分肯定万盛经开区“四好农村路”建设取得的成绩。

10月19日，重庆川东化工集团六十周年庆典活动在万盛举行。党工委书记肖猛，区领导陈宇，川东化工集团董事长高光凡等出席庆典活动。川东化工项目是万盛经开区承接主城产业转移的重要精细化工项目，也是市级重点项目。该项目于2015年落户万盛，2017年12月28日建成投产，预计可实现年销售收入10亿元、利润5000万元、综合税收5000万元，解决就业约600人。

10月26日，清华大学校友企业家代表到区考察。座谈会上，万盛经开区聘任有关代表人员为管委会顾问，该团队将每年到区开展专业培训、讲座，对外宣传推介万盛。党工委书记肖猛，党工委副书记、管委会主任袁光灿，区领导饶为富参加会见。

10月30日，国家林业和草原局湿地管理司巡视员程良率专家组一行到区，检查验收青山湖国家湿地公园。党工委副书记、管委会主任袁光灿，市林业局副局长张洪，区领导唐应良出席活动。专家组一行深入青山湖国家湿地公园保护保育区、恢复重建区、宣教展示区、合理利用示范区、综合管理服务区，进行实地检查。专家组充分肯定青山湖国家湿地公园试点建设以来取得的成效。

11月7日，2018年全国老年人健步走大联动活动（重庆分会场）启动仪式暨重庆市老年人持杖健走比赛开幕，全市260余名老年运动员相聚万盛，展示最美“夕阳”风采。市老年人体育协会主席于学信宣布开幕，党工委书记肖猛致辞，党工委副书记、管委会主任袁光灿，市老体协副主席郑林华、杨泗海，区领导唐应良，区老体协主席岳建忠等出席活动。

11月8日，重庆市人大常委会副主任张定宇率市人大常委会视察组来万盛，视察交通建设情况。视察组先后到万盛博物馆、规划展览馆、平山产业园区、鱼子新区、黑山镇南门村、八角驿站、丛黑公路、丛林综合服务区等地，详细了解万盛经开区交通建设情况。

11月13日，中共重庆市委副书记、市长唐良智在南川区、万盛经开区调研时强调，要深入贯彻落实习近平总书记对重庆提出的“两点”（指西部大开发的重要战略支点，“一带一路”和长江经济带的联结点）定位、“两地”（指内陆开放高地、山清水秀美丽之地）、“两高”（指高质量发展、高品质生活）目标和“四个扎实”（指扎实贯彻新的发展理念、扎实做好保障和改善民生工作、扎实做好深化改革工作以及扎实落实“三严三实”要求）要求，按照陈敏尔书记要求，坚定不移贯彻新发展理念，因地制宜推进智能化、绿色化转型升级，促进城乡融合发展，努力推动高质量发展、创造高品质生活。唐良智在调研中指出，近年来，南川区与万盛经开区扎实推进供给侧结构性改革，探索出一条资源型城市产业从“地下到地上、黑色到绿色、单一到多元”的转型发展之路。唐良智强调，南川区与万盛经开区自然禀赋深厚，生态资源优良，要坚持生态优先、绿色发展，推动一、二、三产业深度融合，因地制宜发展绿色产业，把绿水青山变成金山银山。要紧紧扭住实体经济不放松，通过大数据智能化引领改造传统产业，以工业转型引领产业转型，不断提升新型工业化水平。要全力打造全域旅游知名品牌，推动文化与旅游深度融合，带动更多群众增收致富。要紧紧围绕产业兴旺、生态宜居、乡风文明、治理有效、生活富裕的总要求，深入实施好乡村振兴战略，推进城乡融合发展。要下足“绣花”功夫精细化抓好城市管理，全面提升城市品质，努力形成近悦远来的发展环境。副市长李明清参加调研。

11 月 17 日，首届“中国农民丰收节”美丽乡村动起来暨2018 万盛国际跑步节活动在万盛经开区青山湖湿地公园隆重举行，来自全国各地和肯尼亚等国家的600 余名选手参加比赛。市农委副主任、市农民体协主席陈勇，市体育局党组成员、副巡视员陈玉林，党工委书记肖猛，区领导詹旭东、唐应良出席开幕仪式，央视主持人梁毅苗助阵活动。

11 月 23 日，重庆市政府副市长潘毅琴到区走访调研民营企业，宣讲习近平总书记在民营企业座谈会上的重要讲话精神和重庆市民营企业座谈会精神，进一步推动中央和市委、市政府关于促进民营经济发展的措施落地落实。市政府副秘书长王余果，党工委副书记、政法委书记李川，区领导胡俊、令狐昌海，市级部门有关负责人陪同走访。潘毅琴在走访调研中强调，党中央高度重视民营经济发展，市委、市政府坚定不移支持民营企业发展壮大。市级有关部门和万盛经开区要深化走访调研，注重宣讲政策、注重听取意见、注重摸清实情、注重解决问题、注重工作实效，为企业提供精准有效服务，为民营经济高质量发展保驾护航。广大民营企业家也要牢记总书记的嘱托，坚定信心，心无旁骛创新创造，踏踏实实办好企业。

11 月 27 日，中国地质学会旅游地学与地质公园研究分会第33 届年会暨重庆万盛世界地质公园创建与旅游发展研讨会在万盛开幕。原地质矿产部部长宋瑞祥出席开幕式并讲话。党工委书记肖猛致辞。中国地质学会旅游地学与地质公园研究分会常务副会长陈安泽，国家林业和草原局自然保护地管理司地质遗迹与地质公园管理处处长袁小虹，中国地质科学院副院长吴珍汉，市林业局副局长张洪，区领导李华全等出席会议。

11 月 27 日，国家发展改革委振兴司副司长王冬欣一行到区，调研资源型城市和产业转型升级示范区建设工作。他表示，将深入贯彻习近平新时代中国特色社会主义思想和党的十九大精神，全力助推万盛资源型城市高质量转型发展。市发改委副主任王志强，党工委书记肖猛、区领导詹旭东陪同调研。当天，王冬欣一行先后到万盛规划展览馆、鱼子新区、旅游综合管理执法集中服务区、重庆华绿有限公司、南桐花园、福耀集团万盛福耀玻璃有限公司、区人民医院住院部综合业务楼施工现场、区文体中心等地，进行实地调研。

11 月 27 日，住房和城乡建设部村镇建设司调研组到区调研农村生活垃圾治理工作。调研组一行先后到关坝镇凉风村、青年镇堡堂村，了解公共卫生设施，农村环境整治公示牌，生活垃圾分类管理办法、宣传措施及垃圾收集、清运和处理情况，村级保洁人员队伍建设、保洁制度和管理机制以及“美丽家庭”评选标准等工作，肯定万盛经开区农村生活垃圾治理工作取得的成效。

11 月 27—28 日，水利部发展研究中心调研组到区调研水资源管理工作。调研组一行参观区规划展览馆和博物馆，走访清溪河鱼子岗段、板辽水库、溱溪河关坝凉风段、青山湖国家湿地公园、方家山水厂、汤家沟水库等地，通过现场询问、座谈会等方式，全面地了解万盛经开区水资源管理工作开展情况。

12 月 4 日，重庆市政府副市长潘毅琴到万盛，走进民营企业，深入生产一线，详细了解企业发展情况，面对面听取意见建议。她强调，要深入学习贯彻习近平总书记在民营企业座谈会上的重要讲话精神，坚决落实好市委、市政府关于推进民营经济实现高质量新发展的工作部署，坚定发展信心，优化营商环境，促进民营经济转型升级、提质增效，全力推动民营经济高质量新发展。市政府副秘书长王余果、市工商联副主席陈智、市药监局局长周隆海参加走访。党工委书记肖猛，党工委副书记、管委会主任袁光灿，区领导詹旭东、陈宇、唐应良陪同走访或参加座谈会。

12 月 20 日，“家国大爱 公仆情怀”——重庆市优秀扶贫干部杨骅先进事迹报告会万盛经开区专场在区影剧院举行。党工委书记肖猛出席报告会并致辞。市国资委副巡视员田兆政，党工委副书记、管委会主任袁光灿，党工委副书记、政法委书记李川，区领导马应华、唐应良出席报告会。

12 月 24 日，万盛经开区 ICT（信息、通信和技术）四方合作项目授牌仪式暨华为首期 ICT 人才培训班开班典礼在区职教中心举行。这标志着万盛建成重庆市中职学校唯一的 ICT 专业实训基地，参训学员可直接在万盛进行华为工程师、资深级工程师、专家级工程师 3 个级别相关技术方向的考试认证。

（万盛经开区管委会办公室）

## 人事工作

**【概况】** 万盛经开区人力社保局有职能科室 4 个，即人力资源科（挂重庆市万盛经济技术开发区人力资源和社会保障局国家职业技能鉴定所牌子）、公务员管理科（挂重庆市万盛经济技术开发区军队转业干部安置办公室牌子）、事业单位人事管理科（挂重庆市万盛经济技术开发区职称改革办公室牌子）、机关事业单位工资福利科［挂重庆市万盛经济技术开发区机关事业单位工人技术等级（岗位）考核办公室牌子］，有在编人员 10 人，配备科级领导干部 4 人。承担人事职能的下属事业单位 2 个，即重庆市万盛经济技术开发区人事就业培训中心、重庆市万盛经济技术开发区军转干部服务中心（挂重庆市万盛经济技术开发区机关事业单位退休人员管理服务中心牌子），有在编在岗人员 17 人，配备科级领导干部 3 人。

**【公务员管理】** 2018 年从优秀村（社区）干部和大学生村干部中考试录用公务员 5 人；面向全区公开遴选公务员 9 人，面向重庆市公开遴选公务员 4 人；完成公务员登记 158 人；完成创业就业和人才服务局 7 名列入参照公务员法管理人员考试录用审批；推荐获记二等功 1 人，完成全区记三等功 76 人；完成 20 余项评选表彰推荐工作，成功申报 5 个先进集体，9 名先进个人；推进档案标准化建设，抓制度建设、硬件设施、档案信息与人事信息平台数据对接等工作。

**【事业单位人员管理】** 2018 年，万盛经开区公开招聘事业单位工作人员 119 人，其中专业技术人员 111 人（其中教育 74 人，卫生 21 人，其他 16 人），管理人员 8 人；引进科研、宣传、气象、体育、国土房管、环保、卫生等专业硕士研究生 19 人，副高级专业技术人才 1 人。全年办理职员职务晋升备案 22 人次，转正定级 283 人次，专业技术人员转岗 4 人次，管理人员转岗 4 人次；办理 159 人工作调动手续，其中调出区外 3 人，调入区内 15 人，区内调动 141 人；办理辞聘解聘手续 24 人；全面开展岗位补员工作，全年完成岗位补员 588 人。

**【职称管理】** 2018 年，万盛经开区职改办换届调整重庆市工程技术中级职务万盛经开区评审委员会和重庆市中小学教师中级职务万盛经开区评审委员会。重庆市工程技术中级职务万盛经开区评审委员会委员 47 人，设主任委员 1 人，副主任委员 2 人。12 月 22 日，重庆市中小学教师中级职务万盛经开区评审委员会有委员35人，设主任委员1人、副主任委员1人。第一次开展教师中初级职称评审，第一次接收编外教育类职称申报，收到124人申报，其中一级教师101人，二级教师23人；通过118人（一级教师96人，二级教师22人）。12月27日，开展工程技术中级职务万盛经开区评审委员会第一次工程类中初级职称评审，评审职称申报87人，其中申报工程师34人，助理工程师53人；通过78人，其中工程师30人，助理工程师48人。全年办理专业技术人员职称初定131人，其中助理级122人，中级9人；办理职称确认5人。全年通过副高职称85人（卫生类14人，教育46人，工程类21人，农业类4人）。其中通过特殊人才成功申报高级职称2人（工程类1人，教育类1人）；通过讲师职称8人。

**【干部教育培训】** 2018年，全区1100余人次公务员参加以大数据智能化引领创新驱动发展公需科目专题培训及在线考试；万盛经开区人力社保局联合区党工委组织部、党工委党校组织开展新招录（聘）用机关事业单位工作人员初任培训，132名机关事业单位人员参加，培训12天。推荐20余人参加重庆市公务员局组织的培训班。举办SYB创业培训2期93人，举办网络创业培训2期47人，创业培训140人。组织参加“互联网+公共服务创新”公需科目培训及考试1200人次。

**【职务晋升管理】** 全年完成145名科级领导职务任免备案，其中提任44人、交流97人、免职4人；完成6名非领导职务晋升备案；推进公务员职务与职级并行制度，全区5名符合政策公务员享受相应职级待遇，其中晋升正处级1人，晋升副处级4人。

**【工资福利管理】** 全年核定事业单位基础绩效工资1.52亿元、超额绩效1.60亿元，审核兑现机关目标考核奖3672万元、离退休人员健康休养费4662万元。按重庆市统一部署，完成机关规范性津补贴、事业单位基础绩效、离退休人员离退休补贴调整，从2017年7月起执行。完成在职人员基本工资和离休人员基本离休费调整，从2018年7月起执行。义务教育教师工资制度改革后执行新的工资标准。

**【退休管理】** 举办2018年退休人员重阳节系列活动，万盛经开区人社局与老干部局共同组织完成“见证改革开放40周年”离退休干部书画摄影展和离退休干部诗词朗诵会，组织退休人员参加重庆市老年人健步走比赛开幕式，组织慰问特别困难退休人员20人。

**【军转干部安置】** 2018年，万盛经开区有2名自主择业军转干部回区报到。全年全区有区属企业军转干部32人，有隶属南桐矿业公司的企业军转干部32人、重庆钢铁（集团）有限责任公司军转干部1人、无专厂2人，全部转交地方管理。区属、市属军转干部均按照重庆市规定按时足额发放生活困难补贴和医疗补助。

（吴贵玲　封仕清）

## 外事侨务

**【外事工作】** 万盛经开区外事办有下设科室1个，即外事科，有处级领导职数1人，科级职数1人。全年审批全区领导干部因公出国（境）14人（其中3人实际未成行），自组团出国（境）1批次6人次。参加市级部门组团5人次，出访目的地包括新加坡、法国、俄罗斯、白俄罗斯等国家。全年审批因私出国（境）29人。

（万盛经开区管委会办公室）

**【侨务工作】** 2018年，万盛经开区有华人华侨30人，侨眷175户、525人。

（霍本银）

## 台湾事务

**【概况】** 万盛经开区民宗侨台办负责全区台务工作。万盛经开区党工委、管委会有分管台务工作的领导，各镇街、部门均有分管领导和兼职工作人员。

【台胞台属】 万盛经开区有台胞57人、在万盛常住台胞6人，台属220人。

【学习贯彻对台方针政策】 坚持深入学习习近平新时代中国特色社会主义思想和党的十九大精神，特别是十九大报告中关于习近平总书记对台工作重要论述。学习习近平新时代中国特色社会主义思想和党的十九大精神，宣传国台办31条、重庆惠及中国台湾58条措施、中国港澳台居民居住证申领发放办法等政策，组织对台干部、镇街统战委员及台胞台属代表通过座谈会、专题学习培训等形式开展学习讨论10次余次。万盛经开区党工委统战部作为主要负责人带头宣讲，利用报纸、网络等形式在全区范围内开展宣传宣讲20余次。

【维护台胞台属合法权益】 利用万盛经开区“三月法治宣传月”契机，到各镇街开展“涉台法律法规宣传周”活动，累计发放宣传资料1000余份，开展集中宣传活动20余次，接受咨询1300余人次。依法维护台胞台属合法权益。通过实地走访及电话访谈台胞台属家庭20余户，了解他们生活、工作情况，及时协调解决生活中的困难。排查涉台信访稳定情况3次，帮助咨询并协调涉及台胞在生活、医疗、工作、社会保障等方面事宜10次。协调办理中国港澳台居民居住证。及时向港澳台同胞宣传居住证申领发放办法，2018年，有3名台胞申领居住证。开展传统节日送温暖活动。争取贫困救助资金2万余元，在春节、国庆节期间，走访慰问20多户贫困的、长期患病的以及年老体弱台胞台属。争取冬衣和价值上万元的助听器，及时发放到贫困台胞台属手中。

【对台交流活动】 组织开展区内联谊交流活动。组织台胞台属代表人士开展2018年新春茶话会、体验传统茶文化、端午包粽子、视察区重大交通基础设施建设以及惠及中国台湾政策宣讲等活动100余人次。做好两岸同胞交流工作。组织对台干部到中国台湾开展交流活动1人次；接待中国国民党彰化县党部一行、台湾南投县农业参访团、全国台企联及西南西北台协会长联谊会一行等250余名台胞到区考察交流。协助万盛经开区旅发委、旅投公司做好4名中国台湾演员到万盛参加大型活动的协调服务工作。

【涉台经贸】 报送2018年重点招商引资项目13个，为万盛招商引资工作搭建平台。及时向台胞台属通报万盛经开区经济社会发展及投资环境政策等情况，利用台胞台属人脉力量招商引资。重庆展印包装印刷有限公司为是第一家落户万盛的台资企业。

（霍本银）

# 民　族　事　务

【民族团结进步事业】 组织开展民族团结进步宣传周活动。围绕“共同团结奋斗，共同繁荣发展”这主题，召开座谈会12次，院坝会20余次，重点宣传民族政策法规、习总书记关于民族工作的重要讲话精神、党的十八大以来我国和万盛经开区在发展道路上取得的重大成绩等内容；在学校、医院、车站、小区等人员较为集中的地方通过LED电子屏幕显示民族团结进步宣传周活动横幅标语30余条，发放宣传资料3000余份，组织医疗志愿者开展义诊义检活动5场次，走访慰问少数民族困难群众20余户，为到区经商的新疆维吾尔族同胞5人免费体检，解决经商固定摊位，协调解决外来少数民族同胞子女入托入学问题。推进民族团结进步模范单位创建活动。复查复验关坝镇兴隆街社区和坪坝村、青年镇更古村、石林小学、东林街道铁路村社区、黑山镇鱼子村6个市级民族团结进步模范单位，开展提档升级工作。

【民族事务管理】 9月，开展民族宗教工作培训班，将民族工作相关政策法规、民族工作重点任务、如何做好城市民族工作等内容纳入培训内容。投入资金5万元，提档升级万盛街道、万东镇、东林街道3个外来少数民族维权服务站，运用法律手段维护少数民族合法权益。争取市民族宗教委少数民族资金90万元，建设万东镇箐溪村饮水巩固提升工程、关坝镇兴隆村观音店至算坪处公路堡坎边沟和凉风村财兴人行便桥工程、黑山镇鱼子村万家山和南桐镇王家坝村太阳能路灯工程、石林镇卫生院和茶树村卫生站改建工程等。

**【民族文化传承与保护】** 筹集资金50余万元，完善青年更古苗寨建设，启动关坝镇凉风村财兴苗家院子环境打造，加大石林红苗场镇美化靓化工程建设，在石林镇打造红苗印象度假村，帮助更古红苗艺术团、凉风民族文艺队购买民族服饰、道具等，带动产业实现文旅融合发展。协助万盛经开区旅投公司、苗岭文化公司在万盛龙鳞石海景区举办首届世界苗族文化艺术节暨万盛第二十届苗族踩山会。注重保护传承少数民族非物质文化遗产，投入资金10万元支持关坝小学开展民族文化进校园，支持苗族刺绣、蜡染、服饰、芦笙制作等民族特色文化传承发展。成功申报重庆市第六批市级非物质文化遗产代表性项目5项，包括《红苗竹木制品防蛀处理传统技艺》《石鼓红苗礼歌》《茶树红苗长桌宴》《更鼓红苗兽医》《更鼓红苗芦笙舞》。全年参加国家级展览、展演活动2次，参加市级展览、展演活动2次，区级非遗《欢乐的苗家》参加央视星光大道栏目组展演，进入重庆赛区10强。

（罗绍忠）

## 宗 教 事 务

**【宗教事务管理】** 2018年，万盛经开区党工委、管委会专题研究宗教工作4次，听取宗教工作有关情况汇报3次，解决宗教工作重点难点问题5件，把宗教工作纳入社会治安综合治理网格化管理范畴，纳入各级领导班子评价考核体系，建立领导干部贯彻落实全国全市宗教工作会议精神、执行宗教政策法规、妥善处理涉及宗教问题的绩效考核专档。进一步建立完善区统一战线领导小组和民族宗教工作领导小组和联席会议制度，全区10个镇街均成立以党委书记为组长的民族宗教工作领导小组，制度机制进一步健全。坚持以宗教政策法规宣传教育培训为抓手，集中开展宗教政策法规培训5场次，院坝宣讲20余场次。区财政预算对宗教团体工作经费增加到6万元、宗教活动场所排危修缮补助专项资金增加到20万元，并据实增加宗教教职人员生活补助专项资金。依法开展宗教事务管理。开展乱建庙宇和滥塑宗教造像排查治理、“精神传销”有害培训治理、农村宗教状况调研等。继续切实开展大型露天宗教造像、佛道教商业化问题的排查整治。万盛经开区开展佛道教去商业化教育宣传3次，结合场所安全检查开展商业化问题排查36次。开展宗教政策法规学习宣传月、宗教政策法规进村入户等活动，深入基层开展村社、院坝宣讲，向各民族宗教工作成员单位、镇街、村（社区）、学校等发放新修订《宗教事务条例》和释义、《宗教工作知识读本》1000余册。做好互联网民族宗教网络安全工作。区民族宗教工作领导小组设立网络舆情监控平台，建立并完善与宣传部（网信办）和公安分局（网监支队）等部门的协作机制。形成《万盛经开区民宗侨台办公室政务服务规范指南》，整理六大类32项行政权力，完成网上行政审批9个一级目录13个办理项和2项公共服务事项的相关配置和发布工作，制定宗教行政许可事项标准化服务指南，加强事中事后监管；完成网上行政许可审批筹备设立佛教固定活动处所1处，提供民族宗教领域的政策咨询20余次。加强对宗教界人士的教育和引导。坚持召开全区宗教场所负责人季度座谈会和宗教界人士暑期谈心会，学习宣传党的宗教政策、时事政治、党工委和管委会的重要工作部署。开展以“学习”为主题的和谐寺观教堂创建活动，帮助合法场所完善宣传栏、完成十项制度建设，推动宗教活动场所管理内涵式发展，着力将寺观教堂建设成为引领教化信教群众抵御渗透和非法传教活动的稳固阵地。加强宗教教职人员的教育与规范，提高宗教教职人员的素质和形象，提升宗教活动场所的民主管理能力和水平。复查9个获得市级和谐寺观教堂称号的宗教场所。做好宗教界代表人士的工作。充分利用各种时机，加强与他们的联系与交流，在政治上团结合作、信仰上互相尊重、工作生活上关心帮助。全年为登记备案的宗教教职人员发放生活补助10.63万元。全区宗教教职人员社会保障实现全覆盖。

【宗教场所基础设施建设】 协争取市民族宗教委市级寺观教堂维修补助资金90万元，整合资金300余万元，完成安装通达基督教堂的DN200消防水管、黑山镇飞炉寺观音殿排危改造、妙音山紫竹寺冰雹灾害受损房盖维修、黑山镇八角净业寺涵洞堡坎建设、南桐镇二郎山观顶寺堡坎防护栏建设、南桐天主教堂综合楼第三层屋面维修、东岳庙厕所防水处理排危等，加强各宗教场所周边基础设施建设和环境绿化改造。

【宗教领域安全稳定】 制定下发《2018年度宗教活动场所安全检查工作方案》《2018年度宗教场所消防安全专项整治工作方案》等文件。与各宗教活动场所签订《万盛经开区2018年宗教活动场所安全工作目标责任书》，建立宗教活动场所安全隐患排查治理工作“日排查月台账”制度，11个宗教场所（包括1处筹备设立的佛教固定处所）开展安全工作自查132次。通过宗教场所负责人季度座谈会、安全工作部署会等，开展安全知识学习培训和演练5次。加强国家法定节假日和重大宗教活动节日等敏感时期的安全检查工作，领导带队检查宗教场所安全77次，分别与区国土房管局、文广新局、公安分局、消防大队和相关镇街联合组织巡查11次。在7月和11月，分别邀请区食药监局和消防大队干部开展食品卫生安全知识、消防安全应急演练培训，11个宗教场所负责人、安全管理人员、宗教教职人员和信教群众代表100余人次参训。

（罗绍忠）

# 应 急 管 理

【概况】 2018年，万盛经开区应急办开展《重庆市应急体系建设“十三五”规划》及万盛经开区贯彻实施方案落实情况中期评估工作，推进各项工作落实，9大项、65小项目标任务完成66%；投入390万元新建成783.12平方米的救灾物资库房；更新、维护应急避难场所标志标牌800余块；开展风险隐患动态排查6000余人次，新录入风险信息管理系统298条、整改销号199条；开展综合性趋势分析60余次，专题会商、临灾会商会议450余次；发布各类预警信息207期、重要天气服务快报26期、气象等级预报74期；水情、雨情通报67期；发送手机短信服务217万余条次；开展应急演练220余次，参演人数6.5万余人；开展应急管理业务培训80余期，参训5000余人次；开展宣传活动150次，印发宣传资料10万余份，发送宣传短信6.3万条，累计宣传受众10.5万余人；开展值班视频点名24次，接处值班电话2600余起。

【应急预案】 全区应急预案分为四个层级，即1个总体预案，4个分类预案，34个专项预案、8个保障预案，12个镇街（园区）预案。2018年新编制区级预案6个。

【应急队伍建设】 2018年，建立区级、镇街、村（社区）三级应急管理志愿者队伍123支、1772人；区综合应急救援支队600余人，镇街综合应急救援中队10支、500余人；村居综合应急救援小队99支、近1000人，开展队伍训练70余场次、参训5500余人次。

【应急处置】 优化《万盛经开区突发事件现场处置指导手册》，指导督促各镇街编制完成一般突发事件现场处置指导手册。应对处置“1·10”低温冰冻灾害、“3·7”道路交通事故、“4·13”风雹灾害、“8·9”轿车坠崖事件、奥陶纪景区极限飞跃项目保险扣脱落等事件，全年全区未发生影响较大的自然灾害类、社会安全类、公共卫生类突发事件，无较大以上生产安全事故。

（万盛经开区管委会办公室）

【万盛经开区消防救援大队】 2018年11月9日，国家综合性消防救援队伍授旗仪式举行，公安消防部队、武警森林部队转制，组建国家综合性消防救援队伍，由应急管理部管理，设有专门的衔级职级序列和队旗、队徽、队训、队服。2018年12月29日，重庆市消防救援总队授旗授衔和换装仪式举行。重庆市万盛经济技术开发区消防大队更名为重庆消防救援总队万盛经开区消防救援大队。

（程凡凡）

## 电 子 政 务

【概况】 万盛经开区政府信息公开办公室（挂万盛经开区管委会电子政务管理办公室牌子），下设4个科室，即综合规划科、信息发布科、申请公开科、应用推进科，有核定事业编制31人、处级领导职数1人、科级职数8人。

【电子政务网络建设】 2018年，全区新开通99个村和社区电子政务网络，实现电子政务网络全覆盖，牵头协调推进423项区级部门公共服务事项、481件镇街公共服务事项在“重庆市网上办事大厅”上线运行。组织全区政务网站开展拉网式信息清查2.90万条，删除敏感信息6条，删除无效图片和链接等5000余条，监测报告、协助处置重要网络舆情6条，协助处置网络或网站技术问题7件，解决处理问题10个，协助网审平台开展技术处理9项，防范加固相关设备和系统漏洞60余次，处理网络安全问题5次，推进万盛网三级等保建设，完成网络安全和信息化制度汇编，协助刑警支队侦查网络诈骗案件1起，启动电子政务外网网络升级改造工作。全年全区电子政务外网、万盛网网络安全零通报。

【政务信息公开】 2018年，全区主动公开政府信息4万余条，其中，政府网站公开信息2万余条，政务微博、微信、移动客户端等政务新媒体公开信息1万余条，其他载体公开信息1万余条，主动公开区级规范性文件4件、政务文件45件，以万盛经开区管委会、管委会办公室名义发文标注公开属性54件，指导部门出台政策解读材料3件，办理群众建言献策23件，上传活人墓治理、市场监管等在线访谈3期，开展旅游、文化等网上调查3期，办理依申请公开7件，主要涉及征地拆迁、经济发展数据等群众关注的热点领域。全年编辑、审核、上传万盛网各类信息8917条，万盛网访问量53.4万人次，浏览量145万次，完成“万盛网”政府信息公开系统建设，将全区38个部门子网站全部关停整合至“万盛网”信息公开版块，指导、审核各部门信息5200条，向市政府门户网站报送全区公开信息951条，向市政府“云上区县”APP报送信息727条，编辑出版《今日万盛》6期。

（万盛经开区管委会办公室）

## 行政审批服务

【概况】 重庆市万盛经开区行政服务中心（以下简称万盛经开区行服中心）为万盛经开区管委会办公室管理的正处级财政全额拨款参公事业单位，有内设科室3个，即综合科、行政审批服务科和联系服务群众工作科，核定财政全额拨款参公事业编制8人，其中处级领导职数2人，科级领导职数3人，2018年，有在编人员6人。全年万盛经开区行服中心各窗口受理行政审批服务事项9.41万件，其中即办件6.40万件，承诺件3.00万件，即办件办结率100%，承诺件办结率98.48%。万盛经开区群工系统累计受理办结群众反映事项0.59万件，办结率99.93%，满意率99.02%。

【行政许可事项清理】 2018年，确认取消行政许可事项8项，对应取消5项。建立“四办清单”，全面推行审批服务“马上办、网上办、就近办、一次办”，清理确认区级部门行政许可事项267项、公共服务事项344项，乡镇、街道公共服务事项379项的办理方式。

【行政审批改革】 推进“群众办事力争只进一扇门，最多跑一次”改革。2018年6月，启动群众办事大厅搬迁工作。场地新址位于万盛国能天街奥特莱斯三、四楼新大厅，办公面积约1.3万平方米，拟入驻行政审批职能部门30个，便民服务单位5个。协同推进工程建设项目审批制度改革，整合各建设领域部门窗口，设立工程建设项目审批综合服务窗口，实施4个阶段审批流程，实现工程建设项目一个窗口对外，提高审批效率。推行商事一窗受理制，在区工商分局、公安分局、税务局“多证合一”“证照分离”等改革的基础上，探索优化流程，建立“一窗受理、并行办理”制度，申请人只需向工商部门提交企业开办申请材料，各部门同步办理、信息共享、限时办结。

【行政服务平台建设】 推进网上审批服务平台建设。审批服务网络实现镇街、村（社区）全覆盖，上线行政审批和公共服务事项1427项（含子项、上报项）。完成行政许可网上审批标准化工作，从区县网审事项目录库领取行政审批事264项，对应完善网上标准化办事指南34项要素，完成网上办事指南523个。完成公共服务事项网上上线工作，上线部门公共服务事项336项、办事指南423个，镇街公共服务事项335项、办事指南481个。完成行政许可事项、公共服务事项编码固化工作，编码904个。实现行政许可事项二维码扫码办事功能。推进群工系统平台建设，利用联系服务群众三级联动机制，充分发挥群工系统功能，快速响应、办理群众各类问题、诉求。开展民事代办网上办理服务，全年累计受理民事代办事项553件，办结541件，办结率97.83%，评价事项满意率99.76%。

（王燕菡）

## 信 访 工 作

【办信接访】 2018年，万盛经开区信访接待中心受理群众来信来访2401件次、6025人次，件次比上年增长23.3%、人次下降2.3%，其中群众来访1782件次、5661人次，分别比上年增长41.32%、35.30%；群众来信1160件次、2047人次（书面来信188件次、1068人次），分别比上年增长1.75%、2.89%（书面来信分别增长74.07%、21.23%）。群众到区集访184件次、3104人次，分别比上年增长26.03%、32.14%。群众到万盛经开区党工委、管委会等非接访场所55件次、579人次，件次比上年降低3.51%、人次增长15.10%。到京非正常上访6人次。受理信访复查申请49件，作出复查意见书14件，复查告知30件，协调化解处理5件，全年无一件市信访办撤销或发回重办案件。

【干部接访下访】 2018年，全区各级领导干部接访下访群众1536件次、3515人次，化解矛盾纠纷1463件，化解率95%。

【矛盾化解】 全年分析研判维稳形势16次、研究化解突出信访问题46件。市交办10件、区自排21件突出信访问题，化解率100%。开展重大项目建设、重要活动等风险评估10件次，做好重点问题、重要领域、重点群体、重点人员的攻坚工作，完成全国全市两会、首届中国国际智博会等重要敏感节点安保维稳任务。

【网上信访】 2018年，全区设立网上信访代理点有94个，落实网上信访代理员94人，代理网上信访事项729件次，占网上信访总量75%；办理网上信访事项972件次、979人次，占信访总量39.56%。信访事项及时受理率99.91%，信访事项按时办结率99.96%，信访人对信访部门满意率99.86%，信访人对事权单位满意率100%，信访事项群众参评率68.1%。

（仝西江）

## 机关事务管理

【概况】 万盛经开区机关事务局是万盛经开区党工委、管委会管理的正处级财政全额拨款直属事业单位（参照公务员法管理）。2018年，万盛经开区机关事务局有内设科室4个，即办公室、政务接待科、资产管理科、后勤科，有在职人员10人。万盛经开区公共资源综合交易中心有职能科室4个，即综合科、交易一科、交易二科、法规监督科，有在职人员11人。

【公务接待管理】 2018年，万盛经开区机关事务局召开全区机关事务工作培训会2次，印发《机关事务管理工作领域规定40条》，开展公务接待业务指导42个次。全年完成接待任务178批、13841人次。

【公务车辆管理】 推进事业单位公车改革，严格公务用车更新配置，全年处置公务用车5辆，更新1辆。先后专项检查区农林局、黑山镇等37

家单位93辆公务用车使用管理情况。规范全区加油卡管理，专项检查全区党政机关2018年1—6月公务车加油卡的使用情况。

**【办公用房管理】** 开展办公用房专项巡检工作，先后巡检万盛经开区政法委、黑山镇等23家单位175间领导干部办公室使用面积，督促整改发现的问题。强化办公用房信息化工作，组织开展全区56家党政机关办公用房管理信息系统培训，及时更新办公用房数据库。合理调配办公用房，万盛经开区纪工委（监察室）等4家办公用房及时调配到位。

**【后勤服务管理】** 加强周转房和机关食堂管理，增添设施设备40余件。全年开展病媒生物防治16次，安全巡查50余次，保障干部职工用餐8.4万余人次，组织开展全区食品安全培训300余人次。

**【公共机构节能管理】** 2018年，组织108个公共机构开展专题讲座1期，发放宣传资料600余份。强化公共机构食堂油烟治理，全区15家公共机构16个食堂均完成油烟治理任务。推进公共机构生活垃圾分类工作，编印发放生活垃圾分类指导手册500份，指导万盛经开区环保局等12家单位的生活垃圾分类。

**【公共资源交易】** 推进“互联网+招投标”模式，完成电子招投标新系统一期建设和工程建设非必须招标随机抽取系统建设。开辟重点建设项目招投标“绿色通道”，确保重点项目及民生实事工程有序推进。2018年，万盛经开区公共资源交易中心完成各类入场交易项目292项，成交金额16.20亿元，节约资金4400.76万元，节资率3.43%。一是完成工程建设项目90项，中标金额8.40亿元，节约资金1260.05万元，节资率1.48%。二是完成政府采购项目127项，成交金额2.01亿元，节约资金1222.82万元，节资率5.72%。三是完成国有企业按政府采购方式采购的项目66项，成交金额1.97亿元，节约资金1917.89万元，节资率8.86%。完成建设用地使用权转让9宗，成交金额3.82亿元。

（桂金莲）

# 工 商 联

【概况】 万盛经开区工商联内设职能科室2个，即办公室、会员科。有下属事业单位1个，即万盛经开区非公有制经济发展服务中心。2018年，万盛经开区工商联职工总人数12人，其中公务员6人，机关工勤人员1人，事业人员5人，处级领导干部5人。

【非公经济人士思想政治工作】 2018年，万盛经开区工商联结合非公经济人士理想信念教育实践活动，在全区工商联系统创新开展“学讲做”活动，通过邀请市工商联领导到区宣讲、领导干部进商会、进企业宣讲等方式，深入学习习近平新时代中国特色社会主义思想和党的十九大精神，领导干部作宣讲11场次，受众1000余人次，引导非公有制经济人士坚定不移听党话、跟党走。坚持把提升民营企业家素质作为服务非公经济人士健康成长的重点，加大培训力度。2018年，到清华大学举办第五期民营企业家高级研修班，55位企业家参加培训；全年开办万商大讲堂4期，为非公经济人士提供经济、管理、法律等方面知识，参训人员400余人。坚持以弘扬优秀企业家精神为主线，引导非公经济人士作表率、当典范。万盛浮法玻璃有限公司、重庆多普泰制药股份有限公司被评为“重庆市优秀民营企业”，重庆金鑫智慧科技有限公司被评为“2018年度重庆市优秀创新型企业”，重庆翠信茶业有限公司、重庆市万盛经开区贵先米业有限责任公司等9家企业被评为“农业产业化市级龙头企业”，吴雪明、周书红等12名非公经济人士被评为“万盛经开区第二届区级拔尖人才、优秀人才或骨干人才”，重庆万创无缝钢管制造有限公司、重庆天纬渝盛建设（集团）有限公司等10家企业被评为“万盛经开区和谐劳动关系A级或AA级企业”。

【民营企业服务社会】 2018年，万盛经开区工商联以“感恩万盛三走进”活动为载体，开展精准扶贫行动。重庆国能投资开发有限公司、万盛华兴建筑工程有限公司、重庆万创无缝钢管制造有限公司等企业捐款6万元，用于南桐镇岩门村等国家级贫困村发展产业；万盛物流行业商会捐

2018年11月26日，万盛经开区民营企业家管理能力提升培训班在清华大学开班

（区工商联 供）

赠10万元，支持经开区精准扶贫工作；重庆多普泰制药股份有限公司向经开区慈善总会配捐20万元；万盛文化产业商会通过义演为生病儿童筹得爱心捐款3万元；万盛众城公益协会为敬老院等捐资7万余元。全年，会员企业累计捐款捐物100余万元，引导会员企业投入乡村振兴资金1400余万元。组织民营企业参加“春风行动”暨化解过剩产能职工、脱贫攻坚专场招聘会，重庆方汀机械制造有限责任公司等60余家企业提供就业岗位3495个，重庆粤翔实业发展有限公司等9家企业在万盛经开区智能终端产业园内举行现场招聘会，提供生产一线岗位200余个。

**【非公有制经济健康发展】** 万盛经开区工商联协助召开全区民营经济发展大会，推动区党工委、管委会出台《关于全面优化营商环境促进民营经济发展的实施意见》《关于进一步营造企业家健康成长环境弘扬优秀企业家精神更好发挥企业家作用的实施意见》，优化营商环境。2018年，完成全国工商联规模以上民营企业调研等调查工作12项，获全国工商联通报表扬。开展集中走访精准服务民营企业活动，统筹协调全区13个走访组，走访区内65家民营企业。13名区级领导带队走访民营企业65家，召开宣讲、座谈会84场次，收集困难问题179件，办结95件，区级研究推进82件，移送市级研究2件。重庆金鑫智慧科技有限公司、重庆盛镁镁业有限公司入选2018年重庆市企业专利创新百强榜。帮助企业运用资本市场融资，重庆市天冲商贸有限责任公司成功在重庆股份转让中心孵化板挂牌。

**【基层商会建设】** 2018年，万盛经开区工商联推进工商联所属商会改革，传达学习《关于促进工商联所属商会改革和发展的实施意见》工作电视电话会议精神，加强指导、引导和服务所属商会。开展“四好”（指班子建设好、团结教育好、服务发展好、自律规范好）商会创建活动，强化商会规范化运行指导。指导成立行业商会2个，即万盛物流商会和万盛文化产业商会。委派1名党组成员担任万盛青年商会党支部书记，向工商联所属6个行业商会指派1名党建指导员。

（邹大燕）

# 群众团体

## 万盛经开区总工会

**【概况】** 万盛经济技术开发区总工会（以下简称万盛经开区总工会）有内设科室3个，即办公室、组织建设部、权益维护部；有行政编制5人；有下属事业单位2个，即万盛经开区职工俱乐部（有事业编制8人）、万盛经开区困难职工帮扶中心（有事业编制4人）。

（肖　兰）

**【工会组织建设】** 2018年，全区各类法人单位建会率、职工入会率均动态保持在90%以上。创新工会组织形式和入会方式，启动“物流货运司机等八大群体集中入会行动”，30余家企业建立工会组织，新增会员700余人。补充基层工会工作力量，完成镇街、园区工会社会化工作者队伍建设。按照非公企业2017年度工作情况，向非公企业工会主席兑现1000元~3000元考核奖励。增强工会干部素质，举办以习近平新时代中国特色社会主义思想、党的十九大精神、困难职工解困脱困、工会经费票据管理、工会财务工作、工会干部素质提升为主题的专题培训6期，参训工会干部700余人次。积极营造劳动光荣的社会风尚和精益求精的敬业风气，举办“争当三型职工·奋斗引领未来——讲述我在万盛的成长故事”演讲比赛活动，充分展示职工群众发挥主力军作用的时代风采，分别于5月、10月期间在万盛主流媒体登载8名劳模及工匠的优秀事迹。把重庆市和全国性的荣誉表彰推荐评选对象，向工业企业战线的一线职工倾斜，多普泰制药公司技术总监郭平牯获“全国五一劳动奖章”，福耀玻璃公司夹层厂轿车合片车间、万盛煤化公司水汽车间运行乙班获“重庆市工人先锋号”。此外评选“重庆五一劳动奖状”1个、“重庆五一劳动奖章”2个。弘扬劳模精神和工匠精神，组织开展“听党话、跟党走”等系列活动，组织省部级以上劳模深入企业、村社、学校等开展12场党的十九大精神宣讲活动。

（姚晓东）

**【职工权益维护】** 开展“尊法·守法携手筑梦服务农民工公益法律服务行动”，组建以律师和工会工作者为主体的法律服务团，开展法律服务活动5场次，举办劳动法律法规知识讲座12场、5000余名农民工参与活动，发放《中华人民共和国劳动合同法》等法律宣传资料2万余份，为1000人次职工（农民工）提供法律咨询服务，7名律师协调化解劳动争议36件，追回劳动经济权益9.8万元。全年新签订集体合同11家，签订各项专项集体合同30余份，新培育重点行业性集体协商示范点1个，维护职工合法权益。

**【劳动技能培训和竞赛】** 以“当好主人翁、建功新时代”为主题，在工业、教育、卫生、旅游等重点领域开展“比、学、赶、帮”劳动和技能竞赛10余场，参与职工1000余人次。组队参加重庆市交通、旅游、汽车修理、卫生急救等技能大赛，荣获优秀组织奖1个、一等奖1个、二等奖1个。动员职工积极参与市总网上劳动竞赛活动，平山园区、万盛经开区旅投公司、教育系统的800余名职工参加比赛。举办第二届“兴盛杯”职工羽毛球竞赛，42个单位252名职工运动员参赛，选送30名优秀职工运动员参加重庆市职工羽毛球竞赛和篮球比赛活动。举办全区第九套广播体操比赛，全区47个单位、1500余人参加。继续以煤炭去产能下岗职工、农民工等群体为重点，开展餐饮、电焊等培训10期，向技能培训机构补贴下岗职工培训费用5.92万元，推荐南桐技工学校作为“全国职工技能培训基地”；联合区就业局组织专场招聘会7场，提供岗位4500余个，达成意向性用工2300余人次，组织开展职业技能培训260人次，就业创业服务总人数5000余人。

**【劳动保护监督检查】** 组织2018年度安全生产合理化建议“金点子”征集活动，最终评出安全生产合理化建议“金点子”1条，银点子4条，铜点子6条，优秀建议9条；深入60余家企业，排查出安全隐患10个，选送优秀作品《平安是福》参加重庆市第五届“安全伴我行”岗位安全文艺创作比赛，获优秀奖。

（金　谊）

**【困难职工帮扶】** 重新收集和整理困难职工档案，联合区公安分局、民政局、就业局等部门，清理非受雇佣经常使用机动车辆、拥有2套（含）以上住宅等情况的建档困难职工，清退不合格建档户174户。加大困难职工群体的关爱和帮扶力度，开展“六大节日”（指春节、元宵节、清明节、端午节、中秋节、重阳节）、“金秋助学”送温暖活动，发放各类救助金57.86万元。推动职工互助保障工作，全年召开专题培训2期，聘请专职职工互助保障工作者1人，全区近万名职工加入职工互助会，投保金额136万余元。健全户外劳动者驿站申报、管理和服务，抽查建站点运行情况32次，从48个申报点中重点选择乡村振兴的区域，新建成户外劳动者驿站27个。

**【职工之家建设】** 2018年，万盛基层职工之家合格率60%以上。2018年度荣获全国模范职工小家1个，即多普泰制药有限公司工会委员会技术部工作小组；基层工会组织开展创建区级先进职工之家40余家。全年建成比较规范的职工健身房25个。

（罗远智）

# 共青团万盛经开区委

**【概况】** 中国共产主义青年团重庆市万盛经济技术开发区委员会（以下简称共青团万盛经开区委）是共青团重庆市委的直属团组织，负责万盛经开区管辖范围内的青少年工作。2018年，共青团万盛经开区委有内设科室3个，即办公室、青年工作部、学少部，核定行政编制2人；有下属事业单位1个，即重庆市万盛经济技术开发区青少年活动中心，核定编制5人。2018年，有在编在岗人数5人。

**【青少年思想素质教育】** 2018年，共青团万盛经开区委开展全区团干部培训和机关政治理论学习40余场；组建区级青年宣讲队，开展进基层宣讲活动70余场；举办“不忘初心跟党走·青春建功新时代”青年职业技能大赛，评选10名区级青年技能之星；抓住“五四”“六一”等时间节点，集中开展入团入队仪式、成人礼教育等示范活动5场，1.5万余人参与，利用节假等课余时间，开展国学冬令营、军事夏令营等校外教育活动6场次。组织团员参加“青年网上大学习”。利用团属媒体推送发布热点新闻、扫黑除恶知识等正能量信息300余条，持续传播新理念新思想新战略，引导青少年听党话、跟党走。

2018年2月1日，团区委组织开展“红领巾心向党·践行社会主义核心价值观”国学冬令营活动

（团区委　供）

**【青年就业创业】** 2018年，共青团万盛经开区区委实施“未来企业家培养青锋计划”，招募志愿者导师15人，争取贴息资金5万元，帮助3名创业青年分别获10万元资金支持，开展青锋面对面等配套活动11场，150余名青年参与；青促会二十四（万盛）分会会员突破100人，建立会员分组管理制度，创建市级“青创空间”1个，推荐37名优秀创业青年参加各类培训班，2个项目入驻“青创超市”、5个项目进入“青团购”电商平台，树立5名青年创新创业典型人物，展示创业导师人物风采2人。

**【志愿者工作】** 围绕工业、旅游、体育、生态文明、助老助残、扶贫济困等重点领域以及各项大型赛事赛会，常态化开展志愿服务，累计投入1500余名志愿者力量；招募“河小青”志愿者120余人，开展志愿巡河示范活动10余场；持续做优“衣旧情深”“四点半课堂”等品牌项目；引导社会组织承接政府购买服务2项，开展公益活动60余场，新成立志愿服务队2个。

2018年11月17日，首届“中国农民丰收节”美丽乡村动起来活动志愿者合影

（团区委　供）

**【青少年合法权益维护】** 2018年，共青团万盛经开区委开展青少年心理健康自护教育110余次、中高考减压疏导40余次、“阳光助残”10余次，3000余名青少年受益；持续推进预防青少年犯罪工作，开展扫黑除恶、“两法一条例”、禁毒防邪防艾、防溺水、法治进校园等宣传活动100余场次，发放宣传手册5000余本；启动“精准扶贫·圆梦行动”希望工程，帮助11名贫困大学生分别获助学金5000元，开展“精准扶贫·荧光夜跑”活动，筹集善款4000余元；组织70名建卡贫困户子女开展“精准扶贫·感恩励志”助力脱贫研学体验营活动；联合西南政法大学、医药高等专科学校到4个贫困村开展下乡活动。

**【少年儿童工作】** 实施2018年“冬日阳光·温暖你我”新春关爱行动，筹集6万余元物资为全区606名农村留守儿童、困境儿童送去新年礼物；开设“金桥吹打”非物传承公益课堂、红领巾财商课堂，组织北京（国际）模拟联合国大会观摩活动，800余名青少年参与；以“12355”青少年综合服务站为主阵地，各镇街服务站、学校心理课堂为着力点，举办周末公益课堂讲座16场次，聘请国家级、市级心理学专家团队，指导培训万盛经开区心理教育工作者、少年儿童及家长960人次，2万人次少年儿童收看直播。

**【群团改革推进情况】** 深化共青团改革攻坚，党建带团建不断加强，万盛经开区党工委委员会专题研究共青团工作2次；举办全区“五四”青年座谈会，听取收集青年意见建议16条，万盛经开区党工委书记肖猛出席并讲话；开展2018年“党建带团建”专题培训班，邀请市级专家、领导现场授课，内容涵盖习近平总书记关于青年工作的重要论述、做好新时代共青团工作和基层团组织建设等；落实《重庆市少先队改革方案》要求，全区26所中小学校成立少工委；开展团支部书记“背靠背”满意度测评，发展团员600人。全年创建“群团服务站”市级示范点1个，打造“市民学校”市级示范点2所，争取到位青少年活动中心专项建设资金1530万元，开工建设。

（刘韦宇）

## 万盛经开区妇女联合会

**【概况】** 重庆市万盛经济技术开发区妇女联合会（以下简称万盛经开区妇联）是重庆市妇女联合会的下属组织，2018年，万盛经开区妇联有内设科室3个，即办公室、权益部、发展部；有行政编制4人，实有在职人员5人；有下属事业单位1个，即万盛经济技术开发区妇女儿童工作委员会办公室，有财政全额拨款事业编制4人，实有在职人员4人。管理范围内有基层妇女组织156个，其中机关事业单位妇女组织42个，市级驻区部门妇联组织8个，镇街妇联组织10个，村妇联57个，社区妇联34个，区域性妇联2个，行业妇联组织1个，团体会员2个。

**【家庭建设主题活动】** 2018年，万盛经开区妇联持续开展寻找“最美家庭”活动，评选出区级“最美家庭”43户，其中获全国“最美家庭”2户，获市级“最美家庭”3户，获“最美阳台”3户，获“最美庭院”3户。联合区政法委、安委会办公室评选出2017年度“平安家庭”100户；联合区综治办印发《万盛经开区创新开展“平安家庭”建设工作方案》，以问题家庭的改善和转变为着力点，创新开展“平安家庭”创建工作。开展“翰墨书香传家风”家风家训家规书法现场比赛活动，全区10个镇街的63名选手参加比赛。开展“清风常伴 廉洁齐家”家庭助廉立德主题活动，发出《家庭助廉立德倡议书》，组织正处级区管领导干部家属收看廉政教育宣传片、听取廉政教育讲座，推荐贾秀平等4个家庭参加重庆市“清风润万家”家庭廉政文化比赛。参加重庆市首届家庭诵读大赛，万盛经开区3个家庭获奖，2个家庭被评为“重庆市最美书香家庭”，4个作品在重庆市“我爱我家”儿童作品赛中获奖，万盛经开区妇联获重庆市“优秀组织奖”。贯彻实施《重庆市家庭教育促进条例》，组织召开2018年家庭教育讲师团工作座谈会，开展百场家庭教育讲座进校园、进社区、进院坝、进机关、进企业“五进”活动，推广科学家教理念和方法。在重庆市第二个家庭教育日活动周暨“六一”国际儿童节之际，组织60名困难留守儿童和爱心妈妈到丛林菌谷开展定向寻宝活动和亲子厨房体验活动。

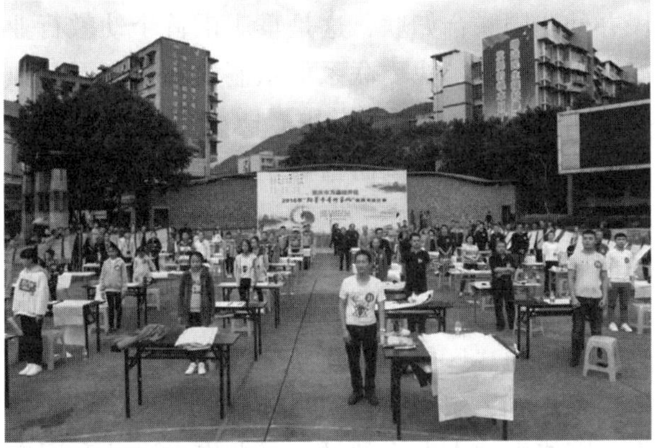

2018年10月17日，“翰墨书香传家风”家风家训家规书法比赛现场

（区妇联 供）

**【妇女儿童权益维护】** 万盛经开区妇联积极贯彻男女平等基本国策，依法维护妇女儿童合法权益，不断增强妇女儿童获得感安全感幸福感。抓实2017年度纲要（规划）统计监测评估工作，召开协调推进会，推进各项指标提前达标；协调万盛经开区公安分局、中心法庭联合出台《家庭暴力告诫制度实施办法》。联合区综治办印发《万盛经开区创新开展“平安家庭”建设工作方案》，以问题家庭的改善和转变为着力点，全面创新开展“平安家庭”创建工作。做好实事维权，全年接待处理来访59件次，办结59件次，办结率100%。按照要求及时完成“12338”热线的并线工作。开展以“建设法治中国·巾帼在行动—增强女性法治意识，共创幸福美好生活”为主题的“三八”妇女维权宣传活动。在重要节日节点开展妇女维权和法治宣传教育活动5场次，发放宣传资料1万余份。开展主题为“我向毒品say no”“不让毒品进我家”的全民禁毒宣传活动2次，发放宣传资料3000余份，营造全民禁毒社会氛围。开展“守护花季 相伴成长”防性侵教育活动，全区各中小学德育主任、安保主任及家长代表230人参加。联合政协委员开展“委员走进你身边·助你落户解难题”专题民生实事活动，为55名儿童顺利落户提供医学鉴定的前提条件，帮助42名未落户儿童落户。

**【乡村振兴巾帼行动】** 实施“乡村振兴巾帼行动”聚焦贫困妇女，加大精准帮扶力度，引导贫困妇女脱贫，助力打赢脱贫攻坚战。一是助推产业发展。推动发放妇女创业担保贷款399万元；选送3名手工编织创业者参加市“指尖话语”交流、“巴渝巧姐”作品展活动。二是提升脱贫技能。开展“乡村振兴 巾帼行动”扶贫培训4期，提高200名农村妇女创业就业素质和能力，帮助妇女灵活就业创收；举办“乡村振兴 巾帼行动”

首届沙滩趣味体育活动、巾帼健步跑邀请赛活动，800余名农村女性参与乡村旅游发展，助力乡村振兴。选送3名妇女参加市“@她创业计划—科技培训促进生猪养殖项目”培训。三是强化帮扶慰问。争取中国妇女发展基金会“母亲水窖”项目资金30万元，指导关坝镇凉风村实施“母亲水窖”项目，用于解决该地区464户1732人饮用水问题。争取全国“贫困母亲两癌救助专项基金”（中央专项彩票公益金）10万元，救助万盛经开区贫困“两癌”患病妇女10人。开展困境儿童心理团辅、“微爱行动·一件冬衣的温暖”等活动，向50余名困境儿童发放羽绒服、“微爱健康包”等，通过募捐向50名贫困母亲送去母亲邮包。

**【妇女就业创业】** 2018年，万盛经开区妇联助推发放妇女创业担保贷款399万元，联合人力社保部门开展“2018年春风行动招聘会”，发放宣传资料4000余份，达成妇女意向性用工600人次。强化技能提升，分别在4个镇开展“乡村振兴 巾帼行动”扶贫培训4期，训农村妇女200人；举办“三月女人天·厨艺大比拼”留守妇女厨艺技能大赛；开展巾帼农家乐评选，推荐万东镇互为农庄等3个农家乐参加市巾帼农家乐才艺比拼活动，荣获三等奖，万盛经开区黑山镇竹林山庄被评选为重庆市最美巾帼农家乐。强化榜样带动，不断深化“巾帼文明岗”创建命名活动，至年末，万盛经开区创建全国、市级、区级“巾帼文明岗”分别为7个、44个、152个。

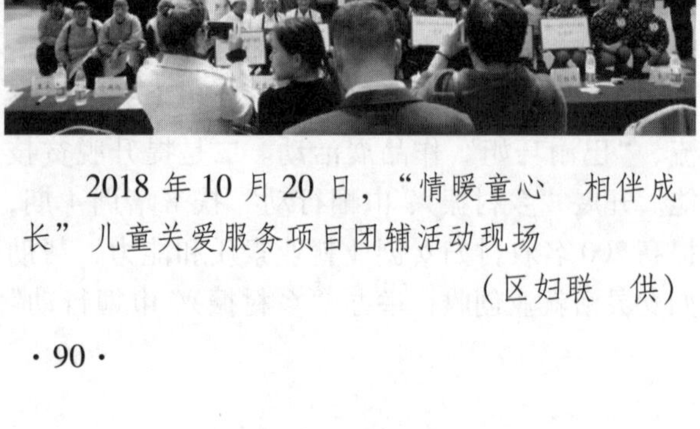


2018年10月20日，“情暖童心　相伴成长”儿童关爱服务项目团辅活动现场

（区妇联　供）

**【农村妇女“两癌”免费检查及救助】** 2018年，由万盛经开区卫生计生局牵头，万盛经开区妇幼保健院具体承办，依托母亲健康快车，开展“两癌”（指乳腺癌和宫颈癌）免费筛查项目工作。3月，万盛经开区妇联联合区妇幼保健院到南桐镇，启动2018年“两癌”免费筛查及宣传活动。万盛经开区妇幼保健院实施“两癌”免费筛查，惠及1.40万名农村妇女，完成筛查任务数，检查出患病妇女6人（乳腺癌4人、宫颈癌2人），经镇街核实，其中1人符合市级救助条件录入库，2人因家庭困难录入区级救助名单。2018年1月，万盛经开区妇联争取中央“贫困母亲两癌救助”专项资金10万元，按照每人1万元的救助标准，救助农村“两癌”贫困妇女10人，实现2017年度入库人员全覆盖。2018年4月和10月，收集、录入全国妇联“两癌”救助对象信息库11人。通过与区财政局、民政局、人力社保局、卫生计生局等协商，启动万盛经开区城乡“两癌”困难妇女救助扩面工作，将未得到中央、市级救助的城乡低保对象、特困供养人员、民政建档特殊困难人员、建卡贫困户中的“两癌”妇女纳入救助体系。

**【基层妇女组织建设】** 发挥村“会改联”、镇街建区域性妇联作用，指导煤电化园区成立煤电化园区妇联；协助、指导全区29所民办幼儿园成立民办幼儿园联合妇联，这是重庆市首个幼教行业妇女组织；落实执委联系群众制度，全年召开执委会3次，搭建执委微信群、QQ群各1个，接受基层组织建设专题调研指导1次。指导基层妇女之家开展示范性妇女之家建设，全区4个妇女之家被评为市级优秀妇女之家；组织全区52名副处级及以上女性领导干部、执委，到浙江大学开展为期一周的“区管女性领导干部服务转型发展专题班”培训；组织全区120名基层妇联干部、执委，围绕党的十九大精神、《中华人民共和国宪法》学习、全区“三大抓手”重点工作以及妇联执委如何履职等，开展为期3天的培训，进一步提高万盛经开区妇女干部的综合素质。全年组织发动妇联界别政协委员撰写提案6篇。

（张 娴 袁 瑶）

## 万盛经开区科学技术协会

【概况】 重庆市万盛经济技术开发区科学技术协会（以下简称万盛经开区科协）是万盛经开区科技工作者的群众组织。2018年，有内设职能科室2个，即普及科、学会协会工作科，有下属正科级财政全额拨款事业单位1个，即万盛科技馆，有10个镇街科协、6个企事业科协、10个学会协会、18个农村专业技术协会。万盛经开区科协有在岗公务员3人，在岗事业编制人员2人。

【科普宣传】 根据中国科普研究所调查报告，万盛经开区2018年公民具备科学素质的比例8.9%，较上年增长1.1%，首次超过全国平均水平。3月，举办首届万盛经开区公民科学素质大赛，各镇街组建10个团队参赛，选出一等奖获得者关坝镇团队参加渝西片区赛，获二等奖；4月举办首届万盛经开区科普讲解大赛，选出4名选手参加市级决赛，获优秀组织奖；举办第二届参观科技馆有奖征文活动，向市科协报送征文100篇，获一等奖1篇、二等奖1篇，三等奖9篇。开展科技活动周、科技工作者日、全国科普日、科技下乡等系列大型科普宣传活动；开展以“创新万盛——我要做一名快乐的小创客”为主题的首届万盛经开区中小学生科技夏令营活动；开展以“快乐暑期·科技相伴”为主题的社区科普活动6场次。举办技术培训交流活动。搭建平台，组织学会协会开展农产品深加工技术与品牌培育专题培训、乡村振兴战略研讨会等技术交流培训活动24场次。评选第四届万盛经开区青少年科技创新主任奖。重庆市第四十九中学校王森、砚石台小学邓和珅、重庆市第四十九中学校刘美贤、万盛小学杨博文、中盛小学敖睿获第四届万盛经开区青少年科技创新主任奖，5名学生的指导老师明亮、王天斌、杨波、敖正兵获第四届万盛经开区青少年科技创新辅导员奖，重庆市第四十九中学校获培育奖。优化科普志愿者队伍。登记注册有科技科普志愿者108人，登记服务时长超过3891小时。利用网络、报刊、专栏进行科普宣传。为全区42个社区配备科普文化重庆云平台服务终端；《万盛日报》恢复开设科技之窗专栏，刊登公民科学素质提升知识73期；发挥科技馆微信、微博平台作用，每天推送科技科普知识。

【科普基地】 9月，万盛经开区管委会印发《关于命名2018年度万盛经开区科普基地的通知》，命名重庆南桐矿业有限责任公司总医院的心肺复苏与创伤急救培训基地和重庆多普泰中药材科普基地、东林街道腰子口社区科普活动中心、重庆青山湖国家湿地公园宣教中心、万盛工业科技展览馆为首批万盛经开区科普基地。心肺复苏与创伤急救培训基地，于11月牵头组织开展万盛经开区心肺复苏及创伤急救科普活动，先后为广大市民示范“双人心肺复苏”“骨折的固定与搬运”“止血包扎”等急救操作要点，开展“单人心肺复苏”操作演示，并邀请部分市民参与一对一的培训指导，活动现场还组织内外科专家开展现场义诊活动，免费为市民进行体格检查和血压检测，并发放系列健康科普知识宣传资料。继续支持开设建设社区、新田社区、腰子口社区、和平社区、铁路社区、红枫社区、塔山社区7个社区科普大学教学点开展教学工作，其中腰子口社区科普大学教学点被市科协评为重庆市社区科普大学示范教学点。凉风村科普活动中心移交关坝镇人民政府管理，建成投用绿水村科普馆，于12月26日举行开馆仪式，对公众开放。

【万盛科技馆】 2018年，万盛科技馆纳入国家免费开放科技馆试点单位，获奖补资金47万元。全年累计入馆人数22万余人次。一是组建科普专家队伍。把热心科普公益事业、有科普工作热情的涉及教育、卫生、食品安全、节能环保、农林、防震减灾、科技、防邪、应急反邪等领域30余名优秀科技工作者纳入科普专家库，组织防震减灾应急演练、急救知识现场讲解等大型科普活动6场。二是组建科普志愿者队伍。49名志愿者轮流上岗，服务科技馆日常工作，全年45名志愿者工作投入量3800余小时。三是组建科技馆管理人员队伍。参加全国、市、区培训10场次。开展STEAM培训会、编程软件培训会等内容的科普研讨会2次。组织科技辅导员赴西南大学天文地质馆、重庆科技学院无线电展览馆等市级科普基地参观学习。承办首届万盛经开区中小学生“创新万盛——我要做一名快乐的小创客”科技夏令营活动、“快乐暑期·科技相伴”主题科普进社区活动6场，500余名中小学学生受益。四是开设周末课堂。每周六、周日4个半天开展内容涉及3D打印、无线电电子电路、启蒙化学实验、航模制作等科技课程，全年参加4000余人次。参加科技馆周末课堂的王森、张奕炫同学的小发明《一种可远程控制的多功能救生浮板》获第十四届宋庆龄少年儿童发明奖评选活动全国金奖。五是组织参加区科普知识讲解大赛。组织科技馆4名人员参赛，1名获区级科普大赛二等奖。六是联合开展科普活动。与区青辅协合作，开展活动2场；与区教育局合作，举办培训2场，与福耀实验学校合作举办科技进校园活动；与区农林局合作，开展万盛经开区贫困儿童参观青山湖科普基地活动；与区关工委合作，开展科技进校园，关心留守儿童活动。七是重要节点开展科普活动。利用科技活动周、全国科普活动日，主动联系学校、社区组织学生、居民参观科技馆，9个学校9个社区组织1000余人参观科技馆。增设科技创新成果墙，展示青少年科技创新成果；设立科普书角。20余种科普书籍、杂志随时提供给市民阅读。

（林晓明　刘文娅）

## 万盛经开区归侨侨眷联合会

**【概况】**　重庆市万盛经济技术开发区归侨侨眷联合会（以下简称万盛经开区侨联）与万盛经开区统战部合署办公，有职能科室1个，即办公室；有事业编制2人，科级领导职数1人，有在岗在编人员2人。

（霍本银）

## 万盛经开区文学艺术联合会

**【概况】**　重庆市万盛经济技术开发区文学艺术界联合会（以下简称万盛经开区文联）是财政全额拨款事业单位，与万盛经开区党工委宣传部合署办公。有内设科室1个，即办公室；在编在岗人员3人。万盛经开区文联下辖11个协会，包括作家协会、音乐家协会、书法家协会、美术家协会、摄影家协会、舞蹈家协会、戏剧曲艺家协会、民间文艺家协会、诗词楹联协会、老年书画研究会、朗诵协会。2018年，11个协会有会员699人，其中国家级会员24人，市级会员67人；妇女会员264人，少数民族会员26人；中共党员167人，民主党派会员34人；40岁以下会员171人，40～60岁会员406人，60岁以上会员122人。

**【文艺活动】**　开展“深入生活、扎根人民”文艺志愿服务活动、培育“一协会一活动品牌”、帮助镇街部门打造特色文化，推进文艺惠民，助推乡村文化振兴工作；通过采风、创作活动，主题征稿活动，承办、协办文化展出活动；开辟幸福万盛APP人文板块，创建“万盛公园”重庆市文联文艺创作基地、重庆市美协创作基地等，强化平台建设，扩大文艺影响。

**【文艺创作】**　2018年，万盛经开区文联出版人文类双月刊《人文万盛》6期，万盛经开区诗词楹联协会出版文学类半年刊《黑山谷》2期，《2017年度万盛文艺作品选粹》1本，全年创作作品1700余件。简云斌散文《山路马帮》获第八届冰心散文奖“散文优秀奖”，歌词《下渝州》获2017年重庆十佳原创歌曲奖并得到市文联重点文艺创作扶持，歌词《行走万盛》获2017年重庆十佳原创歌曲提名奖，诗歌《用月光打造一艘乡愁》入选第六届海峡两岸电视艺术节朗诵会、重庆市文艺广播电台十周年台庆晚会。胡明、简云斌创作音乐作品《唢呐汉子》获市委宣传部资助。罗昭伦、万承毅、戴馨、吴凤鸣、刘永梅、陶波、任启民、曾庆福、蔡敏、陈劲、蒋成林等万盛作者在《重庆散文》《重庆晚报》《重庆日报》《文学百花苑》等报纸杂志上发表作品300余件。刘琳摄影作品《开心的笑脸》获中宣部“最美中国人”全国各族人民笑脸优秀作品，《山间飞虹》分别获第八届金鹤奖全国数码摄影大赛自然风景类金奖和第20届中国艺术摄影展风光类优秀奖；严奇摄影作品《机器手》在“砥砺前行·共创未来”摄影图片展中获入围奖。曹永龙创作的《乡村公路别样美》《喜迁新居》等20幅摄影作品在中央媒体发表，其中《人民日报》8幅，头版2幅；《经济日报》12篇，头版6幅；《重庆日报》36幅，其中头版头条1张，头版16幅，《矿工升井》在“百万市民拍重庆”摄影比赛中获三等奖，《采煤沉陷区植被恢复》在重庆生态文明摄影大赛中获优秀奖。曹林摄影作品《细心检查保安全》在“最美交通执法人”摄影大赛中获二等奖，《高速公路穿越武陵山》在“砥砺前行·共创未来”重庆直辖二十周年摄影图片展中获入选奖，《除夕夜·守平安》在“感动春运”摄影比赛中获优秀奖。周明摄影作品《美丽山村》、胡滨摄影作品《顽强》、王溧摄影作品《晨曲》在第20届全国艺术摄影大赛中获风光摄影类入围奖。贾秀平书法作品入展周永健书法艺术奖、第七届全国教师书法作品展，霍翠书法作品入展重庆市首届小品书法作品展，袁堂明书法作品获重庆市第七届“安全在我心中”书法赛成人组三等奖。罗桥生七言律诗《川戏》获国粹杯·中华诗词楹联大赛作品入围奖，张跃在重庆市文委和群众艺术馆主办的楹联征集活动中获一等奖和三等奖，张振涛获二等奖。郭德梅美术作品《问天》入选四川美术学院传统雕刻技艺培训班作品，牛贵涛在2018年“金牌主播”主持人评选获2018年“金牌主播”全国百优主持人荣誉称号，翁明君在重庆市好记者演讲比赛，获片区第二名。

（万承毅）

## 万盛经开区红十字会

**【概况】** 2018年元旦、春节期间，万盛经开区红十字会开展“红十字博爱送万家”品牌活动，慰问困难家庭200户。组织500人参加“全国防灾避险知识竞赛”活动。全年完成遗体（眼角膜）捐献登记36人，成功实现人体器官捐献1例。争取重庆市红十字应急救护培训活动经费5万元，组织开展进校园、进机关、进企业、进社区、进农村培训26场，培训人员2223人。审核各医疗机构申报的41名符合疾病应急救条件的救助对象，申请疾病应急救助基金10万元，解决经开区身份不明、城乡低保、城市“三无”（指城市非农业户籍的无劳动能力、无生活来源且无法定赡养、抚养、扶养义务人，或者其法定赡养、抚养、扶养义务人无赡养、抚养、扶养能力的老年人、残疾人以及未满16周岁的未成年人）、农村“五保”［指保吃、保穿、保医、保住、保葬（孤儿为保教）］等人员无力缴纳医院急救费用的欠费问题。为1名白血病儿童、6名先天性心脏病儿童申请重庆市儿童医疗救助基金救助和“小天使基金”“天使阳光基金”救助。

（刘　燕　刘茂雪）

## 万盛经开区残疾人联合会

**【概况】** 重庆市万盛经济技术开发区残疾人联合会（以下简称万盛经开区残联），有内设科室2个，即办公室和维权科；下设事业单位1个，即残疾人就业服务中心。有在职人员8人。

**【残疾人保障】** 全面落实贫困残疾人参加城乡居民基本医疗保险个人缴费资助政策。2018年，安排资金54.41万元，为3023名三、四级未享受低保的残疾人购买城乡居民基本医疗保险，实现参保全覆盖。配合区民政局做好“两项补贴”（指困难残疾人生活补贴发放标准，重度残疾人护理补贴发放标准）审核发放工作，向2281名贫困残疾人发放生活补贴105.19万元，向1791名重度残疾人发放护理补贴82.56万元。继续实施“阳光家园计划”，以重度肢体、精神和智力残疾人为重点，安排资金42.84万元，为357名残疾人提供居家托养服务；安排资金28.8万元，在南桐总院塔山分院建立精神智力残疾人寄宿制托养机构，为40名残疾人提供寄宿制托养服务。

**【残疾人脱贫攻坚】** 2018年，万盛经开区残联继续实施“阳光安居工程”，与区扶贫办、建设局、财政局等6部门联合下发《农村建卡贫困户D级危房改造资金补助办法》，完成农村贫困残疾人 D 级危房改造 20 户，发放补助资金 30 万元。利用春节、全国助残日等重要节点，走访慰问重度残疾、一户多残、老残一体等困难残疾人 900 户，发放慰问金 20.05 万元。动员社会力量救助贫困残疾人 1 人，解决生病治疗费 2.3 万元。落实农村残疾人专项扶贫补贴，为 18 名就业年龄段内的农村建档立卡贫困残疾人，每人给予 1000 元产业扶持资金，用于购买生产物资。投入资金 18 万元，继续扶持金桥镇马头桥村“龙湖年货·雨露助残”残疾人扶持基地建设。

**【残疾人特殊教育事业】** 万盛经开区残联贯彻落实《特殊教育提升计划》和《万盛经开区党工委、管委会关于促进残疾人事业发展的实施意见》中关于发展残疾人教育要求，落实随班就读残疾学生、特殊教育学校就读残疾学生以及残疾大学生助学补贴工作。2018 年，资助随班就读残疾学生 56 人、特殊教育学校就读残疾学生 18 人次、残疾大学生 19 人，发放助学金 4.7 万元。配合区教育局，为 35 名适龄未入学残疾儿童开展“送教上门”服务，完成 40 名青壮年文盲扫盲工作。

**【残疾人就业创业】** 万盛经开区残联与区人社局联合举办残疾人专场招聘会 4 场，吸引 100 多名残疾人求职者及其家属参加应聘，与用工单位初步达成就业意向 20 人。组织 9 名视力残疾人参加盲人按摩培训，59 名残疾人参加职业技能培训，184 名残疾人参加实用技术培训，全面提高残疾人就业能力；投入资金 7.5 万元，扶持残疾人个体工商户 7 户、农村种养业大户 2 户，提升残疾人创业能力。通过增加残疾人公益性岗位开发设置，实现残疾人就业 23 人。选拔 1 名残疾人参加 2018 年重庆市残疾人职业技能竞赛，获“道德风尚奖”。

**【残疾人康复服务】** 2018 年，万盛经开区残联为 2545 名残疾人提供基本康复服务，为 192 名残疾人免费发放轮椅、助听器、助视器等基本型辅助器具，为 43 名建档立卡残疾人、2 名因病致贫残疾人提供康复服务，全区康复服务率 82.64%。做好国家彩票公益金贫困精神病患者医疗救助项目，服药救助 419 名精神病患者，救助金额 24 万元；住院救助 116 名重度住院精神病患者，救助金额 14.5 元。携手重庆爱尔眼科医院联合开展“福彩有爱·光明行动”助困项目，为 136 名白内障患者实施复明手术。继续做好残疾儿童康复救助项目，为 19 名残疾儿童提供康复转介救助，补助 4 名残疾儿童康复训练，为 5 名残疾儿童安装适配矫形器。举办残疾人家长学校康复知识讲座 1 期，培训残疾儿童家长及监护人 43 人。

**【万盛残疾人设施建设】** 年末，万盛残疾人康复中心主体工程完成建设；万盛经开区残疾人托养综合服务中心开工建设。全年，万盛经开区建成村（社区）康复室 20 个。

（杨　校）

# 法　治

## 政法委及综治

【概况】　中共重庆市万盛经济技术开发区工作委员会政法委员会（以下简称万盛经开区党工委政法委）是万盛经开区党工委、管委会的内设机构。挂重庆市万盛经济技术开发区社会治安综合治理委员会办公室（以下简称万盛经开区综治办）牌子。中共重庆市万盛经济技术开发区工作委员会、重庆市万盛经济技术开发区管理委员会信访办公室（以下简称万盛经开区信访办），重庆市万盛经济技术开发区司法局（以下简称万盛经开区司法局）与其合署办公。中共重庆市万盛经济技术开发区工作委员会防范和处理邪教问题领导小组办公室挂靠万盛经开区党工委政法委。内设综合科、行政科、社会管理科、基层指导科、国安防邪科、司法行政科、社区矫正管理局、法律服务管理科、维稳科、督查复查科、办信科等11个科室。派驻经开区镇街基层司法所10个，即万盛司法所、东林司法所、万东司法所、南桐司法所、关坝司法所、青年司法所、丛林司法所、金桥司法所、石林司法所、黑山司法所。有下属事业单位5个，即重庆市万盛经济技术开发区群众工作联席会议办公室、重庆市万盛经济技术开发区法律援助中心、重庆市万盛公证处、重庆市万盛经济技术开发区信访接待中心、重庆市万盛经济技术开发区矫正帮教管理服务中心。2018年，万盛经开区党工委政法委有政法专项编制39人，机关后勤编制5人，全额拨款事业编制27人，参公事业编制6人。

【平安稳定】　2018年，万盛经开区党工委政法委完成全国全市“两会”、青岛上合组织峰会、智博会等多个敏感时段维稳工作，全区无涉暴涉恐、国家安全案（事）件、失泄密案（事）件、重大公共安全案（事）件、重大网络负面舆情发生。全区群众安全感指数99.6%，超重庆市平均水平2.51个百分点，比上年上升0.17个百分点，重庆市排名第二。政法队伍满意度和司法公信力分别为95.51分、95.69分。全区建成区级以上平安单位212个，其中校园28所、医院7所、风景区2个。

【社会治安综合治理】　2018年，全区刑事立案、治安案件分别比上年降低5.4%、17.5%。推进“雪亮工程”建设，完成项目立项评审。接入旅游景区、医院等重点民生单位视频监控390个。3个挂牌整治重点地区刑事案件比上年降低71.43%，全部摘牌。加强校园及周边社会治安综合治理，整改非法营运及超载、交通标志缺失、治安、食药品等隐患200余处。落实327名3级以上重性精神障碍患者的服务管控小组，并按照每人每年2400元的标准落实监护补助73.28万元，全年未发生个人极端恶性事件。抓实网格化服务管理工作，全区划分基础网格483个，配备工作人员1760人，其中网格管理员510人，治安巡逻员750人。

【扫黑除恶专项斗争】　2018年，万盛经开区党工委政法委累计开展扫黑除恶集中宣传826场；印发扫黑除恶公告、海报等宣传品40万份，发布短信500万条，悬挂横幅842幅，制作专栏210块；LED显示屏滚动播放3万余小时；群众对扫黑除恶专项斗争工作的满意度96.32%。政法各部门坚持“打早打小、露头就打、除恶务尽”的方针，依法严厉打击黑恶势力违法犯罪行为，全年收到线索323条，打掉恶势力犯罪团伙3个，破获聚众斗殴、故意伤害等刑事案件12件，抓获犯罪嫌疑人38人；判决恶势力团伙1个，判决13人；立案查处基层干部涉恶案1起、群众身边的腐败案3件；依法处置有前科劣迹的基层干部3人。持续开展治安环境清查、旅游景区治安环境整治、打击非法营运、渝黔高速公路扩能项目矛盾纠纷化解等工作，查获非法营运车辆25辆，治安处罚“羊儿客”16人。

**【防范化解重大风险】** 2018年，万盛经开区党工委政法委制定《万盛经开区坚决打好防范化解重大风险攻坚战实施方案》，防范化解政治安全、经济金融、公共安全、社会矛盾、网络安全的五个方面的风险隐患。牵头抓总职能职责，成立区防范化解重大风险攻坚战总指挥部，并对排查出的55个风险隐患逐一分解落实，明确办结时限。将防范化解重大风险工作纳入全区目标管理绩效考核内容，成立平安综治工作督查组，对风险防范化解情况进行检查督导。

（蔡朝君）

## 法治政府建设

**【概况】** 重庆市万盛经济技术开发区法制办公室（以下简称万盛经开区法制办）是万盛经开区管委会办公室挂牌机构，有内设科室1个，即法制科。2018年有科长1人，工作人员1人。

**【行政复议】** 2018年，万盛经开区法制办收到行政复议案件10件，万盛经开区管委会作为复议机关的案件3件，办结3件，其中终止复议1件，转送2件；万盛经开区管委会作为被申请人的行政复议案件7件，均按法定程序认真准备证据材料、撰写行政复议答复书，经市法制办审理后办结7件，其中维持4件，驳回当事人申请2件，撤销1件。

**【规范性文件管理】** 凡是以万盛经开管委会名义发布的规范性文件，均由起草单位行政办公会议审议后形成送审稿，报送万盛经开区法制办进行合法性审查后，再报管委会主任办公会审议。凡是以万盛经开区管委会名义发布的规范性文件，均由法制办统一编号、统一登记。2018年新发布规范性文件4件，修改规范性文件1件，现行有效规范性文件44件。

（万盛经开区管委会办公室）

## 公　安

**【概况】** 重庆市公安局万盛经济技术开发区分局（以下简称万盛经开区公安分局）有内设工作机构35个，实际运行28个，其中综合部门4个，即警令处、政治处、纪检监察室（与警务督察支队、审计室合署办公）、警务保障处；一线实战部门12个，即指挥中心（与情报信息支队合署办公）、法制支队、网络安全保卫支队（与科技信息化科合署办公）、人口管理支队、国内安全保卫支队、出入境管理支队、治安管理支队（与校保支队、警卫处合署办公）、刑事侦查支队、经济犯罪侦察支队、禁毒支队、交通巡逻警察支队（下设综合大队、秩序大队、事故预防及处理大队、车辆管理所、勤务一大队和勤务二大队）、特警支队；监管场所2个，即看守所、强制隔离戒毒所（与拘留所合署办公）；2个街道8个镇驻10个派出所，即万盛派出所、东林派出所、万东派出所、南桐派出所、关坝派出所、青年派出所、丛林派出所、金桥派出所、石林派出所、黑山派出所。2018年，万盛经开区公安分局有民警编制463人，实有在岗民警414人，工勤人员1人，其中派出所162人，另有辅警335人。

**【社会治安治理】** 2018年，万盛经开区刑事发案1031起，比上年降低6.2%；八类案件发案25起，降低25%；侵财案件发案822起，降低5.5%。开展“打击整治黄赌违法犯罪”、“禁毒2018两打两控”专项工作、“百日专项整治”等专项行动，解决影响社会治安、群众反映强烈的突出问题。全年万盛经开区公安分局打掉网络贩枪团伙1个，打击涉枪人员3人，待起诉17人，缴获各类枪支38支；查处治安案件1494起，处理处罚违法人员895人，查破黄赌案件45起，起诉6人，抓获涉黄赌人员86人，缴获赌资3万余元；强制隔离戒毒127人，责令社区戒毒72人，稳控肇事肇祸精神病人23人，4个治安乱点整治地区刑事发案比上年降低68.7%。

**【打击刑事犯罪】** 2018年，万盛经开区公安分局破获刑事案件812起，移送起诉376人，抓获网上逃犯32人，破获现行命案4起，破获率100%；起诉涉毒人员97人，缴获毒品36千克，破获公安部督办案件1起，抓获犯罪嫌疑人34人，缴获毒品23.4千克；破获持刀抢劫案1起，抓获犯罪嫌疑人4人；抓获长期流窜川渝两地的盗窃犯罪嫌疑人1人，破案140起，涉案金额200余万元；侦办电信网络诈骗犯罪，刑拘犯罪嫌疑人72人、取保候审6人，破案35起，待核破案件100余起，止付资金45.5万元，冻结资金112.4万元，返还资金11万元。打掉新型电信网络诈骗团伙1个，捣毁诈骗窝点8个，抓获81人，涉案金额586万元。

**【打击经济犯罪】** 2018年，万盛经开区公安分局把涉众型经济犯罪、“食药环”（指食品、药品及环境）领域等犯罪作为打击重点，破获非法吸收公众存款案1起，为群众挽回损失70余万元，开展经济领域风险排查稳控，排查传销、非法集资案4起。全年破获经济犯罪案件44起，起诉20人，挽回经济损失5000余万元；严打“食药环”犯罪，破获特大生产销售有毒有害食品案1起，抓获犯罪嫌疑人11人，捣毁制假窝点3处，查获半成品20余千克，涉案金额400余万元。

**【交通巡逻】** 2018年，万盛经开区公安分局查处各类交通违法行为5.44万起，全年发生一般性交通事故80起，比上年增长2.56%；死亡20人，降低23.08%；受伤人数102人，增长14.61%；挽回经济损失14.93万元，降低33.97%。全年破获各类刑事案件62起、打击处理13人、行政拘留33人，查获盗抢机动车4辆，交通肇事致人死亡逃逸案件侦破率100%。全年辖区危化品运输车检验率、报废率100%，重型货车等定期检验率93.78%、报废率67.15%，办理AB照驾驶员互联网个人用户注册5764人、客货运企业互联网注册415家，清理公告牌作废重点车辆吸毒驾驶人99人次，清理精神病驾驶人员8人。

**【安全保卫】** 2018年，万盛经开区公安分局开展风险月研判12次，收集各类涉稳情报信息3331条，其中上报市局66条，编写《治安形势分析研判》12期，《公安要情专报》31期，清理涉政涉稳类有害信息220余条。加强重点群体稳控管控。紧盯涉军、涉企等利益群体，严格属地属事稳控责任，参与劝返进京上访非访人员18人次，训诫敲打网上煽动非访人员25人次；稳控19个涉稳重点群体重点人员60人；妥善处置民生领域、重点项目推进过程中群众聚集行为58次，教育训诫16人，完成“全国两会”、上海合作组织成员国元首理事会、中国国际进口博览会等重大安保工作任务。强化反恐工作建设。完善8家反恐重点目标单位防范设施，在万盛客运中心安装带有人脸识别功能的摄像头，提升反恐防暴基层工作智能化水平。细化应急拉动演练预案，组织各部门、单位应急演练26次。

**【公安法制】** 2018年，万盛经开区公安分局以扫黑除恶专项行动为契机，组织各类专题执法办案集中培训6次，参训民警200余人次。完善现场执法和讯问嫌疑人同步录音录像工作机制，组织办案民警参与旁听评审15次，全年评析典型案例17件；贯彻落实重庆市“合川现场会”精神，出台实施方案、落实预算经费，成12个办案区精细化标准化建设自查工作，全年未发生办案区执法安全事故；提升执法公信力，依托网上督察中心，查纠苗头问题103个，实现常态预警、关口前移，民警执法工作更加规范、执法态度更加平和，群众有效投诉比上年降低25%。

**【公安信访】** 2018年，万盛经开区公安分局接待群众来访96件，141人次。接收来信142件，全部依法办结，办结率100%。依法处理政府公开信箱信访事项85件，互联网信访25件，领导接访信访事项85件，176人次，全部办结化解。其中万盛公安分局一把手接待11起、29人次，其余领导接待74起、147人次，全部办结85件，办结率100%。领导接访信访事项85件，息诉85起，息诉率100%。

【户籍管理】 2018年，万盛经开区公安分局受理身份证申请1.43万人次，受理市内跨区县异地居民身份证406人次，受理跨省居民异地办证申请663人次，受理跨省居民异地证挂失申请78人次。注销重复户口33人、清理应销未消户口5人、清理纠正户口登记项目差错11个、核实部级人口信息人像比对系统下发重复户口线索12条；集中开展18周岁无相片人员的清理工作中，核实处理公安部下发的名单1200人；集中开展百岁老人核查工作，核实处理市局下发的名单33人；招标制作门楼牌1.44万块。

【出入境管理】 2018年，万盛经开区公安分局推出办理出入境证件“只跑一次”制度，实现出入境证件办理从证件照片采集、申请材料提交、指纹采集、面见核查、证件缴费等全部申办手续“一站式”办结。全年受理、审批因私出国（境）申请9109人次，其中受理普通护照4879人次、往来中国港澳通行证3361人次、往来中国台湾通行证864人次、前往中国港澳通行证5人次。登记、录入、核查境外人员临时住宿登记1791人次。登记复核通报法定不批准出境人员305人次，清理国家工作人员登记备案信息650人次。

【网络安全管理】 2018年，万盛经开区公安分局以“地面不稳定因素网上同步化解、网上预警性信息反哺现实管控”为目标，推进“净网2018”专项行动，紧盯192名网上重点人员和4个重点群体，巡查上报涉稳信息123条；处置涉稳涉警舆情15起，提前预警、化解11起，积极应对处置“网红景区奥陶纪安全事故”重大舆情；与万盛经开区网信办、经信局建立网络安全工作衔接机制，构建覆盖50个重点单位的网络安全通报预警体系，开展网络安全执法大检查，通报预警工作25次，实现“重大网络安全案事件”零发生。

【公安队伍建设】 2018年，万盛经开区公安分局开展党委中心组集中学习13次，党支部（总支）政治理论学习400余次。党委书记与各党支部书记签订《全面从严治党治警责任书》，明确4类清单、10个板块49项目标任务，每季度对各党支部（总支）落实全面从严治党主体责任、党风廉政建设责任和队伍建设“一岗双责”进行考核。严格组织生活制度。班子成员以普通党员身份每月按时参加所在党支部的组织生活80余次；督促指导各党支部（总支）按时召开支委会、党员大会、党小组会300余场次；结合新修订的《中国共产党纪律处分条例》，党委书记、班子成员、党支部书记上专题党课30余次。深入执行中央八项规定精神，全年受理违纪线索10起，全部办结，给予党纪处分4人，政纪处分1人，诫勉谈话班子1个，诫勉谈话民警6人次，移送纪工委违纪违法线索9起。强化先进典型选树，推出一大批市区级先进典型，万盛经开区公安分局团委获“重庆市公安局五四红旗团委”，社区民警王令囡获重庆市“五一劳动奖章”、秦北海获“重庆市特级优秀人民警察”称号，网安支队宋朝眉获“重庆市向上向善好青年”，集体9个、个人52人获表彰奖励。

【扫黑除恶专项斗争】 万盛经开区建立由万盛经开区党工委书记任组长的扫黑除恶领导小组，投入专项经费200万元，召开全区性会议10次。成立由“一把手”挂帅的领导小组，推动专项斗争纵深发展。抽调16名民警充实专班队伍，组建涵盖侦查审讯、情报研判、法治审查的攻坚队伍，在各警种、派出所组建扫黑除恶专班，强化人才保障。制定出台15项“线索摸排、案件侦办、执纪问责”工作机制，会同区财政、交通等10部门，建立线索摸排、信息共享、工作联动机制，提升专项斗争规范化水平。广泛发动群众参与。将网络媒体宣传与传统走访宣传相结合，有组织、有步骤、有重点地发动群众，在全社会形成扫黑除恶浓厚氛围，线索数量大幅上升。建立举报线索核查结果反馈与回访制度，对群众实名举报线索，受理后3日内告知，查结后3日内回访，确保群众满意。全年，万盛经开区公安分局在新闻网络媒体宣传80篇次，印制资料22.6万份，发送短信300万条，覆盖全区各行各业。全年获取各类线索226条，核查办结211条，查结重点线索48条，对具有涉恶犯罪嫌疑的线索全部落实专案侦办，完成中央第九督导组交办的4条线索。全年打掉恶势力犯罪团伙3个，抓获团伙成员39人，查处党员干部3人，破获团伙案件12起，查处治安违法行为7起，行政拘留参与非法运营人员16人；审查村居“两委”成员404人，移交区纪工委问题线索59条，纪工委立案调查2人。

**【警务大数据建设】** 2018年，万盛经开区启动智能化社区防控体系建设。以“雪亮工程”建设为契机，新建视频1153个，完成基层街镇社区综治信息应用分平台建设。投入200余万元，通过自主研发基于AI人像大数据的实有人口管控系统和网格化管理体系，在2个治安形势相对复杂社区，建设200套人脸卡口前端和200套智能门禁系统，同步拓展治安管理、重点人管控、案件线索推送功能，力争实现智能化社区“零发案”。加强基层网格智能化管理。依托“智慧万盛”项目研发设计涵盖区、镇街（部门）、村（社区）、网格的四级网格化服务管理系统，将609部网格化手机终端纳入系统，设置15个基层管理应用模板，实现辖区村社全覆盖。试点打造人脸大数据分析平台。可提供人脸布控、人脸对比、以图搜图及轨迹分析等核心功能，促进社区网格化管理精准化和规范化，进一步提升基层社区智能化防控水平。

**【服务民营经济发展】** 广泛宣传和落实市公安局“服务民营经济30条措施”“新增10条”和万盛经开区公安分局12条便民利企举措。努力构建责任体系，成立由“一把手”任组长的领导小组，制定7项管理制度，将工作任务细分至各警种部门，向社会公布24小时咨询服务、投诉电话，全方位宣传展示工作举措和成效，累计发放各类专题宣传资料1.4万份，民营企业知晓率100%，辖区群众知晓率62%。健全完善防控体系，开展扫黑除恶、强力推进治安整治、专案侦办涉企案件、多元调解涉企纠纷，为民企营造良好生产经营环境。全年接受涉报警、咨询58起，调解处理纠纷36起，侦破涉民企刑事案件3起，抓获犯罪嫌疑人13人，挽回民企经济损失170余万元。打掉2个团伙多次扰乱民营企业生产经营秩序，侵害企业利益的恶势力团伙。优化管理服务职能。建立“二级直联”机制，万盛经开区公安分局领导分片包干，派出所所长直接联系，全面加强警企合作，组织警企恳谈84次，走访企业1144次，上门服务518次，开通绿色通道、提供上门服务、缩短审批时间，全力服务民营企业。

**【服务全域旅游】** 为服务“加快打造万盛全域旅游升级版”工作需要，特别是针对辖区AAAAA级景区黑山谷、龙鳞石海和网红景点奥陶纪主题公园游客接待量急剧攀升现状，按照“全域布局景区景点”规划，加强旅游警察支队和6个大队建设，增添旅游警察警务室16个，整合指挥、治安、交巡、科信等警种组建旅游警务指挥中心，实现“点对点”调度指挥。旅游旺季，每周末常态保持100名警力，重大节假日抽调200余名警力到景区开展旅游服务、秩序维护等工作，接入景区监控视频450个，充分发挥旅游警察指挥中心作用，努力构建安全保障、秩序维护、管理服务、应急处置“四位一体”的新时代旅游警察工作格局。

**【重大案件案例】** 公安部“2018－53”目标毒品案件 2018年12月11日，经1年3个月的侦查，联合四川、云南、湖南等三省警方，成功破获公安部“2018－53”毒品目标案件，抓获犯罪嫌疑人34人，缴获各类毒品23.4千克，打掉一个特大贩毒团伙，并彻底摧毁一条横跨“滇川渝”三地的毒品贩运网络。该案是万盛经开区近年来摧毁贩毒网络和打击犯罪嫌疑人最彻底、综合运用侦查手段最成功的一起缉毒案件。

生产、销售有毒有害食品案 2月开始，张某某伙同其父张某，在网上大肆购买胶囊壳、胶囊瓶、防伪标签、西布曲明、药品灌装设备等物品。雇佣近十名工人，在户籍所在地房屋内和万东镇团结村、江北区的租赁房内，非法制造添加“盐酸西布曲名”的减肥产品，并将制造好的成品，以0.8元/粒、2元/袋（小）左右的价格向重庆、河南、新疆、湖南、福建、广东、山东等地销售。7月30日，万盛经开区公安分局将其查获，打掉其有毒有害食品生产线2条，查获生产设备20台及大量成品、半成品和原料，价值200余万元。

“3·21”系列入室盗窃案　4月5日，通过视频侦查、情报研判、串并案件，分局刑侦支队在重庆市九龙坡区陈家坪附近成功抓获四川自贡籍攀高入室盗窃犯罪嫌疑人钟某某（男、47岁、盗窃前科人员），现场查获赃款10.6万元、名表3块（价值100余万元），缴获绳索、手套、电筒、夹钳等作案工具12件、刀具4把，破获万盛花园“3·21”系列入室盗窃案3件。

“8·16”特大电信诈骗案　7月，万盛经开区分安分局东林派出所在工作中发现，辖区某居民小区出租屋内有大量电脑、手机，多名青年频繁出入，形迹可疑。通过深入摸排，发现系实施电信诈骗违法犯罪窝点，经深挖扩线，摸清一个以公司化管理的新型电信诈骗犯罪团伙和窝点情况。经查，重庆掌尚酷乐网络有限公司为游戏开发公司推广“万剑决”“屠灵记”等网络游戏，并以此获利。10月30日，成功打掉重庆市首例利用网络游戏平台交友实施诈骗的犯罪团伙，捣毁诈骗窝点8个，抓获涉案人员81名，涉案金额568万元。

张某某网络制贩铅弹案　万盛经开区分局民警在工作中发现，犯罪嫌疑人戴某于2017年11月中旬开始，在网上与微信名叫“相亲相爱”的男子联系并通过微信转账方式，先后两次购买5.5毫米口径气枪铅弹2000余发。2018年2月6日，专案组民警在万盛经开区黑山镇将犯罪嫌疑人戴某抓获。2月9日，专案组在辽宁省法库县法库镇晓东街犯罪嫌疑人张某某家中将其抓获，经审查，发现一个特大网络贩枪窝点，自2017年10月份以来，张某某采用网上购买原材料，自己加工的方式大批量生产铅弹，然后通过QQ群和微信联系中间代理商代为联系买家销售铅弹或自己直接联系买家销售，封装铅弹并伪装成电池通过圆通快递销往全国各地，顺线明确犯罪嫌疑人50人，其中45人采取强制措施，缴获火动力枪2支，气枪36支，铅弹1万余颗，铅原料上百斤，涉及全国24个省、市、自治区。该案列为重大网络贩枪（弹）团伙案件，并上报公安部作为公安部部督案件侦办。

（王俊锋）

# 司法行政

**【普法宣传与教育】**　2018年，万盛经开区党工委政法委组织开展各类法治宣传活动65场次，发放宣传资料10万余份，组织开展“千万市民学宪法网络知识竞赛”活动，全区参赛5.8余万人次。强化重点对象普法。到各中小学开展青少年法治讲座24场次，组织200名中小学生，参观区戒毒所、拘留所，进一步增强学生的法治观念和法律意识。完成22名新提任领导干部法治理论知识考试，组织开展2018年度全区法治理论知识考试，90名处级以上领导干部参加现场集中考试，6300余名干部职工参加网上法治理论知识考试，考试合格率100%。不断拓宽法治宣传载体。打造法治公园1个，建设法治长廊1个，利用“万盛普法”“万盛司法”微博等新媒体等开展“今日我当班”等普法微宣传11次，利用《重庆法制报》《万盛日报》、万盛电视台等开展法治宣传30余次。

**【人民调解】**　万盛经开区党工委政法委完成2017年全区人民调解案卷的检评查工作，整改案卷500余件并兑现2017年人民调解案件补贴。2018年新增物业纠纷、建筑行业纠纷等7个行业性专业性调委会。至年末，全区建成调委会120个，其中镇（街道）调委会10个、村（社区）调委会99个、专业性行业性调委会11个，各级调解组织共配备调委会人员488人。全年各级调委会调解纠纷7635件，调解成功7592件，成功率99.4%，涉及案件金额5528万元，排查纠纷408件次，预防纠纷1377件次，无民转刑案件发生。在全区组织开展“金牌人民调解”创建工作，东林街道腰子口社区调委会、万盛街道万北一段调委会调解员廖春容分别获重庆市优秀人民调解委员会和优秀人民调解员。

**【社区矫正和安置帮教】**　2018年，接收社区矫正人员94人，解除社区矫正人员137人，在册社区矫正人员120人，其中假释3人，暂予监外执行2人，缓刑115人。组织开展集中教育462人次、个别谈话教育120人次、心理辅导51人次、社区服务480人次。全年衔接（接收）刑释解教人员304人，其中重点帮教人员38人，处于安置帮教期间的在册刑释解教人员有1480人，其中重点帮教人员394人。刑释解教系统人员信息核实率、回执率均100%，安置率、在册帮教率100%。强化关爱帮扶力度，走访慰问特别困难的社区矫正人员的未成年子女，发放慰问金2000元。

**【法律援助】** "12348"公共法律服务热线、"12348"重庆法网投入使用，方便群众及时就近寻求法律帮助。万盛经开区法律援助中心受理法律援助案件270件，结案72件，为受援人挽回直接经济损失728万余元。开展刑事案件认罪认罚从宽试点工作，办理刑事认罪认罚案件221件，为犯罪嫌疑人、被告人提供法律帮助221人次，依法从轻处罚221人。

**【法律服务】** 2018年，万盛经开区完成区、镇街、村社三级法律服务平台建设，建成500余平方米的区级公共法律服务中心及10个镇街公共法律服务工作站、99个村社区公共法律服务工作室。指导公检法司等单位为民营经济发展献言献策、保驾护航，为全区90个重点项目建设提供法律服务。实施法律顾问全覆盖制度，组织律师、法律工作者为106家企事业单位担任法律顾问，代理各类案件440件。强化执法监督，开展行政权力清理和"双随机一公开"（指在监管过程中随机抽取检查对象，随机选派执法检查人员，抽查情况及查处结果及时向社会公开）工作，提高法律服务质量，全年办理司法鉴定89件、各类公证事项966件，实现业务收费67余万元，接待来访来电公证法律咨询2000余人次，为老年人、残疾人、重危病人上门办理有关继承权、委托等公证16件，减免收费近万元。全年无违法违规执业问题发生。

**【基层司法所建设】** 推进司法所规范化建设，在全区推行司法所"三表五制度七簿册"（"三表"指《提供法律意见建议登记表》《协助政府处理社会矛盾纠纷登记表》《参与社会治安综合治理情况登记表》；"五制度"指会议制度、学习制度、请示报告制度、请销假制度、档案制度；"七簿册"指《矫正帮教典型案例登记册》《纠纷调处典型案例登记册》《法治宣传情况登记册》《来访来电来信登记册》《司法所大事记》《司法所工作影集》《司法所资产登记册》），全区10个司法所均达到规范化建设标准，全区各司法所工作人员3.3人/所，青年司法所获2018年全国优秀司法所称号。全年组织开展司法所业务培训6场次，召开例会4次，各司法所围绕全区司法行政工作和所在镇街中心工作，在法治宣传教育、法律服务、人民调解、矛盾化解、重点人员管控等方面发挥重要作用。

（蓝世其）

## 仲　裁

**【劳动仲裁】** 重庆市万盛经开区劳动人事争议仲裁院为重庆市万盛经开区人力资源和社会保障局管理的正科级财政全额拨款事业单位。2018年，受理各类劳动争议案件370件，涉案金额1298.5万元，法定期限结案率100%，其中终局裁决率67.5%。参加市局举办的仲裁员培训班，提高办案人员综合业务能力，确保办案质量和办案效率。参与企业改制、破产职工安置工作，及时化解社会矛盾，确保社会和谐稳定，并指导基层调解组织有效开展调解工作。

（吴贵玲　封仕清）

# 军 事

## 万盛经开区消防大队

**【概况】** 2018年，万盛经开区消防大队有消防执勤中队4个，即万东中队、南桐中队、关坝中队、黑山谷中队。万盛经开区消防大队有执勤消防车27辆，其中指挥车1辆、宣传车2辆、登高平台车1辆（奔驰底座徐工牌32米登高平台车）、抢险救援车4辆、水罐消防车7辆、泡沫消防车6辆、后勤保障车5辆（其中运兵车1辆、生活保障车4辆）、器材运输车1辆、冲锋舟（艇）1艘、橡皮艇4艘。万盛经开区消防大队主要负责万盛经开区内机关、团体、企事业单位的防火监督、建筑工程消防审核验收、开业前消防检查、消防知识普及、消防业务培训和对所属中队的管理等业务。所属消防中队主要承担辖区内灭火救援、社会救助等任务。

**【消防执勤及灭火救援】** 2018年，万盛经开区消防大队接警出动451次，出动消防车669辆次、警力4082余人次，扑救火灾40起，抢险救援67次，社会救助175次，其他出动169次，抢救遇险群众63人，疏散被困人员470人，参与重大节日和各类活动消防安全保卫任务17余次，完成各项灭火救援和消防安保任务。

**【火灾隐患排查整治】** 2018年，万盛经开区消防安全委员会组织召开季度消防联席会议4次，专项会议8次，分别对春夏火灾防控、冬春火灾防控、农村社区火灾防控等重点工作进行研究部署，督促消防工作贯彻落实。开展《消防安全责任制实施办法》宣贯工作，逐级签订责任书，建立政府主导、部门监管、单位负责的消防安全责任体系。继续深化社会单位消防安全“户籍化”管理，全面提升社会面火灾防控水平。开展春夏消防检查、冬春火灾防控以及“守护生命安全通道”等专项行动，持续推进高层建筑、电气火灾、低端商贸市场、小加工场所连片聚集区等专项治理，紧盯人员密集、易燃易爆、“九小”场所（指小购物场所、小餐饮场所、小住宿场所、小公共娱乐场所、小休闲健身场所、小医疗场所、小教学场所、小生产加工企业、小易燃易爆场所）、老旧住宅等重点对象，开展火灾隐患排查整治，挂牌督办一批重大及区域性火灾隐患。2018年，万盛经开区消防大队检查单位（场所）5182家，督促整改火灾隐患8816处，办理临时查封25起，责令“三停”（指停止施工、停止使用、停产停业）28家，罚款117.37万元。

**【消防宣传教育培训】** 2018年，万盛经开区消防大队开展攻坚组初训、复训、基层指挥员培训、专业技术培训，集中督导指导实战化训练40余次，合成操法训练500余次，检查市政消火栓230个，开展“六熟悉”（指熟悉消防队责任区的交通道路、水源情况；熟悉责任区内重点单位的分类、数量及分布情况；熟悉责任区内主要灾害事故处置的对策及基本程序；熟悉责任区内重点单位建筑物使用及重点部位情况；熟悉重点单位内部的消防设施情况；熟悉重点单位的消防组织及其灭火救援任务分工情况）1万余人次，开展实战演练5000余人次，修订数字化灭火预案88份，组织开展联合实战演练15次，组织开展化工、易燃易爆场所、高层建筑、车辆交通事故处置等专业培训。开展为期一周的专兼职消防民警和社区民警消防大培训。依托“妈妈消防队”等志愿组织，开展群众消防知识教育。分类制定针对性宣传方案。充分运用传统媒体和新兴媒体加强消防宣传，探索建立“互联网+”宣传模式，实施“全民消防我行动”公益计划。在主流媒体开设固定消防宣传专栏，利用“互联网+”开展新媒体宣传，开通消防官方微博和微信，发送各类消防安全提示短信2万余条。组织开展消防安全宣传活动150余次，发放宣传资料12万余份，在各类平台发布宣传信息500余篇，受众10万余人次。

**【装备建设】** 2018年，万盛经开区消防大队有个人防护装备4140件（套），抢险救援器材611件（套），灭火器材756件（套），多功能泡沫灭火剂17吨：4个执勤中队车载泡沫量6吨，库存总量11吨。结合主要灾害事故类型和事故处置特点和现有消防装备实力，2018年累计投入300余万元用于各类消防装备建设，万盛经开区消防装备达到城市消防站建设标准，实现核心区域同时覆盖1台登高车、9台水罐泡沫消防车的建设目标；2018年区财政投入250万元采购消防举高喷射车1辆。区财政逐年为每名消防员、每个执勤消防中队配备先进装备，器材装备总量5507件（套）。

**【部队管理】** 2018年，万盛经开区消防大队开展党委会议15次，中心组集中学习10次，大队部政治学习50次，专题学习讨论13次，撰写心得体会、剖析材料和理论调研文章200余篇，开展各级党团组织书记集中授课11次。强化干队伍伍培养，不断提高干部综合素质。强化警营文化建设，配齐配强红门影院播映设备，结合“不忘初心、逐梦警营”主题创意活动，环环相扣推进军旅合唱比赛、“红色电影周”、微电影创评、书画绘画摄影比赛、精品节目排演等主题活动。强化党风廉政建设，深入开展纠四风和集中警示教育活动，大力整治网络赌博和酒驾问题，杜绝各类违法违纪事件和安全责任事故的发生。推行“零容忍”执法，严格落实建设标准，强化日常工作考评，制定“月+周”消防执法绩效考评计划，倒逼派出所消防民警、消防监督干部执法责任落实，全年未发生一起行政复议和行政诉讼案件。全面深化正规化管理成果，以精细化管理为主线，突出以人为本、科学量化、精益求精的先进理念，全年对辖区政府兼职消防队、义务消防队，电厂专职消防队的执勤、训练、管理进行规范，大队全年未发生1起跑兵、车辆安全和违纪等事故。

（程凡凡）

## 人民防空

**【概况】** 万盛经开区民防办为万盛经开区建设局挂牌机构，有下属事业单位1个，即重庆市万盛经济技术开发区民防指挥信息保障中心。按照有关政策法规，万盛经开区民防办完成易地建设费征收和异地建设任务，加大对在建和已建人防工程的质量安全隐患排查整治。开展人民防空训练及演练，推进人民防空组织指挥、信息保障实战化训练，继续组织参加人民防空指挥通信应急保障综合运用训练组训练。利用市、区、镇三级联通应急应战指挥平台，建立上下联通、左右衔接、反应快速的信息指挥保障体系。2018年，万盛经开区完成1个民防疏散基地建设，新建“两防一体化”（指防空、防灾、一体化建设）市级示范社区2个，市级合格社区5个。继续做好“百日纳凉送爽”民生工程，推进人防工程开发利用，抓好万盛大道子如广场和矿务局机关防空洞人防工程管理，实现平战结合转换，解决子如广场地面人行通行压力。

（杨昉炜）

万盛城区全景

（尹南源　摄）

# 经　济

# 农 业

## 农业综述

**【概况】** 2018年，万盛经开区农林牧渔业总产值14.32亿元，比上年增长3.1%；农林牧渔业增加值9.8亿元，增长2.7%；农林牧渔服务业产值1248万元，增长11.5%；农村常住居民人均可支配收入14458元，增长8.4%。

**【市场供给】** 2018年，万盛经开区农产品供应稳定，蔬菜播种面积5286.67公顷，总产量14.7万吨。存栏羊1.09万只，牛507头，生猪2.64万头，家禽33.55万羽；全年出栏羊1.60万只，生猪6.45万头，家禽78.41万只，牛462头；肉类产量约5000吨，蛋产量约2000吨。

全年粮食生产种植面积1.12万公顷、平均亩产量304.7公斤、总产量5.11万吨。全年水果种植面积1873.8公顷，产量9930吨；茶叶种植面积1066.67公顷，产量727吨。全年水产品产量1670吨，渔业产值4500万元。

**【农村改革】** 2018年，万盛经开区农林局完成农村承包地确权登记颁证阶段性任务。完成全域565.58平方千米的航飞摄影，获取优于1:2000比例尺的数字正射影像图。各级投入1590人参与确权登记入户调查工作，累计完成8个镇、57个行政村、788个村民小组（合并前）的承包地调查测绘外业指界，并通过市级质量检查，完成同农业农村部的数据汇交。调查家庭承包方式的承包方数量3.91万个，调查实测地块面积1.40万公顷，调查实测地块数量41.50万块。完成4个行政村、98个村民小组、1184.4公顷承包地的调查信息公示。解决历史遗留问题235件、因确权引发的矛盾纠纷514件。抓好农村“三变”（指农村资源变资产、资金变股金、农民变股东）改革。坚持示范引领，确定关坝镇凉风村为2018年度市级“三变”改革联系示范点。积极培育承接载体，实行“公司（专业合作社）+村集体+农户”的产业经营模式，投入财政资金170万元，社会资金投入300万元，发展绿色种植、休闲垂钓、乡村旅游等致富产业。试点村集体经济较上年增加10万元，参与改革的农民获得保底收益20万元、分红收益9.3万元、务工收益122万元，人均分红380元。开展农村集体资产清产核资。加强宣传督导，做好政策宣传和业务培训，建立工作联系制度，依法、及时、准确对农村集体的资源性资产、经营性和非经营性资产以及货币资金、债权债务等进行全面的清查登记和核实确认。

**【农村土地流转】** 2018年，万盛经开区农村土地累计流转总面积5148.2公顷，其中以出租（转包）方式流转面积3823.93公顷、转让方式417.53公顷、互换方式11.47公顷、股份合作方式328.67公顷、其他形式566.6公顷；流转入农户面积2363.27公顷、专业合作社面积398公顷、企业1314.87公顷、其他主体1072.07公顷；涉及农户数1.20万户，签订土地流转合同8097份。

（曾忠全）

**【基础保障】** 2018年，万盛经开区农林局实施2017年度农业综合开发项目6个，包括土地治理项目2个、产业化补助项目3个、市级专项资金扶持产业项目1个，总投资2500万元，其中财政资金1995万元，企业主自筹及老百姓投劳折资505万元。2017年度万盛经开区实施农业综合开发南桐镇生态综合治理项目和黑山镇生态综合治理项目2个，涉及黑山天星、南桐民权等6村、5265户、农民6867人。项目总投资1658万元，实施生态治理面积946.67公顷，修建各类生产便道4.12万米、路带沟8298.7米、排灌沟渠3676.6米、蓄水池20口、机耕道6366.3米，安装管道3448米；管护蓄水池3口、引水渠263米、生产便道227.2米、引水管道80米，购买并栽种经济类苗木柑橘4万株、防风观赏类苗木红枫、桂花、香樟等11841株；示范推广福鼎大白茶6.67公顷、优质无花果6.67公顷、技术培训460人次。通过项目实施，项目区内形成渠相通路相连、旱能灌涝能排的基本格局，做到围绕产业夯基础、配套产业促发展。

**【产业扶贫项目】** 2017年度重庆市扶贫办批复万盛经开区产业扶持项目3个，分别为九锅箐农林综合开发有限责任公司100吨名优绿茶加工改扩建项目、翠信茶业有限公司80吨滴翠剑名名优绿茶加工改建项目和定青茶业公司70吨定青名优绿茶加工改扩建项目。3个项目总投资807万元，其中财政资金400万元，业主自筹407万元，建成茶叶全自动化加工生产线2条，茶叶加工设备50台（套），新建茶叶加工厂房、仓库及包装间700平方米，实施股权化改革资金100万元，预计可实现年度分红2.5万元，项目实施通过季节性用工、提供工作岗位等带动建卡贫困户22户，实现户均工资增收5000元以上。

**【专项资金项目】** 重庆市农综办下达万盛经开区专项资金项目1个，即丰芝瑞农业发展有限公司猕猴桃水肥一体化项目，总投资35万元，建成猕猴桃水肥一体化面积4.67公顷，安装引水管道2203米、滴管管带2.25万米，建设蓄水池200立方米、泵房25平方米。通过项目实施可年节约用工700个，节约用水、用肥50%以上。项目实施后改变以前大水漫灌和天旱无法灌溉的局面，提高猕猴桃坐果率85%以上，实现亩产值超万元。

（周　龙）

**【农村科技】** 2018年，万盛经开区农林局申请市级基农技推广体系建设与改革项目资金126万元，落实资金114万元。新建设农业科技示范基地1个，补助上年新建设的科技示范基地2个，组织9名专家、102名技术人员和450名农业科技示范主体形成“专家+技术人员+农业科技示范主体+农业科技示范基地”的农技推广模式。年度推广农业品种22项，推广实用技术23项，加强农技人员的管理，使农业新品种、新技术尽快地推广到村入户。开展科技三下乡活动，组织专家、技术人员到村入户从事新品种新技术的推广，开展农技培训工作，全年开展职业农民培训、专项技能培训等各类培训农民不低于3000人次。

（崔玉英）

## 美丽乡村建设

**【概况】** 2018年，万盛经开区有全国“中国乡村旅游创客示范基地”1个，全国休闲农业与乡村旅游示范县1个，全国农村一、二、三产业融合发展先导区1个，全国农村创业创新典型县范例1个，全国一村一品示范村镇3个，全国农村创业创新优秀带头人1人，全国农业劳动模范1人，市级休闲农业与乡村旅游示范点4个，农业部“美丽乡村”创建试点乡村1个，市级“美丽乡村”示范村8个。提档升级板辽湖、五和梨园、青山湖国家湿地公园、青年金福洞农村体验园等乡村旅游景点30个，推荐精品线路8条。开发旅游农产品25个，新开旅游农产品2个。

（刘　杰）

**【农村环境整治】** 农村垃圾治理。实行“户收集、村集中、镇转运、区处理”模式，采取市场化运作和村民自治相结合，实现保洁作业全覆盖。配备农村保洁员482人，转运人员46人，培育市场化公司11个。配备入户垃圾桶3万个，室外垃圾桶9018个、垃圾箱856个、垃圾转运车32辆，建成镇级垃圾中转站13座，沤粪池10座。开展垃圾分类，设置固定、流动垃圾回收点32个。农村生活垃圾治理覆盖率100%。农村

"厕所革命"。将农村改厕与乡村旅游相结合，建旅游厕所321座，其中AAA级旅游厕所35座。全年，全区累计完成改厕2.5万余户，农村卫生厕所覆盖率77%。农村生活污水治理。加强青山湖国家湿地公园、板辽湖等乡村旅游景区、农家乐和农户生活污水的集中治理。将全区12条河流、16个饮用水源地、4个重点湖泊农村水环境治理纳入河（库）长制管理。建成镇级污水处理站11座、村级污水处理站120余座，完善集镇二、三级管网27.5千米，新建农村小型污水设施131套，农村生活污水收集率75.85%，受益农户8万人以上。集镇生活污水处理率80%。废弃物资源化利用。完成138家20头以上生猪当量畜禽养殖场污染治理配套设施整改，关闭养殖场9家，规模养殖场粪污处理设施装配率80%；秸秆综合利用率82%。大力推广清洁能源，全区57个村天然气村村通。村容村貌提升工程。全面推进村庄美化、亮化、净化、绿化、通畅工程。实施农村危房改造1.43万户，创建整洁庭院200个，创建绿色示范村庄13个，建成美丽宜居村庄6个，建成改善农村人居环境市级示范片1个，市级特色小镇1个，创建亮化村庄8个，四旁绿化植树50万株。建设"四好农村路"195.2千米。村民素质提升，开展"农村卫生家庭"创建活动，开展农户房前屋后卫生评比活动并进行公示，激发村民的内生动力。提升改造50个村级综合性文化服务中心，建成村级全民健身点126个，采取"道德讲堂""梦想课堂""坝坝讲坛"等形式，改变农村不良生活习惯。健全完善工作机制。强化督促考核。将农村人居环境整治纳入考核，引导发动群众、新闻媒体等参与监督。区财政每年每镇安排700万元，用于农村环境整治和镇域清扫保洁。大力发展现代农业、乡村旅游，集中打造凉风—板辽片区田园综合体；在丛林镇创建"蘑菇小镇"，实现农村美与农民富的有机统一。开展"五沿"（指沿高铁沿线、沿高速公路两旁、沿旅游景区周边、沿江两岸、沿城郊环线）区域农村人居环境整治。

（王斌越）

【乡村旅游发展】 2018年，万盛乡村旅游接待631万人次，总收入34.7亿元。各类乡村旅游经营主体635家。全年接待区内外各类政府考察学习团260余批次，开展乡村旅游大型节会活动51场。

（刘 杰）

## 种 植 业

【粮油生产】 2018年，万盛经开区粮食生产种植面积1.12万公顷、平均亩产量304.7千克、总产量5.11万吨，粮食种植面积比上年减少43.76公顷，降低0.39%，单产水平提高1.9千克/亩、增长0.63%，总产量增产120.97吨、增长0.24%。其中小春粮食1613.13公顷、总产量0.47万吨、平均亩产193.3千克；大春粮食9560公顷、总产量4.64万吨、平均亩产323.5千克。油菜、花生等油料作物完成种植面积646.66公顷，总产量0.13万吨，平均亩产134千克。

（方永生）

【蔬菜生产】 2018年，万盛经开区蔬菜播植面积5286.67公顷，总产量14.70万吨，全年蔬菜项目资金投入95万元，完成万东镇五合扶贫蔬菜项目；青年镇、丛林镇两个优质蔬菜生产基地的基础设施改造建设，稳定"菜园子"，保证"菜篮子"。

（杜全能）

【水果生产】 2018年，管护猕猴桃400公顷，蜜柚533.33公顷，重点在青年、丛林等实施，以抓好特色果品标准化、规模化生产为重点，优化品种结构，主攻单产、提高品质、提高效益。水果面积1873.8公顷，水果产量9930吨，完成目标任务。

（曾 辉）

【食用菌生产】 2018年，万盛经开区专业合作社、种植大户等食用菌生产1000万包，鲜菇产量突破1万吨。食用菌工厂化生产实现年产鲜菇（金针菇）1.2万吨，年产值约1.2亿元，解决就业约400人。1000万棒专业化菌棒厂实现生产海鲜菇菌棒220万棒。

（杜全能）

**【茶叶生产】** 以稳定面积，提高产量，增加效益为总目标。重点抓好茶叶标准化示范基地建设，面积133.33公顷，主要在青年、南桐、石林、关坝等实施。推广名优茶清洁化加工制作技术；培育龙头、打造品牌等，全面提高全区茶叶产业整体效益。茶叶面积1066.67公顷，产量727吨，产值8000万元，完成低产茶园改造133余公顷。

（曾　辉）

**【农作物病虫害防治】** 2018年，万盛经开区农作物病虫害属中等偏重至大发生年份。其中水稻稻飞虱、稻纵卷叶螟等迁飞性害虫为偏重至大发生年份，蚜虫、红蜘蛛、螟虫、蓟马等本地区常发性病虫为中等偏重发生年份，纹枯病、霜霉病等病害属中等发生年份。万盛经开区植保植检站组织技术人员先后3次对8个镇的粮食生产农户、加工企业、农贸市场，集中开展粮食仓储害虫入户调查抽样工作，抽取稻谷、玉米、黄豆、大米、绿豆、饭豆、玉米粉等粮食样品81个，抽样样品及时寄送西南大学植物保护学院进行检测；适时开展田间病虫发生情况调查，发布《病虫情报》12期，对农作物病虫发生进行预测预报，提出防治时期，推荐多个药剂配方，提示选药施药注意事项；在农作物病虫害防控的关键时段，技术人员进村入户，深入田间地头，开展病虫防控技术培训、指导，病虫防治效果良好。根据2018全区植保专业统计数据显示，全年农作物病虫草鼠害发生4.01万公顷次，防治3.74万公顷次，防治率93.35%，挽回产量损失1.53万吨，其中挽回粮油作物产量损失9120吨，经济作物产量损失6140吨；水稻、玉米、蔬菜、果树、茶叶等5种主要农作物绿色防控面积1.05万公顷，覆盖率28.91%，比上年增长1.13%；水稻、玉米、小麦等3种农作物专业化统防统治面积6960公顷，覆盖率35.2%，增长3.3%；农药利用率39%，增长1%；全区农药使用量142吨，增长1.39%，完成年度农药减量使用行动工作目标。

**【植物检疫】** 2018年，万盛经开区植保植检站查验农业植物调运检疫证书56份，发出调运检疫要求书17份，签发植物调运检疫证书1份，复检柑橘种苗、草皮等植物2次、4万株、1000平方米，提早工作介入，劝阻制止区内一农业企业从红火蚁疫区调运忙果等热带水果种苗的要求，从源头上把好农业植物疫情的入侵关口。全年查处无植物检疫证书的违法行为2例，现场没收、销毁柑橘等种苗278株，价值约1500元，罚款处理1000元。先后组织召开全区红火蚁疫情监测防控工作联席会和红火蚁疫情监测普查与防控技术培训会，发放宣传资料2733份，10月31日，应急药剂处置溱州公园发生的红火蚁疫情，投放专用毒饵剂30千克。开展柑橘大实蝇疫情绿色防控。2018年，全区柑橘大实蝇防控面积1500亩次，使用柑橘大实蝇新式球型诱捕器3.09万个、糖酒醋液615千克、黏虫板1.25万张，捡拾、销毁虫蛀果24.95吨，约占柑橘年产量的1.3%，其中塑料口袋密封处理蛆果15.15吨，占60.7%，消灭大量的柑橘大实蝇越冬虫源，为来年开展防治减轻压力，实现把柑橘大实蝇的总体危害程度控制在3%以下的工作目标。开展稻水象甲、柑橘溃疡病等农业植物疫情监测工作。在关坝镇林地村石板山社水稻种植区，设立稻水象甲疫情区级监测诱集点，在南桐镇民权村茶垭社设立柑橘溃疡病监测点，在万东、关坝、金桥、丛林4镇、5村、5社进行实蝇监测布点13个，通过监测、普查，尚未发现疑似稻水象甲、柑橛溃疡病农业植物疫情。

（方永生）

**【重庆华绿生物有限公司】** 重庆华绿生物有限公司成立于2016年11月，是江苏华绿生物科技股份有限公司全资子公司，注册资金7000万元，位于丛林镇绿水村，公司致力于食用菌工厂化栽培，采用先进的食用菌生产线和优良菌种，开展校企合作，引进高端研发人员，实行标准化、规模化、机械化、自动化、周年化的生产，属于现代高效农业企业。重庆华绿生物有限公司投产建设的年产5万吨食用菌工厂化生产项目位于丛林镇绿水村，占地15.6公顷，计划投资4.2亿元（人民币）。项目于2017年10月启动建设，2018年5月投入试生产，是年12月实现满负荷生产，日产优质金针菇约160吨，实现年产值3亿元以上，带动周边500余人就业。

（罗亚玲）

# 林　业

【概况】　2018 年，万盛经开区林地面积 3.43 万公顷，其中森林面积 3.11 万公顷，森林蓄积 190 万立方米，森林覆盖率 55%；年度完成植树造林 3400 公顷，年度实有封山育林面积 2767 公顷；林业总产值 12.79 亿元，其中第一产业产值 2.61 亿元，第二产业产值 0.80 亿元，第三产业产值 9.38 亿元，森林旅游业、笋竹产业是全区林业主导产业。

（陈　敏）

【林业资源管理】　2018 年，办理各种林地占用手续 27 宗，占用林地总面积 73.26 公顷，征收植被恢复费 1427.52 万元。其中，完成 12 宗工程征地永久占用林地手续的审批工作，占用林地面积 47.19 公顷，征收植被恢复费 906.44 万元；办理临时占用林地手续 12 宗，占用林地面积 23.53 公顷，征收植被恢复费 521.07 万元；办理直接为林业生产服务设施的项目占用林地手续 3 宗，占用林地面积 2.54 公顷；办理农村居民修建自用住房林地占用手续 34 宗，占用林地 3660 平方米。加强林权纠纷调处工作，全年解决林权纠纷 1 件，涉及林地面积 19.06 公顷。办理林权抵押 5 宗，抵押面积 260.4 公顷，抵押金额 3350 万元。按规定办理林木采伐、运输许可，全年办理林材采伐证 276 宗，采伐面积 195.22 公顷，蓄积消耗 4474.36 立方米，出材 2508.91 立方米；办理木竹材运输许可证 109 宗，运输原木 97.5 立方米、规格材 549 立方米、木轴 1500 件、苗木 17.82 万株。2018 年万盛经开区的公益林区划落界，区划落界国家级公益林 5488.4 公顷、地方公益林 7912.8 公顷。严格森林督查。按照国家和市林业局的安排，开展 2017 年度森林督查工作。全区森林督查图斑 193 个，前后两期影像时间分别为：20160818—20171022，20161002—20171022，20161004—20171022。组织包括森林公安、资源科、国有林场、乡镇林业站等 10 余个部门，共计 28 人，自 2018 年 6 月 8 日至 7 月 30 日，历时 53 天，完成现地核查、外业作业等自查工作，并提交森林督查县级自查工作报告。

（罗万里）

【植树造林】　2018 年，完成植树造林 3400 公顷。其中新一轮退耕还林工程造林 1333.33 公顷，疏林地及未成林地培育 266.67 公顷，宜林荒山及无立木林地造林 333.33 公顷，农村“四旁”（指路旁、沟旁、渠旁、宅旁）植树 133.33 公顷，农田林网及特色经济林改造 1333.33 公顷。

（陈　敏）

【天然林保护】　深入林区开展巡山护林，严厉打击盗伐滥伐、非法占用林地、违法运输木材等违法行为。区农林局组织民警深入林区、农户，对辖区内重点林区和部位进行巡查，开展“山情、林情、社情”调查，掌握林区社会动态，检查运输竹木车辆 310 余车次；检查木材经营加工企业 60 余家，非煤矿山企业及在林区农家乐 30 家。办理林业行政案件 31 起，其中擅自改变林地用途案件 21 起；滥伐林木案件 4 起；野外非法用火案件 2 起；非法收购明知是盗伐滥伐林木案件 1 起；无证运输木材案件 3 起，处理违法人员 31 人/单位，行政罚款 74 万余元。办理刑事案件 6 起，立案 5 起，结案 1 起。其中立滥伐林木刑事案件 2 起；立非法收购刑事案件 1 起；立违法占用农用地案件 1 起；立盗伐案件 1 起，办理向某某滥伐林木结案一起。规范区内木材经营加工，开展林业植物检疫、森林病虫害防治等工作，确保林区生态安全。为规范木材经营、加工、运输各环节顺畅合法，每月组织民警对全区范围内各镇木材经营加工企业、建筑和煤矿等企业使用、加工及运输木材情况进行检查。加强护林防火宣传。通过印制森林防火宣传单，在景区内的休息、娱乐、餐饮等区域悬挂森林防火宣传横幅，向进入林区人员发放森林防火宣传资料全年发放各类宣传资料 2000 余份，受教育群众 1000 余人，全年办理野外非法用火案件 3 起。2018 年，通过开展绿剑行动、春雷行动、禁种铲毒、自然地保护行动、排解林区矛盾隐患等各类专项行动，确保万盛经开区生态资源安全和林区社会治安稳定。

（刘丽莎）

【国有林场】 2018年，管护国有森林资源1233.33公顷和万盛城周森林屏障266.67公顷。签订森林管护和森林防火责任书46份，发放森林防火宣传单1000余份，更换、订挂宣传标语、警示标牌60余幅（块），出动宣传车200余辆次，重点地域、重点时段巡山护林、蹲点守卡400人次。国有林和城周森林屏障砍出杂草、清理防火道长9000米、宽10米，参与区防火办组织的各乡镇森林防火演练3次。进行松材线虫病除治工作，清理枯死、风吹、冰雪灾松树500余株，订挂松墨天牛诱捕器60个，完成松墨天牛回收5次。完成2017年长坝沟管护站庭院绿化及基础设施建设初次验收。对朱家大坪管护站饮水设施进行维修。实施2018年国土绿化提升行动实施项目宜林荒山荒地造林14公顷，森林抚育4.67公顷，疏林地及未成林地补植封育15公顷，森林抚育46.67公顷，特别灌木林培育3.33公顷。2014年度农综项目林业生态项目完成审计并报区审计局备案。国有林场改革工作全面完成，通过国有林场改革市级验收，结果为优。

（胡昌平）

【森林防火】 2018年，各级森林防火值班室严格执行24小时值班和领导带班制度，加强火情调度，及时核查和反馈卫星监测热点情况，森林火灾发生频率大幅降低。全年排查单位370余个，高温伏旱期间局领导带队夜巡6次，设立森林防火临时检查站52处，开展无人机空中巡护60余次，查处违规野外用火12次，罚款400元，并要求受罚人义务宣传森林防火。全年万盛经开区未发生森林火灾。

（肖 柯）

【林业产业】 2018年，万盛经开区林业总产值12.79亿元，比上年增长20.0%，实现净增值2亿元以上，形成森林生态旅游、区域特色林业、林产品加工三大产业链。形成黑山森林公园、九锅箐森林公园、龙鳞石海景区、奥陶纪主题公园、青山湖湿地公园等五家生态旅游目的地，经营规模6059公顷，年产值9.3亿元，其中林业休闲与康养产值4.6亿元；形成高海拔地区方竹、猕猴桃与低海拔地区花椒、琯溪蜜柚等区域特色经济林4866.67公顷，年产竹笋4111吨、产值1845万元，猕猴桃年产800吨、产值1700万元，花椒年产量750吨、产值800万元，666.67公顷琯溪蜜柚逐步进入初产期。

（陈 敏）

【林业有害生物防治】 加强以护林员、天保管护员为主要力量的基层测报队伍建设，做到对2.83万公顷森林监测全覆盖。万盛经开区管委会与8个镇签订2018年度松材线虫病防控目标任务责任书，明确各镇防控主体责任和防控目标任务。发布2018年林业有害生物预测预报，开展2018年春秋两季专项普查。完成2017年度松材线虫病疫情小班除治面积2.65公顷，清理除治疫情小班周边松林面积136公顷，清理除治全区各类其他已知原因枯死松树8000余株。开展松墨天牛APF－I型诱剂及诱捕器防治工作，挂设诱捕器230套，诱杀松墨天牛2.81万个，防治松林面积766.67公顷。实施松墨天牛飞防两轮12架次，防治面积600公顷。2018年，全区新发生松材线虫病41.99公顷，涉及万东镇、金桥镇2个镇6个村9个社10个小班及区国有林场2个工区2个林班2个松林小班，其中万东镇新发生面积26.43公顷，金桥镇新发生面积5.99公顷，区国有林场发生面积9.57公顷，未发生其他森林病虫害。开展松材线虫病免疫剂注干防控技术试点应用，取得良好成效。编制《2018年度松材线虫病防控实施方案》，确定以“疫木清理为核心、以疫木源头管理为根本”的防治思路。成立万盛经开区重大林业有害生物防控指挥部，负责统筹协调全区重大林业有害生物防控工作。

（邓永红）

【野生动物管理】 2018年，陆生野生动物驯养繁殖许可证办理（换证与新办）7个，其中野猪野鸡豪猪3个、孔雀1个、虎纹蛙黑斑蛙1个、竹鼠2个；办理陆生野生动物经营许可证（换证与新办）8个，其中野猪野鸡豪猪3个、孔雀2个、虎纹蛙黑斑蛙1个、竹鼠2个，开展野生动物驯养繁殖、经营安全检查19次；利用“爱鸟周”开展打击破坏野生动植物违法行为的专项整治和林业法律法规宣传活动，全区有9个镇街领导参与活动，举办科普知识讲座7次，举办科普展览5次，制作、摆放宣传展板8块，在8个中小学校开设爱鸟、护鸟的科普课8次，发放宣传材料1.35万余份，悬挂宣传横幅14幅，有10个村居张贴爱鸟周标语33条，与森林防火宣传相结合出动大小宣传车240余车次；全年放生野生动物7只，其中，果子狸2只，夜鹭1只、獾1只、猫头鹰2只、苍鹰1只；做好野生动物疫源疫病监测工作，特别是“非洲猪瘟等野生动物疫源疫病监测防控情况”的监测和每日的“0”上报。全年，未发现有陆生野生动物不明死亡与疫源疫病的发生。

（罗万里）

## 畜 牧 业

**【概况】** 2018年，全区存栏羊1.09万只，牛507头，生猪2.64万头，家禽33.55万羽；全年出栏羊1.60万只，生猪6.45万头，家禽78.41万羽，牛462头；肉类产量约5000吨，蛋产量约2000吨。在特色畜禽养殖方面，扶持土鸡、肉兔、孔雀、肉鸽等特色养殖发展，畜牧生产全年保持稳定发展。

**【生猪养殖】** 2018年，全区生猪养殖保持平稳发展，养殖场标准化改造、畜禽养殖场污染治理等各项扶持政策得到落实；规模养殖场“一场一档”工作全面完成，常年存栏200头以上生猪养殖场27家。2018年8月，我国发生非洲猪瘟，万盛经开区根据国家和市及党工委、区管委会的工作要求，按照确保不发生非洲猪瘟疫情，确保市场猪肉正常供应，确保全区社会稳定的工作目标，迅速响应、严密部署、积极应对，全区上下严防死守、联防联控，全力防范非洲猪瘟传入，防控工作取得阶段性成效。

**【家禽养殖】** 2018年，进一步完善家禽养殖场养殖档案建设，完成蛋鸡养殖场13家、肉鸡养殖场14家养殖信息的收集，常年存栏6000羽的规模养鸡场8家，存栏1万羽以上的规模养鸡场3家。

**【动物疫病防控监测】** 2018年，消毒畜禽圈舍10万间次，消毒面100%；免疫猪瘟4.3万头次，猪口蹄疫4.3万头次，牛口蹄疫1471头，羊口蹄疫1.2万只，高致病性禽流感36.11万只次，H7N9流感36.11万只次，免疫密度均为100%。免疫抗体监测坚持春秋集中监测和日常监测同步推进，全年监测动物血清样品11700余份次，其中H5高致病性禽流感1905份、H7N9流感1905份，口蹄疫2080份、新城疫320份、猪瘟1484份，小反刍兽疫747份，牛羊布鲁氏菌病筛查3310份，免疫抗体监测合格率均达到农业部规定标准。

**【畜禽养殖污染治理】** 2018年，完成11家畜禽养殖户污染治理工作，治理工程内容主要有新建沉淀池、干粪棚，铺设排污管网等，完成0.29万头生猪当量治理，治理生猪当量超过目标任务0.09万头，累计投入资金73.35万元。全年全区畜禽粪污产生总量10.77万吨，资源化利用量7.74万吨，畜禽粪污综合利用率71.84%，规模养殖场粪污处理设施装备配套率81.48%，大型规模养殖场粪污处理设施装备配套率100%，完成2018年畜禽粪污综合利用率、规模养殖场、大型规模养殖场粪污处理设施装备配套率分别达70%、80%、95%以上的目标任务。

**【动物卫生监督执法】** 加强生猪流通监管和产地检疫和屠宰检疫，严厉打击违法调运、私屠滥宰、屠宰病死猪等违法行为。全年各类执法出动执法人员300余人次，出动车辆100余次。全年未发生区域性重大动物疫情、畜产品安全事件及生产安全事故。

（元 艳）

## 渔 业

**【概况】** 2018年，万盛经开区各种水域养殖面积243公顷，其中池塘养殖面积176.33公顷（包括山坪塘），水库生态放养水域面积66.67公顷。

全年水产品产量1670吨，渔业产值4500万元。主要养殖品种为草鱼、鲫鱼、鲢鱼、鳙鱼、鲤鱼、罗非鱼，小龙虾。渔业规模化养殖示范户25个，特色渔业养殖基地10个，全区适度规模养殖户40户。重点引进推广鱼菜共生技术、微孔增氧2项新技术，引进推广厚颌鲂、中华倒刺鲃、湘云鲫、黄金鲫、黄腊丁等名特优新品种550万尾，全区名优水产品养殖覆盖面90%以上，水产养殖技术推广覆盖面100%。

**【特色水产养殖】** 重庆多普泰制药股份有限公司在南桐镇金龙村流转土地约3公顷，建立水蛭养殖及繁育基地，2018年，完成2个水蛭品种养殖核心技术研发，获得水蛭养殖相关专利5个，发表论文3篇。重庆多普泰制药股份有限公司实现“养殖+生产+销售”一、二、三产业整合发展，全年水蛭产量50吨，外购水蛭21吨。水蛭生物医药产业年产值将达9亿元，其中一产业水蛭养殖产值约0.5亿元，二产业生产产值达4亿元，三产业销售产值4.5亿元。水蛭产业带动760余人就业（其中一产业养殖带动60人就业，二产业生产带动200人就业，三产业销售带动500人就业。渔业生产以发展实施生态渔业、休闲渔业、观光渔业为重点。集生态、休闲垂钓、观光、餐饮、避暑为一体的凉风生态渔村、板辽湖垂钓等约47公顷休闲渔业基地建成投用。全区形成一定规模的休闲渔业基地10个，年接待游客30万人次，休闲渔业产值2200余万元。

（毛学明）

## 农业产业化

**【概况】** 2018年，万盛经开区有农业产业化龙头企业40个，其中市级龙头企业8个，区级龙头企业32个，主要分布在种植业、养殖业、农产品加工业等，其中以茶叶种植、水果种植、生猪养殖、农副产品加工居多。2018年市级龙头企业销售收入4亿元，自有基地800公顷，带动农户1.36万户，区级龙头企业销售收入5.15亿元，自有基地1933.33公顷，带动农户4353户。市级农业园区4个，分别为万盛经开区丛林现代农业示范园区、万盛经开区黑山现代农业示范园区、万盛经开区青年现代农业示范园区、万盛经开区青山湖现代农业示范园区。

（胡　越）

**【农民专业合作社】** 2018年，全区新增登记注册农民专业合作社8个，累计发展农民专业合作社和联合社210个，入社农户3.44万户。按从事行业划分，其中种植业108个、林业22个、畜牧业53个、渔业11个、服务业16个；按牵头人身份划分，其中农民牵头组建190个、企业组建8个、基层农技服务体系组建1个、其他方式组建11个；按经营内容划分，其中产加销一体化服务174个、生产服务为主的32个、购买服务为主的1个、其他方式为主的3个；按是否采取土地股份合作划分，其中非土地股份合作社203个、土地股份合作社7个。年销售农产品300万元以下的202个，占比96.2%；300万元~500万元的5个，占比2.4%、500万元以上的3个，占比1.4%。全年开展培训200期，培训成员数2.93万人次，实施标准化农林业生产8个，拥有注册商标16个，创办加工实体合作社10个。实现盈余747万元，比上年增长6.4%，按交易量返还成员总额618万元，实现按股分红资金88万元。全年获财政扶持资金专业合作社11个，涉及资金245万元。

（曾忠全）

**【农产品品牌建设】** 2018，全区有效期内“三品一标”（指无公害农产品、绿色食品、有机农产品和农产品地理标志）农产品产地认证11个，农产品产品认证17个；认定面积978.53公顷，产量4.28万吨。有效期内的农业品牌33个，其中农业系统20个（“三品一标”农产品17个、重庆名牌农产品3个）。工商系统13件（农产品驰名商标4件、培育农产品地理标志商标8件、培育文化系统非物质文化遗产1件）。2018年新增农业品牌12个，其中“三品一标”认证农产品新增10个，重庆名牌农产品新增2个，即重庆弥园农业开发有限公司的“好巴适猕猴桃”，重庆丰芝瑞农业发展有限公司“甜蜜蜜猕猴桃”。

（杜全能）

【农业园区建设】　2018年，万盛经开区有市级农业园区4个，分别为万盛经开区丛林现代农业示范园区、万盛经开区黑山现代农业示范园区、万盛经开区青年现代农业示范园区、万盛经开区青山湖现代农业示范园区。园区总投资8亿元，占地318.15平方千米，分布在丛林镇、黑山镇、青年镇、关坝镇、金桥镇。入住80余家中小型企业，主要种养殖猕猴桃、茶叶、食用菌、生态鱼、优质蔬菜等农副产品。

（胡　越）

## 农业机械化

【农业科技项目】　2018年，万盛经开区实施“丰收计划”项目4个，两新项目8个，全年引进新品种4个，试验推广新技术5项。

（崔玉英）

【农业机械化水平】　2018年，万盛经开区推广微耕机新增155台，自走履带式谷物联合收割机（全喂入）3台。使用补贴金额14.2万元，带动农民和农业生产经营组织投入41.29万元，未发生违纪违法案件；累计推广各类补贴农机6500台（套），享受财政补贴的各型农业机械（不含拖拉机、联合收割机）备案登记率100%。全年推广机耕面积866.67公顷（含复种），机收面积2800公顷，主要农作物耕种收综合机械化水平45%。

（周会斌）

## 农业生态

【农业生态建设】　2018年，万盛经开区投入资金561.3万元，建成村社便道41.18千米，涉及6个镇17个村，受益人口6838人。新发展“三品一标”农产品10个，名牌农产品2个。主要农作物化肥、农药实现减量增效，推广测土配方施肥技术1.73万公顷，覆盖率89.4%，水稻、玉米、小麦等3种农作物专业化统防统治面积10.44万亩，覆盖率35.2%；秸秆综合利用率82.5%，废旧农膜回收利用率40%；畜禽粪污综合利用率71.84%，规模养殖场粪污处理设施装备配套率81.48%。

（李小华）

## 农村扶贫开发

【概况】　2018年，万盛经开区扶贫办围绕贫困户解决“两不愁、三保障、一达标”（指不愁吃、不愁穿，保障其义务教育、基本医疗和住房，农村建档立卡贫困户家庭年人均可支配收入稳定超过当年全国扶贫标准）要求，投入财政专项扶贫资金1242万元，行业部门资金1.5亿元，持续巩固提升贫困村和贫困户基础设施、产业发展和社会保障。全年完成贫困人口脱贫35户97人，贫困发生率下降到0.08%，返贫0户0人，返贫率0%。7个贫困村贫困发生率0.17%，低于国家现行标准。

【扶贫政策】　2018年，万盛经开区贫困村道路硬化率100%，畅通率100%，客运通达率100%。建成脱贫村供水站7个，饮用水水质达标率100%，贫困户自来水入户率100%。改造贫困户C、D级危房94户。开展旅游扶贫，板辽金沙滩、凉风梦乡村、五和梨园等乡村旅游景区景点接待游客544万人次，实现旅游综合收入29.9亿元；累计发展民宿105家、农家乐573户、微企461户，提供就业岗位600余个。贫困村100%建成标准化卫生室，配备乡村医生13名，贫困村公共服务中心标准化率100%。全区贫困人口医保参保率100%，符合条件的贫困户养老保险参保率100%。建立健康扶贫医疗基金，实施先诊疗后付费、一站式结算等医疗保障政策措施，贫困群众住院自付比例9.7%，门诊重特大疾病自付比例11.96%。资助贫困学生3264人次。培训贫困劳动力982人，累计帮助2329名贫困劳动力实现转移就业或创业，贫困劳动力就业创业率达86.67%。931名贫困人员纳入低保兜底，走访慰问贫困户6458人，发放慰问金166.95万元。

【扶贫工作队】　2018年，万盛经开区出台《关于加强贫困村驻村工作队选派管理工作的实施意见》，成立驻村工作领导小组，加强因村选人组队，精准选派34人到7个贫困村驻村帮扶。建立第一书记、驻村工作队员管理制度。每季度召开驻村工作队队长工作会议，及时了解工作进展、交流工作经验、协调解决困难问题。干部驻村期间与原单位工作脱钩，党员组织关系转接到所驻贫困村。严格落实召回制度，调整更换7名驻村工作队队员。出台《万盛经开区贫困村驻村工作队职责》，明确工作队具体职责任务，工作队每期驻村时间不少于2年，严格执行下村签到、扶贫日志、在岗抽查等制度，每个月（自然日）有2/3以上时间吃在村、住在村、干在村，确保全身心专职驻村帮扶。

（犹广勇）

# 水　利

## 综　述

**【概况】**　2018年，重庆市万盛经济技术开发区水务局（万盛经开区水务局）有内设科室4个，即办公室、规划建设科、水文水资源科（挂区节约用水办公室）、安全监督管理科；有下属事业单位7个，即万盛经开区水务行政执法大队、万盛经开区水务工程管理站（挂区水务工程建设质量监督管理站）、万盛经开区防汛抗旱办公室（挂河道管理站）、万盛经开区供排水管理站（挂区水质监测中心站）、万盛经开区水土保持站、万盛经开区移民工作办公室、万盛经开区水库管理所；有在职人员35人，其中公务员7人、参公人员6人，事业单位人员22人（事业工勤人员1人）。

**【水利工程基础设施现状】**　2018年，万盛经开区有水利蓄水工程1073座（处），其中中型水库2座、小（一）型水库5座、小（二）型水库11座、塘坝264处、窖池829处，蓄水容积4417.11万立方米，年供水能力6329.05万立方米、灌溉面积2920公顷。泵站114处、年供水能力5599万立方米、灌溉面积127公顷。机电井990眼、年供水能力124.35万立方米。小（二）型水电站17座、装机容量1.10万千瓦，农村供水工程317处，覆盖城镇、农村、景区人口30.63万人（农村供水人口9.53万人）。

**2018年万盛经开区水库基本情况表**

| 名称 | 规模 | 坝型 | 坝高（米） | 坝长（米） | 集水面积（平方千米） | 总库容（万立方米） | 灌溉面积（公顷） | 工程所在乡镇 |
|---|---|---|---|---|---|---|---|---|
| 汤家沟 | 中型 | 重力坝 | 49.60 | 116.80 | 22.00 | 1120 | 870 | 丛林 |
| 青山湖 | 中型 | 混凝土石重力坝 | 29 | 185.45 | 40.30 | 1205 | 1346.67 | 金桥 |
| 银碗槽 | 小（一）型 | 面板堆石坝 | 44.50 | 120 | 5.20 | 182 | 80 | 关坝 |
| 板　辽 | 小（一）型 | 混凝土重力坝 | 45.85 | 126 | 10.40 | 959 | 270 | 青年 |
| 毛　里 | 小（一）型 | 均质土坝 | 22.09 | 84.60 | 2.35 | 128 | 210 | 青年 |
| 大　槽 | 小（一）型 | 均质土坝 | 27.58 | 106 | 1.75 | 103 | 310 | 青年 |
| 金蝶湖 | 小（一）型 | 均质土坝 | 21.90 | 120 | 2.45 | 161 | 650 | 金桥 |
| 大　堰 | 小（二）型 | 均质土坝 | 12.54 | 45.00 | 0.25 | 14.00 | 90 | 金桥 |
| 丰岩沟 | 小（二）型 | 均质土坝 | 10.60 | 60.00 | 2.03 | 22.00 | 90 | 金桥 |
| 大炉井 | 小（二）型 | 均质土坝 | 9.80 | 61.20 | 0.43 | 15.00 | 90 | 金桥 |
| 河　堝 | 小（二）型 | 均质土坝 | 15.48 | 70.00 | 0.75 | 43.00 | 100 | 金桥 |

续表

| 名称 | 规模 | 坝型 | 坝高（米） | 坝长（米） | 集水面积（平方千米） | 总库容（万立方米） | 灌溉面积（公顷） | 工程所在乡镇 |
|---|---|---|---|---|---|---|---|---|
| 河　坝 | 小（二）型 | 均质土坝 | 19.00 | 98.30 | 0.99 | 21.00 | 30 | 关坝 |
| 中　心 | 小（二）型 | 均质土坝 | 22.00 | 94.50 | 1.50 | 14.00 | 60 | 关坝 |
| 双龙井 | 小（二）型 | 均质土坝 | 20.00 | 84.00 | 1.10 | 23.00 | 70 | 关坝 |
| 石弯角 | 小（二）型 | 均质土坝 | 14.00 | 53.00 | 0.37 | 17.00 | 50 | 关坝 |
| 仙桃湾 | 小（二）型 | 均质土坝 | 13.14 | 39.00 | – | 11.57 | 10.67 | 金桥 |
| 金　星 | 小（二）型 | 均质土坝 | 13.41 | 75.00 | 1.50 | 10.50 | 46.67 | 关坝 |
| 羊喝坪 | 小（二）型 | 混凝土重力坝 | 42.70 | 88.74 | 7.75 | 59.20 | – | 黑山 |

**【重点水利工程建设】**　2018年，万盛经开区水务局主要完成鲤鱼河引水工程建设任务，启动建设孝子河刘家河段综合治理工程，续建关坝镇凉风水库和金佛山水利工程汤家沟分干渠工程。

鲤鱼河引水工程　位于石林镇、青年镇境内，以工业供水为主、兼顾农业灌溉、农村饮水等。鲤鱼河引水工程水库设计总库容30.40万立方米，正常蓄水位657.00米，正常库容26.80万立方米。预计每年向板辽水库供水1499.10万立方米。工程由坝枢挡水建筑物、引水建筑物及其他附属设施等组成。坝体采用混凝土重力坝，最大坝高20.00米，设计引水流量2.5立方米/秒。引水建筑物包括引水隧洞1座，总长9306米。工程总投资2.41亿元，工程建成后可有效保障神华集团2×66万千瓦电厂、焦化项目等重大工业项目的供水需求。工程于2013年12月25日开工建设，2016年12月鲤鱼河拦河大坝封顶，2017年6月隧洞主洞9306米全线贯通，2018年12月底全面完工，累计完成投资约2.41亿元。

金佛山水利工程汤家沟分干渠工程　位于丛林镇和南川区南平镇境内。金佛山水库是以灌溉、供水为主，兼顾发电等综合利用的水利工程，坝址以上控制集雨面积180.8平方千米，水库总库容1.01亿立方米。金佛山水库万盛境内渠系配套工程汤家沟分干渠由万盛经开区水务开发建设集团有限公司代建，汤家沟分干渠从南平干渠大湾沟隧洞进口半岗分水，罗家田隧洞北向南引水至袁家沟，渠末位于汤家沟水库上部。汤家沟分干渠由1座隧洞形成，全长2.98千米，设计流量0.89立方米/秒，渠首设计水位729.66米，渠末设计水位728.26米。工程总投资1078.5万元。工程于2016年5月3日开工建设，截至2018年12月隧洞全线贯通，累计完成投资937万元。

凉风水库　位于关坝镇凉风村，水库所在流域为綦江河二级支流溱溪河。水库坝址距万盛城区约32千米，距重庆市区约123千米，凉风水库工程是一座以防洪为主的小（二）型水库工程。枢纽工程主要由大坝和放水设施组成，坝址控制集雨面积11.09平方千米，总库容为85.00万立方米。大坝为混凝土重力坝，坝顶高程为590.5米，坝顶宽6米，最大坝高47.5米，坝轴线长为116.5米。工程为Ⅴ等小（2）型工程，水库枢纽工程拦河坝按5级设计，泄洪建筑物为5级。设计洪水标准为30年一遇，校核洪水位标准为200年一遇，消能防冲洪水标准为20年一遇。工程自2017年11月28日开工以来，累计完成投资约6000万元，占总投资76.87%；2018年12月底，完成大坝土石方开挖工程量约5.84万立方米，完成混凝土约3.76万立方米，完成3号、4号、5号、6号坝段固结灌浆，累计灌浆进尺约900米。

孝子河刘家河段综合治理工程　位于石林镇和南桐镇境内，工程建设任务为生态治理、防洪护岸、水土保持以及美化环境等综合任务，该工程于2018年5月获万盛经开区水务局、财政局初设批复。批复工程建设内容：工程河道疏浚总长8333米；新建护岸总长5425.20米，其中左岸新建护岸2668.10米，右岸新建护岸长2757.10米；新建下河梯道17处；修复加固已建挡墙淘蚀基础210.54米；修复加固沿河已建污水管道冲虚基础312米，工程总投资2694.7万元。工程累计下达资金2058万元，全部为中央资金；累计完成投资1500万元，占总投资55.7%；实际支付资金97.97万元。该工程于2018年11月启动，年末，完成堤防护岸1.5千米，累计完成投资800万元。

**【民生水利实事】** *农田水利设施建设项目* 完成投资约583.7万元，高效节水灌溉面积333.33公顷，其中管灌面积298公顷、滴灌面积4公顷、喷灌面积31.33公顷。2018年水利工程设施维修养护项目，完成投资约195.75万元，年末，完成汤家沟西干渠2处排水设施整治工作以及双龙井水库、大堰水库、大炉井水库、丰岩沟水库渠道的新建和整治工作，完成毛里水库、大槽水库、金桥水库、丰岩沟水库等4个水库大坝安全监测系统安装。

*农村安全饮水安全巩固提升工程* 涉及青山湖片区供水工程、重庆市万盛经开区板辽湖供水工程两个项目。青山湖片区供水工程完成批复建设内容为新建4000立方米/天水厂，新建输水管道6.461千米，新建配水管网10.3千米，新建提水泵房及300立方米中转水池一座，新建道班垭口隧洞0.24千米，完成金额1998.31万元。板辽湖片区供水工程完成批复建设内容为新建2000立方米/天水厂，新建输水管0.70千米，新建配水管道5.93千米，完成金额1298.24万元。2018年农村饮水安全巩固提升工程累计解决4.28万人饮水，完成总投资3296.37万元。

*移民后扶项目* 2018年，万盛经开区有后期扶持移民人口指标2115人，其中能核实到人188人（含新增的2014年度青山湖水库二期工程搬迁安置农村直补移民102人），分布在丛林、金桥、万东、南桐、关坝5个镇的16个村34个社。按照每人每年600元的标准，全年直补及摊薄资金126.9万元，其中直补资金11.28万元，摊薄资金115.62万元。建成丛林镇白龙湖及金桥镇青山湖美丽家园工程，累计投资830.88万元。

**【水生态环境保护】** 2018年，依托万盛经开区农林局退耕还林、国土绿化提升工程、农业综合开发等项目完成水土流失治理面积22.79平方千米，投入水土流失治理资金4578万元。其中依托区农林局退耕还林项目及国土绿化提升行动完成水土流失治理面积13.33平方千米，主要措施为栽植水土保持林1200公顷，经济果树林133公顷；依托农业综合开发项目完成水土流失治理面积9.46平方千米，主要措施为修建各类生产便道4.12万米、路带沟8298.7米、排灌沟渠3676.6米、蓄水池20口、机耕道6366.3米，安装管道3448米；栽植柑橘4万株，香樟、桂花、红枫等1841株。

**【水资源开发与利用】** 2018年，万盛经开区水资源总量3.6亿立方米，总用水量7575万立方米，其中城镇居民用水1478万立方米，农村居民用水178万立方米，农田灌溉764万立方米，牲渔畜334万立方米，工业4023万立方米，城镇公共653万立方米，生态与环境145万立方米。万元国内生产总值用水量59立方米，万元工业增加值用水量71立方米，灌溉水利用系数0.52。

**【水质】** 2018年，万盛经开区重要江河湖泊水功能区水质达标率98.6%，城市饮用水源地水质达标率100%。

**【水行政管理 】** 2018年，万盛经开区水务局严格按照依法治水，依法管水的原则，开展水政执法、水行政许可、收费工作。录入延续自来水公司的取水许可证。按照水资源费征收标准，按季征收水资源费，全年征收水资源费187.41万元。

**【供水】** 2018年，万盛经开区供水覆盖人口30.69万人，总供水量1508.7万立方米。其中城镇自来水厂供水覆盖人口21.5万人，供水量1124.9万立方米；农村供水工程覆盖人口9.19万人，供水量383.8万立方米。农村集中式供水工程入户率100%，集中供水率88.2%。农村自来水普及率93.7%。

**【水利防灾减灾】** 万盛经开区水务局构建区、镇、村（居）民小组防汛安全网络，落实防汛行政、技术及管护责任人1704人，签订责任书11份；坚持汛期24小时值班制度，发布水情、雨情预警信息1万余条次。修订完善汛期调度及防汛预案4个，储备价值200万元的防汛物资，开展全区性防汛抢险暨山洪灾害防御应急演练1次。加大灾后水利工程损毁修复力度，安排特大防汛抗旱补助资金165万元，修复各镇水毁水利工程，年末，全部完工投用。全年快速有效应对强降雨天气4次，保障群众生命财产安全。

**【“河长制”】** 2018年，万盛经开区全面升级河长体系，严格落实“双河长制”，推行河库警长，设立区级河长12人，落实区级责任单位28个、分级分段河长165人、河库警长59人，实现“一河一长”全覆盖。完成全区集雨面积10平方千米以上河道名录登记及调查评价工作；完成全区“一河（库）一策”“一河一档”，梳理全区12条河流5大类73项问题，完成投资3.75亿元，落实措施46项。建立“一长一签”，协助区级河长巡河巡库25次，召开总河长会议2次，三级河长通过“河长制”管理信息系统巡河巡库1564次，总任务完成率超过100%。各责任部门着力开展河道“清四乱”（指乱占、乱采、乱堆、乱建）、固体废弃物清理、打击非法彩砂、“清河1号”、水污染防治、打击非法捕捞等专项行动，查处非法捕捞和涉水环境违法案件7件，河库生态环境持续好转。

**【农村小水电】** 2018年，万盛经开区有地方小（二）型水电站17座。其中有5座（汤家沟坝后电站、成星水电站、和平水电站、赖巴桥电站、新田水力发电站）水电站停运，12座水电站正常运行。全区17座水电站中利用水库水发电2座，利用溪河发电15座。全年完成发电1603.56万千瓦时，发（售）电收入490.18万元，上缴税金18.1万元，固定资产7711万元。

（张　丽）

# 工　业

## 综　述

**【概况】**　2018年，万盛经开区工业总产值191.84亿元，比上年增长14.3%；增加值62.85亿元，增长6.3%，占全区GDP比重44.6%。其中规模以上工业企业104家，总产值185.31亿元，增长14.7%；工业销售收入169.7亿元，增长7.0%；利税总额37亿元，增长15.3%；年均从业人员23432人，增长8.1%。

2018年万盛经开区完成工业投资28.3亿元，比上年增长31.3%，占全区固定资产投资33.9%。其中竞争性工业项目完成投资23亿元，占81.3%；政府投入基础设施项目完成投资5.3亿元，占18.7%。

**2018年万盛经开区规模工业企业基本情况表**

| 年份 | 企业数（家） | 年均从业人员（万人） | 增加值（亿元） | 总产值（亿元） | 销售收入（亿元） | 出口交货值（亿元） | 利润总额（亿元） | 上缴税金（亿元） |
|---|---|---|---|---|---|---|---|---|
| 2018年（2000万元以上） | 104 | 2.34 | 60.64 | 185.3 | 169.7 | 2.52 | 21.4 | 15.6 |
| 2017年（2000万元以上） | 104 | 2.17 | 53.74 | 161.5 | 158.5 | 1.00 | 14.0 | 16.5 |
| 比2017年增减（%） | 0 | 8.1 | 10.6 | 14.7 | 7.0 | 50.1 | 37.3 | -5.4 |

**2018年万盛经开区规模工业企业主要产品产量表**

| 产品名称 | 单位 | 2018年 | 2017年 | 比2017年增长（%） |
|---|---|---|---|---|
| 发电量 | 亿千瓦时 | 19.05 | 20.43 | -6.7 |
| 原煤 | 万吨 | 271.69 | 383.70 | -29.2 |
| 水泥 | 万吨 | 260.85 | 185.22 | 40.8 |
| 平板玻璃 | 万重量箱 | 678.29 | 565.24 | 20.2 |
| 钢化玻璃 | 万平方米 | 610.00 | 663.63 | -8.1 |
| 夹层玻璃 | 万平方米 | 332.18 | 391.81 | -15.2 |
| 中空玻璃 | 万平方米 | 206.10 | 173.48 | 18.8 |
| 甲醇 | 万吨 | 41.72 | 36.77 | 13.4 |
| 无缝钢管 | 万吨 | 5.30 | 4.77 | 11.0 |
| 中成药 | 吨 | 178 | 151 | 18.4 |

续表

| 产品名称 | 单位 | 2018 年 | 2017 年 | 比 2017 年增长（%） |
|---|---|---|---|---|
| 自来水 | 吨 | 1893 | 1979 | -4.3 |
| 商品混凝土 | 万吨 | 91.18 | 75.91 | 20.1 |

（李　广　犹岳斌　李攀峰　朱飞洋）

## 煤炭工业

【概况】　2018 年年初，万盛经开区有煤矿企业 6 家，均为煤与瓦斯突出矿井。其中地方乡镇煤矿 2 家，设计生产能力 36 万吨/年；市属国有煤矿 4 家，设计生产能力 270 万吨/年。全年关闭市属国有煤矿 1 家，淘汰落后产能 45 万吨/年，2018 年，全区有煤矿企业 5 家，设计生产能力 261 万吨/年。

【煤炭开采】　2018 年，全区煤矿企业因受产业政策和自身因素影响，全年生产原煤 139.5 万吨。

【区属煤炭企业】　2018 年年末，全区有在册煤矿企业有 5 家，即重庆市平翔煤电（集团）有限责任公司、重庆青华龙叫煤业（集团）有限公司、重庆能投渝新能源有限公司南桐煤矿、重庆能投渝新能源有限公司红岩煤矿、重庆能投渝新能源有限公司东林煤矿。

（闫兴庄）

## 电力工业

【概况】　2018 年，万盛经开区有电力工业企业有 7 家（火电 2 家，水电 5 家，风电 1 家）。其中规模以上电力工业企业 2 家，实现总产值 8.6 亿元，比上年增长 26.9%；销售收入 7.5 亿元，增长 10.9%；利润总额 0.15 亿元；上缴税金 1.5 亿元，增长 13.6%。

【万盛南天门风电场项目】　该项目是 2012 年市政府重点项目、“千亿装机”重点工程和 2012 年区十大重点民生工程，于 2011 年 12 月 29 日通过市发改委（渝发改能〔2011〕1888 号）核准，总投资 4.4 亿元，占地 1.22 公顷，设计安装 23 台 2 兆瓦风机装机规模。2016 年 3 月，全面完成 16 台风力发电机调试和并网发电。2018 年，万盛南天门风电场项目实现工业总产值 4453 万元。

【国电重庆恒泰发电有限公司】　2018 年，国电重庆恒泰发电有限公司发电 19 亿千瓦时，比上年增长 16.5%；国电重庆恒泰发电有限公司工业总产值 8.1 亿元，盈利 147 万元；入库税金 1.2 亿元，增长 31.2%。

**2018 年万盛经开区规模以上电力工业企业基本情况表**

| 行业名称 | 企业家数（家） | 总产值（亿元） | 销售收入（亿元） | 利润总额（亿元） | 上缴税金（亿元） |
|---|---|---|---|---|---|
| 火力发电 | 1 | 8.13 | 7.05 | 0.01 | 1.25 |

（李　广　犹岳斌　李攀峰　朱飞洋　娄金梅）

## 化学工业

【概况】　2018 年，万盛经开区有规模以上化工工业企业 5 家，总产值 18.3 亿元，比上年增长 52.3%；销售收入 1.1 亿元，增长 27%；利润总额 2.4 亿元，增长 64.8%；上缴税金 0.96 亿元，降低 8.9%。

【煤炭化工】　2018 年，全区有煤炭化工企业 1 家，即重庆万盛煤化有限责任公司。万盛煤化公司年设计产能 31 万吨甲醇，2018 年生产甲醇 41.7 万吨，工业总产值 12.3 亿元，比上年增长 37.6%。

**【化工项目】** 川东化工搬迁清洁生产及废水综合治理项目 位于万盛煤电化产业园区，计划总投资6亿元，建设以煤为原料和燃料，磷酸盐和甲酸盐循环经济产业链为基础，以电子及食用化学品为重点和先导的精细化学品生产基地。项目于2016年1月开工，2018年年末竣工投产。

6万吨/年碳酸二甲酯项目 位于万盛煤电化产业园区，计划总投资3亿元，建设6万吨/年碳酸二甲酯生产装置。项目于2017年12月开工，2018年完成项目公司重庆东能新材料有限公司工商注册、项目备案，安评、环评取得批复，CO配电室等工程建设。

**2018年万盛经开区规模以上化工工业企业基本情况表**

| 行业名称 | 企业家数（家） | 总产值（亿元） | 营业收入（亿元） | 利润总额（亿元） | 上缴税金（亿元） |
|---|---|---|---|---|---|
| 化工 | 5 | 18.26 | 15.10 | 2.39 | 0.96 |

（李 广 犹岳斌 李攀峰 朱飞洋 娄金梅）

## 材料与建材工业

**【概况】** 2018年，万盛经开区有材料与建材工业企业（规模以上）有42家，工业总产值87亿元，比上年增长30.9%；销售收入79.6亿元，增长22.1%；利润总额12.5亿元，增长30%；上缴税金7亿元，增长8.2%。

**【玻璃产业】** 2018年，万盛经开区有玻璃及玻璃深加工企业3家，即平板玻璃生产企业——重庆万盛浮法玻璃有限公司、汽车玻璃加工企业——福耀玻璃（重庆）配件有限公司、建筑工程玻璃加工企业——重庆耀皮工程玻璃有限公司。全年3家企业完成工业总产值28亿元，比上年增长42.5%；销售收入20.8亿元，增长12.2%；利润5.5亿元，增长7.9%；上缴税金1.7亿元，降低12%。

**【耀皮工程玻璃项目】** 上海耀皮玻璃投资建设建筑节能玻璃深加工项目计划总投资15亿元，占地25.47公顷，计划建设生产离线镀膜中空、在线镀膜中空等安全建筑节能玻璃等高品质玻璃深加工项目，形成年产500万平方米建筑节能玻璃生产能力。2018年公司实现产值3.2亿元，比上年增长47.8%。

**【铁锚玻璃项目】** 位于万盛平山工业园区，计划总投资4.5亿元，建设生产厂房及办公、宿舍等配套设施7万平方米，建设10条汽车玻璃钢化、夹层生产线，2条天窗总成生产线，形成年产150万套成套汽车玻璃及天窗总成的生产能力。项目于2017年9月开工，2018年完成部分厂房的建设和装修的工程。

**【高科幕墙玻璃项目】** 位于万盛平山工业园区，计划总投资1.5亿元，新建生产厂房、办公及宿舍等配套设施3万平方米，建设5条铝合金、7条塑钢、3条集成门窗、2条中空玻璃生产线及4条幕墙门窗生产线，形成年产130万平方米玻璃幕墙门窗生产能力。项目于2017年10月开工，2018年完成一期厂房建设。

**【水泥产业】** 万盛经开区有水泥及水泥制品企业5家，其中水泥生产企业1家，设计产能220万吨/年；混凝土生产企业4家，设计产能约160万立方米/年。2018年完成工业总产值12.1亿元，增长32.6%；销售收入12.1亿元，增长32.6%；利润2.1亿元，增长118%；税金1.1亿元，增长40%。

**2018年万盛经开区规模以上材料与建材工业基本情况表**

| 行业名称 | 企业家数（家） | 工业总产值（亿元） | 销售收入（亿元） | 利润总额（亿元） | 入库税金（亿元） |
|---|---|---|---|---|---|
| 材料工业 | 42 | 87.01 | 79.67 | 12.46 | 7.05 |

续表

| 行业名称 | 企业家数（家） | 工业总产值（亿元） | 销售收入（亿元） | 利润总额（亿元） | 入库税金（亿元） |
|---|---|---|---|---|---|
| 其中：玻璃产业 | 3 | 28.05 | 20.85 | 5.46 | 1.72 |
| 水泥产业 | 5 | 12.14 | 12.14 | 1.35 | 2.07 |

（李　广　犹岳斌　李攀峰　朱飞洋）

## 医　药　工　业

**【概况】**　2018 年，万盛经开区有规模以上医药工业企业 5 家，总产值 12.2 亿元，比上年增长 12.7%；销售收入 10.5 亿元，增长 5.8%；利润总额 1.4 亿元，增长 21.1%；上缴税金 0.98 亿元，降低 27.8%。

**【多普泰现代中药扩能项目】**　位于万盛平山工业园区鱼田堡片区，总投资 1000 万元，进行制剂车间升级改造，新建中药智能化生产线一条，建设信息化系统 2 个，形成胶囊（脉血康 9.5 亿粒、乌贝 0.2 亿粒、愈风宁心 0.2 亿粒、灵芝 0.1 亿粒等）10 亿粒/年、片剂（肠溶片）1 亿片/年、茶剂（山楂降压袋泡茶）600 万袋/年、丸剂（肝络欣丸）600 万袋/年的产能。项目于 2018 年 1 月开工，工期 18 个月，至年末，建设完成 1 个信息化系统和部分生产线。

**2018 年万盛经开区规模以上医药工业基本情况表**

| 行业名称 | 企业家数（家） | 总产值（亿元） | 营业收入（亿元） | 利润总额（亿元） | 上缴税金（亿元） |
|---|---|---|---|---|---|
| 医药工业 | 5 | 12.23 | 10.47 | 1.36 | 0.98 |

（李　广　犹岳斌）

## 食　品　工　业

**【概况】**　2018 年，万盛经开区有农副食品加工规模以上企业 12 家，工业总产值 14.8 亿元，比上年增长 5.8%；销售收入 14.4 亿元，增长 4.4%；利润总额 1.5 亿元，降低 0.9%；上缴税金 1.7 亿元，增长 9.7%。

**2018 年万盛经开区规模以上农副食品加工工业基本情况表**

| 行业名称 | 企业家数（家） | 总产值（亿元） | 营业收入（亿元） | 利润总额（亿元） | 上缴税金（亿元） |
|---|---|---|---|---|---|
| 农副食品加工工业 | 12 | 14.83 | 14.38 | 1.49 | 1.70 |

（李　广　犹岳斌）

## 机械及配件加工工业

**【概况】**　2018 年，万盛经开区有机械及配件加工规模以上企业有 20 家，工业总产值 10.79 亿元，比上年降低 50.1%；销售收入 10.79 亿元，降低 49.8%；利润 0.90 亿元，降低 48.1%；上缴税金 0.99 亿元，降低 24.1%。

**2018 年万盛经开区规模以上机械及配件加工工业基本情况表**

| 行业名称 | 企业家数（家） | 总产值（亿元） | 营业收入（亿元） | 利润总额（亿元） | 上缴税金（亿元） |
|---|---|---|---|---|---|
| 装备制造业 | 20 | 10.79 | 10.79 | 0.90 | 0.99 |

（李　广　犹岳斌）

## 电　子　工　业

**【概况】**　2018 年，万盛经开区有规模以上电子工业企业 8 家，工业总产值 11.91 亿元，比上年增长 163.4%；销售收入 10.61 亿元，增长

134.5%；利润1.30亿元，增长155%；上缴税金0.91亿元，增长163.3%。

**【珠海光宇电池项目】** 位于万盛平山产业园区，项目总投资40亿元，总占地面积约23公顷，新建厂房及配套设施共计30万平方米，形成年产3C消费类锂电池约2.2亿只、年产动力锂电池4.4GWH、日封装（PACK）80万只锂电池的产能规模。项目于2018年7月开工，年末，厂房改建及装修工程基本完成，部分设备进场安装并试运行。

**2018年万盛经开区规模以上电子工业基本情况表**

| 行业名称 | 企业家数（家） | 总产值（亿元） | 营业收入（亿元） | 利润总额（亿元） | 上缴税金（亿元） |
|---|---|---|---|---|---|
| 电子工业 | 8 | 11.92 | 10.61 | 1.30 | 0.91 |

（李　广　犹岳斌）

# 交 通 邮 电

## 交 通

**【概况】** 2018年，国省道调整后，万盛经开区公路总里程1250.39千米（含高速），按行政等级分：国道46.02千米，省道133.30千米，县道65.86千米，乡道167.27千米，村道816.64千米；按技术等级分：高速公路21.3千米，二级路92.68千米，三级路170.38千米，四级路891.08千米，等外路74.95千米。公路桥梁98座。交通局列养公路235.3千米。路网密度按国土面积计算221千米/百平方千米；按辖区人口计算为46千米/万人。行政村客车通达率100%，行政村通公交率100%；2018年，完成公交客运量2965万人次，比上年增长3.4%，公交旅客周转量46254万人千米，增长12.8%。全年完成道路运输客运量604万人，比上年降低0.5%，旅客周转量2.66亿人千米，降低5.2%；货运量9097万吨，增长12.8%，货物周转量97.29亿吨千米，增长8.2%。

**【交通基础设施建设】** 2018年，全区交通重点建设项目37个，建设总里程约388千米，项目总投资约68.18亿元（不含前期类项目），年度总投资约9亿元。其中重大前期类3个（万盛—正安高速公路、万盛—贵州羊蹬高速、万盛—关坝铁路）；政府性投资项目26个（G353丛林—万盛道路、G353金鹅洞—川祖庙道路、关坝－银碗槽—田坝道路、丛林互通—黑山八角公路工程、2018年“四好农村路”等）；其他重点项目1个（渝黔高速公路扩能项目）；其他前期类项目7个（万盛石林景区北门—庙坝公路、永利豪庭—鱼子岗隧道、G353国道万盛—石桥、G353石桥—关坝、S207温塘—轮子坡、青年—石角、江南机场—南川石莲）。开工类项目28个（渝黔扩能高速公路、丛黑公路等），其中续建6个，新建22个。

渝黔高速公路扩能项目　全长100.4千米，枢纽互通4个，一般互通7个，分离式立体交叉34处。万盛境内约30千米，总投资35亿元。全年完成投资1亿元。

丛林互通至黑山八角公路工程　采用二级公路标准进行建设，设计车速40千米/小时，路基宽度12米，双向两车道，采用沥青混凝土路面。2014年7月开工建设，2018年9月基本完工，项目总投资约7.64亿元。

丛黑公路施工现场

（区交通局　供）

茶树—奥陶纪公路　项目全长约7千米，路基宽度7.5米，路面为沥青混凝土，总投资约3500万元，2016年9月开工建设，2018年12月完工。

公路绿化通道提质改造项目　主要对万盛高速路口、丛林高速路口、丛黑路三个地方的进行绿化改造，2018 年 9 月开工建设，2018 年 12 月完工，项目总投资 2000 万元。

**【“四好农村路”建设】**　万盛实施农村公路建设 1049.77 千米，行政村通公交率 100%，路面铺装率 96.7%。持续推进农村路乡道委托处罚工作，形成县道区管、乡村道镇管、村道村级组织协管的三级农村公路路政管理体系，实现农村公路管理全覆盖。在重庆市率先实施全域公交“一元一票制”和半小时免费换乘，镇街公交覆盖率、客车通达率、行政村通客率均为 100%。城乡客运一体化发展水平达到 AAAAA 级。开展市级、国家级“四好农村路”示范区县创建工作，交通运输部等国家五部委、全国各省市公路系统、市人大、市政协先后到区调研，国家级、市级等媒体宣传报道 200 余次，长寿、大足等 10 余个区县先后到区考察学习。代表市政府承办重庆市“四好农村路”建设现场推进会。1 月，成功创建市级“四好农村路”示范区；9 月，成功创建全国“四好农村路”示范县。

腰子口至黑山南门农村公路

（区交通局　供）

**【客运】**　2018 年，万盛经开区新增公交线路 8 条；优化调整公交线路 4 条。至年末，全区开通公交线路 50 条，运行公交车 188 辆，行政村通公交率 100%；投入 25 辆七座商务车开通万盛至主城南坪客运精品线。逐步将城区运行的 79 辆公交车经营期限到期后更换为新能源纯电动公交车，更换 101、102、108、408、331、332 线路 32 辆公交车；建设完成公交站棚 76 个、公交站牌 509 个，安装车载电视 145 套、车载 WiFi128 套、公交车智能调度系统终端 150 套、智能公交站牌 122（城区 92、城区外 30）个、公共汽车计数系统、90 套和车载执法系统 1 套；为保障市民骑行，投入 5.6 万元对 33 个公共自行车站点的 300 余辆车购买车辆保险，推行手机扫码租车，为市民提供方便。

**【货物运输】**　2018 年，万盛经开区新增货运企业 30 家、个体业户 32 户，新增车辆 6378 余辆，货运车辆 4.7 万余辆。加强货运车辆技术管理和企业报送备案材料的审查，办理车辆等级评定 3.23 万件次；办理车辆过户 2517 辆（转入、转出）；注销营运柴油货车 348 辆。

**【公路运输管理】**　2018 年，万盛经开区组织从业资格考试 36 期 763 人；查实伪造、注销、吊销从业资格证 71 个、换证 316 个，开展继续教育 335 人，执业备案从业人员 3233 人；督促企业狠抓培训质量，启用机动车驾驶员培训监管系统，杜绝培训学时造假，2018 年开展初学驾驶员培训 12 期，2301 人；督促企业与教练员签订廉洁教学承诺书，杜绝吃拿卡要的现象发生，打造风清气正的驾培行业。加强维修行业监督管理。开展非法改装和维保造假自纠自查，全面排查二级维护档案，与 36 家维修企业签订“不制假不造假不非法改装”承诺书；督促汽车检测机构贯彻落实道路运输货运车辆“两检合一”政策。开展 27852 学时安全知识再教育培训，培训安全托管的企业 248 家，2321 位驾驶员，排查安全隐患 6098 条并全部整改；开展总质量 12 吨以上重型货车（半挂牵引车）GPS 集中监控，累计处置 63 万余起车辆超速、驾驶员疲劳驾驶等报警隐患，加强日常培训与宣传教育；开展“安全生产月”“安全生产渝州行”等宣传活动，悬挂宣传横幅 50 余条，发放宣传资料 1.2 万余份；开展安全人员考核 48 次 1125 人，集中培训企业法人和安全管理人员 1300 余人。开展货运行业综合整治，依法注销未落实安全主体责任的企业 135 家，2018

年入库税收7400余万元，比上年增长25.4%。创建文明公交线3条，文明公交车19辆，保持“雷锋的士”命名车21辆，创建“雷锋的士”13辆，组织开展“雷锋的士”爱心送考活动，免费送考287人。加强从业人员教育培训，全年累计收到各类失物50余件，收到表扬信3封。

【交通执法】 2018年，万盛经开区交通局开展源头治超24次，走访企业24次。路警紧密协作开展货运车辆引导检测和处罚，在治超工作中推进各项工作规范、有序进行，确保货运车辆超限率控制在3%以内。全年投入执法车辆1157辆次，出动执法人员3953人次，检测车辆2.86万辆次，移交超限车辆124辆次，强制卸载货物2454.94吨，自行卸载260.73吨，交巡警罚款2.26万元，扣分342分。联合运管、交巡警开展交通领域违法行为专项整治，检查货运车辆109台辆次，查处非法改装车辆89辆次，现场整改车辆6辆次，自行在限期内整改车辆12辆次，移交给运政处理车辆67辆次，移交给交巡警处理4辆次。出动巡查车辆1140辆次、巡查人员2328余人次，巡查里程9.71千米，清理非公路标志289块，清理堆积物124处、398平方米，查处各类路政案件77件，收取罚款和赔补偿费用14.01万元，案件结案率100%。继续深化乡村公路路政管理业务指导工作，累计到各镇开展指导95次，全区办理乡村公路路政案件9件，收取罚款和赔补偿费用1.7万余元。运输市场整治。按照“勤务计划”对辖区内道路运输市场实施监管。通过流动巡查、定点检查，定期或不定期等方式检查和整治道路运输市场的违章违法行为。查处各类违章。督查客运车辆的车容车貌、服务质量，查处不按规定线路停靠、车容不整、“强打组合”等违法行为。采取广泛宣传、重点监控、蹲点守候、严管重罚等措施，与公安建立整治非法营运长效机制，加大非法营运整治力度。全年查处各类违章行为319件，查扣各类非法营运车辆29辆，协助公安机关抓获“羊儿客”17人。开展行业扫黑除恶专项行动。摸排行业黑恶势力线索，排查出涉嫌经营“黑车”人员22人、车辆95辆，喊客、定线发班、打组合出租汽车从业人员80余人，货运企业非法收车4家。

【公路养护与管理】 2018年，万盛经开区交通局清理疏通边沟4200千米，疏通涵洞341个，修复水毁挡墙6处、276.5立方米，修复破损路肩、边沟7352米，修复涵洞11座，实施路面灌缝5.17万延米，挖补路面病害6.88万平方米；冬季，清除积雪323万余平方米，动用融雪物资80余吨；汛期，清理坍方8210立方米；各类灾害抢险投入机械车辆322辆次，参加抢险人员4252人次。对S207线K177+560—K180+800实施微表处预防性养护，共3.11万平方米；开展公路沿线环境综合整治，清捡白色垃圾560吨、清理露肩堆积物2550立方米、平整路肩1.87万平方米、清理建筑垃圾920立方米，打造景观钢筋混凝土防护栏12处；加强绿化植物管护，开展新撒播草花抗旱管理6次，行道树杀虫1次，修剪行道树510棵，砍伐枯死行道树470棵，出动机械、车辆32辆次，参加作业人员160人次。

**2018年万盛经开区公共交通线路一览表**

| 序号 | 线路代号 | 起始地点 | 运营时间（发车频次） |
|---|---|---|---|
| 1 | 101 | 49中新校区—49中新校区 | 06:30－22:00（6－20分钟/班） |
| 2 | 102 | 49中新校区—49中新校区 | 06:30－22:00（6－20分钟/班） |
| 3 | 103 | 建行—红岩 | 06:30－21:30（15－30分钟/班） |
| 4 | 104 | 车管所—车管所 | 06:30－21:00（15－20分钟/班） |
| 5 | 105 | 文化馆—腰子口 | 06:00－22:00（6－10分钟/班） |
| 6 | 106 | 万盛汽车站—黑山谷北门 | 06:00－17:40（30分钟/班） |
| 7 | 107 | 建行—陈家沟 | 07:20－18:10（90－100分钟/班） |

续表一

| 序号 | 线路代号 | 起始地点 | 发车时间 |
|---|---|---|---|
| 8 | 108 | 文化馆—东城大道—腰子口 | 06:30－21:30（10－15 分钟/ 班） |
| 9 | 109 | 万盛汽车站—丛林 | 06：00－18:30（15－30 分钟/班） |
| 10 | 111 | 万盛汽车站—石林 | 06:00－18:30（20－30 分钟/班） |
| 11 | 112 | 万盛汽车站—金桥 | 06：00－18:30（15－30 分钟/班） |
| 12 | 113 | 万盛汽车站—黑山谷南门 | 06:10－18:30（20－40 分钟/班） |
| 13 | 115 | 万盛汽车站—关坝 | 05:20－17:40（20－60 分钟/班） |
| 14 | 116 | 万盛汽车站—煤电化园区 | 05:35－18:00（10－35 分钟/班） |
| 15 | 117 | 万盛汽车站—青年 | 05:40－18:30（15－75 分钟/班） |
| 16 | 118 | 万盛汽车站—新庙 | 06:40－17:30（60－90 分钟/班） |
| 17 | 119 | 黑山谷南门—奥陶纪 | 06:30－17:00（30 分钟/班） |
| 18 | 121 | 游客中心—青年汇 | 07:00－17:30（60 分钟/班） |
| 19 | 122 | 腰子口—玉竹龙宫 | 06:20－18:30（30－40 分钟/班） |
| 20 | 123 | 万盛汽车站—黑山谷南门 | 06:00－16:50（70－130 分钟/班） |
| 21 | 125 | 石林—茶园 | 06:40－14:00（20－180 分钟/班） |
| 22 | 126 | 双坝—凉风 | 06:20－16:30（30－120 分钟/班） |
| 23 | 127 | 兴文—田坝 | 06:00－16:30（10－120 分钟/班） |
| 24 | 128 | 林地—光明 | 06:00－16:30（10－120 分钟/班） |
| 25 | 130 | 丛林—海孔 | 6:40－17:10（60－120 分钟/班） |
| 26 | 131 | 腰子口—49 中新校区 | 06:30－22:00（15－20 分钟/班） |
| 27 | 132 | 青年—毛里 | 06:30－17:30（30－180 分钟/班） |
| 28 | 133 | 支路—金兰坝 | 06:00－17:40（60－150 分钟/班） |
| 29 | 201 | 鱼田堡—文化馆 | 06:00－18:42（7－15 分钟/班）；19:00－22:00（20 分钟/班） |
| 30 | 202 | 文化馆—农林 | 06:40－17:10（20－60 分钟/班） |
| 31 | 203 | 南桐总医院—润州江山城 | 06:30－18:30（7－13 分钟/班）；19:20－22:00（20 分钟/班） |
| 32 | 205 | 青山湖环线 | 06:45－16:55（30－60 分钟/班） |
| 33 | 206 | 双河—大堰 | 07:20－16:30（60－210 分钟/班） |
| 34 | 208 | 文化馆—尚古村落 | 07:30－17:00（90－240 分钟/班） |
| 35 | 209 | 三元桥—黄高山<br>三元桥—石岗坪 | 06:20－17:30（190－240 分钟/班）<br>06:30－18:10（120－370 分钟/班） |
| 36 | 210 | 49 中新校区—鱼田堡 | 06:45－21:50（50－90 分钟/班） |
| 37 | 211 | 鱼田堡—团山堡 | 07:00－16:45（60－120 分钟/班） |
| 38 | 212 | 两河—田湾 | 07:10－16:30（50－90 分钟/班） |
| 39 | 213 | 两河—庙坝 | 07:00－16:40（100－120 分钟/班） |
| 40 | 330 | 建行—樱花温泉 | 06:00－21:00（10－20 分钟/班） |
| 41 | 331 | 建行—南桐 | 06:00－21:30（10－15 分钟/班） |
| 42 | 332 | 建行—支路 | 06:00－21:30（5－10 分钟/班） |

续表二

| 序号 | 线路代号 | 起始地点 | 发车时间 |
|---|---|---|---|
| 43 | 333 | 建行—王家坝 | 06:00－21:30（15－30分钟/班） |
| 44 | 402 | 万盛—新田湾 | 06:00－17:30（30－40分钟/班） |
| 45 | 403 | 丛林—白龙湖 | 06:40－17:20（70－120分钟/班） |
| 46 | 405 | 青年—燕石村 | 06:00－16:40（40－150分钟/班） |
| 47 | 406 | 丛林—黑山 | 06:00－14:10（80－220分钟/班） |
| 48 | 407 | 万盛汽车站—三台 | 06:00－17:00（30－90分钟/班） |
| 49 | 408 | 文化馆—鱼子岗 | 7:00－18:30（30－90分钟/班） |
| 50 | 409 | 万盛汽车站—雍山谷 | 06:20－17:45（30－40分钟/班） |

**【铁路运输】** 万盛经开区铁路总里程69.32千米，其中万南铁路13.5千米已废弃，老三万铁路12.96千米（只能通行货运列车），新建的三万南铁路21.7千米，尚未开通客运列车，其余21.16千米为南桐矿业公司专用铁路。

**【万盛站】** 总建筑面积32公顷，包括站房、变电房、职工宿舍、派出所等。其中站房主体分为两层，设有售票大厅、候车大厅、贵宾候车室、行李托运站、综合监控室、配电室、办公室等。由于沿线客流量较少，2018年，万盛站仅开通货运列车，未开通客运。

（梁小兵）

## 邮　政

**【概况】** 中国邮政集团公司重庆市万盛经济技术开发区分公司（以下简称中国邮政万盛分公司）。公司主要负责万盛经开区辖区内邮政业务的经营和邮政网点的经营管理。主要经营国内、国际邮件寄递、国内报刊发行、代理邮政储蓄、代理各类保险、代理信息、邮政汇兑、邮票和集邮品、机要通信、邮政物流、化肥、农药、种子等农资配送、图书销售等业务。2018年，中国邮政分公司内设2部1室，即市场营销部、金融业务部和综合办公室。市场营销部下挂靠渠道平台中心、包裹快递中心、集邮与文化传媒中心。中国邮政分公司下设2个支局：万东东林支局、桃子青年支局，支局下辖金融网点14个，纯邮政网点1个，3个空白乡镇网点（代办点）。年末，中国邮政万盛分公司有从业人员128人（含邮政划入寄递事业部12人），其中合同用工A类13人，合同用工B类70人，劳务用工29人，劳务承揽12人，非全日制用工4人；在岗员工平均年龄36岁，大专以上学历人数107人，占比83.59%。2018年实现收入4474.21万元，比上年增长3.27%。

**【企业改革】** 2018年9月4日，中国邮政集团公司重庆市分公司下发《关于印发〈重庆市及以下寄递事业部机构编制设置方案〉的通知》（渝邮分编〔2018〕3号），组建万盛寄递事业部（保留中国邮政速递物流股份有限公司万盛经济技术开发区分公司牌子），级别为四级正。9月17日，中国邮政集团公司重庆市万盛经济技术开发区分公司寄递事业部组建。

**【网点改造】** 2018年，中国邮政万盛分公司装修改造桃子邮政支局、万东营业室。建立中国邮政万盛分公司仓储及邮件配送中心，于8月9日投入使用。

**【投递运营管理】** 中国邮政万盛分公司渠道平台部对营业投递进行管理，设处理中心1个、投递站3个，投递段道12条，农村综合便民服务站21个；配备邮运车辆2辆，投递车辆15辆（其中新能源电动汽车3辆、两轮摩托5辆、汽车5辆、电动三轮摩托2辆），开设邮路2条，每日邮路里程356千米；配置邮政营业员5人，投递人员 17 人，邮政包裹柜 25 处。中国邮政万盛分公司以渠道平台体系建设为契机，以服务三农、打造农村电商平台为切入点，整合“村邮站、报刊亭、电商便民服务站、邮乐购店”等站点综合服务功能，建成村级服务站 81 个。

（唐小燕）

# 电　信

**【通信基础设施建设】**　2018 年，万盛城市出口带宽 160G，新建光缆 1567 皮长千米，城区、镇和行政村光纤通达率 100%。宽带家庭普及率 73%以上，城区宽带接入能力 1000 米、景区带宽接入能力 100 米，家庭用户带宽平均接入能力 60 米。全区新建基站 216 个，4G 网络覆盖率达率 99%以上。

**【智慧万盛建设】**　智慧万盛建设公共信息平台、五大应用系统、微信公众号。公共信息平台主要建设基础、专题数据库，数据交换平台、增值服务应用平台，信息安全平台以及运营中心。智慧旅游主要建设全域旅游应急指挥中心、旅游大数据平台、电子票务及门禁系统、票务数据统计分析系统、森林防火防汛防洪系统、全域旅游资讯网、旅游多媒体信息发布（查询）系统、VR 虚拟旅游体验。智慧交通主要建设智能公交调度系统、交通综合管理平台、交通服务中心大屏投影显示系统、单兵和车载执法取证系统、公交客流计数系统、电子站牌、车载电视及道路监控系统。智慧教育主要建设教育管理公共服务平台、教育资源公共服务平台、翻转课堂、录播课堂、科学探究实验应用。智慧城管主要建设智慧城管综合管理平台、地下管网及化粪池危险源监控系统、窨井盖监控系统、特种车辆 GPS 定位系统、桥梁（边坡）监测系统等。网格化管理系统主要实现对网格基础数据、社会事件、日常工作的管理。

**【中国移动通信集团重庆有限公司万盛分公司】**是中国移动通信集团重庆有限公司的分支机构。有员工 49 人，下设部门 4 个，农村分局 4 个，有自建他营营业厅 2 个，合作营业厅 45 个，销售服务网点遍布各乡镇村社。2018 年，公司收入 8000 余万元。

2018 年，完成无线网络 TD－LTE 宏站建设 21 个，TD－LTE 室分站点建设 66 个，NB 站点建设 31 个，FDD900 站点建设 52 个，完成 FDD 反向升级 2G 站点 63 个；有线网络建设方面，家宽户线建设 3.72 万户，全网规模 17.2 万线；完成专线建设 93 条。

**【中国联合网络通信有限公司万盛区分公司】**是中国联合网络通信有限公司重庆市分公司在万盛经开区设立的分支机构。中国联通万盛分公司与綦江联通实行一套班子、二块牌子的运作模式，职能部门设在綦江区，万盛设有政企中心、城区综合营销服务中心和关坝乡镇营销服务中心 3 个网格，建有自有营业厅 2 个，授权合作营业厅及专营店 14 个，销售服务网点遍布各乡镇村社，2018 年有从业人员 23 人。

2018 年，中国联通万盛分公司新建基站 29 个，基站总量 730 个，其中 4G 基站 325 个，农村基站 422 个。全年万盛联通新建农村入户 6200 线，全区光纤入户线 124000 线，其中农村光纤入户 21000 线，万盛城区实现光纤入户全覆盖。全年中国联通万盛分公司投入 270 余万元用于农村网络改造，为万盛农村电商发展提供支持。推动贫困村发展种、养殖业，积极整合农产品、农村制品，按照网络消费需求打造品牌化、标准化特色农产品，促进贫困村农产品销售、带动贫困户创业、增加贫困群众收入等。2018 年中国联通万盛分公司重点打造网红景区高品质网络体验，扩容提速奥陶纪等网红景区基站 12 个，基站容量较普通基站提升三倍，网红景点周边网速接近理论最高网速。

**【中国电信股份有限公司万盛分公司】**　有从业人员 112 人，其中自有用工人员 56 人，装维、服务人员 56 人。有内设机构 3 个，即综合部、销售服务部、网络部，有生产经营单位 6 个，即万盛支局、东林支局、青年支局、南桐支局、黑山支局、万盛渠道中心。中国电信万盛分公司服务网点 52 个，其中门店服务人员 69 人，装维技术人员26人，覆盖全区八镇两街。

2018年，中国电信万盛分公司业务收入比上年增长10.37%，移动用户增长20.51%；宽带用户增长17.69 %；电视用户增长22.79 %。

2018年，通信管道达108管程千米计349孔千米；杆路长度681杆程千米；光缆长度3848皮长千米计61568芯千米；“光网中国、光网城市”建设方面，中国电信万盛分公司FTTH光网覆盖住户15.01万户，其中城市12万户，农村3.01万户；城市区覆盖率100% ，农村覆盖率98%。全区所有行政村光纤覆盖率100%；有2G/3G/4G基站1201个，实现城市、建制/非建制镇1.8G全覆盖，农村800米全覆盖。

（刘　露　王一清）

# 城乡建设

## 城乡规划

【概况】 万盛经开区规划局为万盛经开区党工委、管委会直属的正处级财政全额拨款事业单位（参照公务员法管理）。有内设科室4个，即办公室、规划编制科、规划管理科（挂行政审批服务科牌子）、综合科；有下属事业单位1个，即万盛经开区规划监察执法支队（挂万盛经开区规划信息服务中心牌子）。全局有在编干部职工27人。

（淦　欣）

【城市规划】 2018年，万盛经开区规划局全面启动新一轮城乡总规修编（即2018—2035年国土空间规划）工作，完成产业园区战略研究的编制初步划定；启动《平山、南桐控制性详细规划（修编）》《鱼子新区控制性详细规划》的编制；完成《六井坝片区控制性详细规划（修编）》《鱼田堡组团控制性详细规划（修编）》《煤电化园区控制性详细规划》的编制和审批；开展《鱼子岗开发思路》《棚改腾挪地块土地再利用方案》《大力实施建筑第五立面绿化 建设生态宜居旅游城市的建议》等专题研究；完成《重庆市万盛经开区全域旅游发展总体规划（2018—2035年）》初稿编制。规划至2020年，万盛经开区城镇建设用地规模34.6平方千米，其中城市建设用地规模18.5平方千米，小城镇建设用地规模13.1平方千米，避暑休闲用地规模3平方千米；规划常住人口30万人，城镇人口26万人，城镇化率87%，其中中心城区城镇人口18.5万人。至年末，万盛城市建成区面积14.43平方千米。

【镇村规划】 2018年，全区6个镇的镇规划修改和镇规划实施评估工作完成；金堰村、石鼓村、百花村、茶园村等4个村的村规划编制和五和村、板辽村、凉风村、岩门村4个村村规划修编工作完成。

（张　荣）

【测绘管理】 2018年，万盛经开区规划局争取市级部门技术和资金支持，启动1:2000基础地理信息采集工作；完成鱼田堡、八角等局部区域1:500地形图修测。组织测量标志巡查，开展测量标志管护，完善巡查台账；督促测绘单位完成成果汇交、行业统计、信用信息、测绘资质等信息报送；建立测绘地理信息成果管理和分发制度，完善工作台账；对辖区内从事测绘活动的相关单位开展保密专项检查，针对信息成果保存、销毁不规范等问题进行限期整改。组织开展“8·29”测绘法宣传暨国家版图宣传活动，在区文化馆发放资料1000余份、接受群众咨询百余次；11月22日，特邀市级专家在区进盛中学学术报告厅开展国家版图意识宣传教育讲座，《万盛日报》、万盛电视台分别予以报道；开展公交车站牌、社区宣传栏等公共场所公益地图展示，校正“问题地图”。

（甄玉君）

【规划管理】 2018年，审议《鱼子新区控规》《万盛全域旅游发展总体规划》《小坡脚片区修建性详细规划》《国家轮滑（滑板）基地设计方案》等重要规划和项目的设计方案。开展历史建筑确定工作。将陈家院子、黄家大院、松树坪传统民房（明清移民风貌）和九锅箐知青房、青年公社堡堂大队办公旧址、鱼田堡工人村水塔（传统巴渝风貌）、丛林火车站、陈家大院、犹家大祠堂、茶园村传统民居（传统巴渝风貌）等10栋建筑纳入重庆市历史建筑预备名录。实施老旧住宅增设电梯审批工作。2018年，在辰景花园、体育路等老旧住宅小区审批加装电梯8部。

（刘晓冬）

**【规划执法】** 全年发出在建项目《限期整改通知书》10份，对擅自改变建设工程规划许可证及附件、附图的许可内容进行建设的1家单位进行行政处罚，罚款4.93万元。全年对存量违法建筑发出《限期拆除（回填）违法建筑决定书》105份，拆除存量违法建筑301处，面积1.26万平方米，完成年度目标任务103.82%。对在建违法建筑发出《责令停止违法建设通知书》67份，拆除新增违法建筑137处，面积1.3万平方米，新增违法建筑发现及处置率100%。开展“大棚房”排查整治工作，排查整治大棚房项目874个，面积136.51公顷，纳入整治拆除8个，恢复耕地面积0.96公顷；联合执法整治“活人墓”1500余座。

（李　勇）

**【规划数据化建设】** 2018年，万盛经开区规划局完成万盛经开区综合区情系统和包括实景三维数据库等8大类数据库在内的综合数据库的建设，并接入市级平台接入口，初步建立万盛经开区各政府部门的数据动态更新、接入和共享机制。2018年新入库25千米，累计入库347千米，并大力推进地下管线数据普查成果应用；持续推进地理国情数据动态更新，形成现势性强、精度高、覆盖全的万盛经开区2018年基础性地理国情监测成果。完成区县城建设用地实施现势图编制、城市建筑物信息更新及遥感解译等专项工作，为提高全区地理信息管理水平，强化规划实施中的服务保障提供坚实基础。

（郑　军）

## 城市建设

**【房地产行业发展】** 2018年，万盛经开区房地产开发完成投资7.4亿元。新开工商品房面积48.56万平方米，竣工商品房面积49.39万平方米；商品房销售面积45.99万平方米。房地产开发重点项目江山城、兰乔圣菲、滨江一号建设进展顺利，完成投资2.91亿元。完成城市棚户区改造9.2万平方米，改造人行道板10.5万平方米。完成高速路口至黑山谷大道绿化美化，城市门户形象明显提升。完成万盛首座立交桥—万东南路立交桥建设，南桐大道建成通车，城市综合管廊完成投资1.45亿元，全区新增停车位5062个。

**【城市棚户区改造】** 2018年，重庆市城乡建委下达的万盛经开区城市棚户区改造目标任务500户、3.2万平方米，实际完成502户、3.34万平方米；市国土房管局下达城中村改造目标任务230户，实际完成改造231户。

**【地下综合管廊建设】** 万盛经开区城市综合管廊一期工程于2017年12月29日获批第二批市级城市地下综合管廊建设试点项目，项目全长9.2千米，总投资约10亿元，建设周期两年。六井坝片区土石方完成100%、主体完成约70%、鱼田堡片区支护约完成65%，土石方完成89%。项目累计完成投资约1.85亿元，形成廊体2.47千米。

**【城市基础设施建设】** 开展西区市政道路、城区公共停车位建设等重点项目建设。开展基础设施前期工作研究，争取市建委补助资金150万元，形成研究成果，并积极对接城市快轨前期工作。加强城市建成区二三级排水管网改造。一期工程完成管网建设7.7千米，其中一片区管网建设完成，完成总产值260万元；二至三片区建设污水管网1.6千米，完成产值400万元；第四片区建设管网4.2千米，完成产值800万元；第五片区建设管网0.3千米，完成产值110万元；城市建成区二三级排水管网二期工程项目完成可研、立项。

（杨昉炜）

【廉租房建设与管理】 2018 年，完成老街 780 个地下车库验收与国资公司的交接，协调处理老街以北 17 户商业门面历史遗留问题。清退公租房 21 套，追收 315 户历年欠租金 53.54 万元。完成 2017 年安居工程审计问题整改任务。完成 2018 年租金补贴工作，发放金额 10.16 万元，惠及 70 户 95 人。

（梅 兵）

## 村 镇 建 设

【农村人居环境改善】 2018 年，万盛经开区创建整洁庭院 250 个，市级美丽宜居示范村庄 2 个，绿色村庄 1 个，安装路灯 950 盏。开展改善农村人居环境市级示范片建设，重庆市城乡建委会同市财政、农委、环保等部门对第二批改善农村人居环境市级示范片开展绩效评价，黑山家园绩效评价为优秀，获得市级项目绩效奖励 200 万元，进一步巩固提升黑山家园改善农村人居环境市级示范片建设。

【特色小镇建设】 2018 年，万盛经开区特色小镇建设完成投资约 3000 万元，开展青年镇田坝街实施雨污水管网工程、给水管网工程、人行道改造工程、道路白改黑工程、绿化工程、路灯安装等环境整治项目。

【农房改造提升工程】 2018 年，万盛经开区建设局会同区扶贫办、民政局、残联等部门开展建卡贫困户等 3 类重点对象农村危房存量的核查和鉴定。全年农村危房改造开工 96 户，竣工 75 户。开展农村建筑工匠培训 81 人次，培训乡镇基层管理人员 11 人，通过考试及考核并取得建筑工匠证书的农村建筑工匠 76 人。

（杨昉炜）

## 市 政 管 理

【城市道路桥梁建设与维护】 2018 年，完成海棠晓月片区、高速路口、万东南路、塔山片区等人行道板改造工程，共 10 万平方米。启动车行道、人行道等市政设施零星维修项目。全年完成城区人行道日常维护约 4800 平方米，车行道修补约 5500 平方米，结构设施涂装约 1400 平方米，完成透水混凝土、防撞护栏、隔离桩、水篦子等市政基础设施维护。开展桥梁日常巡查工作，每月定期对管护的 17 座桥梁进行桥体观察，月巡检近 200 次。

【城市排水排污设施建设与管理】 2018 年，万盛经开区城市管理局定点定时维护泵站、检查井等设施，疏通排水管网约 20 千米，维护和更换水篦子 150 个、雨污水井盖 110 套。坚持每天清漂河道两次以上，全年打捞、清理河道垃圾约 160 吨；实施应急抢险工程 5 个，开挖更换老旧塌陷破损管道近 400 米，严格执行闸坝 24 小时值守制度，确保孝子河汛期行洪安全。

【城市灯饰照明设施建设与管理】 开展城区管护范围内功能型照明设施、灯饰和附属设施的日常维护和保养，全年维修路灯 3128 余盏，更换各类光源电器 1635 余套，更换线路 4850 余米，更换路灯井盖 260 余套，城市亮灯率及设施完好率 98% 以上。

【环境卫生管理】 调整作业人员，加大环卫作业机械投入力度，提升道路清扫保洁管理水平，增强中心城区重点区域、路段、时段的清扫保洁力度，全面实施机械化作业；城区生活垃圾、餐厨垃圾日产日清，加强垃圾中转设施设备检查维护工作，重点检查维护车辆、垃圾箱体，落实专人定期灭蚊蝇、除臭垃圾中转站、垃圾集中收运点；强化卫生死角整治，发现卫生死角、垃圾堆积、牛皮癣等环卫问题并及时整改，累计整改 256 处，整改率 100%。

【城市园林绿化】 重点打造精品景观工程，完成西区道路景观品质提升设计方案；高速路口至黑山谷大道栽植丛生香樟 200 余株，增设花台 700 米、绿化带 2100 平方米，立体绿化 1650 平方米，提升城市门户形象。重点打造文体中心及子如广场周边绿化，添补栽三角梅、金森女贞、红檵木等6万余株。完成新田大桥至白果坪湿地公园段的道路景观改造，栽植春鹃6万株，紫薇花瓶70个，紫薇树100余株。按照修枝、整形、除害的标准，全面修剪行道树、花灌木、草坪等，完成主次干道行道树修剪6000余株，绿篱10万平方米，草坪5万平方米；按照“预防为主、防治结合”的原则，以定期或不定期形式及时实施病虫害防治，确保植物健康生长；分季节进行植物添补栽，及时查漏补缺，在城区绿地、公园等区域添补栽行道树200余棵，花灌木30余万株，地被草坪1万余平方米。

**【城市管理执法】** 推进占道经营管理，全年万盛经开区城市管理局规范各类占道经营行为4.73余万件次，规范占道经营棚、伞1850件次；建立“城管+公安交巡警”联合机制，实施联合执法整治乱停乱放，全年规范非机动车车辆乱停乱放6650余件次，联合交巡警查处机动车317辆、两轮摩托300辆、三轮摩托91辆，拖离机动车17辆、两轮摩托357辆、三轮摩托152辆；全程督导、检户外广告管理，对新设置的沿街店招广告，拆除违规条幅、横幅440余条；加强园林绿化执法，园林绿化违规行为一经发现，立即进行制止并责令恢复原状，全年调查处理毁绿行为52起。规范行政处罚程序，建立执法过程全记录制度，办理行政处罚案件33件，其中简易程序处罚19件，一般程序处罚14件，累计罚款金额7850元，无一起因执法不当引发的行政复议或行政诉讼，实现执法零投诉，执法队伍的执法能力和水平显著增强。

**【智慧城管建设】** 2018年，智慧城管综合管理平台、地下管网及化粪池危险源监控等应用系统投用，基本实现城区主干道路内停车位智能收费管理，智能寻找公厕、智能寻找车位应用系统均开发完成，视频监控系统基本建成，通过智慧城管平台发现化粪池、下水道安全隐患并向相关镇街、部门派遣案件120余起；“12319”平台全年受理市民投诉74件，全部办结。

**【农村生活垃圾治理】** 探索形成符合万盛实际的“户集、村收、镇转运、区处理”收运模式，日常运行采用以镇为主体、村社为平台，分类治理和集中清运相结合、片区治理与就近简易治理相结合的处理方式。全年全区57个行政村实现农村环境保洁和垃圾收运作业常态化，农村生活垃圾治理覆盖率100%，万盛首批通过农村生活垃圾专项治理市级验收，被列为全国农村生活垃圾分类和资源化利用试点示范区县。

**【城区主要公园简介】** *万盛公园* 又称奥林匹克公园，始建于1976年，占地总面积71.6公顷，由五山、八岭组成，是万盛市民健身休闲娱乐场地，针对不同人群开辟三类健身场所，一是全民健身活动中心，分设网球场、乒乓球区、篮球场、羽毛球场和健身区域，健身器材89套；二是登山步道，俗称“天梯”；三是环绕遍布公园的12条健身步道，健身步道全长12.6千米，宽1.2~1.5米，环绕串联于各座山之间。园内景点有八仙园、人工湖和四个观景平台。2016年，万盛实施城区大规模绿化工作，提质改造万盛公园，新安装、改造各类亭廊8个，修补和完善园内破损路面、防护栏杆、标志标牌，并开通观光电瓶车方便市民出入。2017年，实施奥林匹克公园一期建设，建成奥林匹克广场、奥运之路、嗨摩尔、智道系统、公园导视系统、山体灯饰、公厕改造等11个子项目。2018年，完成奥林匹克公园建设。建成康堤、福堤、孝堤、骑行道休闲区、大平台铜雕墙、运动广场、公园牌匾及标志导视牌等项目。

*羽毛球运动主题公园* 总投资9167万元，占地面积约2公顷，建筑总面积约3.6万平方米。始建于2015年11月，2016年年末完工，是综合性运动主题公园，园内有休闲茶室、休闲座椅、停车场、公厕等服务设施。园内所有运动项目和设施均融入生态景观中，是一个运动休闲的绿色空间。项目分地上、地下两部分，地上部分主要含30片羽毛球场、2个篮球场，1个5人制足球场及景观绿化；地下部分有两层，负二层为停车库，有500个停车位，建筑面积约1.8万平方米，负一层为商业店铺，建筑面积约1.8万平方米。

*孝子河公园* 位于两河口大桥西桥头北侧，总投资约1000万元，占地1.67万平方米，其中绿地面积为5479平方米，公园以生态、自然为设

计理念，强调与周边环境的协调与融合。工程于2015年10月动工，2016年9月竣工。孝子河公园是两河四岸综合整治工程的子项目之一，是继白果坪湿地公园、羽毛球主题公园后建成的又一综合类公园。

*白果坪湿地公园*　位于三元桥至新田大桥片区、孝子河西岸，是万盛经开区两河四岸综合整治工程的重点子项目之一。总投资约1000万元。规划用地面积2.6万平方米。建设项目主要包括：4块门球场、1个公厕、南北两片水体、3处景观桥及2座廊亭。公园以湿地生态保护为前提，绿化面积约1.33公顷，种植苗木百余种，主要有香樟、广玉兰、山茶花、白玉兰、朴树、水杉、垂柳、樱花、木芙蓉等，乔木与灌木、常绿与落叶植物搭配，公园四季如春。

**【城区主要雕塑简介】**　*龙凤碑*　位于万东北路与勤俭路的交会处，修建于1995年，由四川美术学院雕塑系教授龙德辉设计，高17.2米，龙柱直径2.4米，不锈钢凤凰3.2米，龙柱外围着3只1.8米高的麒麟。

*羽毛球之乡*　位于高速路口转盘，于2007年建成，高28.8米，主体是钢架结构，以泥、石膏塑型，基座材料为钢筋混凝土，是万盛第一座主题性城市雕塑。

*开天辟地*　位于观景路与万盛大道的交会处，修建于2009年，是为纪念重庆能源集团南桐矿业公司建矿70周年而修建。雕塑高28米，以凿岩机及六个煤矿巷道支架为主体，用不锈钢材料制作而成。

（文　治）

# 公 用 事 业

## 供　水

**【概况】**　2018年，万盛自来水有限公司有内设部门5个，即综合部、财务部、生产运行部、营业管网部、党群工作部。下设水厂4个，即方家山水厂、东林水厂、万盛二水厂、红岩水厂。有在岗职工98人。

**【供水设施建设情况】**　通过联网供水互联互补优势，持续构建万盛城市供水安全保障体系，满足2018年高峰供水需求，全年实现售水1068万立方米，水质综合合格率100%。2018年7月完成万盛二水厂扩建工程并投产试运，新增供水能力1万立方米/日。改造DN100及以上管道7千米，DN100以下小管改造约15千米。完成A、B类设备巡检170辆次，维修24辆次，二供设备维护保养56次，维修16次，预检率100%。

**【供水服务】**　万盛自来水有限公司建立客户服务中心，负责用户报装、报修、抢修、投诉、咨询、过户等业务，设立966886便民24小时客服热线，实现全天候服务，及时向用户推送水费信息、停水信息等。自建万盛城区、东林片区、支路片区、塔山片区水费收缴服务点4个；开通支付宝、微信生活缴费、微信公众号、电信翼支付、公众一卡通、建行、工行、农商行、重庆银行、利安等代收、代缴、代扣水费渠道；由用户自由选择水费缴费方式，可足不出户缴纳水费。实行“首接”问责服务，首接人为第一责任人，主动协助办理各种问题。用户管道维修服务除高空涉危外的维修一律免收工时费（材料按进价收费）。爆管抢修30分钟必须到现场，连续作业直至修复。新楼盘接房现场签订供用水合同并通水。用户办理业务时免费复印资料、更换缴费卡等。

**【水价】**　2018年，万盛经开区居民用水价格2.45元/立方米，同时执行一、二、三级阶梯水价。非居民用水3.25元/立方米，特殊用水5元/立方米。

（彭齐新）

## 供　电

**【概况】**　2018年，万盛经开区用电总量9.12亿千瓦时，比上年增长23.2%，占国网綦南供电分公司綦万南三地售电总量的29%，其中，大工业用电5.63亿千瓦时，比上年增长24.7%，居民用电1.95亿千瓦时，增长16%，商业及其他用电1.54亿千瓦时，增长33%。浮法玻璃、福耀玻璃、耀皮玻璃、万盛煤化、方汀机械、南桐矿业公司等大工业企业全年累计用电37160万千瓦时。

（李　广　犹岳斌　李攀峰　朱飞洋　娄金梅）

# 环境保护

**【概况】** 重庆市万盛经济技术开发区环境保护局（以下简称万盛经开区环保局）有内设机构5个，即办公室、生态环境保护科、污染防治科、行政审批服务科、法制与宣传科；有下属全额拨款事业单位3个，即环境行政执法支队、生态环境监测站、环境保护信息中心；有在职职工55人。

**【环境质量状况】** 2018年，万盛城区空气质量满足优良以上天数316天，可吸入颗粒物（PM10）、细颗粒物（PM2.5）、二氧化硫（$SO_2$）、二氧化氮（$NO_2$）年平均浓度分别为63微克/立方米、46微克/立方米、18微克/立方米、29微克/立方米，一氧化碳（CO）24小时平均浓度1.3毫克/立方米，臭氧（$O_3$）日最大8小时平均浓度124微克/立方米，均达到国家空气质量二级标准；水环境质量良好，城区集中式饮用水源地水质达标率100%，建制镇集中式饮用水源地水质达标率92.8%，金蝶湖、板辽湖水质为Ⅱ类（优），青山湖水质为Ⅲ类（良）；黑山谷鲤鱼河水质Ⅲ类（良），满足水域功能要求；辖区声环境质量良好，区域环境噪声昼间等效声级52.8分贝，交通环境噪声昼间等效声级65.7分贝，功能区噪声昼间等效声级51.1分贝，均与上年同期相当。

**【环境安全】** 2018年，万盛经开区环保局先后制定《2018年环境应急管理工作要点》《关于认真做好2018年应急演练工作的通知》《关于进一步加强危险废物规范化管理工作的通知》等文件，把环境安全和应急管理工作落到实处，全面摸排辖区环境风险现状，整治暴露出的13个环境安全隐患，完成率100%；开展重点突发环境事件风险企业和工业园区信息登记及深化突发环境事件应急预案管理工作，组织应急演练，加强应急值守，妥善处置各类污染事故，确保环境安全。

**【污染防治攻坚战】** 2018年，出台《万盛经开区污染防治攻坚战实施方案（2018—2020年）》，分解落实30项污染防治攻坚战主要指标和143项重点工程任务；印发《万盛经开区污染防治攻坚战重点工程补充清单》（万盛污防指办发〔2018〕2号），补充分解落实18项重点工程；成立污染防治攻坚战指挥部，下设办公室在万盛经开区环保局，负责指挥部日常事务，协调区级有关部门、有关单位开展污染防治攻坚工作，督促落实污染防治攻坚战指挥部议定事项、工作部署和要求；明确各单位工作要求，建立联络沟通机制、信息报送机制，为全面铺开污染防治攻坚战建章立制。

**【农村污水综合整治】** 2018年，万盛经开区环保局印发《万盛经开区2018年农村生活污水治理工作实施方案》，把目标任务具体分解到各镇，并协同各镇做好污水处理设施的选点工作；对接市环保局、区发改局，争取项目支持，至年末，获批7套污水设施建设；配合万盛经开区盛荣公司，实施溱溪河洗布河流域污水收集工程，新建污水管网20.76千米，补齐生态环境基础短板；完成2017年采煤沉陷区新建38套污水处理设施及2016年农村环境连片整治项目验收工作，改善农村环境质量。

【突出环境问题整改】 推进中央环保督察整改，巩固2017年整改事项，2018年应完成整改任务6项，实际完成5项；落实《重庆市环境保护集中督察方案（试行）》，完成2018年万盛经开区环境保护集中督察，印发实施《万盛经开区落实重庆市环境保护集中督察反馈问题整改方案》，全年应完成整改35项任务，实际完成31项；“清废2018”专项行动发现7个问题全部完成整改；“绿盾2018”专项行动发现问题整改完成14个。

【环保行政执法体制改革】 按照《重庆市环境保护条例》规定，厘清局机关与环境行政执法支队职权，依法推进行政执法权限的下放工作，与各镇人民政府、街道办事处签订《行政执法委托协议书》，委托各镇人民政府、街道办事处行使行政区域内环境信访及污染投诉、纠纷的调查处理，污染源现场监督取证，建设项目现场监督取证，污染事故（件）的调查取证和处理，环境违法行为的立案登记、调查取证和处罚的职能职责。

【第二次全国污染源普查】 全年，清查99个普查小区，确定普查对象629个，其中工业源389个、集中式118个、生活源锅炉2个、规模化养殖场24个、入河排污口96个，完成全区污染源普查对象的清查摸底工作。聘请普查指导员14人、普查员66人，对629个普查对象开展入户详细调查，摸清各普查对象的基本信息、产污环节、污染治理现状、污染物排放情况等内容，按期完成入户调查工作，取得阶段性成效。

【碧水行动】 2018年，汤家沟城市集中式饮用水源环境状况评估、乡镇集中式饮用水源地基础信息调查上报完成，羊喝坪水库、银碗槽水库、毛里水库等3个乡镇集中式饮用水源地规范化建设完成；煤电化园区污水处理工程建设完成，南桐、红岩、东林3个煤矿矿井废水处理扩能工程完成，推进鱼田堡煤矿污水处理厂扩建工程；万盛城市污水处理厂提标改造工程启动，建成南桐污水处理厂并投入运行，城市建成区二三级污水管网工程一期五个片区建设完成，关坝、青年场镇二、三级雨污水管网约17.5千米建成；监管管理130余套农村污水处理设施、11座镇级污水处理设施，全年累计检查101人次，发现并整改问题41个。

【蓝天行动】 2018年，万盛经开区环保局完成万盛辖区混凝土搅拌站扬尘整治、万盛煤化和万盛汽修VOC治理项目，恒泰电厂2号机组超低排放改造、联创煤矿关停项目初步验收等工作。督促南桐特种水泥、万兴砖厂落实错峰生产制度，2018年，两个厂分别错峰生产84天、100天。开展货运车及高排放车辆限行和闯禁执法，查处或处置机动车尾气冒黑烟683起，处罚金额13.66万元，完成机动车路检1890辆。严格执行施工工地控尘十项规定，出动100余人次，检查48家工地，处罚1家次，罚款金额2万元。落实道路清扫保洁五项规定，检查渣土车4834余辆次，查处违法行为16起，处罚金额5200元。完成海棠晓月及国能天街20家餐饮店及15家机关食堂油烟治理。推进高污染燃料禁燃区联合执法，开展垃圾焚烧和秸秆焚烧专项执法，查处垃圾和秸秆焚烧行为72起。

【绿地行动】 核查北大未名万盛生物经济示范区项目一期（青山湖代家沟生物经济产业园项目）、奥陶纪中门停车场项目、E区玺云台住房等20个项目，调整涉及保护区及红线的项目位置，自然保护区及红线管控制度逐步建立。农用地土壤污染状况详查工作完成，持续推进重点行业企业土壤污染状况详查。应用全国污染地块土壤环境管理信息系统，建立区级土壤污染治理联动机制，发布疑似污染地块名单并书面通知土地使用权人，要求土地使用权人在六个月内完成污染地块土壤环境初步调查。

【田园行动】 2018年，凉风村、天星村、北门村、板辽村、青山村等5个村的环境综合整治任务完成。万盛经开区畜禽养殖禁养区、限养区、适养区划定成，并与区农林局、8镇畜牧部门对新划定的禁养区养殖场进行再次清理。将辖区11家养殖场纳入2018年畜禽养殖污染治理，完成2400头生猪当量的治理任务。

【宁静行动】 2018 年，润州江山城小区创建为市级安静居住小区，复查 1 个市级安静居住小区——渝南明珠小区；巩固南桐组团 3.08 平方千米噪声达标区；开展国能天街奥特莱斯空调外机噪声工作，完成城市区域环境噪声功能区划分调整。组织高中考期间禁噪工作，先后组织召开高中考期间禁噪会议 3 次，会同区公安分局、建设局、城市管理局、文广新局等部门开展联合执法检查 3 次，张贴《关于加强高中考期间环境噪声管理的通告》110 份，出动执法人员 92 人次，检查建筑工地 43 家次，日常巡查 19 次，受理噪声投诉 1 件，期间未发现有违反噪声污染防治法律法规的行为。

【环境监管执法】 2018 年，万盛经开区环保局出动执法人员 2398 人次，检查企业 1086 家次，下达责令改正违法行为决定书 76 份，实施行政处罚和适用《中华人民共和国环境保护法》配套办法查处五类重大案件 86 件，其中行政处罚类案件 66 件、实施查封扣押 15 件、限产停产 1 件、按日计罚 1 件、移送公安机关行政拘留 2 件、涉嫌环境污染犯罪 1 件，申请法院强制执行 2 件，处罚金额 304.1 万元，且无一起行政复议和行政诉讼案件。开展重点突发环境事件风险企业和工业园区信息登记及深化突发环境事件应急预案管理工作，督促辖区 9 家风险企业完成“一源一事一案”、岗位应急卡、应急视频管理和风险信息登记工作。强化对饮用水源地的监管，开展自然保护区专项执法，注重信访处理，受理环境信访案件 389 件，处理办结率 100%，群众满意率 100%。

【环境监测管理】 2018 年，万盛经开区环保局开展监督性监测 136 次、比对监测 15 次、建设项目竣工环境保护验收监测 1 次、委托监测 8 次，全年累计出具监测报告 159 份，获得监测数据 1413 个。组织完成持证上岗和资质认定扩项评审工作。开展自认定、方法验证和经历报告，含土壤在内的四大类 135 个项目通过市环保局持证上岗考核和市质监局资质认定扩项评审。

【环保宣传】 2018 年，万盛经开区环保局开展“六五”环境日宣传活动，紧扣“美丽中国，我是行动者”主题，联动镇街、部门，活动参与人数 1 万余人，发放《生态文明知识手册》等宣传资料 5000 余份，发放环保口袋、环保伞等实用生活用品 1000 余份。联合区宣传部、教育局、交通局、文广新局等 13 个部门持续开展生态文明“十进”活动。组织开展志愿服务 10 次，服务人次约 500 人次。举办全区生态文明建设与环境保护主体班一期，开展各类环境教育培训 20 余次，培训人数约 800 人次。与《万盛日报》等宣传平台联动，进行环保集中督察、污染防治攻坚战、生态文明建设等宣传报道，在“一台一报一网”报道信息 200 余条，政务“双微”原创及转发信息约 3000 条，阅读数量约 50 万人次。

“六五”环境日宣传主题活动——美丽中国·我是行动者，市民在签名墙上签字留言

（区环保局 供）

（石将来）

# 商 贸 流 通

## 综 述

**【概况】** 万盛经开区商务局成立于2012年6月，挂万盛经开区对外经济贸易局、区粮食局牌子，与区供销联社合署办公。万盛经开区商务局集商务、粮食、外经外贸、供销合作经济职能于一体，有内设科室11个，即办公室、财务科、综合科、规划发展科、商贸流通科、安监科、外经外贸科、供销经济管理科、招商科、电商科、粮食综合管理科，下设事业单位2个，即商贸发展服务中心和农村合作经济服务中心。2018年，全区社会消费品零售总额33.85亿元，比上年增长7.6%；批发零售业商品销售总额112.23亿元，增长22.2%；住宿餐饮业营业收入11.78亿元，增长12.2%；全年外贸进出口总额2.80亿元，增长47.5%，实际利用外资总额8940万美元。实际利用区外资金7100万元。固定资产投资完成9850万元，在地建筑业产值5000万元，争取上级资金到位1160万元。全年新增外资企业3家，外贸企业15家，对外投资企业1家。

（范文卓　张　琴）

**【重点项目建设】** 2018年，万盛经开区商务局牵头的重点项目有序推进。总投资20亿元、总面积43.6万平方米的城市核心商圈商业综合体项目运行效果良好，新世纪超市、电影院、酒店、休闲娱乐、特色餐饮等主力业态实现开业，入驻商家153家，整体入驻率95%。国际商贸物流园项目经万盛经开区商务局协调解决各种矛盾，一期主体工程全面封顶，货车停车场建成投用，城区11家货运部入驻运营，停车场日均停放货车130辆左右。渝黔边城农产品交易中心项目完成可行性研究报告编制和项目备案，所需土地获市政府土地批文，规划设计进一步优化完善，征地拆迁接近尾声，即将启动主体工程建设。

**【电子商务】** 2018年，万盛经开区电商交易额10.8亿元，网络零售额2.05亿元。开办农村电商学校，办班4期，培训乡镇种养殖大户、个体户及创业青年80人次。指导景区、酒店等行业丰富电商营销手段，培育壮大“菜背篼”“微万盛”“邮乐购”等电商平台，扶持发展“果万盛”“我要去度假”“优果蜜”等生鲜水果、旅游类电商新主体。举办电商消费节，开展“线上宣传+线下乡村游”电商体验，推动电商扶贫，助销土特农产品。建成“邮乐购”电商服务站点57个、农村淘宝服务站点20个，联合万盛邮政公司、菜鸟物流构建区、镇、村三级配送体系，电商物流配送能力全面提升，城乡居民网购更加便捷。

**【商贸招商】** 2018年，引进上海特诚汽车运输有限公司、深圳市全柯供应链有限公司、重庆群拥物流有限公司、重庆盛万华隆建筑劳务有限公司4个总部经济项目，协助区投资促进中心引进总部经济项目22个。包装策划万盛五星级酒店、奥陶纪旅游商业街等商贸服务业项目15个，总投资约40亿元。积极促成胜高连锁酒店管理股份有限公司与万盛经开区签订战略合作框架协议，推动全区酒店服务业高质量、高水平发展。推进商贸物流园招商引资，谋划推进万盛综合物流基地建设。成功引进新世纪超市、大润发生活超市2家大型超市，圣曼、艾维斯等5家酒店，德克士、阿迪达斯等5家国际品牌。开展中新（重庆）战略性互联互通示范项目对接工作，不断优化中新合作项目库，重点推介交通、教育、旅游、养老等领域项目。完成第二十一届中国西部国际投资贸易洽谈会参展工作，签约重大项目13个，总投资183亿元。完成首届中国国际进口博览会采购工作，签订黑山谷欢乐世界项目6.5亿元意向投资协议，达成6亿元意向采购协议。

**【商旅融合】** 推进“商旅融合”，指导国能奥特莱斯项目不断完善商业业态，探索建立商圈景区联动机制，打造旅游消费产业链。组织企业参加中国（重庆）商品展示交易会、乡村游文化节等大型展会，参与组织首届旅游商品博览会、宏恩财富广场春季商品展销会、国能建材家居城博览会、国能奥特莱斯周年庆、“清凉一夏·健康万盛”等节庆展会。开展服务质量提升培训和“文明餐桌”志愿行动，指导国大、耀程、汇鑫3家城区酒店实施软硬件提升改造，评定星级农家乐13家，积极培育星级酒店、钻级酒家、绿色饭店，努力提高全区餐饮服务接待水平。发挥旅游电商优势，“微万盛”增加掌上万盛等业务板块，全区30家旅游联盟酒店入驻“菜背篼”电商平台，黑山谷、龙鳞石海、奥陶纪等景区周边100余家农家乐、酒店、民宿接入“我要去度假”电商平台；多数酒店、民宿同时入驻“携程”“去哪儿”等多家知名旅游电商平台。

（范文卓）

## 零　售　业

**【概况】** 2018年，万盛国能奥特莱斯成为万盛城市商业新地标，引进精致超市、餐饮、休闲、游乐等多种商业业态升。全区商业服务中心建设日趋完善，宏恩财富广场、万盛场、润州江山城、永利欧街等6条商业街初具规模，青年财富广场建成1万平方米商业中心，成功创建市级乡镇商贸综合服务中心1个，形成与城乡居民消费需求相匹配的商圈布局。按照城区发展要求，科学规划调整城区农产品市场布局，以农产品为基础，规划小坡足菜市场、东林菜市场和两河口水果批发市场。投资900万元改造塔山农贸市场，投资1300万元新建盛世华城农贸市场，加快配套社区公共基础设施，构建与城镇发展相适应的农产品市场体系

（张栌引）

## 特种商品流通

**【概况】** 2018年，万盛经开区有油库1个、加油站15个；汽车销售企业及个体工商户12家，拟定创建百事达放心消费企业1家；再生资源回收经营户约111家，从业人员300余人，主要回收废钢铁、废塑料、废有色金属、废纸、废轮胎、废泡沫、废弃电器电子产品、报废汽车等品种。

**【成品油销售】** 2018年，全区15家加油站全部通过年检审核，全年成品油销售4.31万吨，其中汽油2.32万吨、柴油1.99万吨。根据市场需求和社会资本投资意向，在原有15座加油站和1座油库的基础上，规划选址石桥加油站、青山湖加油站、观音寺加油站、石林加油站、龙鳞石海加油站等5座农村加油站点，开展《万盛经开区农村加油站布点规划》修编工作。出动执法检查16次，检查加油站37次，规范市场经营秩序，开展大气污染防治工作，加强车用燃油质量升级工作，确保2019年1月1日起，全区销售的车用燃油符合国六标准。

**【液化石油气销售】** 2018年，全区11个液化石油气经营部完成年检。全年销售液化石油气1975吨。开展执法检查5次，检查液化石油气经营部12次，开展液化石油气充装站和液化石油气经营网点安全生产执法检查，加强全员安全生产责任制落实。

**【再生资源回收行业管理】** 2018年，万盛经开区废钢铁回收量约1.68万吨，废有色金属约448吨，废纸约3360吨，废塑料5500吨，年回收再生资源规模上1000吨的有3家，报废汽车撤解企业1家，2018年撤解机动车160台。全年出动执

法检查8次，全面检查重点再生资源回收经营户，开展万东镇再生资源回收行业培训1次，受训经营户38家，督促回收企业规范经营。探索全区《再生资源回收体系建设发展规划（2019—2020）》，规划在万东镇或南桐镇选址新建1座再生资源集中分拣中心，消除二次污染，达到环保要求，推动城市品质大幅提升。

【典当行业管理】 2018年全区有典当企业1家，即重庆汇通典当公司。2018年4月，完成当年年检。

（张栌引）

## 供销经济合作

【概况】 万盛经开区供销联社与万盛经开区商务局合署办公。2018年，供销社系统商品销售总额12.93亿元，比上年增长19%。其中，全年农产品销售额10.82亿元，增长1%；农业生产资料销售额2098.18万元，增长4.25%。化肥储备2206吨，销售各类化肥5763吨。全系统汇总实现利润1339万元，资产总额2.59亿元，所有者权益1.23亿元，分别增长14%、15%、13%。

【基层合作社建设】 2018年，万盛经开区供销联社改造建设基层社1个，打造基层供销社示范社1个，改扩建日用品超市2个，新建回收网点4个，牵头组建各类专业（股份）合作社5个。开展职业农民培训，培育高素质新型农民。开展强化基层社合作经济组织属性专项试点工作，完成常住农户入社入会信息登记统计。废弃农膜回收利用工作进展顺利，全年全区废弃农膜回收利用量23.97吨。加强对利民农资公司等合作经济组织购销业务指导和日常经营管理工作，强化春耕化肥储备及农资商品质量管理，发挥供销社农资销售主渠道作用。完成“梦乡村”农旅产业融合新建项目建设，在万盛召开重庆市供销系统农业综合开发项目管理现场会。供销争上工作不断发力，获市级基层社示范社建设项目资金和服务中心资金100万元，区级供销发展资金77.25万元。

【烟花爆竹供应】 2018年，全区乡镇长期经营烟花爆竹销售网点网点71个，城区春节临时经营点16个；春节期间，全区各销售网点约售出8000件烟花爆竹，销售金额约160万元。全年全区销售总额680万元，比上年降低8%，其中烟爆公司批发销售额558万元。

（樊丽芬）

## 粮油经营管理

【概况】 2018年，重庆粮食集团万盛粮食公司有员工28人，其中保管员4人，检验员3人，2018年外采外卖粮食量1.8万吨。全公司库存粮油0.28万吨，其中食用油9吨，“四无”（指无害虫、无变质、无鼠雀、无事故）粮油1.8万吨，占总库存粮油100%；公司仓库实际容量0.6万吨，仓库完好率90%；检查库点4个，仓间15间。

【粮油仓储】 2018年，区级储备粮储存在重庆粮食集团万盛粮食有限责任公司6000吨，在本区内的粮食实物量4264吨，其中稻谷3647吨，小麦617吨，区外粮食实物储存量为小麦1736吨，储存在重庆市永川区储备粮有限公司南大街分公司30号、47号库房。2015年入库的区级储备粮稻谷3647吨于2018年到期，12月完成青年粮库、关坝粮库到期轮换稻谷100%。全区成品粮200吨，储存在四个企业，分别是重庆市万盛区贵先米业有限公司150吨、重庆永辉超市有限公司万盛区民盛分公司30吨、重庆永辉超市有限公司万盛区名都分公司10吨、重庆商社新世纪百货连锁经营有限公司万盛店10吨。

【粮油加工】 全区粮食加工企业以重庆市万盛区贵先米业有限责任公司为主，该公司是县级应急加工企业和市级放心粮油龙头加工企业。企业设计日加工稻谷能力200吨，本年度实际加工稻谷6442.7吨。

【粮油质量检测】 2018年，全区粮食行业各项监督检查20次，开展粮食安全隐患大排查、快整治、严执法集中行动，发现问题2个，提出整改意见1个，无违法经营粮食的举报，全区无生产环节无化肥、农机等涉及粮食安全的产品质量违法案件。重庆粮食集团万盛粮食公司具有检验设备30台套，具备全项目检化验能力，仓储专职从业人员5人，专职粮油保管员4人，粮油质检员3人，粮食检测基本满足企业需求。

（张栌引）

# 服　务　业

## 餐　饮　业

**【概况】**　2018年，万盛老街夜市被市商务委授予“市级特色夜市街区”称号。餐饮协会名厨分会成立并开展多项活动，在重庆第二届厨师节及第三届（重庆）国际美食文化节上，区商务局组织的厨师代表队获一金三银。新评定三星级农家乐13家，全区星级农家乐达到60家，四叶级绿色饭店3家，三叶级绿色饭店1家。全年住宿餐饮营业收入比上年增长12.2%。

**【万盛特色菜品简介】**　在重庆第二届厨师节暨第三届（重庆）国际美食文化节上，厨娘私房菜的厨师王永顺做的五味方竹笋、五福临门分获金奖、银奖；樱花温泉的厨师王永立做的酥炸黄金虾堡、洪胜远饭庄厨师张志超做的牛牛馋嘴鸭获银奖。

（李　娟）

## 住　宿　业

**【概况】**　2018年，万盛经开区持续推动餐饮住宿业提档升级，指导万盛国际大酒店、耀程大酒店实施软硬件提升改造。顺应市场需求发展特色民宿，指导汇鑫假日酒店增建特色民宿，全年全区新建或者改造民宿、主题酒店50余家。黑山耀莱（戴斯）酒店创建为四星级酒店，黑山1098假日酒店、耀程大酒店分别创建为国家五钻级、四钻级酒家。全区有国家五钻级酒家2家，即万盛国际大酒店、黑山1098假日酒店，国家四钻级酒家2家，即汇鑫假日酒店、耀程大酒店。

（李　娟）

# 旅　游　业

## 旅 游 接 待

【概况】　2018年，万盛经开区有国家A级景区3个，分别是黑山谷景区（AAAAA）、龙鳞石海景区（AAAAA）、金蝶湖文化公园（AAA）。有国家地质公园1个、国家森林公园1个、国家湿地公园1个、省级旅游度假区1个、省级森林公园1个、省级风景名胜区1个。

【旅游接待】　2018年，全区接待游客2207.1万人次，比上年增长22.24%，其中接待国内游客2199.2万人次，增长22.3%；接待国外游客7.9万人次，增长9.7%；旅游总收入145.85亿元，增长59.94%。黑山谷景区接待游客196.2万人次，比上年增长29.6%，门票收入1.62亿元，增长25.18%；龙鳞石海接待96.6万人次，增长24.8%，门票收入3893.5万元，增长20.04%。

【假日旅游】　元旦期间，万盛经开区接待游客41.87万人次，比上年增长208.78%，旅游总收入2.12亿元，增长210.2%；春节期间，接待游客130.21万人次，增长246.3%，旅游总收入6.6亿元，增长248.85%；清明期间，接待游客48.84万人次，增长89.74%，旅游总收入2.57亿元，增长97.87%；“五一”期间，接待游客59.63万人次，增长11.98%，旅游总收入4.13亿元，增长55.04%；端午节期间，接待游客56.32万人次，增长21.33%，旅游总收入3.9亿元，增长86.05%；中秋节期间，接待游客60.27万人次，旅游总收入2.7亿元；国庆期间，接待游客120.14万人次，旅游总收入8.32亿元。

（张孝富）

## 旅游客源市场

【旅游客源】　借力推介活动，搭建特装展厅参加2018重庆都市旅游节暨城际旅游交易会营销推介活动、2018重庆国际旅游狂欢节，展会现场吸引20余万游客及市民前来参观合影。人民网、腾讯、网易、华龙网、FM103.5、今日头条等主流媒体报道万盛旅游。组团参加首届张家口年俗国际旅游节，渝西新春旅游推介会，2018重庆夏季旅游新闻发布会、秋季旅游新闻发布会，运动健康之城·幸福和谐万盛2018中国·重庆万盛旅游推介会广州站等10余场推介活动。巩固营销渠道，针对地区人群开展特色主题活动，在西安、北京、广州等市场的加大拓展力度，促进三地市场快速发展成熟。通过回访旅行社、实地走访调研、落实合理政策等形式加强市场合作，开发云南、杭州等市场。发展研学旅游，依托黑山谷、龙鳞石海、青山湖、九锅箐、金福洞、等你户外6个研学旅行基地，推出不同主题的研学旅游产品，满足不同学龄的研学需求，创新推出各类互动体验项目，丰富学生研学经历。通过课程设定、线路设定等方式进行宣传营销，2018年接待新疆、四川、重庆等地10所学校近5000名学生。打造全域旅游线路产品。针对万盛旅游线路主要推出星级体验——玩转AAAAA景区、嗨爆体验——挑战“极限”景区、家庭体验——感受烂漫景区三类八条线路，包含万盛所有景区景点。

**【旅游宣传】** 加强与渝西旅游经济带景区联盟合作，组团参加渝西旅游经济带区域协作区2017年终总结会暨2018年渝西新春旅游推介活动、2018年“六养圣地 花漾潼南”旅游推介会、广州国际旅游展览会、2018重庆国际马拉松推介会、2018中国重庆大足石刻国际旅游文化节暨第839届宝顶香会等活动。强化万盛旅游联盟效应，联合各景区，进行产品整合，共享宣传渠道及客源市场。元旦期间，黑山谷、龙鳞石海、九锅箐三景区联合推出元旦优惠活动；教师节期间，黑山谷、龙鳞石海、丛林菌谷蘑菇总动员、板辽金沙滩景区联合推出教师持本人有效教师资格证免门票入园活动；2018年11月至2019年1月，黑山谷、龙鳞石海、奥陶纪联合推出199元玩转三大景区优惠政策活动。强化中国爱情主题景区联盟效应，中央电视台第7套节目《乡约》栏目再次走进万盛石林，录制国庆特别节目；在北京798艺术园区·桥艺术空间开展“为爱奔跑——乡约·2018中国十大爱情故事揭晓典礼”暨“为爱奔跑——寻找2018十大最美旅游情侣”活动启动仪式；牵头举办“乡约·2018中国十大爱情故事揭晓典礼”等，与全国爱情联盟景区成员单位形成宣传互动、线路产品互动等。加入“渝南黔北”旅游发展联盟，强化黔渝旅游交流与合作，形成两地资源整合、优势互补、客源互动，产业融合、共建共享的全域旅游发展新格局，以旅游业带动和促进经济社会协调发展。打造旅游精品活动。开展2017—2018年度中国·重庆万盛“黑山谷杯”国际羽毛球挑战赛、《乡约》栏目走进万盛、第二十届苗族踩山会、青山湖国际跑步节、民谣歌会等精品活动；举办2018重庆体育旅游新闻发布会及媒体采风活动、2018重庆市“文明旅游 为中国加分 绿色出行”暨“文明在行动·满意在重庆”主题活动启动仪式。各景区及镇街全年举办各类旅游节庆活动，重点围绕春节、清明、“五一”、端午节小长假、中秋节、国庆节等节假日以及根据季节、时令特点开展第五届“青山湖·五和”梨花文化旅游节、板辽金沙滩“沙滩足球赛 激情世界杯”活动、青年汇·巅峰乐园首届七夕烟花节、龙鳞石海“金秋爱情季·红苗友方节”等50余场宣传营销活动。实施品牌宣传战略。征集万盛全域旅游口号，活动征集时间持续4个月，发布新闻稿25次，点击量超过4500万次，收到来自全国30个省市3000名作者的作品5000余条，最终选定最具价值口号1条和优秀口号10条。

**【旅游招商引资】** 2018年，在2017年招商项目库的基础上，根据实际情况进行整合、更新，重点宣传推介重大项目15个。全年接待广东洋通旅游发展有限公司、重庆市园林工程建设公司、华兴控股集团、北大未名集团、岭南生态文旅股份有限公司、重庆八戒工程网络有限公司、浙旅集团、唐风汉格文化控股有限公司等企业50余家；外出拜访考察浙旅集团、无锡东方文旅投资有限公司、重庆市园林工程建设公司、重庆千道文化旅游产业发展有限公司等企业10余家。重点在谈项目有樱花温泉、矿山公园、荷兰人体博物馆、轻奢度假酒店等项目。2018年，万盛经开区打造千百度、半山雅墅、楠箐秋色、子如书院等特色民宿，出台《万盛经开区旅游民宿奖励办法（试行）》政策，全年发展民宿项目101家。

（张孝富）

## 旅游景区与设施建设

**【旅游规划】** 2018年，初步审查《全域旅游总体规划》，并按要求报送专委会、规委会审查。协助修编并送审《暗夜星球素质教育基地方案》《奥陶纪景区控制性详细规划调整方案》，其中《暗夜星球素质教育基地方案》通过规委会审定，《奥陶纪景区控制性详细规划调整方案》通过专委会审查，需进一步修改调整后报规委会审定。

**【旅游产品】** 2018年，万盛经开区新增那岫、千百度、十里红、桃夭、隐院听风、青山泉里等民宿59家，其中万盛街道6家、东林街道4家、万东镇5家、南桐镇4家、关坝镇8家、青年镇3家、丛林镇6家、金桥镇2家、石林镇8家、黑山镇13家。新增四星级酒店1家，即耀莱酒店；新增AAA级景区1个，即金蝶湖文化公园。奥陶纪景区新增18米秋千、21米秋千、蹦极、惊呼、高空飞翔、跳楼机、大摆锤等游乐设施，新增滑雪场、冰雕馆、露营基地等，景区旅游项目44个。

【旅游基础配套设施】 2018年，完成黑山旅游度假区环境综合改造提升，种植行道树15千米，打造重要景观节点约10处，景观绿化面积约5万平方米。完成奥林匹克广场、奥运路、三个河堤打造、奥运五环标志、奥运之路平台、健身步道平台、电瓶车停车场、大平台浮雕墙、乐活运动广场、乐享运动广场等建设内容。鱼子岗度假区完成明武桥至加油站段污水管网、管线预埋、路灯及庭院灯安装、音响安装，照明工程完成95%。丛林互通—黑山八角公路基本完成，丛林—海孔—丛林菌谷道路路基工程完成2.6千米，茶树—奥陶纪公路全面完工，老黑山—狮子槽公路完成老黑山至石门段。全区新建改建旅游厕所103座，其中A级旅游厕所45座，一般旅游厕所58座。

【智慧旅游】 2018年，万盛旅游数据平台，万盛全域旅游智能讲解机器人、“万盛旅游”HT米L5轻应用等智慧旅游成果参展首届中国国际智能产业博览会；黑山旅游度假区、黑山谷景区入选重庆第一批重庆市智慧旅游景区（度假区）创建单位，青山湖国家湿地公园、板辽湖景区、丛林蘑菇总动员景区、尚古村落、关坝凉风村入选第一批重庆市智慧旅游乡村创建单位。运用大数据分析平台，编制2017年下半年、2018年春节黄金周、“五一”、端午节假期、国庆节等时段全域旅游大数据分析报告5期。通过多媒体信息发布系统向游客发布实时旅游讯息近1500条次。

（张孝富）

## 旅游行业

【旅行社】 2018年，万盛经开区有国内旅行社2家，分别是黑山谷旅行社、小漾旅行社。旅行社服务网点19个。

【旅游饭店】 2018年，全区有星级饭店8家，分别是万盛国际大酒店（4星）、黑山谷·1098假日酒店（4星）、耀莱酒店（4星）、汇鑫假日酒店（3星）、黑山谷度假酒店（3星）、九锅箐宾馆（3星）、万盛宾馆（2星）、樱花温泉度假酒店（2星）。

【旅游商品】 结合地方自然、文化、农业等资源特点，培育莱背篼、盛泉、荣懿堂等旅游商品生产企业，打造出黑山谷、九锅箐、老黑山等旅游商品品牌。莱背篼、微万盛同城、果万盛等旅游电商平台产品畅销，全区60余家旅游商品专营实体销售量稳定。万盛黑山老腊肉、方竹笋、苗族蜡染、烙画、根雕等旅游商品通过各类平台销售到全国各地。

## 旅游市场监管

【旅游市场综合执法】 2018年，万盛经开区旅游局开展旅游市场日常监督执法检查87次，出动行政执法人员180余人次，实际检查企业或场所141家次，下达整改、限期整改通知5起；针对游客反映强烈的虚假广告、非法经营、欺客宰客、强迫消费等问题，与区公安分局、工商分局、交通局、商务局等部门开展联合执法检查12次，出动检查人员57人次，检查旅行社及分支机构16家次、星级饭店25家次、景区（点）25个次、农家乐124家次。2018年，先后开展不合理低价游整治行动、旅游道路交通安全专项整治行动、“3·15”涉旅场所物价整治专项项整行动、旅游市场秩序专项整治“利剑行动”、旅游包车安全专项检查行动、农家乐市场规范整治月行动、旅游行业扫黑除恶专项行动、不合理低价游专项整治行动等专项工作；累计作出旅游行政处罚2起，处罚金额2.4万元，旅游行政处罚在案件数量、处罚力度，以及取得的警示效果上与往年相比，取得较大突破。

【旅游企业监管】 2018年，万盛经开区旅游局开展旅游暗访11次，发现问题308件，整改落实226件，整改率73.4%；受理旅游投诉128件，涉及游客369人次，办结128件，结案率100%。开展游客投诉案件现场调解13起。全年接听咨询维权投诉电话976个，前台接待来访612批次、1876人次。制定《万盛经开区旅游商品无理由退货管理办法（试行）》《旅游商品无理由退货保障基金管理办法》《旅游商品无理由退货商店管理办法》等，设立旅游商品无理由退货中心，在重庆市率先启动旅游商品无理由退货工作。创建放心消费景区2个。

（张孝富）

## 旅游节庆活动

**【2018重庆第一泡 万盛茶飘香活动】** 3月10日，“2018重庆第一泡 万盛茶飘香”活动在万盛龙鳞石海景区举行，数百辆自驾车齐聚石林，4000名游客在茶山采摘春茶。游客们除观赏茶园春色、体验采茶乐趣外，还参与制茶、品茶、茶艺表演、茶道讲座等体验活动，并观看当地苗家阿妹“采茶舞”表演。

**【2018首届世界苗族文化艺术节暨万盛第二十届苗族踩山会】** 4月29日，2018首届世界苗族文化艺术节暨万盛第二十届苗族踩山会活动在万盛石林石鼓广场开幕，来自贵州、湖南、云南以及国外的苗族同胞欢聚一堂，共同庆祝盛典。大典上，苗家儿女向游客展示红苗歌舞文化，苗族著名歌手阿幼朵演绎苗家歌曲。活动于5月27日闭幕，整个活动期间开展万盛民谣歌会、苗族特色文化展演、苗族特色产品展销会暨重庆“非遗”特别展演、公益斗鸡活动、大型情景剧《最后的夜郎王》演出等系列活动。

2018年4月29日，首届世界苗族文化艺术节暨万盛第二十届苗族踩山会现场

（区旅发委　供）

**【第三届民间文化艺术之星选拔赛】** 9月15日，第三届重庆市民间艺术之星选拔赛在万盛黑山谷八角小镇举行。大赛包括民间文艺个人、团体，分为海选、复赛、展演三个阶段。2018年8—9月为海选阶段，渝东南片区、渝东北片区、渝西片区和主城片区4个片区分别进行海选。2019年3—6月为复赛阶段，每个区县选拔2个以上节目进入复赛。2019年7—8月为展演阶段，评选出的优秀节目进行展演。大赛最终评选出10个重庆民间艺术之星节目，每个节目奖金2万元；10个重庆民间艺术新秀节目，每个节目奖金5000元；设优秀组织奖若干。

**【2018中国体育彩票万盛凉风钓鱼比赛】** 11月9—10日，“2018年中国体育彩票·重庆万盛凉风梦乡村钓鱼比赛”在关坝镇凉风村举行，来自全国各地的百余名垂钓爱好者参加。比赛为4.5米以内手竿钓重量赛，有效鱼为鲫鱼、鲤鱼、草鱼。赛场设两个计分池，每名参赛运动员须按照赛前抽到的钓位，分别参加两个计分池的比赛。经过两天角逐，万盛参赛选手郎毅以有效鱼11.1千克的总成绩获第一名。

**【乡约·2018中国十大爱情故事揭晓典礼】** 11

2018年11月10日，乡约·2018中国十大爱情故事揭晓典礼现场

（区旅发委　供）

月10日，《乡约·2018中国十大爱情故事揭晓典礼》（又名2018《乡约》爱情故事年终专辑）在万盛经开区录制。活动由中国农业电影电视中心、全国妇联宣传部、全国总工会女职工部、中国妇女报社、重庆万盛经济技术开发区联合主办。央视知名主持人肖东坡、张玮携手向观众讲述张志川、严宝玉等10对普通夫妻的“中国式爱情故事”。《乡约·中国十大爱情故事揭晓典礼》是CCTV—7的品牌活动，由中国农业电影电视中心、重庆万盛经济技术开发区联合主办。

**【首届“中国农民丰收节”美丽乡村动起来暨2018年万盛青山湖国际跑步节】** 11月17日，首届“中国农民丰收节”美丽乡村动起来暨2018万盛国际跑步节活动在青山湖湿地公园举行。本届跑步节由首届重庆中国农民丰收节组织指导委员会、重庆市农民体育协会指导，重庆市体育局等主办。来自国内外的600余名选手参赛。重庆市农委副主任、市农民体协主席陈勇，市体育局党组成员、副巡视员陈玉林，党工委书记肖猛，区领导詹旭东、唐应良出席开幕仪式，央视主持人梁毅苗助阵活动。跑步节活动设置男、女子5千米跑和男、女子10千米跑等项目。组委会将跑步节活动与首届“中国农民丰收节”相融合，利用农作物元素打造一场别具特色的丰收嘉年华。外籍选手RobertKipronohBoit夺得男子组5公里跑冠军；重庆选手李思晴获女子组5公里跑冠军。肯尼亚选手HillaryKiptanuiKomen获男子组冠军，肯尼亚选手GladysKemboi获女子组冠军。

**【2017—2018年度“黑山谷杯”国际羽毛球挑战赛年度总决赛】** 12月23日，2017—2018年度中国·重庆万盛“黑山谷杯”国际羽毛球挑战赛年度总决赛在万盛文体中心体育馆举行。中旭交通队获总决赛冠军，北京火星兔子队、宁波兴明液压队分获亚军和季军。万盛经开区党工委书记肖猛，市体育局党组成员、巡视员王霓，区领导唐应良观看比赛，并出席颁奖典礼。“黑山谷杯”国际羽毛球挑战赛为国内奖金高、规模大、影响力广的业余羽毛球赛，被国家体育总局评为“国家体育旅游精品赛事”。2017—2018年度中国·重庆万盛“黑山谷杯”国际羽毛球挑战赛取消周赛，以“请进来”与“走出去”相结合的方式，把开幕及总决赛放在万盛举行，在广州、贵阳、成都、西安等城市设立分站赛。全年四场城市分站赛，吸引80支羽毛球队，1600余人参加比赛，借助分站赛的举办，在全国范围又引起一阵“万盛旅游”热潮。总决赛期间，邀请中央电视台著名主持人洪刚、童可欣助阵，开展“积羽成善·一路有你”公益捐赠活动。

**【2018拳力联盟第四季拳力巅峰赛】** 12月22—23日，中国重庆万盛石林2018拳力联盟第四季拳力巅峰万盛文体中心体育馆举行。中国拳手获金牌3枚、银牌1枚，其中董有礼、吴举相继获147磅世界拳击组织（WBO）亚太洲际青年金腰带，刘中获122磅世界拳击理事会（WBC）亚洲大陆洲际金腰带，曲鹏获太平洋拳击联合会（OPBF）洲际银腰带。

（张孝富）

## 主要旅游景区介绍

**【黑山谷景区】** 位于黑山镇，距万盛城区20公里，距重庆主城区110公里。全长13千米，有“五峡、七区、十二峰、三十六桥、九十九瀑、一百零八潭”等景观。景区森林覆盖率97%，古树古藤、奇花异草遍布峡谷之中，四季花开不断，终年绿海茫茫。谷中负氧离子浓度最高11万个/立方厘米，空气清洁度超过国家一级标准。十里青翠，满谷富氧，被誉为中国最美养生峡谷。2012年10月29日，被评定为AAAAA旅游景区。景区内动植物种类繁多，有国家一级保护植物银杉、珙桐、桫椤，有国家一级保护动物黑叶猴、云豹等，被专家誉为“渝黔生物基因库”。

**【龙鳞石海景区】** 位于石林镇，距重庆主城区89公里。景区成岩年代距今约4.65至6亿年，是中国最古老的石林。景区有“龙鳞奇观探秘、地质公园科普、浪漫风情演绎、红苗文化展示、运动竞技体验、原生态石林保护”六大功能区，形成“石扇、石鼓、石龟”奇石三绝；“水石林、雾石林、洞石林”林石三奇；“中华震旦角石谷、化石长廊、地质公园”科普三篇；“桃花坞、龙鳞花海、苗王宫、苗家三弄”等十二大核心景点。2012年10月29日，被评定为AAAAA旅游景区。景区内古生物化石个体硕大，轮廓、色彩分明，最多的是形成于寒武纪的角石，大多呈黄褐色，有的露在石头的表面，有的镶嵌于石头中，对研究云贵高原及四川盆地东南部盆边山区的地质演变、海生物演变，有较高的科学考察价值。这里世代生活着一支红头苗，每年在此举行的苗族踩山会，享誉渝黔一带。

**【梦幻奥陶纪景区】** 位于黑山镇，距重庆主城区110公里，距万盛21公里，海拔1300米。景区内有丰富的自然景观。修建在300米悬崖上的高空项目包括高空极限类、高空刺激类、高空体验类、游乐趣玩类、自然景观类五大类项目。奥陶纪的“天空悬廊”因获“最长的悬挑空中玻璃走廊”称号，入选吉尼斯世界纪录。“极限飞跃”被评为“全球九大最惊险高空项目”之一；还有“18米悬崖秋千”和“21米悬崖秋千”等刺激项目。

**【九锅箐森林公园】** 位于关坝镇，距万盛城区38公里。因形似九口锅而得名。海拔最高处为1413.6米，最低处620米，总占地645.67公顷。由于海拔落差大，立体气候明显，雨量充沛，年平均气温14.2℃。九锅箐森林公园植被茂密、林木葱茏、云烟雾绕、空气清新，环境优美，大千林间鸟语花香、十里茶海郁郁葱葱，素有“天然氧吧”“山城绿珠”之称。景区内开展有拓展训练、真人CS、森林探险、实弹射击等旅游项目，是青少年科学考察、教育实践基地。

**【青山湖国家湿地公园】** 位于万东镇、金桥镇，湖区面积173.33公顷。2018年12月29日创建为国家湿地公园。湖区四面青山环抱，延绵起伏，苍翠浓密，水域辽阔，碧波荡漾。10多个半岛和岛屿星罗棋布，港湾交错纵横。气候宜人，年平均气温20℃。环湖健身步道长100余里。景区内有长滴水岩瀑布、青山秀水楼等。

**【丛林菌谷蘑菇总动员】** 位于丛林镇，是中国大陆第一个蘑菇主题乐园，以蘑菇文化为主题，以亲子游乐为核心 。主要分为五大区域，即亲子游乐区（菌菇主题游乐区）、菌林采菇体验区、荷塘湿地产业景观区、亲水休闲区和蘑菇主题景观探秘区。园区内蘑菇雕塑林立，栩栩如生，各类娱乐体验项目新奇刺激。

**【板辽湖景区】** 位于青年镇，距万盛城区25千米，距万盛主城115千米。板辽湖景区东南部，紧邻溱州桥，总面积9公顷。板辽湖景区内资源丰富，青山绿水、茶园起伏、云雾缭绕、风景秀美，春月嫩芽点绿，花香满径；夏至绿荫满湖，万木葱茏；秋来红叶铺山，彩林炫目；冬日寒风劲草，岁暮天寒。板辽湖是融生态休闲、时尚运动、激情游乐、滨湖度假四大功能于一体的乐水休闲基地。金色沙滩，蓝色游泳池，热带植被的交错搭配，呈现不一样的海岛风情。

**【凉风梦乡渔村】** 位于关坝镇，距万盛城区约25千米，距重庆主城约80千米。面积825公顷。凉风梦乡渔村背靠九锅箐森林公园，地处渝黔复线高速和大黑山旅游环线，是“渝南黔北”乡村旅游重要节点。凉风村作为昔日的国家级贫困村，依托良好的区位优势，精准扶贫、精准施策打造农旅、体旅、商旅融合发展的乡村旅游品牌助力脱贫。村内密林古树，林海苍莽；奇山怪石，九峰叠翠；奇花异草，鸟语花香。植被茂盛，山峰秀丽，圆润浑厚。渔村的生态流水资源丰富，游客可在此垂钓、休闲、观光、度假，感受休闲的渔家生活。晚上可夜宿当地农家乐或者野外露营，远离城市喧嚣，拥抱自然。春季，凉风村李花盛开，如雪花漫天，是观光摄影好去处。

**【尚古村落】** 位于金桥镇，距万盛城区8千米。占地53.33公顷，村落青山环抱，可近观青山湖湿地公园群景，村落里群芳争艳，阡陌纵横，林荫小道，树影婆娑，风光秀丽，呈现出树绕村庄、水满坡塘的田园风光。青山湖尚古村落致力于“留住青山，记住乡愁”建设理念，以“旅游观光、养生度假、文化展示、农耕体验、运动休闲”为功能定位。有孔雀观赏园、粉黛云烟、浣溪叠石、青莲叠翠、五彩滑草场、紫藤长廊、杉语间、樱花漫、三重崖等景点20余处。

**【南天门风雪世界】** 位于石林镇，景区以风、雪、夜为主题，打造如风般飘逸，如雪般纯净，如夜般烂漫，如画般唯美的四季度假生活。项目策划“一廊四区”，即风车世界景观廊、冰雪世界游玩区、南天啸月观赏区、南天雪乡度假区、龙门传说体验区。游客可以在此体验冰上碰碰车、滑雪、溜冰、雪上飞碟、雪地摩托等冬季运动项目。

**【青年汇巅峰乐园】** 位于黑山镇，临黑山谷景区北门，是集时尚、休闲、极限拓展、竞速赛事、户外演艺等为一体的综合型教学、体验旅游景区。是国内首家集陆上运动、水中运动、空中运动三位一体的理念打造的高端运动主题乐园。拥有F3级赛道、极速卡丁车、越野车、户外攀岩、迷宫、摩天轮、碰碰车等刺激体验娱乐项目。

**【万盛场】** 位于万盛城区内，始于清咸丰元年（1851年），兴盛于19世纪中叶。老街四周毗邻万东北路、勤俭路和万新路，街区由香炉巷、荣懿巷、炭花巷、万寿巷、石缸巷五巷交错排列组成，是一个以城市传统文化为核心的休闲体验型老街夜市。万盛老街作为体现老街新貌的文化聚集地，以街市旅游为主题，主要针对城市怀旧客群，打造以特色购物美食街、特色非遗展示店、特色休闲老茶馆、老街特色博物馆等为主题的情景式文化体验区。

**【金蝶湖文化公园】** 位于金桥镇，距金桥场镇500米，交通便利，库区面积14公顷，湖周建设有金蝶湖文化公园，湖光山色，风景优美。金蝶湖以优美的自然风光为依托，陆续推出徒步健身、垂钓、皮划艇等特色项目。这里低山浅丘，三面环山，河水西流，水源充足，土地肥沃，常年气温在15℃~22℃，气温温和宜人，游人可在此体验生态农业，采果观光，可追寻先人足迹，探索崖墓之谜，也可以静坐湖边，享受自然之美。2018年9月17日，金蝶湖文化公园被评为国家AAA旅游景区。

**【百花谷旅游度假区】** 位于黑山镇，临黑山谷景区，占地面积20公顷。度假区由休闲度假区、百花园、玫瑰园组成，涵盖吃、住、游、购、娱、养六大要素。休闲度假区的百花园内，草坪与流水相邻，百花与森林相伴，孔雀与花儿争艳，一年四季鲜花不断开放，令人流连；玫瑰园内，可观赏到250余种玫瑰，是重庆品种最多的玫瑰种植基地。景区内规划建设有星空咖啡、无边际游泳池、垂钓池、房车露营基地、音乐烧烤吧、玫瑰坊、园艺农场、家庭农场、儿童乐园、渔庐餐厅、淋浴房等休闲度假设施。

**【鱼子新区】** 位于黑山镇鱼子村，是万盛的宜居新城、乐活乐园和原奢生态区。有五彩叠瀑、鱼子早春、鱼子水车、鱼子花瀑、鱼子龙门桥、鱼子民宿等多处自然人文景观。

**【樱花温泉】** 位于南桐镇，泉水常年水温39℃~52℃，含有氟、溴、碘、锶、硼、硫、锂等多种矿物质和微量元素。游泳池碧波荡漾，流水潺潺；室内浴池雾似轻纱，紫霭升腾。

**【五和梨园】** 位于万东镇五和村，距万盛城区6公里，处于青山湖现代农业园核心区域，种植有梨树等果品533.33余公顷。每年“五和梨花文化旅游节”会邀请各界戏曲艺术家到梨园唱戏，传统国粹与乡村美景交相辉映、绽放异彩。园区气候宜人、四季皆景，春来梨花吐蕊，夏至惠风和畅，秋尝满园果香，冬有亭台献瑞。游人至此，赏花采果，湖畔垂钓，景美食诱，意满而归。

**【更鼓苗湾】** 位于青年镇更鼓村。因更鼓红苗居住地处于“三沟一湾”处，故将其命名为“更鼓苗湾”。更鼓红苗能歌善舞，更精于蜡染、扎染、刺绣等民族传统工艺，还保持着苗族“绷鼓”仪式、苗家歌舞、砍火星节、苗年节、踩山会、哭婚等传统习俗，创造了独特的红头苗文化。

（张孝富）

# 房 地 产 业

## 房地产开发

**【概况】** 2018年，万盛经开区有房地产企业48家，竣工楼盘1个，面积10万平方米，累计面积95.81万平方米。年末，全区有旅游地产商品房2.01万套。

（梅　兵）

## 房地产市场

**【概况】** 2018年，全区备案登记48家房地产开发企业和16家中介机构。完成部分旅游地产开发企业参加2018年度重庆市商业地产暨旅游度假区展览会。2017年度旅游地产购房奖励兑现审查工作完成，全区兑现奖励资金2030.02万元，涉及购房户4250户，

**【房地产交易】** 2018年，全区办理商品房预售许可11宗，涉及套数2087套、面积18.83万平方米，其中住宅18.12万平方米，商业门面5523.27平方米，车库1592.1平方米；二手房住宅成交4292件、比上年增长41.51%，成交面积30.36万平方米、增长37.17%，成交金额9.97亿元、增长65.89%；二手房非住宅成交120件、增长25%，成交面积4.13万平方米、增长3.26%，成交金额1.06亿元、增长8.56%。

全年上市商品房2182套，上市面积17.22万平方米；成交商品房4539套，成交面积33.24万平方米。其中旅游地产销售2075套、9.93万平方米，城区地产销售2464套、23.31万平方米。年末，库存商品房5435套，库存面积34.93万平方米，库存套数比上年减少43.36%。库存商业用房38.73万平方米。

（梅　兵）

## 房地产管理

**【公房管理】** 2018年，万盛经开区国土房管局探索公房管理模式，实行公开招租，以降低非住宅空置率。老街C2栋闲置二层商业用房招租。全年租金483.42万元。清理核实廉租房1557套6.83万平方米。全年签订白蚁防治合同16份，合同金额48.33万元，合同防治面积约36.22万平方米，收取白蚁防治费51.61万元（含追缴历年欠款3.28万元），16个项目实施白蚁现场施药防治，全年无白蚁事故发生。

**【房地产权属登记管理】** 2018年，万盛经开区农村产权流转交易工作延伸到镇，有1个镇成立农村产权流转交易工作领导小组。2018年全年完成土地房屋初始登记107件，转移登记15716件（其中安置房1194件），变更登记600件，抵押登记3127件（其中城房抵押2946件，农房抵押181件），解除抵押登记2021件（其中城房解押1945件，农房解押76件），商品房合同备案登记1290件，预告及预告抵押登记2068件，司法查封和解除查封登记320件，预售许可登记13件，集体土地房屋登记428件，全年完成不动产登记2.57万件，发放不动产权利证书2.02万本，发放不动产登记证明6760份，办结不动产登记业务

3.50 万件。档案查询 2.03 万次，出具房屋证明 1.88 万份。

**【物业管理】** 开展小区“放心消费”物业服务活动，进一步改善小区人文环境。指导万盛街道和万东镇设立物业管理办公室。协调处理矛盾纠纷40件，排查整改安全隐患55处，开展28个物业企业参加应急演练，追收物业专项维修资金欠款400余万元，归集资金4200万元，同意列支专项维修资金126万元。完成全区房屋住用安全的大排查大整治工作，完成C、D级房屋排查116栋，其中C级16栋、D级99栋，拆除销号的C/D级房屋4栋，完成南桐矿业公司移交的职工住房排查299栋。

2018年6月4日，2018年万盛经开区脱贫攻坚物业专场现场招聘会

（区国土房管局　供）

**【住房档案电子化管理】** 全年扫描土地房屋权属档案3.91万宗，归入档案查询信息库，扫描纸质档案110万页。不动产数据修改、清理7.62万条，装订登记档案3.91万卷。通过档案查询系统，档案查询2.03万次，出具房屋证明1.88万份。

（梅　兵）

## 住房公积金管理

**【住房公积金归集】** 2018年，万盛经开区有参缴单位321个，参缴人数2.33万人，当年归集2.85亿元，累计归集额20.23亿元，年末有归集余额7.52亿元。

**【住房公积金提取】** 2018年，符合政策提取2.13亿元，8090人次，累计提取12.51亿元，6.68万人次。

**【住房公积金贷款】** 2018年，万盛经开区发放公积金个人贷款623户，1.65亿元，累计发放公积金个人贷款11.46亿元，7323户，年末有贷款余额6.77亿元。

（李云伟）

# 金　融　业

## 综　述

**【概况】**　万盛经开区金融办有内设科室 3 个，即金融工作科、金融监管科、金融稳定科，有工作人员 3 人。2018 年，万盛经开区有金融机构 23 家，其中银行机构 9 家，保险机构 6 家，证券公司 1 家，担保公司 3 家，小额贷款公司 3 家，基金公司 1 家。

**【银行业】**　2018 年，万盛经开区有银行业金融机构 9 家，即中国工商银行股份有限公司重庆万盛支行、中国农业银行股份有限公司重庆万盛支行、中国银行重庆万盛支行、中国建设银行股份有限公司万盛支行、中国邮政储蓄银行股份有限公司重庆万盛经开区支行、重庆农村商业银行股份有限公司万盛支行、重庆银行股份有限公司万盛支行、民生村镇银行股份有限公司万盛支行、重庆三峡银行万盛支行。有营业网点 54 个，其中城区 26 个，街镇 28 个；从业人员人数合计 262 人。2018 年年末，全区银行业存款余额 162.53 亿元，其中居民储蓄存款 108.58 亿元，单位存款 53.95 亿元；贷款余额 106.19 亿元，其中单位贷款 61.85 亿元，个人贷款 44.42 亿元；存贷比 65.33%，不良贷款占比 0.42%。

**【保险业】**　2018 年，万盛经开区有保险机构 6 家，其中财产保险机构 3 家，寿险保险机构 3 家，分别是中国人民财产保险股份有限公司重庆市万盛支公司、中国平安财产保险股份有限公司万盛支公司、阳光财产保险股份有限公司万盛支公司、中国人寿保险股份有限公司重庆市万盛支公司、中国太平洋人寿保险股份有限公司重庆市万盛支公司、泰康人寿万盛支公司。营业网点数合计 13 个，其中城区 11 个，街镇 2 个；从业人员人数合计 463 人（含代理人员）。2018 年全区保费收入 2.35 亿元，理赔支出 0.45 亿元。

**【证券业】**　2018 年，万盛经开区证券机构 1 家，即西南证券重庆万盛大道证券营业部。营业网点数 1 个，从业人员 4 人。开户数 487 人，股票交易金额 14.72 亿元。

**【融资平台类】**　万盛经开区开发投资集团公司为市级投资公司，成立于 2012 年，注册资本金 20 亿元。其性质为国有独资公司，具有独立法人资格，设立董事会、监事会。集团公司内设办公室、资产管理部、财务部、投融资部、项目部、党群部、规划发展部、土地储备部、人力资源部等 8 部 1 室。

（万盛经开区金融办）

## 银　行

### 中国工商银行股份有限公司重庆万盛支行

**【概况】**　2018 年，中国工商银行股份有限公司重庆万盛支行有员工 58 人，有内设部门 3 个，即公司金融业务部、个人金融业务部、综合部，下辖支行营业部、万东支行、万北支行、聚鑫缘支行 4 个网点；有离行式自助银行 5 个，即万盛大道自助银行、鱼田堡自助银行、万盛汽车站自助银行、南桐幸福广场自助银行、黑山自助银行；有各类自助设备49台。

**【存款业务】** 年末，万盛支行本外币各项存款余额19.46亿元，较年初减少1.12亿元。其中对公存款余额5.65亿元，较年初减少1.65亿元；储蓄存款余额13.81亿元，较年初增加5282万元。

**【贷款业务】** 年末，万盛支行各项贷款余额13.42亿元，较年初减少1.62亿元。其中公司贷款余额8.62亿元，较年初减少1.56亿元；个人贷款余额4.80亿元，较年初减少561万元。

**【中间业务】** 全年万盛支行累计实现中间业务收入2064万元，比上年同期减少182万元。

**【资产质量】** 全年万盛支行不良贷款余额408万元，不良贷款率0.31%，不良贷款额控制在上级行下达的控制计划内，资产质量总体较好。

（王　鸿）

## 中国农业银行重庆万盛支行

**【概况】** 2018年，中国农业银行万盛支行有内设部门2个，即综合管理部、客户部；下辖营业机构5个，即支行营业部、万东支行、龙凤自助银行、子如自助银行、城市之光自助银行，在职员工46人。2018年，中国农业银行万盛支行拨备后利润1.13亿元，经济增加值4968万元。

**【存款业务】** 年末，中国农业银行万盛支行本外币各项存款时点余额19.70亿元，比年初减少4.16亿元。其中储蓄存款余额7.96亿元，比年初增加8323万元；对公存款余额11.73亿元，比年初减少4.99亿元。

**【贷款业务】** 年末，中国农业银行万盛支行各项贷款余额26.48亿元，比年初减少6313万元。其中法人贷款余额21.18亿元，比年初减少1.30亿元；个人贷款余额5.30亿元，比年初增加6654万元。年末各项不良贷款余额299万元，较年初减少164万元。

**【中间业务】** 全年实现中间业务收入1752万元，市场份额排行第二。支行重点加大结算套餐及单位结算卡、电子银行业务等营销力度，巩固提升人民币结算、电子银行业务收入的传统优势地位。加快代理保险销售进度，加快理财、高端投行、贵金属、代销基金等业务发展，缩小同业差距，确保中间业务的增长。

**【金融服务】** 以万盛经开区村民商店、村委会办公地、村医疗室为依托，重新梳理和调整惠农服务机具的布放，实现57个行政村全覆盖；以建档立卡贫困户为主体，在2018年12月下旬与区相关部门签订合作协议，发放扶贫贷款12户20多万元。开展“3·15”金融知识宣传、金融知识进社区、反假货币宣传月等金融知识宣传活动，为提高全区人民金融知识水平贡献力量。

（梁　睿）

## 中国银行股份有限公司重庆万盛支行

**【概况】** 中国银行重庆万盛支行设在重庆市万盛区万盛大道21号（海棠晓月旁），有在岗员工7人。

**【存款业务】** 年末，中国银行股份有限公司重庆万盛支行各项时点存款余额1.52亿元，比年初减少1.38亿元，其中公司存款减少1.37亿元；

**【贷款业务】** 年末，中国银行股份有限公司重庆万盛支行各项贷款余额2.66亿元，比年初增加1.30亿元。

**【支持地方经济】** 2018年，中国银行重庆万盛支行将贷款规模重点投放在关系国计民生的装备制造业、冶金、等行业，大力发展中小企业贷款，尽力满足其融资需求，积极投放个人刚需住房贷款以及购车、旅游等消费贷款。努力解决中小企业融资难问题，拓宽中小企业融资渠道，支持中小企业发展。

（陈　艳）

## 中国建设银行股份有限公司重庆万盛支行

**【概况】** 中国建设银行重庆万盛支行（以下简称建行万盛支行）位于万盛经开区万东北路22号，有营业网点2个，即万盛支行、万盛海棠晓月分理处，有万新路离行式自助银行1个、离行式AT米机1台，辖区自助设备总量14台，2018年，有在岗员工15人。

**【存款业务】** 年末建行万盛支行各项存款余额10.84余亿元，其中企业存款4.12亿元，储蓄存款6.72亿元，各项存款比上年增加0.97亿元，

**【贷款业务】** 年末，建行万盛支行各项贷款余额6.55亿元，其中单位贷款3.33亿元，个人贷款3.22亿元。

**【资产质量】** 年末，建行万盛支行不良贷款余额170万元，不良率0.26%。

**【金融服务】** 2018年，建行万盛支行继续推进住房租赁、普惠金融、金融科技战略。用金融的力量化解租购矛盾，推出租房租赁平台，助推居民家庭实现“安居梦”。立足金融服务实体经济的本质，运用金融科技赋能以及大数据技术，创新金融产品解决小微企业融资难、融资贵问题。进行小微企业全线上信用融资产品创新，大力发展普惠金融，并推出建设银行“惠懂你APP”一站式服务平台，支持小微型民营经济发展，普惠金融贷款年新增超1200万元。

（罗　阳）

## 重庆农村商业银行股份有限公司万盛支行

**【概况】** 2018年，重庆农村商业银行股份有限公司万盛支行（以下简称重庆农商行万盛支行）有下辖营业网点13个，自动存取款设备31台，在职员工132人，存、贷款余额分别为51.80亿元和24.62亿元；纳税3285.13万元。

**【存款业务】** 年末，重庆农商行万盛支行存款余额51.80亿元，对公存款日均余额19.47亿元，储蓄存款日均余额38.35亿元，比年初增加2.36亿元，增长6.56%。

**【贷款业务】** 年末，重庆农商行万盛支行贷款余额24.62亿元，其中个人贷款余额9.14亿元，比年初增加1.98亿元，增长27.59%；3000万元以下小微企业贷款余额5.08亿元，比年初增加1.39亿元，增长37.71%。

**【中间业务】** 全年累计代发城乡居民养老保险51.19万笔，金额3.39亿元；代发财政涉农补贴资金7.28万笔，金额3736.38万元。

（郭倩如）

## 重庆银行万盛支行

**【概况】** 重庆银行万盛支行有内设部门7个，即公司业务部、小微业务部、零售业务部、营业部、风险部、保卫部、综合部，有员工25人。其中行领导2人、公司业务部3人、小微业务部3人、零售业务部5人、营业部9人、风险部1人、保卫部1人、综合部1人。重庆银行万盛支行物理网点位于万盛区万盛大道23号附1号（渝南明珠钟楼旁）。

**【存款业务】** 年末，重庆银行万盛支行存款时点余额12.99亿元，其中公营存款余额6.22亿元，个人储蓄存款余额6.77亿元。

**【贷款业务】** 年末，重庆银行万盛支行融资余额约37.05亿元，其中表内贷款余额约23.06亿元，含大中条线贷款余额10.1亿元，小微条线贷款余额2.07亿元，个人条线贷款余额10.89亿元（含互联网消费贷款余额10.23亿元）；其中表外业务13.99亿元，含双创基金8.99亿元，信托计划2亿元，债权融资计划3亿元。

【中间业务】 2018年，重庆银行万盛支行理财产品交易笔数合计4133笔，销售理财4.97亿元，理财存量2.00亿元。

（苏 丹）

## 中国邮政储蓄银行股份有限公司重庆万盛经开区支行

【概况】 中国邮政储蓄银行重庆万盛经开区支行有内设部门5个，即综合管理部、综合业务部、支行营业部、东林支行、观景湾支行。有二级支行及邮政代理网点17个，其中二级支行（自营）3个，邮政代理储蓄所14个。分布于城区街道网点9个，即万盛经开区支行营业部、观景湾支行、东林支行、广场营业所、火车站营业所、大道营业所、万东北路支行、万新路支行、清溪桥营业所；分布于各个乡镇网点8个，即塔山营业所、鱼田堡营业所、桃子营业所、支路营业所、南桐营业所、青年镇支行、关坝镇支行、丛林镇支行。年末，支行有在职人员49人，辖区内配置自动存取款机23台。

【存款业务】 年末，全行各类个人存款余额26.51亿元，其中定期存款18.08亿元，活期存款8.43亿元，全年新增个人存款1.22亿元。二级支行（自营）个人存款余额7.11亿元，全年新增个人存款余额2269.73万元，增长3.3%；全年公司存款业务共计开立存款账户167户，公司存款余额1.67亿元，增加0.62亿元，增长59.05%。

【贷款业务】 年末，各类贷款当期余额7.34亿元。全年个人零售业务贷款累计发放1044笔，发放金额2.22亿元；小企业贷款累计发放7笔，发放金额2740万元，全年净增455万元。

【中间业务】 开办代理保险，代收代付，销售理财产品、基金、国债等，商易通，POS收单，电子银行，非税，代理国库联网缴费等十大类中间业务。全年累计代收付业务量78.31万笔，新增签约客户327户，结存签约客户21.32万户；汇兑业务全年全辖网点累计收汇2933笔，金额188.27万元；理财类业务全年全辖累计销售理财产品2.68亿元，其中自营网点累计销售理财产品1.11万元；基金业务全年累计销售7386.41万元，其中自营网点销售2510.52万元；国债业务本年累计销售3035.6万元，其中自营网点本年累计销售1309.19万元。

（郭遥遥）

## 重庆三峡银行股份有限公司万盛支行

【概况】 重庆三峡银行万盛支行有内设部门3个，即支行现设综合部（保卫部）、业务部、营业部，有员工17人。

【存款业务】 年末，万盛支行各项存款余额18.23亿元，其中对公存款余额11.68亿元，储蓄存款余额6.55亿元（不含理财产品）。

【贷款业务】 年末，万盛支行各项贷款余额26.89亿元，其中公司贷款25.72万元、小企业贷款6377万元、个人贷款5302万元。

【资产质量】 全年万盛支行无不良贷款，资产质量总体较好。

（重庆三峡银行股份有限公司万盛支行办公室）

# 保　险

## 中国人寿保险股份有限公司重庆市万盛支公司

【概况】 中国人寿保险股份有限公司重庆市万盛支公司（以下简称中国人寿万盛支公司）有内设机构5个，即综合管理部、团险销售部、个险销售部、客户服务部、银行保险部，营业网点，有在岗人员21人，代理人144人。

【保费收入】 全年中国人寿万盛支公司营业收入4309万元。

【保费理赔】 全年营业支出5727万元，其中死亡给付 212 万元，医疗给付 41 万元，满期、年金给付 1484 万元，赔款支出 270 万元，保单红利支出 332 万元。

（陈忠妮）

## 中国太平洋人寿保险股份有限公司重庆市万盛支公司

**【概况】** 中国太平洋人寿保险股份有限公司重庆市万盛支公司，有内设部门 5 个，即个人业务部，综合内勤部，续期服务部，团体保险部，交叉销售部门。开办险种包括人生险，意外险，养老保险等产品，2018 年年末，公司有在册人员 560 人，其中 60% 为下岗工人；2018 年营销员平均年收入在 4500 元左右。

**【保费收入】** 2018 年，太平洋保险万盛支公司累计承担学校和医院，建筑行业等 119 个单位 2800 万元的保障，个人保险累计实现年度保费期缴 3200 万元。

**【保费理赔】** 2018 年，太平洋保险万盛支公司保险赔付金额 516 万元。

（中国太平洋人寿保险股份有限公司重庆市万盛支公司办公室）

## 中国平安财产保险股份有限公司万盛支公司

**【概况】** 中国平安财产保险股份有限公司万盛支公司（以下简称中国平安万盛支公司）有内设部门 8 个，即经理室、综合管理部、业务管理部、客户服务部、直通团队、银保团队、代理团队、车商团队，有员工 13 人。

**【保费收入】** 2018 年保费收入 2867 万元，其中车险 2730 万元，占万盛经开区财产保险公司车险总份额 42%，财产险 39 万元，意健险 98 万元，机构整体保费规模占万盛经开区财产保险公司保费总规模 39%。

**【保费理赔】** 2018 年，报告赔款 983 万元，赔款与保费比 34%。

（中国平安万盛支公司办公室）

## 阳光财产保险股份有限公司重庆市万盛支公司

**【概况】** 阳光财产保险股份有限公司重庆市万盛支公司（阳光产险万盛支公司）有内设机构 6 个，即经理室、客户服务部、综合管理部、车商部、银保部、综合开拓部，有员工 8 人，个人代理 25 人。

**【保费收入】** 2018 年完成营业额营业 364.88 万元，比上年减少 16.77%。

**【保费理赔】** 2018 年，阳光产险万盛支公司赔款支出赔款支出 291.69 万元。

（余　婷）

## 中国人民财产保险股份有限公司重庆市万盛支公司

**【概况】** 中国人民财产保险股份有限公司重庆市万盛支公司（以下简称人保财险万盛支公司）有内设部门 7 个，即综合部、直销业务一部、商业非车险业务一部、商业非车险业务二部、直销业务三部、续保团队，理赔分部，有在编员工 22 人，借用人员 9 人，专职营销员 8 人。主要经营财产、责任、健康、意外伤害保险等非寿险业务，开办有机动车辆、企业财产、个体工商户财产、家庭财产、人身意外伤害、人身安康、企业用电安全、公众责任、雇主责任、医疗责任、道路客运承运人责任、煤矿企业安全生产事故责任、国内铁路公路货运、社保补充团体医疗保险等 40 余个险种。2018 年，公司为全区社会各界、单位及个人提供风险保障 196 亿元，向区上缴各种税金 172 余万元。

**【保费收入】** 2018 年，公司实现保费收入 4086 万元，比上年净增保费 352 万元，增幅 9.43%，其中车险实现保费收入 3334 万元，增加 294 万元，增幅 9.67%；商业非车险实现保费收入 726

万元，增加保费 57 万元，增幅 8.52%；农险实现保费收入 25 万元。

**【保险理赔】** 2018 年，公司处理各种保险赔案 3007 件，支付赔款 1912 万元。

（中国人民财产保险股份有限公司重庆市万盛支公司办公室）

## 泰康人寿保险有限责任公司

**【概况】** 泰康保险集团有限公司（前身为泰康人寿保险股份有限公司）是一家涵盖保险、资管、医养三大核心业务的大型保险金融服务集团。旗下拥有泰康人寿、泰康资产、泰康养老、泰康健投、泰康健康、泰康在线等子公司。业务范围全面涵盖人身保险、互联网财险、企业年金、资产管理、医疗养老、健康管理、商业不动产等多个领域。2018 年，泰康人寿重庆万盛支公司有从业人员合计人数 132 人，

**【保费收入】** 2018 年，泰康人寿重庆万盛支公司保费收入 263 万元。

（霍同香）

# 证　　券

## 西南证券股份有限公司重庆万盛大道证券营业部

**【概况】** 西南证券股份有限公司重庆万盛大道证券营业部（以下简称西南证券万盛大道营业部）位于万盛经开区万盛大道 21 号 6 幢负 1－14 号。有在职职工 4 人。

**【经营情况】** 2018 年，西南证券万盛营业部经纪业务收入 110.59 万元，金融产品销售 747.24 万元，实现收入 20.18 万元，中间业务实现收入 48.66 万元。新增普通客户 136 户，新增客户资产 1755.9 万元，客户累计成交金额 17.26 亿元。营业部在 2018 年工作中，坚持金融产品销售为重要抓手，提供精准的产品配置服务；依托公司投顾服务平台，创新服务理念；深入服务实体经济，持续推进中间业务发展；融资业务突破创新，持续推进债券发行。

**【中间业务】** 万盛经开区产业发展基金于 2018 年年末继续签订服务合同 1 年；承揽签约 1 家新三板挂牌辅导协议——重庆泊广传媒有限公司，争取 2019 年完成新三板的挂牌工作；签约 1 家科创板挂牌项目——重庆九锅箐农林综合开发有限责任公司；签约 1 家孵化板挂牌项目——重庆市万盛区贵先米业有限责任公司；向渝农商金融租赁有限责任公司推荐客户万盛经济技术开发区开发投资集团有限公司开展融资租赁服务事项，该项目完成融资 2 亿元；签订 2018 年重庆市万盛经济技术开发区开发投资集团有限公司养老产业专项债券。

（欧晓娟）

# 财 政 税 务

## 财 政

【概况】 万盛经开区财政局有内设科室13个，即办公室、预算科、国库科、行财科、经济建设管理科、企业国资管理科、农业科（挂基层财政科牌子）、教科文卫科（挂社会保障科牌子）、会计监督科、采购办、金融工作科、金融稳定科、金融监管科。有下属事业单位3个，即重庆市万盛经济技术开发区国库集中收付中心、中华会计函授学校万盛分校、重庆市万盛经济技术开发区财政投资评审中心（挂非税征收中心牌子）。2018年，有职工53人。

【一般公共预算】 2018年，全区一般公共预算收入12.02亿元，为预算的92.4%，为调整预算的100.1%，比上年降低4.1%，考虑城市建设配套费从2018年6月1日起，由一般公共预算转列政府性基金预算因素，剔除一般公共预算收入中2017年6—12月城市建设配套费1.28亿元后，同口径增长6.7%。其中税收收入8.71亿元，为调整预算的100.2%，增长8.4%。加上级转移支付收入15.67亿元，市政府转贷地方政府债券资金收入2亿元，上年结转结余收入1.85亿元，调入预算稳定调节基金346万元，调入资金1亿元，收入总计32.57亿元。全区一般公共预算支出29.02亿元，为预算的97.4%，为调整预算的101.5%，比上年增长1.8%，加上解支出8235万元，地方债券还本支出1亿元，结转下年支出1.71亿元，安排预算稳定调节基金161万元，支出总计32.57亿元。

【政府性基金预算】 2018年，全区政府性基金预算收入完成3亿元，为预算的100%，为调整预算的100%，比上年增长25.7%。加上级转移支付收入4.70亿元，上年结转结余收入350万元，收入总计7.74亿元。全区政府性基金预算支出6.63亿元，为预算的204.9%，为调整预算的100.7%，增长185.8%。加上解支出541万元，结转下年支出528万元，调出资金1亿元，支出总计7.74亿元。

【国有资本经营预算】 2018年，全区国有资本经营预算收入完成5500万元，为预算的27.5%，为调整预算的100%，比上年降低72.6%。加上级补助收入1.21亿元，上年结转收入1.87亿元，收入总计3.64亿元。全区国有资本经营预算支出2.42亿元，为预算的62.6%，为调整预算的100%，增长34.2%。加结转下年支出1.21亿元，支出总计3.64亿元。

【财政收入变革】 实施收入质量提升行动。围绕“高质量发展”要求，立足稳增长，强化收入质量改革，实现稳中提质。煤炭采掘业产值占工业总产值比重由历史最高值72%下降至5%，煤炭开采和洗选业税收占区级税收收入比例由高峰值超过80%，下降到不足10%。税收收入占一般公共预算比重由不足50%提升到72.5%。实施征管效率提升行动。建立“以财政统筹为核心，税务部门为税收征管龙头，部门镇街为收入征管主体”的收入征管格局，完善镇街财政体制，进一步激发镇街协税护税和财源建设的积极性。完善税收共治信息化平台，细化涉税信息共享目录、传递方式。加大职能部门配合联动，整合管理资源，推动“由票管税”向“信息管税”转变，税收征管效率进一步提升。实施推动增收动力提升行动。围绕资源型城市转型目标，加速培植壮大新动能主体财源，改造提升传统产业，培育发展新兴产业，提高财政收入增长的可持续性。旅游、体育等朝阳绿色产业持续发力，梦幻奥陶纪成为网红景区，体育赛事综合效益凸显，体育旅游产业加快发展。

【财政保障民生】 2018 年，全区民生支出 16. 3 亿元，占一般公共预算支出 56. 2%。持续增加扶贫资金投入，建立健康医疗救助基金，保障扶贫对象的医疗托底，完善贫困村基础设施，推进实施金融扶贫。加大社会保障资金投入，继续稳步提高城乡居民基础养老金、城乡居民最低生活保障等民生保障标准。全面落实创业就业财政贴息政策，进一步开发公益性岗位，不断推动就业再就业。足额保障教育公用经费，强化教育基础设施建设，切实做好贫困学生营养改善和学生资助，大力支持职业教育事业发展。民生实事工程有序推进。农村小康路等 8 件市级民生实事有效落实，其中，公办幼儿园新增班级 12 个、学位 360 个；新增停车场（库）14 个、停车位 5062 个；新增绿地面积 13. 5 万平方米；万盛人民医院住院部综合业务楼主体工程建设完毕。残疾人康复中心等 12 件区级民生实事落地见效，其中，残疾人康复中心主体工程建设完毕；完成清溪河 3800 米污水管网建设；全区农村天然气用户 1. 12 万余户，行政村通天然气率 100%。重点投资项目态势稳中向好。工业集群、体育旅游、城市建设、基础设施、社会民生等五类 109 个重点投资项目，全年完成投资 66. 4 亿元。其中，36 个工业集群项目完成投资 25. 2 亿元，特别是珠海光宇项目完成投资 6. 6 亿元，创造年内签约、年内开工、年内投产的“万盛新速度”；18 个体育旅游项目完成投资 5. 4 亿元；20 个城市建设项目完成投资 10. 5 亿元；22 个基础设施建设项目完成投资 21. 1 亿元；13 个社会民生项目完成投资 4. 2 亿元。

【财政改革】 推动预算编制改革。出台《区级基本支出管理办法》《区级项目支出管理办法》，坚持“与地方财力相匹配”“支出方向、标准明确”“项目预算与单位职责边界清晰”等原则，科学设置项目预算编报体系，强化预算编制约束。实施预算公开评审，评审组对 2019 年区级部门 950 余个项目开展公开评审。坚持“用钱必问效”的原则，2019 年预算基本实现绩效目标设定全覆盖。强化预算执行改革。开展“零结转”管理，按照“专款专用，分类处理”的原则，累计收回 137 个项目结转结余资金 14491 万元。进一步加大项目资金申报支付审核力度，坚持财政资金用款计划“五级审核制度”，确保资金规范使用。积极推进电子凭证系统及电子支付系统改造升级项目实施，推动国库集中支付电子化改革。加大“财务会计 + 预算会计”双体系核算的政府会计制度培训，确保新旧政府会计制度有序衔接。深化预算公开改革。按照预决算信息公开制度，对预决算公开工作涉及的职责分工、公开主体、公开时限、公开程序、公开内容等具体问题进行明确规定，统一公开文字说明口径，依法推动预决算信息公开制度化、规范化、常态化。2017 年部门决算 55 个预算单位和 2018 年部门预算 58 个预算单位，除 1 个涉密部门未公开外，其余实现全公开。

【金融风险防范】 2018 年，成立万盛经开区打击非法金融活动领导小组，以万盛经开区党工委委员、管委会副主任胡俊为组长，区政法委、宣传部、经信局、民政局、农林局、教育局、商务局、公安分局、工商分局等为小组成员单位，办公室设在万盛经开区金融办。万盛经开区打击非法金融活动领导小组每半年召开一次风险形势研判会，并对一线打击非法金融活动工作者进行业务培训；建立健全各项工作制度和监测预警机制，出台《打击非法集资举报奖励制度》；开展宣传教育，通过各种媒介开展常年持续性宣传工作，集中宣传 6 次，“六进活动”（进机关、进学校、进乡村、进社区、进企业、进商场）20 余次，镇街宣传 10 余次，发放宣传品 12000 余件；排查金融高风险领域并开展专项整治工作；加强担保公司、小贷公司等非银行机构的监管；加强互联网金融的专项整治和验收；清理涉嫌非法集资广告。

（佘文英　杨　琳）

## 税　务

【机构改革】　7月5日，原万盛经开区国税局、万盛经开区地税局撤销，国家税务总局重庆市万盛经济技术开发区税务局（以下简称万盛经开区税务局）挂牌成立。全局有内设科室11个，即办公室、法制科、税政一科、税政二科、社会保险费和非税收入科、收入核算科、征收管理科、财务管理科、人事教育科、税源管理一科、税源管理二科；有派出机构3个，即第一税务所、第二税务所、万东税务所；有事业单位2个，即信息中心、机关服务中心；级别均为正科级，有干部职工128人。2018年，万盛经开区税务局离职1人，调动1人，新招录公务员5人，至年末，有在职人员131人。

【税收收入情况】　2018年，全区累计组织税费收入合计29.52亿元，增收4.25亿元，比上年增长16.8%。其中税收收入17.45亿元，增收1.63亿元，增长10.3%；社保费11.44亿元，增收2.53亿元，增长28.4%；非税收入6311万元，增收859万元，增长15.8%。分级次看，中央级税收7.04亿元，增长12.2%；地方级税收10.41亿元，增长9%，其中区级税收8.7亿元，增长8.4%。

【税收收入特点与分析】　从税种看，增值税、企业所得税、个人所得税分别完成8.27亿元、2.64亿元、10.43亿元，分别占税收收入47.38%、15.11%、5.98%，分别比上年增长9.27%、36.81%、26.37%；部分地方税种稳升有序，契税、房产税、城镇土地使用税、土地增值税、印花税，分别实现1.10亿元、4029万元、1.17亿元、4164万元、2580万元，分别占税收收入6.32%、2.31%、6.71%、2.39%、1.48%，分别增长16.94%，7.49%、-2.67%、26.25%，124.66%；2018年新开征环保税，全年征收943万元，占税收总收入0.54%。从行业上看，全区重点行业均实现平稳较快增长，其中制造业、房地产业、批发和零售业分别实现3.61亿元、3.17亿元、2.13亿元，分别增长3.47%、19.08%、48.5%，合计税收占税收总量51.1%，拉动税收增长8.4个百分点，成为拉动全区经济的“三驾马车”（指投资、消费、出口）。“三驾马车”换挡增添新动力，促使产业结构持续优化，二、三产业均衡发展，分别实现税收7.5亿元、9.9亿元，分别比上年增长0.51%、19.19%，产业税收权重0.76:1，基本实现以第二产业为坚实基础、第三产业为重点引领的稳态结构。

【纳税服务】　持续开展便民办税春风行动，大力推行新办企业套餐式服务，简化清税注销程序，与区国土房管部门实现房产交易资料“一窗受理”，实施办税服务厅“一窗一人通办”，落实7大类167项办税事项“最多跑一次”。推行网上办税，前台办税事项同口径缩减40.4%；持续推进简易处罚、解除非正常等涉税事项前移，简化办税流程。继续推进税银互动，45户小微企业享受信用贷款1500万元。做好环保税征收工作，落实小微企业所得税减半征收范围等优惠措施，推进个税改革，4季度过渡期减税388.75万元。加强经济税收分析，撰写《从税收视角看万盛经开区智能终端产业园区企业发展》《全域旅游税收效应分析》等文章，以税咨政作用进一步发挥。

【税收征管】　全面夯实征管基础，持续抓好数据质量，累计清理不一致信息2292户次，征管疑点数据2700条。加强欠税追缴，深入摸排情况，实施台账管理。加强税收风险管理，扫描风险2600户次，发现风险点258个，组织开展批零、制造等重点行业风险应对、以及耕占税、契税等税种风险核查356户次，累计应对入库4330万元。加强税种管理，增值税完成82657万元，增长9.3%，一般纳税人税负率同口径提高0.47个百分点；推进连续亏损企业专项治理，企业所得税2.64亿元，比上年增长36.8%；实施“先税后证”的源头控管模式，契税完成1.10亿元，增长16.9%；开展土地增值税专项清算审核工作，完成4164万元，增长26.3%；分类别开展印花税清理辅导，完成2580万元，增长124.5%。

【税收法治】 推进税收法治建设，围绕国地税征管体制改革总要求，建立完善依法行政、税收执法责任工作、内控机制建设工作等领导小组，加强对各项工作的组织领导。加强规范性文件管理，强化规范性文件合法性、合规性审查，及时做好规范性文件报备工作，2018年结合国税地税征管体制改革，对规范性文件进行全面清理，确认全文废止规范性文件14份。落实纳服、征管等规范和“双随机一公开”（指在监管过程中随机抽取检查对象，随机选派执法检查人员，抽查情况及查处结果及时向社会公开）及行政处罚裁量权基准制度等要求，坚持重大事项会审制度，规范税收执法行为。全面落实税收执法责任制，落实《税收执法考评与过错责任追究暂行办法》，加大执法追究力度。

【税收政策落实】 做好增值税税制改革工作，全力确保增值税税率改革落地。加大对西部大开发、高新技术产业、小微企业等方面的政策服务和落实力度，认真落实中央供给侧结构性改革税收政策，持续服务经开区转型发展战略和民生改善。全年减免退税累计1.62亿元，其中征前减免5523万元，民政福利企业、综合利用退税695万元，出口退税1300万元，高新技术产业、西部大开发、小微企业、加计扣除等减免所得税4976万元。

【队伍建设】 落实民主集中制，修订完善工作规则和议事决策制度，党委班子始终在思想上统一认识、组织上统一调配、工作中统一步调。加快推进税收业务融合，累计培训54场次、1265人次。大力弘扬“忠诚担当、崇纪守法、兴税强国”的中国税务精神，开展先进典型等选树活动。充分发挥群团组织作用，组织开展气排球、趣味运动比赛和“奋进新时代、建功新税务”等文艺会演活动。

【执法督察】 加强内部督察，依托内控系统的风险过错提醒，对相关问题及时提醒改正、进一步规范执法行为、降低征管风险，2018年，核实疑点数据66个，核实并纠正的问题29个，进行过错陈述32个，自我纠错21个。加强外部督查，通过聘请特邀监察员、走访纳税人等措施，加大外部监督力度，认真做好审计署特派办、总局特派办、财政专员办、审计局等部门监督问题整改，以束带面，做好执法风险防控。

【党建工作】 坚持和加强党对税收工作的全面领导，完善“纵合横通强党建”工作机制，按照要求党组改设为党委，成立机关党委和纪检委，完成8个基层党支部和工会、团委及妇委会的设立工作，明确党委班子成员联系点，党建工作责任实现“党委、机关党委、党支部、党员”四层衔接。成立党建工作领导小组、党风廉政建设小组和巡察工作领导小组，制定《加强新形势下党的建设的实施意见》，贯彻党委及机关《工作规则》《中心组学习制度》《支部工作条例》，严格落实双重组织生活会制度，严肃党内政治生活，管党治党呈现新局面。

【纪检监察】 结合“两学一做”常态化、制度化工作，定期下发廉政学习计划，制定支部学习计划，分别以行政部门、支部为单位，采取集中学习、个人自学等形式，组织学习《中国共产党问责条例》《中国共产党党内监督条例》，新修订的《中华人民共和国新监察法》《中国共产党廉洁自律准则》和《中国共产党纪律处分条例》等党纪党规。严格监督区局党委落实中央关于机构改革纪律，一切行动听指挥；坚持常打招呼、勤提醒，全年专题研究部署全面从严治党工作2次，开展税收执法风险专题警示教育2次；改革之后立即分层级进行全覆盖的任职谈话和提醒谈话，招呼打在前面，规矩立在明处，筑牢干部思想防线，开展谈话151人次。坚持以问题导向执纪问责，将纪检监察工作与税收业务工作深度融合，整合纪检监察、人事教育、办公室、法制监督职责，定期开展工作督查，2018年，累计问责29人次，其中科级领导干部12人次，一般干部17人次。开展一案双查2次，开展风险预警谈话8人次。

（姜　申）

# 经济合作

## 招商引资

**【概况】** 2016年12月，万盛经济技术开发区招商局与万盛经济技术开发区发展与改革局分设，由区发改局的挂牌机构变为独立运行机构。2017年11月16日，万盛经济技术开发区招商局更名为万盛经济技术开发区投资促进中心，有内设部门5个和全额拨款事业单位1个，即综合服务部、招商一部、招商二部、招商三部、招商四部和外来投资企业服务中心。2018年，有在编在岗工作人员18人。

**【招商工作机制】** 构建“1+8+N”工作机制。即明确投资促进中心承担统筹全区招商引资职责；成立8个专业招商组，承担8个方向的具体招商引资工作；各部门、镇街、区属国有企业，分别承担相关行业、所在地区的招商引资工作。

**【招商成效】** 2018年，全区签约招商引资项目63个，协议引资216.5亿元，计划达产年产值约386.2亿元、年纳税约27亿元、可提供就业岗位约1.5万个。其中工业项目21个，计划总投资约197.5亿元，计划达产年产值约332亿元；旅游、体育等项目9个，计划总投资约11.9亿元，计划达产年产值约3.9亿元；现代服务业项目33个，计划总投资约7亿元，计划达产年产值约50.4亿元。全年协议引资总额比上年增长206.8%。

**【招商优惠政策】** 2018年5月31日，万盛经开区管委会办公室印发《关于印发万盛经开区招商引资优惠政策的通知》(以下简称《优惠政策》)。新修订的《优惠政策》分为总则、厂房租购扶持政策、税收鼓励政策、规费减免政策、产业扶持政策、鼓励企业上市政策、人才政策、服务保障政策及附则等9章，共计41条。一是继续沿用原有政策中的部分条款；二是结合鼓励企业上市政策、创新奖励政策、人才引进政策、促进工业经济发展办法等经开区现行政策，在现行政策基础上进行修订，力求政策之间保持一致；三是根据相关部门意见，修订现行政策部分条款；四是参照周边省市地区产业扶持措施，并结合当前万盛经开区招商引资工作实际，在现行政策基础上新增部分条款。

（万盛经开区投资促进中心办公室）

# 经济监督管理

## 国有资产管理

**【概况】** 万盛经开区国资局机内设 6 个科室 1 个服务中心，即办公室、组织人事科、规划发展科、产权管理科、统计评价科、审计监督科、国有企业服务中心。核定编制 21 人（含挂职人员），实际在编在岗 12 人。

**【区属国有企业基本情况】** 2018 年年初，全区有区属国有企业有 84 家，5 月纳入“第一轮”优化整合的有 48 家，整合后保留 33 家。年末，有区属国有企业 66 家（国有独资企业 31 家，国有控股企业 17 家，国有参股企业 18 家），职工 1500 余人，其中国资局监管的区属国有重点企业 11 家，简称“1 +4 +6”。“1”即万盛经开区开发投资集团有限公司；“4”即万盛经开区城市开发投资集团有限公司、万盛经开区交通建设集团有限公司、万盛采煤沉陷区综合治理有限公司、万盛普益基础设施建设有限公司；“6”即开投集团下属的 6 大板块公司，分别为：重庆江南机场有限公司（机场板块）、重庆盛荣控股有限公司（服务板块）、万盛国有资产经营管理有限公司（资产管理板块）、重庆黑山谷旅游投资有限公司（旅体板块）、万盛工业园区开发建设有限公司（工业板块）、万盛产业发展股权投资基金有限公司（金控板块）。

**【国企改革】** 制定《万盛经开区区属国有企业优化整合实施方案》，形成新的“1 +4 +6”区属国有重点企业构架。制定《万盛经开区党政机关和事业单位所属企业集中统一监管实施方案》，对未纳入区属国有重点企业的其他企业实施集中统一监管。规范国企干部的任职和薪酬标准，落实国企人员的相关待遇。制定《区属国有企业领导人员管理办法》，进一步规范区属国有企业领导人员的管理。制定《区属国有企业负责人薪酬制度改革实施细则》，进一步修订完善区属国有重点企业年度经营绩效考核办法、规范区属国有企业负责人薪酬。制定《区党工委书记办公会明确事项传达提纲》《关于国企改革工作和相关人员待遇问题落实的意见》等管理办法，兑现区属国有重点企业领导人员政治待遇，人员编制，管理权限，考核模式，车辆管理，企业年金，绩效年薪和任期激励收入考核，经费、办公场所等保障事宜，明确人事关系、工资待遇和养老保险相关事宜，进一步理顺国企管理机制。制定《区属国有重点企业员工管理办法（试行)》，建立“总额控制、因需设岗、能进能出”的国有企业用工制度，提高区属国有重点企业管理的科学化、制度化、精细化水平，提升国有企业员工队伍整体素质。健全公司治理机制和法人治理结构。制定《区属国有独资公司章程指引》，在公司章程中分别约定董事会、经营层职权范围，依据“三重一大”决策监督机制制定董事会、总经理办公会议事规则，明确董事会、经营层职权范围，基本形成各司其职、各负其责的公司治理机制。

**【国企公车改革】** 根据《重庆市国有企业公务用车制度改革实施意见》等文件精神，结合万盛经开区实际，清理区属国有重点企业现有公务车辆，摸清区属国有重点企业公务用车现状和底数，起草《万盛经开区区属国有重点企业公务车辆现状及编制建议》，对各区属国有重点企业公务车辆编制数提出具体建议。按照市、区车改办的统一安排部署，国资局积极推进区属国有企业公务用车制度改革，牵头草拟《重庆市万盛经开区区属国有企业公务用车制度改革实施意见》，明确此次公车改革的基本原则，适用范围，公务交通保障方式，公务交通补贴标准、保障范围、列支渠道，保留车辆配置标准、分类及保留原则，保留车辆的后续管理，取消车辆的处置，企业租赁公务用车管理，司勤人员安置，节支率测算和把握等具体事项。

**【企业党组织建设】** 区属国有企业改革后，随即国企基层党组织也同步设置、调整，形成国企党委11个、党支部14个，优化后的国企党组织体系，设置形式更合理、更符合企业实情。扎实推进“两学一做”学习教育常态化制度化，指导各基层党组织开展好“三会一课”、主题党日活动。加强企业人才队伍建设。严格按照《党政领导干部选拔任用工作条例》和《重庆市万盛经开区区属国有企业领导人员管理办法》等相关规定，规范区属国有重点企业聘任制领导干部选拔任用程序，2018年考察区属国有企业副职领导人员3人。认真开展万盛经开区第二届人才评选工作，国资系统有9人获奖。强化培训。对国企党建分管领导、基层党支部书记、党务工作者，开展为期3天的国企党建现场会培训，参加培训40余人，切实提高国企党建干部的政治素质和业务水平，扎实推动国企党建工作。制发《关于做好区属国有企业基层党员学习贯彻党的十九大精神全覆盖培训工作的通知》，举办专题培训班3个，共培训529人次。落实好意识形态工作责任制。国资局党委专题研究意识形态工作2次，中心组学习理论学习12次，召开国资系统意识形态责任制工作研讨会，分解和落实国企意识形态工作责任制。调整工会设置，把原有的19个基层工会调整成21个。举办“争当‘三型’职工·奋斗引领未来—讲述我在万盛的成长故事”比赛活动，“拥抱新时代·践行新思想”职工诗文诵读等活动。贯彻落实全区党风廉政建设会议精神，全年对新提任企业领导人员任前廉政谈话5次，对企业纪委书记提醒谈话10人次，对新任命科级干部开展任前廉政谈话8次，督促、指导企业纪委对28名企业中层干部开展任前廉政谈话，对重点岗位人员开展廉政谈话提醒119人次。

**【国资监管工作情况】** 加大对重大资产收购处置审核力度。审核指导体产公司收购黑山八角小城的房产，推动国家轮滑（速滑）基地项目建设、指导城投公司收购西区华莱公司土地及资产，解决历史遗留问题。坚持公开公正原则，通过联交所，公开处置开投集团、城投公司、国资公司等企业土地、房屋、车辆等资产，实现变现收入2.36亿元。加大对重大投资项目的审核。进一步规范区属国有企业重大项目的投资行为，加大对项目的可行性研究及尽职调查等前期工作；不断规范企业对会计师事务所和资产评估机构的选聘机制，确保中介机构公开公平公正对委托事项作出合理评价；审核记忆“157”、中色新材料、北大未名等重大投资项目，不断规范企业投资行为，杜绝盲目投资、高风险投资。严控国有企业风险。全面清理国企债务，按照“一企一策”的原则，完善各区属国有企业《融资项目管理制度》《债务风险防控实施方案》《债务风险防控应急处置预案》等制度，对国有企业实行资产负债率监管，防范企业债务风险；督促企业切实做好农民工工资清欠及兑付工作，维护农民工合法权益和社会和谐稳定；建立完善投融资项目管理台账，论证珠海光宇电池项目等重大投资项目。强化日常监管。对区属国有企业开展统计监测、财务预决算、审核审批重大事项、人员总额控制、企业负责人任免等工作的日常监管。

**【社会职能剥离移交】** 2018年，万盛经开区国资局按期完成供水269户、供气1500户的移交改造工作；供电2.38万户、物业2.35万户维修改造有序推动；1.91万名退休人员移交各镇街实行社会化管理服务，其中4360名退休党员完成党员网上平台转接，完成退休人员档案的整理和数字化处理工作；市政设施及社区交由相关单位实施管理；南桐技工校按照区属国有企业进行规范和管理；南桐总医院签订移交协议，移交万盛经开区管委会实施管理。加强交接双方协同配合，地企同责，努力做到交得出、接得住、管得好。加强对职工及其家属的思想政治工作和宣传引导，维护大家的合法权益和合理述求。尤其是退休人员移交后，活动的开展、节日的慰问、党员的管理以及退休活动场地等不断得到改善和提高；接收后的物业设施、市政设施等存在的安全隐患问题得到逐一排除和解决；通过财政预算安排，提高南桐技工校移交后的职工待遇，保障南桐技工校移交后的正常运行，确保移交前后职工队伍的稳定。规范资金管理和使用。制定《万盛经开区驻区市属国有企业职工家属区“三供一业”分离移交财政补助资金管理办法》，明确补助资金的使用对象及范围，规范补助资金的申请、拨付和清算流程。

（付道会）

## 国土资源管理

**【土地规划管理】** 2018 年，万盛经开区国土房管局完成 7 个镇土地利用总体规划局部修改和渝黔扩能、三南铁路占用基本农田补划及平山交通综合枢纽工程符合性审查。完成万东镇五和村、关坝镇凉风村等 20 个村土地利用规划编制工作并报市局审查备案。

**【耕地保护与整治】** 2018 年，完成万盛经开区全域永久性基本农田划定工作。市政府 2018 年下达经开区耕地保有量 1193. 33 公顷，占补平衡新增耕地 33. 33 公顷，高标准基本农田建设 800 公顷。实际耕地保有量 12627. 83 公顷，永久基本农田 9340 公顷，完成占补平衡新增耕地 33. 73 公顷，完成高标准农田建设 1282 公顷。全区 17 个土地复垦项目完成地票交易，面积 35. 92 公顷，交易总价款 1. 02 亿元。14 个复垦项目经市局批准入库备案，规模 39. 43 公顷，其中采煤沉陷区复垦项目 12 个 34. 29 公顷。

**【建设用地管理】** 2018 年，取得新华小学、高世代液晶面板厂房二期等 17 个项目新增建设用地指标批复，累计取得新增建设用地计划指标 108. 45 公顷。完成江南机场、刑侦业务用房等 26 个项目建设用地报件，14 个项目用地经市审批通过，面积 119. 47 公顷。完成平山园区、青年园区、江南机场等 29 个项目征地勘界初审、20 个项目用地预审、取得 17 个项目新增建设用地计划指标 108. 45 公顷。

**【矿产资源管理】** 2018 年，清退 19 家企业矿山环境恢复治理保证金 529. 49 万元，上交 36 家关闭矿山企业保证金 305. 42 万元，统一交区财政统筹。完成 2017 年度矿产资源统计开发年报和储量年报工作，收取采矿权使用费 4500 元，采矿权出让收益（价款）472. 93 万元。办理注销登记采矿许可证 1 宗，延续登记 5 宗，提供建设项目压覆查询 42 次，办理压覆矿产资源审查 33 宗。开展矿山安全生产巡查 135 次，发现整改隐患 12 起，检查 2013 年以来关闭的 26 个煤矿的井口密闭情况，无一违法违规行为。

**【地质灾害防治】** 2018 年，万盛经开区投入地质灾害防治资金 1693. 8 万余元，组织实施地灾应急治理工程 8 处，划拨补助资金 204. 8 万元，完成 162 人的永久搬迁避让工作，并投入 27 万元开展全区道路沿线地质灾害隐患调查工作。确定群测群防员 114 人，制定单点防灾预案 114 个，组织指导各镇对每个地灾点开展地质灾害简易应急演练，参演人数约 3238 人次，全年无地灾伤亡事故发生。

万盛经开区党工委副书记、管委会主任袁光灿（左一）到石林镇检查地质灾害防治工作

（区国土房管局　供）

【执法监察】 2018年，万盛经开区国土房管局开展执法巡查308次，查处违法违章建设行为110起，现场制止102起，拆除自然保护区建筑8栋，面积750平方米，配合各镇开展拆除工作，面积2300平方米。矿山执法查处1起，收缴罚款9.9万元。根据国土资源部下发的422个违法图斑，立案查处22个，面积189800平方米，处罚金485.45万元。土地督察挂账整改问题92个，办理土地违法举报投诉案12件。调查处理房地产企业违规事件4家，责令清退资金560万元。

【地籍管理】 2018年，万盛经开区国土房管局完成422个监测图斑的外业调查、在线举证、内业分析处理工作，变更调查成果一次性通过国土资源部质检验收，有序推进全国第三次土地调查工作，配合市国土房管局做好中环公司土地权属调解处置工作，调解土地权属纠纷4宗。

【土地利用管理】 2018年，万盛经开区国土房管局完成招拍挂土地8宗，其中柔性自动化印刷项目、红槽坊酒坊项目、滨江壹号项目、煤电化园区污水处理工程项目、鱼田堡加油站等5宗土地完成出让合同签订工作，出让面积10.96公顷，土地出让价款8258万元；开展娄黄坝地块、黑塘子E地块、珠海光宇、小坡脚地块等13宗土地的出让前期工作，拟出让面积36.30公顷。追缴重庆市世亚房地产开发有限公司、重庆奥山房地产开发有限公司、重庆兆厦房地产开发有限公司等3家企业欠缴土地出让价款4894万元。

【土地征收】 2018年，完成渝黔扩能建设11户企业7563平方米房屋征收，推进小坡脚城市道路和农贸市场搬迁两项目征收工作，做好3个项目的产权调换房接房工作，共计799套，接房720套，办理产权证480套。2018年完成农房拆迁822户，拆迁房屋面积17.26万平方米，安置人员2205人，参保1205人。2018年完成浸水垭、城市棚改等项目房屋拆除工作，拆除房屋22.95万平方米，完成广进尚都、世亚锦绣2个项目共176.69万元超期过渡费的发放。

【采煤沉陷区治理】 2018年，完成对地方小煤矿采煤损害农房进行致害责任认定，认定1248户在损害范围内，等级复核鉴定364户国有煤矿采煤损害的农房，其中A/B级242户，C/D级122户。绿色矿山项目有序推进，植被恢复进入管护期，青年镇矿毁地治理项目开工。世界地质公园建设项目签订技术服务单位合同，合同金额775.06万元。

（梅　兵）

## 审　计

【概况】 万盛经开区审计局有内设科室6个，即办公室（挂电子数据审计科）、法规审理科、整改督查与内审管理科、财政审计科（挂重大政策跟踪审计科）、投资审计科、经济责任审计科（挂经济责任审计工作联席会议办公室），有下属参公事业单位1个，即重庆市万盛经济技术开发区审计中心；有在职职工34人。2018年，万盛经开区审计局计划安排审计项目30个，实际完成47个。其中市局统一组织项目4个，区级部门预算执行审计项目6个，经责审计项目7个，工程竣工结（决）算审计项目29个，专项资金审计项目1个。查出问题金额54.06亿元，其中违规资金5005万元，应上缴财政和归还原渠道资金4931万元，促进资金拨付到位6.88亿元，发现侵害群众利益资金895万元；审减工程结算金额4884.52万元，综合审减率8.98%；领导批示15篇，各级各类信息被采用28篇。

【财政审计】 一是在对巴南区2017年度财政预算执行和决算草案审计中，发现“组织财政收入方面、转移支付管理方面、财政管理方面、决算草案编制方面、以往年度审计整改方面”的11个问题，在审计期间整改问题3个，涉及增收5909.09万元，提出“强化财政预算管理，严格以收定支减少财政赤字、加强财政收支管理，提高资金使用效益、加强债券资金管理，开展债券资金绩效评价”等审计建议。二是开展部门预算执行及其他财政收支情况审计。审计万盛经开区经信局、建设局、环保局和发改局2017年度预算执行及其他财政收支情况，审计发现“预算编制不完整”“公务用车运行费超预算支出”“决算编制不实”“项目建设滞后”“公务卡结算制度执行不严格”等问题28个，涉及金额8192.71万元，提出审计建议13条。三是落实债务清理核查工作。此次审计抽查债务32笔，涉及公司7家，金额89.22亿元，抽查比例34.24%。查出违规债务45笔，总违规金额75.31亿元，整改9笔，整改金额23.90亿元，整改率31.73%。

**【经济责任审计】** 万盛经开区党工委组织部委托万盛经开区审计局审计区发展改革局等7个部门和1个企业的9名领导干部任期经济责任。年末，全面完成任务，出具审计报告9份，审计决定书1份，审计建议函1份，查出重大经济决策无相关会议决策记录、内控制度不健全、公务卡结算制度执行不严格和虚列支出等问题，涉及金额1.52亿元。

**【公共投资审计】** 2018年初计划安排结（决）算项目9个，完成计划内项目8个，其中结算项目5个，竣工决算项目3个；计划外结算审计项目23个；结果备案审计项目8个，合计39个。送审金额6.40亿元，其中直接组织审计送审金额6.30亿元，结果备案送审金额989.74万元；完成审计项目审定金额5.86亿元，其中直接组织审定金额5.77亿元，结果备案审定金额866.17万元；审减金额5400.63万元，其中直接组织审减金额5277.06万元，结果备案审减金额123.57万元；综合审减率8.44%。审计过程中，发现违规列支可行性研究编制费、违规使用专项资金等资金管理方面问题5个，涉及金额54.72万元，发现招投标资料留存不完善，合同专用条款中变更计价原则前后矛盾、未执行审计相关规定等管理方面问题9个。针对发现问题提出审计建议23条。为财政及各建设法人单位节约建设资金支出5400.63万元。继续实施项目全过程跟踪审计，围绕经开区重点建设项目，全过程跟踪管委会交办的4个重点项目，有8个跟审项目竣工。审计完成跟审项目中的5个单位工程，送审5250.29万元，审定4560.78万元，审减689.51万元。修订2012年制定的《重庆市万盛经开区审计局国家投资审计管理办法》。

**【专项资金审计与国企审计】** 重点实施2017年重庆市城镇保障性安居工程跟踪审计。发现“部分安居工程建设管理不合规”“安居住房分配管理方面不符合条件”等问题，从体制、机制、制度上提出建设性意见3条，切实保障惠民政策落到实处。施万盛经开区2016—2017年度残疾人事业发展情况专项审计调查，通过审计区残联、财政、人力社保、地税等部门涉及残疾人事业发展的资金筹集、安排、使用和项目执行情况，发现问题22个，提出完善政策措施的意见和建议4条。开展万盛经开区城市管理局2017年区级专项资金审计，发现问题3个，管理不规范资金498.48万元。

**【内部审计】** 印发《万盛经开区2017—2021年五年轮审规划》及《关于编制报送2018年度内部审计项目计划的通知》，确定27个单位实施83个内部审计项目，其中财政审计49个，投资审计14个，经济责任审计9个，企业审计9个，专项审计2个。开展中介机构报告核查工作。按照《重庆市审计局关于加强社会中介机构出具相关报告核查工作的通知》要求，研究制定中介机构报告核查实施计划，对南桐采煤沉陷区跟踪审计项目完成审计的5个子项目纳入中介机构报告核查范围。进一步加强内审检查指导，将内审工作纳入年终考核，组织开展内审培训，规范内审工作。

（黄　帅）

## 统　计

**【概况】** 重庆市万盛经济技术开发区统计局（以下简称万盛经开区统计局）有内设科室5个，即办公室、综合考评科、教育法规科、工业投资科、服务业贸易科；核定机关行政编制5人，行政执法专项编制3人。下属事业单位2个：重庆市万盛经济技术开发区社会经济调查队（核定财政全额拨款事业编制10人（参公））和重庆市万盛经济技术开发区社情民意调查中心（核定财政全额拨款事业编制5人）

【经济普查】 经济普查是一项重大的国情国力调查，每五年进行一次。2018年开展的第四次全国经济普查将全面调查万盛经开区第二产业和第三产业的发展规模、布局和效益，了解产业组织、产业结构、产业技术、产业形态的现状以及各生产要素的构成，摸清全部法人单位资产负债状况和新兴产业发展情况，进一步查实各类单位的基本情况和主要产品产量、服务活动，全面准确反映供给侧结构性改革、新动能培育壮大、经济结构优化升级等方面的新进展。2018年8月22日，召开全区四经普动员大会以来，完成制定普查实施方案、普查区划分及绘图、普查指导员和普查员选聘及培训、编制清查底册、实施单位清查、登记准备等6个阶段工作。一是成立由20个成员单位组成的万盛经开区第四次全国经济普查领导小组；精心组织，择优选聘普查指导员、普查员221人；科学预算普查专项经费225万元。二是科学划分普查区，精准绘制电子地图。按照《第四次全国经济普查实施方案》要求，全区10个镇街共划分98个普查区，184个普查小区；通过仔细核对、严划界限、精确标注，完成全区电子地图的绘制工作。三是开展清查业务培训。区经普办对普查领导小组办公室成员单位、各镇街普查指导员、普查员270余人开展普查业务集中培训。四是区经普办根据名录库资料和编办、税务、工商等部门的行政登记资料，生成清查底册，用以辅助普查人员开展“地毯式”清查，划分四个工作督导组，沉到基层开展业务指导，确保清查单位“不重不漏”。五是统筹安排，组织普查人员认真开展清查底册核查工作，组织部门和镇街集中办公，审核、修改数据错误，开展两轮数据质量抽查工作；全区清查单位数7111个，占名录库单位数的比重80%，高于重庆市11个百分点，处于重庆市中上水平；清查个体户数1.07万个。六是印发《重庆市万盛经济技术开发区第四次全国经济普查宣传实施方案》，对经济普查宣传工作做详细的安排部署。区经普办统一印制四经普宣传海报3万余张、一次性纸杯1.5万只、文件袋5000个等宣传用品，开通经济普查宣传电话彩铃，在89块公交站展牌、135辆出租车LED显示屏以及两辆多媒体宣传车流动宣传，在重要路段安装1个T型牌、60根道旗进行宣传。七是开展经普综合业务培训。对各经普成员单位及镇街业务人员和全区普查指导员、普查员共计300余人分两批次进行集中培训和现场试点，并组织专业知识考试。

【住户调查】 2018年，完成20个村（社区）200户记账户每月一次的收支调查工作，通过多次入户走访，与记账户谈心，增进感情，开通电子记账86户，开通率43%，高于市调查总队电子记账率目标任务4.0个百分点。

【统计数据服务】 开展游客满意度调查、群众安全感调查、政法队伍公信力调查、劳动力调查和1%人口抽样调查等工作，做好妇女儿童发展规划“两纲”（指《中国妇女发展纲要》《中国儿童发展纲要》）监测、全面小康统计监测和资源型城市转型监测工作，完成各项调查任务，2017年小康监测报告得到肖猛书记批示。向社会公布《2017年国民经济和社会发展统计公报》。每月定期定时向党工委、管委会和有关部门编发《统计月报》，及时反映与监测万盛经开区经济运行情况。整理、编审和印制《2017年统计年鉴》。全年全局撰写统计信息157条，撰写统计分析与研究12篇、编印《统计月报》11期、经普简报4期，获党工委、管委会主要领导批示的分析3篇。全年为党工委、管委会及各部门提供数据200多笔，数据万盛APP运行良好。

【统计执法】 配合万盛经开区经济普查办公室，搜集各镇街情况，对不配合调查的企业及个体户下发《限期接受经济普查清查告知书》。组织开展全区范围内各报表企业、单位统计业务人员业务及法律法规知识培训会议20余次。开展《中华人民共和国统计法》进党校普法专题活动，借助业务培训和普查调查等，对全区统计业务人员进行统计法律知识的宣传和培训，借助“12·4”宪法宣传日，发放宣传资料1000余份。健全完善“双随机”抽查制度，随机抽选7家企业进行“双随机一公开”执法检查，2018年依法查处2家企业（重庆安恒建材有限公司、重庆南地置业有限公司）存在违反《中华人民共和国统计法》规定的行为，分别依法给予5000元罚款的行政处罚。

（马兆林）

## 工商行政管理

**【概况】** 重庆市工商行政管理局万盛经济技术开发区分局（以下简称万盛经开区工商分局），为市局正处级派出单位，内设机构10个，即办公室、法规科、财务装备科、非公有制经济组织党建工作科、企业注册登记科、商标和广告监督管理科、微型企业发展监督管理科、市场监督和消费者权益保护科、企业信用体系建设管理科、监察室；有直属机构1个，即经济检查执法支队，下设执法1科、2科。有派出机构6个，包括万盛、东林、黑山、南桐、青年、关坝等6个工商所，其中青年工商所与关坝工商所合署办公。万盛经开区工商分局（含消委会）有编制59个，其中公务员编制52个，工勤人员编制3个，消委会事业编制4个。2018年，有干部职工47人，其中公务员42人，工勤人员3人，消委会事业人员2人；离退休职工57人；在职党员32人，离退休党员35人。在职职工中35岁及以下人员28人，占总人数的60%；36~49岁10人，占总人数的21%；50岁及以上人员9人，占总人数的19%，全局平均年龄约38岁，男女职工比例为1.35:1。47名在职职工学历构成：研究生5人，本科36人，大专6人。

**【商事制度改革】** 落实企业登记注册“三十一证合一”“证照分离”、注册登记全程电子化等改革举措，推行企业名称登记自查自择系统，全面推开注册登记全程电子化工作，大幅度压缩企业开办时间，注册当日办结率80%以上；实施企业简易注销，优化主体退出机制；持续开展僵尸主体清理整治，优化存量结构；试行住所（经营场所）登记申报承诺制，将万盛老街、塔山、八〇一、凉风梦乡村四个微型企业基地作为首期试点区域；推行“四办”（马上办、网上办、随地办、辅导办）服务机制，完成与辖区农行、工行、农商行、中国银行等金融机构“银政合作”战略协议签订工作，授权上述支行各网点为市场主体，提供从企业名称预先核准到设立登记、开设账户“一站式”免费代办服务，实现企业登记注册窗口与银行营业网点一体化。同时，与綦江等地区合作，推行跨行政区注册登记便捷服务机制。

**【市场主体发展】** 全年市场主体保持稳中有进的发展态势，新增市场主体3166户，年增速16%；辖区累计拥有市场主体2.1万余户，其中内资企业7631户，个体工商户1.34万户，外资18户。

**【小微企业发展】** 深化凉风梦乡村建设，巩固脱贫攻坚成效，争取到四川美术学院写生及实践基地落户凉风村；联合关坝镇，筹办梦乡村微企结对贫困留守儿童活动、凉风首届“农民丰收节”等多项大型活动，其中梦乡村农民丰收节被央视新闻联播采编报道。全年该村累计接待游客72.21万人次，旅游综合收入8917.2万元，村民人均可支配收入由建设前的2420元，增加至9200元，成为全区脱贫攻坚亮点。2018年，上榜重庆市特色景观旅游名村、获重庆市微企村运营绩效评价第一名；在“2018年乡村振兴发展论坛暨最美村镇颁奖典礼”上，获全国“精准扶贫典范奖”，腾讯大渝网将凉风梦乡村纳入改革开放40周年“百城故事”宣传推介中。年内，中央电视台、新华社、《半月谈》《重庆日报》、重庆电视台等重要媒体，先后从不同角度对该村创业扶贫成效进行宣传报道。

**【市场监督管理】** 强化市场监管，净化发展环境。完成年报公示工作及“双随机、一公开”抽查任务，企业年报率92.93%。联合36个部门单位，推行失信企业“黑名单”制度，全年为各级评优评强、技术申报等，提供信用信息支持651次。规范网络平台促销行为，集中约谈辖区7家交易类网站、3家微信公众号交易平台，指导监测双11等重点消费节点的网络集中促销活动，整治网站亮照贴标情况。加大产品质量抽检力度，抽检烟花爆竹、建材、电线电缆、消防器材、成品油在内的132组商品，不合格商品43组，分类处置率100%。加强对公共服务行业和领域的监管执法，加大金融消费、建筑招投标、电子商务等领域监管执法力度，严厉查处传销、假冒伪劣、虚假广告宣传、不正当竞争等违法行为。全力推进农村假冒伪劣食品专项整治工作，与非洲猪瘟防控、整治“保健”市场乱象百日行动、节日市场安全监管等工作统筹调度，明确工作力量，加强与区食药监、质监、公安、农林等部门的联防联控，协同作战，织密治紧节日市场安全监管“防控网”。

**【商标发展管理】** 2018年，出台新的《万盛经开区品牌兴区奖励补助办法》以及配套评审办法，着力构建梯次渐进的商标培育体系。2018年，全区新增注册商标474件，年增长率30%，全区有效注册商标累计2193件，注册商标总量首次突破2000件。注册商标与市场主体比值10.41%，比上年度提高3.08个百分点。新增涉外商标1件，全区有涉外商标12件，拥有涉外注册商标的企业6家，另有1件马德里商标进入国际审核阶段。全区拥有驰名商标“多泰及图”1件；黑山谷系列及“金灵青山萝卜”等地理标志商标8件；兑现2017年商标补助资金99.6余万元。发展商标与保护商标权益相结合，优化商标发展环境。一是针对商标注册异常情况及时开展调查，并通过各工商登记窗口张贴《商标注册提示书》，强化对企业商标注册行为的指导和规范；二是开展2018年知识产权宣传周活动，联合区科技局对区内50余家科技型企业、知名品牌企业进行培训，加强知识产权创新、运用和保护意识；三是打击商标侵权行为，联合区食药监局、质监局等多部门开展执法检查，打击仿冒知名商品的不正当竞争行为，严厉打击规模性制售假冒伪劣商品的违法行为，共办理商标案件3件。

**2018年万盛经开区地理标志名单表**

| 序号 | 商标 | 注册号 | 类别 | 商品 | 注册人/所有人 | 注册时间 |
|---|---|---|---|---|---|---|
| 1 | 黑山谷方竹笋 | 8838302 | 29 | 竹笋 | 重庆市万盛区农产品技术推广协会 | 2011.06.28 |
| 2 | 黑山谷猕猴桃 | 8838303 | 31 | 猕猴桃 | 重庆市万盛区农产品技术推广协会 | 2011.06.28 |
| 3 | 黑山谷糯玉米 | 10395593 | 31 | 糯玉米 | 重庆市万盛区农产品技术推广协会 | 2012.07.28 |
| 4 | 黑山谷草莓 | 10851290 | 31 | 草莓 | 重庆市万盛区农产品技术推广协会 | 2012.11.14 |
| 5 | 黑山谷樱桃 | 10851289 | 31 | 樱桃 | 重庆市万盛区农产品技术推广协会 | 2012.11.14 |
| 6 | 黑山谷葡萄 | 10851288 | 31 | 葡萄 | 重庆市万盛区农产品技术推广协会 | 2012.11.14 |
| 7 | 黑山谷花椒 | 12876081 | 30 | 花椒 | 重庆市万盛经济技术开发区农产品技术推广协会 | 2014.02.07 |
| 8 | 金灵青山萝卜 | 16989171 | 31 | 萝卜（新鲜蔬菜） | 重庆市万盛经济技术开发区农产品发展协会 | 2017.03.21 |

**【广告管理】** 2018年新增专业广告公司8家，累计71家，增长率12.7%。加强对广告业经营额的统计，2018年全区广告营业收入1152.39万元，增长率19%。强化巡查监管，强化广告监测，规范广告发布行为。全年对万盛电视台、微万盛公众号、万盛论坛等多家媒体进行广告监测2000余条，对监测中发现的违法广告内容，及时督促经营者予以整改，处置率100%，全区媒体广告连续多年未发生严重违法行为。强化巡查监管，加强对重点区域特别是旅游景区及周边的监管巡查，进行全面动态的监测检查，及时发现虚假违法旅游服务广告和其他虚假宣传行为。检查户外广告1000余幅次，检查18家旅游地产楼盘的发布的广告。紧紧围绕民生热点，相继开展虚假违法广告、互联网广告、食品保健食品欺诈和虚假宣传、涉嫌非法集资广告资讯、“流量不限量”广告等多项专项整治工作。检查发现广告中涉及疾病治疗功能、房地产广告宣传投资回报、未取得预售资格发布房地产广告、虚假宣传不收中介费等违法广告13件，责令整改4件，立案查处9件。整改、下架全区88家电信类企业营业厅内发布的“流量不限量”广告1604幅、户外广告2幅。

**【合同监管】** 开展合同格式条款专项整治，开展房地产企业商品房买卖合同补充协议格式合同专项整治，收集合同文本12份，发现并上报问题条款58条，涉及经营主体12家；开展汽车维修领域格式合同专项整治，发放责令改正通知书5份；强化旅游市场格式合同监管，立案查处合同案件1件。做好动产抵押登记管理，办理动产抵押登记11件，金额2.18亿元，办理动产抵押注销登记4件，金额2120万元；做好格式合同备案，办理格式合同备案登记2件。开展“守合同重信用”企业申报，引导企业申报2016—2017年度重庆市“守合同重信用”企业10家，申报“守合同重信用”微型企业8家。

**【消费者权益保护】** 围绕“3·15品质消费 美好生活”年主题，开展乡村维权行动、红盾护农、维权知识网络竞答、旅游广播在线答疑等在内的活动。开展放心消费创建活动，年内有43个部门单位开展放心消费创建活动，其中黑山谷、龙磷石海景区成为重庆市首批放心消费创建示范单位。牵头推进全区旅游商品无理由退货和消费纠纷先行赔付工作，协助管委会出台工作方案。旅游工商作为万盛全域旅游监管服务亮点，2018年接待包括国家发改委振兴司副司长王冬欣，市委常委、市委政法委书记刘强在内的22批次考察团队。全年累计处理消费者投诉举报324件，为消费者挽回经济损失31.25万元，“12315”投诉举报处理满意率99%。

（朱笑雪　蔡　玮）

## 物价管理

**【物价态势】** 重要商品市场价格监测，每日进行市场巡查，及时掌握价格信息变动，开展经常性的市场调查巡查，及时掌握价格信息动态情况，重大疫情、灾情期间价格监测，提高应对突发性价格波动的能力。2018年市场物价基本保持相对稳定。

**【价格管理】** 开展物业服务收费成本监审，制定出台物业服务收费政府指导价标准；落实国家天然气价格政策，及时疏导天然气价格；落实国家电价政策，降低企业用能成本，降低一般工商业及其他用户销售电价格10%；下调公共资源交易中心交易服务费收费标准，服务实体经济发展；落实收费目录清单制度，按照市物价局统一部署，统计、汇总、分析落实行政事业性收费目录清单制度，开展涉企收费清理，落实企业减负政策，切实减轻企业负担；加强机动车停放服务收费管理，做好万盛停车收费的备案，缓解城市停车难问题；加强教育收费管理，做好幼儿园保教收费备案；加强监督检查，维护价格秩序，办理各类价格投诉举报56件，办结率100%；加强市场价格检查以及节日期间价格巡查，维护经开区的价格环境。

（罗玉林）

## 就业管理

**【概况】** 重庆市万盛经济技术开发区创业就业和人才服务局有在编在岗人员17人，配备处级领导干部1人，配备科级领导干部9人。内设综合科、城乡就业统筹科、创业服务科、人力资源服务科（挂流动人才党员管理科）、失业保险科、档案管理科等6个科室。

**【就业创业情况】** 2018年，万盛经开区实现城镇新增就业6494人、城镇登记失业人员就业5443人，城镇就业困难人员就业1551人，城镇登记失业率为3.98%。发放创业担保贷款3223万元，开展职业培训2318人，就业创业能力提升培训6685人，筹建青年人才免费创业工位40个。公共就业服务机构成功介绍就业2115人次，市信息产业重点企业送工2959人。新增创业人数3136人。各项就业创业目标均达100%以上。全区应届高校毕业生就业率98.8%，实现零就业家庭动态消除率100%。联合区扶贫办印发《万盛经开区2018—2020年贫困人员技能培训三年行动计划工作方案》，由区人力社保局牵头，同区农林局、商务局和旅发委负责培训实施，力争到2020年每一名有培训意愿的贫困劳动力能够参加一次培训，实现有条件的贫困户“一户一人一技能”全覆盖，2018年完成贫困劳动力培训1256人。在老街创业孵化园、万盛体育产业众创空间和科创大厦等创业基地，筹建青年人才免费创业工位40个。举办以“乡村民宿的创办与蝶变”为主题的创业论坛暨旅游产业扶贫培训会，吸引100余名城乡创业者参会。2018年市级创业孵化基地（园区）年度绩效评估，经开区3个市级创业基地均成功通过评估。

**【就业政策保障】** 2018年，实施“就在山城”就业促进行动、“渝创渝新”创业促进行动和“技能兴业”职业技能培训三项计划，完成各项就业创业工作。全年为4047人就业困难人员发放社保补贴1374.34万元；为569人兑现公益性岗位补贴438.45万元；为2318人兑现职业培训补贴239万元；为77人兑现低保就业补贴5.13万元；为11人兑现离校未就业求职补贴0.55万元。2018年年末，万盛经开区贫困户动态更新为1819户、6344人，其中劳动年龄段内3851人，实现就业2649人。贫困劳动力动态新增就业创业1604人次，与上年增加403人次。帮扶649名关闭煤矿失业职工实现就业，目标完成率162.25%。掌握并跟踪服务41名贫困高校毕业生，帮助有意愿回区就业的13名毕业生实现就业。公益性岗位托底安置“4050”、低保家庭、高校毕业生、残疾人、贫困劳动力等各类就业困难人员459人，其中新安置113人、建卡贫困户73人。全年开展招聘会65场次，其中专场招聘会20场次，发布岗位信息4859条，提供就业岗位2.8万余个，求职推荐成功就业2115人次。新增高校毕业生就业见习基地8个，共有见习基地52家。组织优秀项目参加创业大赛，其中2个创业项目荣获重庆市第二届“渝创渝新”创业创新大赛优胜奖，区人力社保局获大赛优秀组织奖。为41户企业兑现税收奖励61.8万元；为小微企业兑现代理记账费用8.2万元；成功创建市级创业基地（园区）兑现区级补助10万元；为入驻创业孵化园基地的94户企业兑现租金补贴19.1万元；为304人发放创业担保贷款3223万元，落实创业贷款贴息125万元；落实创业扶持信用贷款贴息78.7万元。统筹做好科教兴市和人才强市行动计划中就业创业能力提升培训目标，全区完成培训6685人。紧紧围绕脱贫攻坚和乡村振兴战略，开展职业培训2318人。将“农家乐服务员”申报为经开区特色工种培训项目，纳入市级专项资金补贴范围。通过走访、大数据对比等形式，网罗全区本土回流人才35人。强化流动人才档案管理，收档案2220册，库存档案24716册，累计数字化档案2.23万册。

（吴贵玲　封仕清）

## 劳动管理

**【概况】** 万盛经开区人社局下设政策法规科（挂信访室牌子）、劳动关系综合科（挂重庆市万盛经济技术开发区劳动能力鉴定委员会办公室牌子），在编人员6人，配备科级领导干部2人。重庆市万盛经济技术开发区劳动保障监察大队在编人员4人，配备科级领导干部1人。重庆市万盛经济技术开发区劳动人事争议仲裁院在编人员4人，配备科级领导干部2人。

**【劳动关系管理】** 完善协调劳动关系三方组织建设，基层劳动关系三方协调机制实现镇街全覆盖。推进劳动合同制度，指导20家企业订立集体劳动合同，23家企业订立工资专项合同，全区国有企业职工劳动合同签订率98%，建会企业的集体劳动合同签订率80%；完成18家企业职工薪酬调查。受理工伤认定申请618件，认定532件，结案率99.25%。组织工伤职工劳动能力鉴定12次，鉴定工伤职工546人次。按期完成矿业公司等市属国企军转干部移交地方管理工作，未出现涉军人员非访现象。调查核实青年镇12名涉嫌虚构城户下乡人员身份骗保问题，挽回基金损失35.1万元。依法处理南桐镇30余名自述为城户下乡人员的非法诉求。办结区扫黑办交办的涉黑线索2条。稳妥化解经济建设民工、乡镇企业职工、区属国有破产企业、“代课、幼儿”教师、工亡职工供养亲属等群体性信访矛盾，涉及利益诉求群体9个800余人。接待来访群众320余人次，承办市、区转办交办信访件99件，办结98件，均实现依法分类处理。全面完成市局对区县人社部门下发的信访考核目标任务。全年未出现越级上访、到市进京或非正常上访。

【劳动监察】 2018 年 8 月，万盛经开区被命名为“重庆市劳动保障监察执法示范区”，成为重庆市首批成功创建劳动保障监察示范区县之一。万盛经开区于 2017 年纳入重庆市首批创建市级劳动保障监察综合执法示范区县，为促进劳动保障监察“规范化、标准化、专业化、信息化”建设，提升劳动保障监察执法能力，更好地服务民生工作和促进地区经济社会发展，万盛经开区积极开展创建工作。将全区劳动保障监察、机关事业单位人事监督检查、社保基金监督检查等职能全部整合到劳动保障监察部门，实现人力社保系统内部执法统一；建成“万盛经开区人力资源和社会保障服务大厅”，并投入使用，同时规范建成“两网化”指挥中心、监察案卷档案室、举报投诉大厅和调查询问室、行政调解室等专用功能场所的建设；添置执法记录仪、扫描仪、执法专用车辆等办案设备；完善内部管理制度。通过创建，有效改善万盛经开区劳动保障监察的办案条件，提升执法效能。创建期间，全区劳动保障监察案件法定期限内结案率 100%，案件量比上年降低 52%，劳资双方的合法劳动权益得到保障，劳资关系更加和谐。2018 年 6 月平山产业园区劳动保障监察中队挂牌成立，该中队的成立，有利于更好地服务园区企业，促进园区劳资关系和谐，维护劳动者合法权益。2018 年，万盛经开区所有在建项目基本能按“一金三制”（指农民工工资保证金、农民工实名制管理制度、农民工工资专用账户制度、农民工工资银行卡直拨制度）进行管理，农民工工资保证金基本做到应缴尽缴，工资支付总体上规范有序。全年处置农民工来信来访来诉 90 余件，为 301 余名农民工追讨工资 676.58 万元，与上年同期相比，投诉的欠薪项目、人数和金额降幅均 50% 以上。以涉嫌拒不支付劳动报酬向公安机关移送案件 3 件，公安机关依法对涉案的 3 名责任人采取强制措施，为 215 名农民工追回欠薪 360 万元；依法向法院申请强制执行 2 件，涉及劳动者 111 人，金额 66 万元；强力处置违规使用农民工工资专户资金项目 1 个，追回专户资金 60 万元。

【劳动仲裁】 2018 年，受理各类劳动争议案件 370 件。涉案金额 1298.5 万元，法定期限结案率 100%，其中终局裁决率 67.5%，超过市局下达的 25% 的目标任务。参加市局举办的仲裁员培训班，提高办案人员综合业务能力，确保办案质量和办案效率。参与企业改制、破产职工安置工作，及时化解社会矛盾，确保社会和谐稳定。并指导基层调解组织有效开展调解工作。

（吴贵玲　封仕清）

## 质量技术管理

【概况】 重庆市质量技术监督局万盛经济技术开发区分局（以下简称重庆市质监局万盛经开区分局）有内设机构 5 个，即办公室（挂监察室、法制科、行政许可管理科牌子）、质量科（标准化管理科、认证认可监督管理科）、计量科、特种设备安全监察科和重庆市万盛经济技术开发区质量技术监督执法大队；有工作人员 14 人，其中行政编制 9 人，行政执法专项编制 3 人，机关后勤服务人员事业编制 2 人。

【质量监督管理】 认真贯彻国家和重庆关于开展质量提升行动和加强认证体系建设的文件要求，牵头起草万盛经开区实施意见和工作方案。开展“质量提升行动年”活动，开展以“服务零距离、质量零缺陷”为主题的“双零”行动和以“百个产业聚集区、百种事关国计民生的重点产品和服务质量提升”为主题的“双百”行动，全面实施分级分类管理，培育万盛福耀玻璃为质量提升标杆企业，扎实推进质量提升、降本增效、节能降耗等活动。组织 5 名知名质量提升专家深入经开区帮扶玻璃产业发展。以点带面，树立标杆，指导福耀玻璃开展质量提升、降本增效、节能降耗等活动，实现降本增效目标 3500 余万元。指导帮扶耀皮玻璃等企业申报重庆名牌 3 个，及时兑现品牌兴区奖励补助。完成定期监督抽查 25 批次，开展行政执法专项抽查 15 批次，无不合格批次。

【计量标准化认证认可监管】 持续巩固基层医疗机构计量器具免费检定成果，完成 10 个镇街卫生院和 61 个村卫生室的 500 件器具的检定。持续开展“打好三大战役、严查计量欺诈”专项行动，检查辖区内加油（气）机、超市及农贸市场电子秤等，查处“短斤少两”“作弊秤”等使用不合格计量器具违法行为，免费检定有主办者集贸市场计量器具700余台（件），推行台账式、目视化管理，全面落实诚信计量承诺书制度并向社会公示，接受社会监督；完成诚信计量景区建设，对黑山景区计量器具实行统一管理。持续推进黑山谷旅游服务标准化国家级示范项目建设，推进国家级万盛医养护一体化健康养老服务标准化、市级万盛景区农家乐服务标准化试点项目建设；组织开展对标达标专项行动，有8家企业开展标准比对，比对结果均等同或高于国家标准、国外先进标准。推进重庆玻璃检测中心项目建设，引进中国建材集团合作共建玻璃产业创新技术研究院、新材料创新技术研究院，指导高能耗企业导入《企业能耗成本控制作业指导书》，逐步改善全区环境质量；全年专项巡查全区检验检测机构7家、强制性认证产品企业3家、有机认证农产品企业6家。

**【特种设备安全监管】** 2018年，万盛经开区在用特种设备2066台，比上年增加193台，增长10.3%。其中锅炉27台，压力容器529台，电梯1101台，起重机械166台，场（厂）内专用机动车辆212台，大型游乐设施30台，客运索道1条，压力管道长113千米，各类气瓶17472个。开展电梯网格化监管、锅炉、危化品领域、场车、大型游乐设施束缚装置等专项整治，开展安全检查154家次，下达指令书45份，发现安全隐患97个，全部整改。落实每月安全执法“清零”工作要求，全年处罚24.1万元。加强科技兴安，“电梯安全智能服务系统”项目建设纳入2018年经开区20件民生实事之一，并率先在重庆市建成投用。开发电梯无纸化维保APP，电梯维保作业更加标准化、流程化、规范化。利用渝特安APP对特种设备开展现场日常检查，提升检查效率。

**【行政许可】** 加强对机动车安检机构的监督管理，坚持每月巡查1次，督促其持续保持获证条件，规范检测行为。全面承接市局下放6项行政许可事项，全部实现标准化网上运行，全年网上受理申请87件。

**【质量监督执法】** 开展地条钢专项整治，实施塑胶管道、食品用塑料容器等产品质量专项抽查，以特种设备安全、餐饮计量、出租车计价器、加油站计量、医疗器具检定等为重点开展行政执法。全年依法立案查处涉及产品质量、特种设备、计量等领域行政执法案件8件，上缴财政罚没款29.2万元，无行政复议和行政诉讼案件。

（瞿　进）

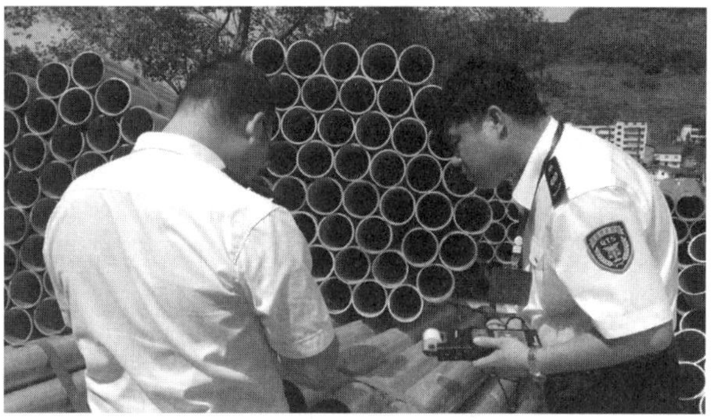

区质监分局工作人员对塑胶管道等产品质量进行专项检查

（区质监分局　供）

## 食品药品监督管理

**【概况】** 万盛经开区食品药品监管分局下设4个直属所和6个非直属所，内设机构6科1室，即办公室、综合科、法制监督科、行政审批科、食品监管一科、食品监管二科、药品监管科。分局编制29人，实有人数28人。“两街两镇”设4个直属食药监所，加挂食药监办牌子；其余6个镇设立食药监办，加挂食药监所牌子（非直属所）。机构改革后主要负责辖区内食品（含食品添加剂、保健食品）安全、药品（含中药、民族药）、医疗器械、化妆品监督监管。

**【食品安全监管】** 制定2018年食品生产企业监督检查计划并严格组织实施，检查辖区18家食品生产企业56家次，警告4家次，责令整改9家次。开展酒类专项整治、食用植物油塑化剂等专项整治3次。服务全域旅游战略，力保经营环节食品安全。食品、保健食品欺诈和虚假宣传专项整治开出单笔近74万元罚单，“地沟油”、网络订餐、学校校园及周边、农村地区和旅游景区等专项整治以及重要节假日期间食品大检查，保障重点地区重要时段食品安全；“五毛食品”整治、非洲猪瘟防控、走私冷冻肉品整治等一系列专项行动进一步净化食品市场秩序。保障重大活动食品安全。联合区教育、旅游、体育等部门开展中高考、重庆市体育旅游产业发展大会等重大活动安保22次。

**【药械、化妆品安全监管】** 牵头开展万盛经开区药品“净网2018”、中药饮片质量专项整治、网络销售化妆品安全等专项行动8次，检查药械化生产经营使用单位72家，完成3家批发企业“两票制”监管任务，对6家企业开展药品易制毒化学品专项检查。首次超额完成“四项”监测年度任务。2018年，药品不良反应累计报告220例，完成率146.66%，医疗器械不良事件累计报告119例，完成率136.78%，化妆品不良反应77例，完成率175%，药物滥用监测累计报告267例，完成率178%。

**【食品药品安全隐患整治与排查】** 开展食品药品安全风险隐患大排查大整治大执法大督查专项行动，排查食品药品生产经营单位4001家，整治风险隐患1638个，召开风险研判会议22次，约谈食品经营单位31家次，食品药品生产单位和第三方平台12家次，下达执法意见书320余份，责令改正通知书165份，警告80余起，行政处罚72件，罚款39.33万元，移送公安或其他部门2件，停产停业1家。

**【规范许可审批】** 万盛经开区食品药品监管分局强化“放管服”（指简政放权、放管结合、优化服务）改革，进一步优化简化许可审批流程；80%以上的许可下放到各镇街，采取邮寄、送证上门等形式，用实际行动打通“最后一千米”，兑现“最多跑一次路”的服务承诺，在镇街监管所全面推行“一户一档”制度，建立监管对象基础档案。2018年，办结许可（登记、备案）2118件，其中食品类2028件，药械类90件。

**【基层食品药品监管机构建设】** 2018年，万盛经开区食品药品监管分局划拨10个镇街规范化建设专项资金36万元，用于进一步巩固提升食品药品基层监管所规范化建设，基本建成设施到位、功能齐全、机制完善、网络健全、工作规范的标准化食品药品监督管理机构。

**【食品安全示范城市创建】** 2018年，万盛经开区食品药品监管分局成功创建“放心肉菜示范超市”1家，“放心消费药店”7家、“放心消费餐饮”3家。2018年3月，在市创建办公布的第二次民调中，全区食品工作满意率93.78%，位居重庆市第一。

**【监督抽检和执法办案】** 2018年，万盛经开区食品药品监管分局完成各类抽检1052批次，合格率97.62%。对超范围使用食品添加剂、非法添加、农兽药残留超标等抽检不合格的25批次食品药品依法开展后处置工作。全年万盛经开区食品药品监管分局立案168件，比上年增长42.37%，结案166件；罚没款173.83万元，结案率98.81%，增长49.49%。主动公开行政处罚信息24期，166件。加强行刑衔接，依法向公安机关移送涉刑案件2件，假药案件判缓刑1人。向区卫生计生局、工商分局、农林局和有关省区市协查或移送线索40余件。

**【食品药品放心工程建设】** 推进餐饮业质量提升和农产品质量提升工作，投入近90万元，完成餐饮单位“明厨亮灶”560余户，实现学校幼儿园、大型餐饮单位全覆盖；创新监管方式和手段，试点开展25家景区餐饮单位“网络厨房”远程监管；逐步推进食用农产品追踪溯源，食用农产品产地准出和市场准入制度有效落实，城区4个农贸市场软硬件逐步改善，全区食品药品安全保障水平不断提升。

（邹登伟）

## 安全生产监督管理

**【概况】** 重庆市万盛经济技术开发区安全生产监督管理局（以下简称万盛经开区安监局）内设科室7个，即办公室（挂牌政策法规科）、综合安全监督管理科、职业健康监督管理科、煤炭行业监督管理科、非煤矿山安全监督管理科、危化烟爆安全监督管理科、安全生产巡查办公室。有下属事业单位6个，即安全生产监察执法大队、煤矿安全监督管理站、安全生产应急救援中心、安全生产调度指挥中心、安全生产应急救援队、安全生产宣传教育培训中心。2018年，有在编在岗人员57人。2018年，全区发生生产安全事故7起、死亡8人，比上年减少事故3起、减少死亡人数2人，未发生较大以上事故。

**【煤矿安全监管】** 强化监管工作安排部署。2018年年初制定年度安全生产监督检查计划，报管委会批准同意予以实施，每月制定煤炭行业月度监督检查方案。严格煤矿安全监管执法。全年开展各类执法检查172矿次，排查整治隐患490条，行政处罚15.4万元，进一步督促企业落实企业主体责任。开展安全风险研判工作。坚持每月一次全局煤矿安全风险研判例会、具体业务科室每周一次的煤矿安全风险研判例会；结合辖区煤矿安全生产的实际情况，编制完成《万盛经开区煤矿安全生产风险分析研判报告》；督促辖区煤矿企业建立完善安全生产风险评估工作机制，在生产过程中定期对作业现场、操作行为实施风险评估。强化煤矿驻矿安全盯守。建立驻矿安监员“日周月”工作汇报机制和安全隐患现场督办机制，压紧压实驻矿安全监管责任。扎实推进煤矿关闭退出工作。继续推进供给侧结构性改革，关闭煤矿1家（兴隆煤矿）。

**【非煤矿山安全监管】** 复产复工企业中型矿山均配备技术负责人，小型矿山与有资质安全技术服务机构签订技术委托服务；严格落实“一企一档”“一矿一策”，开展企业风险研判，制定非煤矿山事故防控措施22条，确定较大风险非煤矿山4家；开展标准化评审和执法一体化工作，标准化评审二级3家、三级6家，正常生产企业均通过标准化评审；改进钻孔工艺，2018年淘汰手工钻孔作业，采用履带吸尘钻孔设备，实现采、装、运、钻机械化作业，减少矿山作业人数，预防危险区域作业导致的安全事故和职业病；增设安全设备，全区所有铲车的驾驶室内安设倒车雷达，解决视线盲区问题。淘汰落后产能，关闭非煤矿山1家（重庆采山坪建材有限公司）；开展安全生产“大排查、大整治、大执法”等专项整治，推进企业“日、周、月”隐患排查机制和新版三字经专项整治。2018年，开展安全检查执法58家次，出动执法人员136人次，组织市政府专家90余人次，检查企业18家，发现事故隐患309条，限期整改309条，到期整改率99%，下达行政执法文书150余份，限期整改37家次，立案处罚10家次，罚款17.3万元，比上年增长40%，责令停产2家，关闭1家。通过附属设施专项整治，万盛经开区矿山设施设备更加安全可靠，机械化程度不断提升，事故防范能力不断增强，本质安全水平不断提高，连续44个月未发生生产安全事故。

**【危险化学品和烟花爆竹安全监管】** 严格危化品准入门槛，对不符合产业规划、安全评价的企业实行“一票否决”，年内一票否决1家；按有关工作要求，万盛经开区11个危化生产经营单位、2家烟花爆竹批发企业、73家烟花爆竹零售单位均统一购买安全生产责任保险，切实增强企业事故风险承担能力；全年召开专题风险研判工作会议2次，组织专家组到作业现场开展风险管控排查。2018年实施安全检查117次，发现各类安全隐患201条，复查隐患199条，整改率99%。按照违法违规行“首查必罚”，恶劣问题“高限处罚”的要求，实施立案查处6起，简易程序4起，行政处罚8.7万元，责令停产停业11家次，暂扣经营证照8家，撤销经营许可26家。通过“关、搬、改”等措施整治关闭27家，查扣违规经营烟花爆竹400余件，诫勉谈话6人次，加入黑名单5家。发动村居、社区和“网格员”重点对城乡接合部、城中村、出租房屋、废旧厂房、封闭式院落、废弃养殖场、集贸市场等容易滋生非法生产、经营、储存危险化学品、烟花爆竹行为的区域进行排查；2018年，发动宣传2场次，发放宣传资料2000余份，摸排重点区域5个，线索信息3条，联合打非治违2次，打掉关坝、青年镇和南桐镇4个无证经营烟花爆竹窝点，没收非法烟花爆竹341余件，醇基燃料10吨（移送商务部门查处）。

**【职业健康安全监管】** 2018年，完成水泥生产企业“防尘”专项整治，降低万盛经开区南桐特种水泥有限责任公司作业场所粉尘浓度，降低水泥行业从业人员尘肺病患病概率。职业病防治“十三五”规划中期评估重点行业（煤矿、非煤矿山、化工、冶金、有色、建材）自评指标完成，为职业病防治“十三五”规划的实现奠定良好基础；强化职业病防护设施监管，解决用人单位职业病防治“先天不足”的顽疾；抓好工贸行业安全生产标准化创建工作。2018年全区工贸行业安全生产标准化创建任务数为11家，其中二级1家，三级10家，累计完成三级考评10家，二级考评等待市应急管理局进行验收；以表格式对职业健康监督执法予以细化，累计检查职业危害企业66家。2018年发现职业健康隐患262条，警示约谈企业4家，下达限期整改指令60份，暂停职业危害岗位作业5起，立案查处7起，依法处罚7.2万元，全区职业健康经济处罚较上年增长257%。全区工贸行业有限空间作业条件确认专项整治企业30家，执法检查企业30家，排查隐患78条，下达限期整改指令30份，经济处罚0.1万元；全区粉尘防爆专项整治检查企业4家次，未发现重大安全生产隐患，发现非重大隐患20条，下达限期整改指令4份，经济处罚0.1万元。

**【安全应急管理】** 开展应急物资普查工作，造册登记全区的大型应急救援装备，形成2018年应急物资登记表；强化重点管控，绘制“万盛经开区非煤矿山危化烟爆风险图”；首次将各部门、镇街（园区）安全生产应急管理工作开展情况纳入督查内容，并形成常态督查机制；强化应急执法，开展安全生产应急执法检查42家次，下达责令整改书23份，落实安全生产应急执法处罚案件4件，累计处罚款金额为4.3万元；全年安监局安全生产应急救援队参与6起事故救援服务，出动应急队员31人次，完成各项救援任务；牵头组织开展2018年危险化品泄漏生产安全事故次生突发环境事件综合应急演练并在重庆市安监系统进行现场直播。

**【安全生产监管体系建设】** 针对旅游行业安全生产责任不明晰、不细化的问题，管委会印发《关于进一步明确旅游行业安全监督管理职责的通知》，为全域旅游安全发展提供有力制度保障。提请管委会与各分管区领导及78个安全生产责任单位签订目标责任书，做到安全责任“全覆盖”。坚持严格督查，强化综合督查、专项督查、解剖式督查工作机制，区安委会组织3个督查组，开展督查检查，推动工作落实。1月突出春节安全、3月突出全国“两会”安全、8月突出高温汛期安全，开展3轮专项督查；9月，为吸取黑山镇“8·9”事故教训，有效预防和减少道路交通事故发生，开展道路交通解剖式督查；常态化开展第一至第三季度3轮综合督查；全年累计督查单位310个，发出整改通知单127份。坚持严格考核，印发《2018年安全生产季度、年度考核办法》，强化过程考核，将安全生产压力传递到日常工作中，第一至第三季度，1个单位被降等考核，9个单位被不评定等次，1个单位被“一票否决”。

**【安全教育培训】** 坚持“以安全塑文化、用文化保安全”，以全国安全文化试点城市创建为载体，成功打造浮法玻璃、南桐小学、城市管理局、鱼子村、安全文化广场精品阵地。举办重庆市安全文化建设现场会，稳步推进安全生产月和安全知识各项工作，参加市第七届“安全在我心中”美术书法大赛，其中两件作品分别获一、三等奖。加强信息宣传报道，被《中国应急管理报》、市安监局公众信息网、市煤监局网站、重庆安全手机报、《万盛日报》、万盛微发布等平台采用71条次，充分在国家和市级媒体上展示经开区安全生产工作。强化对安全监管人员、特种作业人员、生产经营单位负责人、企业安全管理人员四类人员的培训考试。组织特种作业和企业负责人安全管理培训人员1500余人，累计组织考试17场次，参考人员1800余人次，审查上传考试资料2000余份，发放证件1200余个。组织全区114名安监干部参加市局组织的执法培训；邀请专家到区对130余名安监干部进行为期5天的业务培训班。组织开展培训和打击假冒特种作业操作证专项治理行动，2018年开展执法检查221次，查处隐患50条，下达整改指令47份，行政处罚1起，罚款1.8万元。

（段　彬）

## 烟草专卖管理

**【烟草销售】**　2018年，卷烟销售收入3.68亿元，比上年增长1698万元，增幅4.8%；销售卷烟1.14万箱，减少138.2箱，降低1.2%；税利总额5546万元，增加262万元，增长4.95%；上缴税金5418万元，增加204万元，增长3.92%。

**【零售许可证管理】**　2018年，累计受理新办申请176件，其中准予许可173件，不予许可1件，根据申请人撤回申请终止办理2件，许可率99.42%。累计办理停业181件、恢复营业18件、歇业71件；主动清理异常许可证，收回擅自停歇业许可证51件，注销到期未延续许可证26件。辖区持证零售客户数1270户。

**【烟草专卖执法】**　全年累计查处涉烟违法案件65起，涉案卷烟1093.3条，案值30.01万元。其中假私烟33起，涉案卷烟755.7条，案值23.9万元，非法流通真烟32起，涉案卷烟337.6条，案值6.11万元；零售终端查处37起，涉案卷烟362.5条，案值6.94万元，快递环节查处28起，涉案卷烟730.8条，案值23.07万元。

（谭舒月）

# 园 区 建 设

## 平山产业园区

**【概况】** 万盛经济技术开发区平山产业园区前身为万盛工业园区，于2002年12月由市政府批准成立，也是市政府首期批准成立的16个市级特色工业园区之一。2006年1月，经国家发改委和国土资源部审核通过，更名为重庆万盛工业园区。2011年设立经开区后，按照各组团产业规划布局，将原万盛工业园区划分为平山园区和关坝煤电化园区。平山园区被认定为国家镁合金高新技术产业化基地、重庆市玻璃新材料特色产业基地、重庆市消防安全装备建设基地和重庆市两车配套协作园区。平山园区由平山、建设、鱼田堡（高新技术产业园）和丛林四个组团构成，总规划面积11平方千米。其中平山组团5平方千米，建设组团1平方千米，鱼田堡4平方千米，丛林组团1平方千米。园区重点发展装备制造、新型材料、医药健康、电子信息、通用航空五大主导产业。园区建成和在建面积5.3平方千米，入驻工业企业120余家，其中投产规上工业企业58户，职工总人数8000余人。

平山组团

（平山产业园区管委会 供）

万盛经开区平山产业园区管委会为重庆市万盛经济技术开发区管理委员会的派出机构，内设综合部、招商部、规划发展部、企业发展部、安全生产监督管理部等5个部室（参公）和企业服务中心（全额拨款事业单位）。有编制22人，其中参照公务员事业单位编制10人、全额拨款事业单位编制11人、机关工勤人员编制1人，主要履行规划、招商、服务、管理等职能职责。

**【园区在建重点项目】** 2018年，平山产业园区牵头在建项目58个，其中重庆高科、顺安盛钛、必扬星环、杰威、鸿晟达、慧瞳、森鑫等25个项目建成投产，珠海光宇有限公司投资建设的高能量密度锂离子电池智能化制造项目创造年内签约、年内开工、年内投产的新速度，铁锚玻璃、展印包装、富盛门窗等23个项目加快推进建设。

2018年12月9日，重庆高科幕墙门窗有限公司投产仪式

（平山产业园区管委会 供）

【基础设施建设】 2018年，平山产业园区基础设施持续完善。新修道路364米，平山组团河道以南道路环网基本建成；新铺铁锚源水供应管道2.2千米，龙泉路供水管道1千米，平山组团河道以南供水环网基本建成；新建1个步行公园，1个公共厕所及市政管理用房；实现展印包装、铁锚、恒达等项目施工用电及高科、鑫代卯等项目用电保障；高新技术产业园新建3座桥梁及4条道路；完成标准厂房建设6.4万平方米。

【招商引资】 2018年，园区重点接待东莞建航电子、重庆沃尔克、重庆天好达、台湾大舜（南京邦舜）、重庆东盛、上海华艺、上海特诚等到区客商考察团队40余批次，累计100余人次；到河北、东莞、深圳、上海、南京、重庆主城等地对多家企业进行考察，充分利用冶金展、西洽会、军博会、智博会、进博会、国创会等展会，以及院士专家工作站、企业家协会等平台进行招商引资推介。2018年以来，储备项目12个，计划总投资7.3亿元，预计产值23亿元，实现税收1.4亿元。全年，签约落平山园区项目14个，计划总投资165.9亿元，预计达产实现工业产值246.1亿元，上缴税金18.3亿元。

【园区服务】 构建“主要领导亲自抓，一名分管领导、一个业务部室、一名服务员专员具体落实”的服务体系，每个干部职工联系3—5家企业，每个月走访调研企业不少于2次。全年，园区为59家重点企业、58个重点项目指派37名服务专员。拓展优质服务领域全程参与项目立项、环评、证件执照办理、施工报建等环节，探索“全程代办制度”，确保项目高质高效推进。全年累计为园区项目完成各类行政审批手续281项。协调相关职能部门单位解决在建项目疑难问题217件次，帮助企业解决在项目建设、水电气等要素保障中遇到的困难和问题372件。提升优质服务品质。大力实施一企一策、精准施策，指导帮助园区福耀、浮法、多普泰、耀皮、博奥等10余户企业获得发改、经信、科技等市、区各类项目专项资金超过3000万元；完成星环、药研院等6家园区投产企业2018年招商引资税收优惠政策兑现申报，累计补助金额360万元。协调解决福耀、铁锚、顺安、攻克等企业23名区外籍高管及技术骨干子女入学问题，解决企业后顾之忧。召开平山园区企业专场招聘会14场次，帮助园区内34家企业2388个岗位达成就业意向1611人。

【园区管理】 以“生命至上、安全第一、环保优先”理念为宗旨，坚持“勤查、严管、重罚”措施，突出重点行业、重点企业、重点时段、重点人群监管，全面完成2018年安全环保生产工作任务，实现安全生产零死亡、环境保护零事件目标。集中排查不稳定因素76件次，调处矛盾纠纷57件270余人，开展扫黑除恶专项斗争，深入企业大力开展扫黑除恶宣传教育活动，企业知晓率100%。协助工建公司完成公共厕所、市政管理房建设；对20余万平方米市政道路全天候清扫保洁，新设置果皮箱70余个，定时清运园内垃圾；定期养护、补植4000余棵行道树、100余亩草坪以及30余万株灌木、花草；维修维护路灯40余盏；更新道旗151幅，维护道旗102余幅；更换三番画面1幅；新做围挡喷绘1300余平方米。

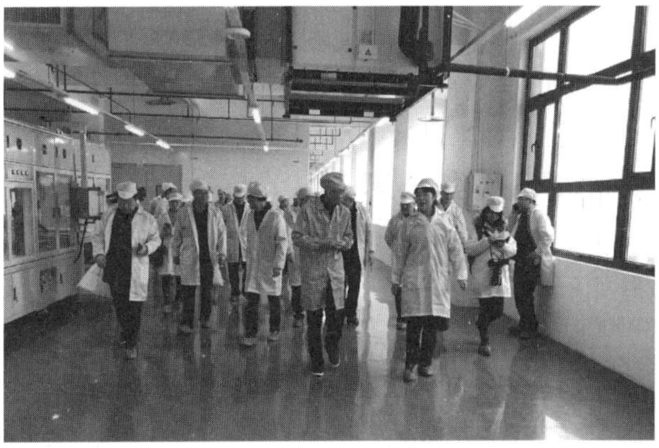

2018年11月23日，重庆市政府副市长潘毅琴（前排右一）走访园区企业

（平山产业园区管委会　供）

【主要投产项目简介】 重庆高科幕墙门窗有限公司　新建生产厂房、办公及宿舍等配套设施3万平方米，建设5条铝合金、7条塑钢、3条集成门窗、2条中空玻璃生产线及4条幕墙门窗生产线，形成年产130万平方米玻璃幕墙门窗生产能力。

重庆顺安盛钛新材料有限公司　项目总投资

7000 万元，其中固定资产投资 5235 万元。项目主要由深加工厂和爆炸复合场地两部分构成，项目加工厂区占地面积约 5.33 公顷，建设建筑物占地面积 1.58 万平方米，建筑面积 1.91 万平方米，并在异地建设爆炸复合场地 3 个，形成年产 2 万吨爆炸金属复合材料的生产能力。

重庆顺安盛钛新材料有限公司厂房

（平山产业园区管委会　供）

重庆东舜科技有限公司　租用智能终端产业园标准厂房 8000 平方米，新建自动振动马达生产线 2 条，VC 米马达生产线 2 条，形成年产 1.2 亿支精密马达产能规模，达产产值 2.5 亿元。

重庆慧瞳智能科技有限公司　位于万盛智能终端产业园，公司成立于 2017 年 3 月，注册资金 1000 万元，是一家集光学研发、生产、销售为一体的科技类公司，主营业务为光学镜头。可用于手机、相机、汽车、无人机、智能家居、安防、穿戴、医疗、运动、执法仪等领域。

重庆科博实业有限公司　建设厂房 2.06 万平方米，形成年产 10 万件脉冲超细灭火装置、10 万套消防柱箱、1000 只新能源电瓶箱的生产目标。

重庆鸿晟达新材料科技有限公司　租用万盛经开区智能终端产业园标准厂房约 3900 平方米，用于建设羽毛球拍等体育器材生产基地。

重庆攻克体育用品有限公司　租用智能终端产业园标准厂房约 2400 平方米，建设羽毛球包、运动背包等体育用品生产基地。

昆山玮硕恒基智能科技股份有限公司　位于重庆万盛区平山工业园内，主营业务包括笔记本电脑转轴、无人机转轴以及各类智能家居转轴的研发制造，开发的转轴主要应用于笔记本电脑、无人机、智能家居等领域。项目总投资 1000 万元人民币，租用平山园区约 3800 平方米标志厂房，购置约 400 万元设备。形成年产 700 万套笔记本转轴产能。

重庆粤翔实业发展有限公司　成立于 2017 年，是一家手机及电子产品的研发、生产、销售为一体的企业，生产厂房面积 7500 平方米，注册资本 1000 万元。公司是以光电产品生产、加工、销售、货物及技术进出口等为主营的综合服务平台公司。本着“诚信、质量、顾客、创新”的核心经营理念，公司将更加规模化、产业化、集约化。坚持做精、做好、做大、做强的原则。

重庆光宇电池有限公司　重庆光宇电池有限公司是一家专业从事聚合物锂离子电池研发、生产和销售的高新技术企业，公司成立于 2018 年 4 月 25 日，注册资本金 4.2 亿元人民币。投资业主为珠海光宇电池有限公司，该公司是中国国内资本第一、全球前五的世界一流聚合物锂离子电池制造商，主要客户为苹果、三星、华为、小米等世界前五强手机生产商和微软、谷歌、惠普、戴尔、联想等十大笔记本电脑生产企业，同时也是宇通、通用、大疆等新能源汽车及无人机动力电池的主力供货商。高能量密度锂离子电池智能化制造项目，于 2018 年 4 月 24 日签约，落户平山产业园区鱼田堡组团。该项目计划总占地面积约 23 公顷，总投资 40 亿元，其中一期计划总投资 18 亿元，二期计划总投资 22 亿元，新建厂房及配套设施共计约 30 万平方米，形成年产 3C 消费类锂电池约 2.2 亿只、日封装（PACK）80 万只锂电池的产能规模。项目一期 1 号厂房于 2018 年 6 月启动厂房改建工程，7 月启动装修工程，年末改建工程及装修工程基本完成；生产设备到货过半，其中部分配料、涂布、封装设备试运行成功。整个 1 号厂房 11 月底前试投产，12 月底量产。

（郑　红　甄青青）

# 煤电化园区

**【概况】** 重庆（万盛）煤电化园区是重庆市人民政府批准设立的全市唯一煤电化产业园区，是重庆市规划布局的重大产业基地之一，是万盛经开区立足城市发展新区定位和资源型城市转型，发展接续替代产业，实现工业振兴的重要平台。是重庆市“1 小时经济圈”内规划布局的九大产业基地之一，是重庆市煤电化产业聚集基地，重点发展煤电、煤化工、化工新材料、化学原料等产业，规划建成环境友好、功能完善、生态文明的煤电化工循环经济示范园区、重庆重要的煤电化工基地和能源基地。

2018 年，园区 5 家规模以上工业企业实现产值 27.18 亿元，比上年增长 46.03%；招商引资签约项目 4 个，协议引资 35.8 亿元；实际利用区外资金 2.50 亿元，完成固定资产投资 2.51 亿元，在地建筑业产值 1.46 亿元。

重庆市万盛经济技术开发区煤电化产业园区管理委员会为园区管理服务机构，主要负责园区规划建设、项目招商、企业服务、安全监管、环境监督检查、科研合作等，内设职能部门 6 个，即综合部、招商部、规划发展部、企业运行部、安全生产监督管理部（环境保护办公室）、园区企业服务中心。有财政全额拨款事业编制 8 人（参照公务员法管理）；核定事业编制 10 人。

**【基础设施建设】** 结合园区实际修编完善规划环评和园区控规；关坝支线铁路项目启动复工工作；园区污水处理厂项目完成污水处理调试工作并达到运行条件；一般工业固废项目于 2018 年 6 月 19 日启动建设，完成总工程量 13%；园区南部片区征地拆迁取得立项批复；园区南北干道整治工程、恒泰电厂运煤大道整治工程建成投用；园区企业服务中心项目建成并投入使用；园区北部片区供热管网启动建设，并完成厂区内部分基础施工；园区新建自来水厂项目完成选址。

**【招商引资】** 坚持煤电、煤化工主导产业不动摇，延伸甲醇下游产业链条，培育以化学化工新材料、化学制药、专用化学品生产为主的特色精细化工集群。2018 年，招商引资入园项目 4 个，协议引资 35.8 亿元。加强区域合作、互惠共赢招商，扩展渝陕两地化工项目合作领域，深化互利合作内容，持续有效推动陕煤集团在区化工项目论证工作。完善园区产业储备，围绕重庆化工产业高质量发展总体要求，结合地区主导产业所需化工新材料、专用电子化学品、助剂等特色精细化工产品策划重点项目 25 个。持续做好保障项目落地的前期工作，建立健全招商引资项目全程代办和跟踪服务机制，为客商代为办理项目手续 30 余件次。不断创新招商模式，结合煤化工产业特点，依托高等院校、科研院所，开展以技招商，2018 年，园区及产业组累计外出招商 40 余次，接待客商 200 余人次。

**【重点项目建设】** 神华国能重庆电厂环保迁建项目通过协调沟通，市政府和国能投集团达成一致，共同争取国家能源局支持，尽快恢复施工，力争 2021 年建成投产；东方希望 6 万吨/年碳酸二甲酯项目于 2018 年 10 月 29 日启动建设，预计 2019 年 9 月建成试车；渝南循环经济项目正跟进征地批文及拆迁资金落实情况，计划 2020 年 6 月一期建成投用；昆仑化工项目完成项目工商注册、备案及项目产品方案论证；重庆双丰化工有限公司异地新建项目和设计单位签订方案设计合同。

**【园区服务与管理】** 开展“兴调研转作风促落实”行动、扎实开展集中走访服务民营企业活动，深化落实“一对一”联系服务、“一企一档”等工作机制，在项目审批、要素保障等方面提供全方位“保姆式”服务。2018 年，走访和调度园区企业 568 次，收集整理问题 425 个，协调解决园区企业遇到的各类问题 400 余个。争取和落实招商引资政策、工业强区政策、人才奖励政策及争上减负政策，帮助园区企业兑现各类奖励扶持资金 1780 万元。实施科技创新驱动和绿色低碳发展，助推万盛煤化成立市级企业技术中心，完成碳酸二甲酯项目技术攻关；推进万盛煤化三期蒸汽余热发电项目建设；推动恒泰电厂完成燃料智能化项目改造和 2 号机组超低排放改造；推进园区企业富余蒸汽实现循环利用，启动万盛煤电化产业园区热电联产规划编制。落实人才强区行动。建立园区人才信息库，帮助企业成功申报区级科技创新创业人才、拔尖人才、优秀人才、骨干人才等10人，成功举办区内高中毕业生定向招聘活动，帮助万盛煤化、川东化工落实25名本土定向生培养工作。

**【园区管理】** 抓好安全生产责任落实，加大安全监督检查力度。2018年，组织安全检查人员428人次，开展现场检查91次，发现隐患183起，整改177起，整改率97%；约谈企业4家次，会同相关行业主管部门对企业违法行为处罚金9.2万元。完善环境保护管理制度，配合市区两级环境主管部门对园区企业开展环境监察工作56次，出动检查人员349人次，查出问题21个，整改完成21个，整改率100%，约谈企业5家次，协助区环保局对1家企业实施环保处罚33万元。完成园区化工路入口边坡治理、路灯线路改造、园林绿化管理等工作，开展市政道路执法检查57次，查处违法违规车辆24起。2018年，园区未发生较大环境影响事件及堵工堵路、到市进京等异常上访情况，安全生产工作获一等奖，园区发展环境和谐稳定。持续深入学习贯彻党的十九大精神和习近平新时代中国特色社会主义思想，2018年，组织召开党工委委员会18次，组织中心组学习14次，开展主题党日活动12次，组织干部职工学习15次，坚持把维护习近平总书记核心地位、自觉接受党的领导作为第一位的政治要求，彻底肃清孙政才恶劣影响和薄熙来、王立军流毒。狠抓党风廉政建设。组织学习《中国共产党章程》《中国共产党纪律处分条例》等党规党纪10余次，层层签订党风廉政建设责任书37份，专题研究党风廉政建设和反腐败工作2次，坚持抓早抓小，开展谈心谈话40余人次，达到咬耳扯袖的效果；开展警示教育10余次；查处园区职工违纪案件一起，给予行政降级和取消预备党员资格处分。开展党群工作。专题研究党群工作3次，开展非公党建工作调研2次并形成调研报告1篇，完成园区团工委、关工委、妇联组建工作，开展非公企业党建工作指导30余次，开展“百堂党课进基层”“送党章·学党章”等系列活动40余场次。牢牢掌握意识形态主导权。落实意识形态“一岗双责”，加强意识形态阵地管控，明确专人负责园区网络舆情信息。全面落实巡查整改工作。先后召开5次专题会议，研究部署整改工作，至年末，25项任务均整改完毕。

**【主要投产项目简介】** 国电重庆恒泰发电有限公司　是中国国电集团的控股子公司，于2005年起投资25.2亿元建设2×30万千万燃煤机组，2007年建成投产，现有职工212人。2018年发电17亿千瓦时，实现产值8.1亿元。

重庆万盛煤化有限责任公司　是上海东方希望集团有限公司的控股子公司，是重庆万盛煤电化基地的开端项目和2008年重庆市政府十大重点项目之一。公司注册资本4.1亿元人民币，总投资16亿元人民币，占地33.33公顷，于2008年7月奠基，2011年建成投产，2015年开始盈利。公司有年产甲醇30万吨、二甲醚20万吨、副产品硫黄5580吨以及液氧、液氮、液氩等相关副产品4万吨的产能，是西南地区煤化工龙头企业，有职工100余人。2010年建成投产。2018年生产甲醇37万吨，二甲醚25万吨，实现产值12.2亿元。

重庆华耀混凝土有限公司　于2014年2月成立（已更名为华耀实业集团有限公司），在煤电化园区投资建设1个预拌商品混凝土搅拌站，形成180万立方米/年商品混凝土生产规模，并同步建成相关配套设施。项目占地总面积约1.42公顷，截至2017年6月，完成项目建设（实际总投资1633万元），有职工51人。2018年生产商品混凝土44万立方米，实现产值2.7亿元。

重庆万电粉煤灰开发有限责任公司　占地1.13公顷，总投资1000万元，主要依托煤电化园区恒泰公司，开展粉煤灰加工销售，脱硫石膏加工销售，粉煤灰砖加工销售，年加工能力50万吨，于2007年7月投产。2018年生产粉煤灰1万吨，实现产值1.9亿元。

重庆川东化工有限责任公司　重庆川东化工搬迁清洁生产及废水综合治理项目是经开区近年来在精细化工领域引进的种子项目，也是市级重点项目。项目规划总用地面积约16.67公顷，由办公区、后勤服务区、生产车间、污水处理站及其他配套设施组成，总投资6亿元，建设以煤制气为燃料和原料，以磷酸盐和甲酸盐循环经济产业链为基础，以电子及食用化学品为重点和先导，年产量达25万吨的精细化学品生产基地，并同步建成配套的中水回用和污水处理站。项目于2016年10月开工建设，2017年12月28日建成投产，解决就业约600人。2018年生产精细化学品2.2万吨，实现产值2.2亿元。

重庆神开气体技术有限公司　总占地面积约0.67公顷，一期投资1000万元，主要建设年产2万瓶气体标准物质的生产线5条，产品检测仪器6台，二期投资1000万元，主要建设年产5万瓶高纯氮气、高纯氧气、高纯氩气的分装装置，以及200台的石油仪器生产线。一期年产2万瓶气体标准物质的生产线于2018年2月建成投产，年产值0.2亿元。

（罗　佳）

# 区内主要国有企业

## 重庆市万盛经开区开发投资集团公司

【概况】 重庆市万盛经济技术开发区开发投资集团有限公司（以下简称万盛经开区开投集团），负责万盛经开区范围内的基础设施建设、土地储备和整治、区域土地开发、房地产开发、现代产业体系构建和高新科技成果转化等进行投资、建设和资本运作，在授权范围内开展国有资产多种形式经营。万盛经开区开投集团由万盛经开区管委会全额出资，注册资本金20亿元，由重庆市人民政府委托万盛经开区管委会管理。按照《中华人民共和国公司法》规定，集团公司设董事会、监事会，公司高管人员由党工委、管委会任命，参照副厅级干部管理。集团公司内设行政部、人力资源部、战略投资部、财务融资部、审计监察部5个部门，集团公司本部有员工59人。

【经营业绩】 2018年，万盛经开区开投集团融资到位资金46.7亿元，超出全年目标任务1.7亿元；融资综合成本7.28%，低于重庆市同类平台公司平均水平。各项经营指标达到预期。年末，集团公司资产总额436亿元，负债总额199亿元，净资产237亿元，资产负债率45.64%；全年实现营业收入30亿元，利润总额5.7亿元。全年完成投资12.2亿元，完成全年项目投资任务的94.16%。2018年集团公司发生运行费用1.34亿元，低于国资局下达的运行费用控制目标1.3个百分点。

【融资工作】 2018年，全年融资到位资金46.7亿元，实现当期债务百分之百偿还，守住不发生系统性金融风险的底线。统筹做好资金调度工作，全力保障还本付息、公司运转及重点项目资金需求，全年支出资金69.05亿元，其中偿还债务本息49.08亿元，工程项目、征地拆迁和资产收购等支出11.7亿元，区级部门及公司借款5.22亿元，上缴税金1.81亿元。

【企业改革】 以临空、服务、资管、旅体、工业、金控等六大业务板块为核心，完成开投集团所属子公司优化整合工作。着力规范完善集团公司内部管理制度，加快建立与改革重组相适应的运行管理机制。重新修订集团公司章程，基本完成各子公司出资人、法人、章程的修订及变更。整改党政机关工作人员到国企任职问题，基本理顺集团公司中高层管理人员体制关系；重新修订人力资源管理办法等7个制度，统一各子公司的工资待遇、职务职级、员工招聘等标准。修订完善财务管理办法、资金集中管理办法、资产管理办法等制度，对子公司财务负责人实施委派管理，强化对子公司的财务、资金和融资的统筹管理。

【企业经营】 紧扣地区转型发展重点，全力推进工业强区、全域旅游、全民健身“三个抓手”。全力推进工业强区。工建公司全力推进园区基础设施和重大项目建设，全年完成投资4.96亿元，兑现各类招商引资补助资金4700万元，促成高科幕墙、顺安盛钛等重点工业项目实现投产。基金公司积极参与重大项目招商，携手民营资本共同组建普瑞达、云铭科技等混合所有制企业，全力推动战略性新兴产业发展。万盛经开区旅投公司强化“黑山谷”品牌建设，黑山谷景区获年度中国旅行口碑榜“2017年全国最具影响力景区”称号，全年实现景区累计接待游客168.17万人次，创历史新高。盛荣公司稳步推进鱼子新区开发，高质量开展鱼子公园景观、保洁和秩序维护工作，鱼子公园最大日接待游客量突破2万人次，成为市民休闲、健身、聚会的好去处。全力推进全民健身。完成国家轮滑（滑板）基地项目前期工作，成功举办世界拳击组织（WBO）拳力联盟等体育赛事31场次。全力推进重大基础设施建设。江南机场项目进展顺利，完成用地拆迁185.2公顷，完成投资6.90亿元，完成通用机场前置要件审查，转升运输机场工作取得初步进展。鲤鱼河引水工程全面竣工并投用，污水管网、矿井废水处理等工程项目稳步推进，累计完成投资2.33亿元。与此同时，国资公司加快推进老街提升改造，全年实现资产销售收入1.15亿元、房屋租金收入0.22亿元。

（阮　飞　赵秀明）

## 重庆市万盛经开区城市开发投资集团有限公司

**【概况】**　重庆市万盛经开区城市开发投资集团有限公司（以下简称万盛经开区城投公司）组建于2015年10月，是万盛经开区重点区属国有企业，注册资本1.4亿元，有员工461人，其中总公司领导班子7人、员工20人，有内设部门5个，即综合部、审计监察部、财务融资部、规划建设部、工程项目部，下属子公司4个，即鑫瑞物业管理公司、盛羽体育文化发展公司、鑫岩房地产开发公司、清平蓝盾保安公司，员工434人。公司主要承担城市基础设施建设、市政建设、投资融资、资产经营、城市棚户区改造建设及房地产开发等业务板块。

**【经营开展情况】**　陆续投用14个停车场3944个停车位，基本实现万盛城区全覆盖；150亩苗圃基地逐步达到外销条件；重庆首批“无感支付”在公司停车场投用；停车场智能综合管理服务系统在多个景区联网运营；充电桩项目有序推进。

**【项目建设情况】**　2018年，万盛经开区城投公司项目完工16个，在建20个，完成项目投资4.73亿元。城区公交站台二期、万东南路人行道板改造项目、高速路口至黑山谷大道绿化提档升级项目、海棠晓月片区人行道板改造等项目完工，万盛经开区人民医院综合业务楼、残疾人康复中心完成主体工程及室内外装修，奥林匹克公园完成天梯建设，安装投用城区直饮水点10个。

（陶　维）

## 重庆市万盛经开区交通开发建设集团有限公司

**【概况】**　重庆市万盛经开区交通开发建设集团有限公司（以下简称万盛经开区交建公司）是经万盛经开区管委会批准成立的国有独资企业，主要经营交通基础设施及其他基础设施开发、建设、经营、管理；汽车出租、租赁；建筑施工设备出租、租赁；混凝土预制构件加工销售；房屋建筑施工。有内设部门5个，即综合部（人力资源部）、审计监察部、财务部、工程部（安全部）、经营发展部。有下属全资子公司4个，即佳升公司、顺达公司、盛捷公司、晟安公司。2018年，有员工142人。2018年通过发行管廊专项债，到位资金4亿元，以晟安公司为主体获批流动资金贷款1000万元。

**【交通基础设施建设】**　2018年，万盛经开区交建公司承建交通建设项目共23个，总投资约12.24亿元，建成投用“四好农村路”约200千米，千里健身步道约128千米，完成腰子口—鱼子岗—八角、老黑山—狮子槽公路、煤电化园区—万梨路工程、公路绿化通道提质改造项目、黑山谷北门—南门健身步道提质改造工程、上天池—龙背、茶树—奥陶纪、板辽湖溱溪桥等8个项目的建设。腰子口—鱼子岗—八角与万黑公路形成黑山谷旅游环线公路，市政府重点项目城市综合管廊建设有序推进，完成投资2.5亿元，形成廊体 2.8 千米，中国华冶科工集团投融资项目历时三年全面完工。

（董　艳　蔡春霞）

## 重庆市万盛采煤沉陷区综合治理有限公司

**【概况】**　重庆市万盛采煤沉陷区综合治理有限公司（以下简称万盛采沉治理公司）成立于 2015 年 10 月 15 日，是由万盛经开区国有资产管理局及中国农发重点建设基金有限公司共同出资组建的股份制有限责任公司。公司实行在党工委、管委会领导下的董事长负责制。2018 年，公司共有员工 30 人，设副董事长 1 人，副总经理 3 人，纪委书记 1 人。公司注册资本为人民币 12.04 亿元，出资方式为货币加实物出资。公司经营范围：道路、房屋、公共设施、市政设施建设、房地产开发、土地整治、植被恢复、园林绿化、养老管理经营。办公地址位于万盛经开区国能天街 8 号楼 13 层。

**【资产经营情况】**　2018 年，万盛采沉治理公司资产总计 24 亿元，获批融资资金 6.2 亿元，到位融资资金 1 亿元。全年公司完成项目投资 11950 万元，收入 4195 万元；融资综合成本 5.5% 以下；到期债务本息偿还率 100%；资产负债率 46.52%；国有资产保值增值率 100.05%。

**【项目开发建设情况】**　*南桐大道项目*　起于南桐东路步行街交叉点，止于綦万高速平山互通，全长 2.42 千米，计划投资 3.5 亿元，于 1 月初完工通车。南桐大道将促进平山产业园区与南桐镇融合，形成产城一体格局。

*采煤沉陷区工矿废弃地复垦项目*　计划投资 1.05 亿元，完成万东、南桐、关坝、青年、丛林五个镇关闭煤矿和非煤矿山等废弃土地测绘和规划设计 71.33 公顷，开工复垦面积 11.87 公顷，完成复垦 8 公顷。

*万盛采煤沉陷区植被恢复项目*　计划投资 1.05 亿元，南桐镇片区完成 75.67 公顷工程总量的 80%，万东镇片区完成 86.67 公顷招投标工作。

*地方小煤矿致害农房避险搬迁工作*　计划投资 19398 万元，涉及万东、青年、南桐、关坝、丛林 5 个镇 1223 户。完成避险搬迁 506 户。

*关坝镇平翔煤矿 +350 米平硐排水管道工程项目*　计划投资 82.04 万元，采取铺设排水管道方式解决平翔煤矿 +350 米平硐废水直接排入藻渡河问题。于 12 月全面完工。

*南桐花园项目建设*　后湾社区用房主体工程全面完工，完成工程结算审计 16 个。

（陈　亭）

## 重庆市万盛经开区普益基础设施建设有限公司

**【概况】**　重庆市万盛经开区普益基础设施建设有限公司（以下简称万盛普益公司）成立于 2017 年 12 月，公司注册资本金 5000 万元人民币；出资人为万盛经开区国资局。2018 年 4 月设立普益公司党委和纪委，在区党工委、管委会的安排部署下配齐普益公司领导班子。万盛普益公司于 2018 年 5 月 28 日搬迁至万盛经开区城市管理局第 10 楼办公，落实办公室装修及办公家具、设备采购等工作；围绕“普惠全区、大众受益”的企业理念，装饰公司形象墙等，注重对外形象展示；变更公司法定代表人、开设公司银行基本账户；开通、调试党政网。

**【企业经营】**　万盛普益公司为承接政府委托实施基础设施、公用事业、土地开发等公益性项目建设的非营利性公司。公司的经营范围：城乡基础设施、公用设施、农田水利基础设施建设、土地开发整治。

**【主要项目简介】**　迎春灯饰项目 2019 年迎春灯饰工程设计工作自 2018 年 6 月开始，11 月中旬定稿。迎春灯饰工程于 12 月 4 日通过公开招投标方式确定施工单位，直接工程投资 392.15 万元。安装工作于 2018 年 12 月初启动，2019 年 1 月 6 日主体工程完工亮灯。于 2019 年 1 月 28 日完成验收及收方计量工作。重点打造三个道路节点。

一是打造三个广场，即子如广场、东林矿工广场、南桐幸福广场，以传统灯笼、中国结、灯雕为主重点装饰。二是打造高速路口、塔山路，高速路口、塔山路是进出万盛的门户，以传统灯笼、中国结、灯雕为主。三是孝子河水上灯，2018年迎春灯饰孝子河上打造康羽桥（文体中心桥）至2号坝段，2019年迎春灯饰孝子河段建议在2018年基础上适当延伸，新增加爱情桥（安全文化广场处）至康羽桥（文体中心桥）段，利用灯雕装扮孝子河，打造为迎春灯饰主要观赏区域。

（张垚鑫）

## 重庆江南机场有限公司

**【概况】** 重庆江南机场有限公司（原重庆金桥机场有限公司）成立于2014年9月17日，注册资本2.5亿元人民币，是为江南机场建设运营专门成立的一家法人独资企业，2018年4月在区国有企业深化改革过程中纳入区开发投资集团下属子公司管理。公司有内设部门5个，即综合部、财务人事部、规划建设部、战略投资部、气象观测站，有职工18人。其中领导班子成员4人（3人挂职）、员工14人；有党员6人，占全体职工总人数33%。

**【企业经营】** 重庆江南机场有限公司主要经营航空旅游（取得相关行政许可后方可经营），通用机场投资建设，通用机型组装及销售，航空设施维修，地产开发，通用航空服务，酒店管理。

**【在建主要项目情况】** 重庆江南机场项目　场址位于綦江区、南川区和万盛经开区交界的金桥镇马头桥村、青山村、三台村，距重庆主城区直线距离52千米；2016年通过市发改委的项目核准，定位为A1类通用机场；根据初步设计，飞行区指标为3B，为一条长2200米、宽30米的跑道，2条长145.5米、宽15米的垂直联络道，24个机位（20B、4直）的站坪，1566平方米的航管综合楼以及空管、助航灯光、供电、供水、消防救援等相关配套设施，场区海拔标高768米，项目预计总投资10.2亿元，拟用地总规模约200公顷。年末，江南机场作为通用机场的所有前置要件全部完成，具备开工条件。为全面融入重庆西部大开发重要战略支点、“一带一路”和长江经济带连接点建设，认真贯彻落实习近平总书记对重庆提出的“两点”定位、“两地”“两高”目标、“四个扎实”要求，以及重庆市委陈敏尔书记调研万盛时提出：“把南向通道资源认识好、利用好，加快铁路、公路、机场建设”的指示精神，万盛经开区党工委、管委会充分利用自身优势，以加快资源型城市转型升级，带动渝南黔北地区精准脱贫，培育壮大经开区航空产业，加快地区经济高质量发展为目标，于2018年下半年提出把江南机场规划建设为运输机场新的目标任务。

黑山谷直升机场项目　场址位于重庆市万盛经济开发区黑山镇北门村河沟社，距重庆市中心直线距离约83千米，距万盛经济开发区行政中心直线距离约7.5千米，紧邻黑山谷景区。机场性质为三类通用机场，新建1座40.1米×40.1米的直升机起降坪，800平方米的飞行服务中心及相应的配套设施。项目拟用地总规模为107公顷，建设工期为15个月。项目总投资1794万元。2018年4月，万盛经开区管委会与海航通航建设开发股份有限公司签订机场《投资协议》《补充协议》。由于项目业主依据相关规定，暂时不得进行对外投资，故机场建设当前处于停滞状态。至年末，完成《黑山谷通用机场建设投资及运营管理》方案论证初稿，待党工委、管委会同意后即启动建设。

（犹　霞）

## 重庆盛荣控股有限公司

**【概况】** 重庆盛荣控股有限公司成立于2018年6月26日，有内设机构5个，即综合管理部、战略规划部、财务融资部、审计监察部、投资事业部。公司经营范围：万盛经开区公共事业投资管理；航空旅游、通用机场投资建设管理；城市、乡村及旅游基础设施建设；水利及水资源项目开发建设；城乡供水、排水、污水处理开发建设与经营；水上旅游、乡村旅游开发建设与经营；医疗、卫生、健康服务；进出口贸易；苗木、绿化培育与销售；企业管理、工程技术与信息咨询服务等。有下属子公司5个，即重庆市万盛经开区水务开发建设集团有限公司、重庆市万盛经开区水务资产经营管理有限公司及其子公司重庆黑山供排水经营管理有限责任公司、重庆市万盛经开区农林开发有限公司、重庆鱼子岗旅游开发有限责任公司、重庆市万盛区利民水利电力有限责任公司。公司有在职员工130人，领导7人。2018年年末，重庆盛荣控股有限公司资产总额62.17亿元。

**【项目开发建设】** 2018年，重庆盛荣公司负责实施的项目26个，建设内容包括鱼子岗片区基础工程、雨污水管网工程、矿井废水处理工程、供水工程、引水工程、水库建设、河道治理工程等方面。其中续建项目4个，新建项目22个。2018年完成投资23274万元。

*鱼子岗片区基础设施工程* 共计5个项目，分别是黑山（鱼子岗）旅游度假区入口服务中心、明武山庄至东林水厂污水管网、鱼子岗公厕外装、黑山实验学校维修改造工程及鱼子岗旅游度假区照明工程（EPC），总投资约1.71亿元，2018年计划完成投资5129万元，全年完成投资5129万元，完成投资比例100%。其中明武山庄至东林水厂污水管网、鱼子岗公厕外装、黑山实验学校维修改造工程及鱼子岗旅游度假区照明工程（EPC）等4个项目建成投用，完成投资2129万元；入口服务中心项目于2018年9月启动建设，完成投资3000万元，完成投资比例100%。

*污水管网工程* 共计5个项目，总投资约6935万元，2018年计划完成投资6435万元，全年累计完成投资5882万元，完成投资比例91%。其中城区二三级排水管网（一期）、青年镇雨污管网、关坝镇雨污管网、清溪河截污干网等4个项目均完成建设，完成投资5835万元，完成投资比例100%；南门村江流坝雨污管网前期投入47万元，因项目前期工作未完成，向区发改局申请调整项目2018年计划投资额。

*矿井废水处理工程* 共计2个项目，总投资约3829万元，2018年计划完成投资2229万元，全年完成投资2229万元，完成投资比例100%。其中南桐煤矿废水处理扩容工程基本完成项目建设，全年投资1629万元；鱼田堡煤矿污水处理厂扩建工程项目按照年度计划完成总工程量60%，全年完成投资600万元。

*供水工程* 共计5个项目，其中新建水厂1个，扩建水厂2个，总投资约1870万元，2018年计划投资1870万元，全年完成投资约1870万元，完成投资比例100%。其中南桐镇桐梓沟水厂巩固工程，基本完成厂区扩建与管网铺设安装工作，全年完成投资450万元，完成比例100%；板辽水厂供水工程，基本完成建设，全年完成投资1200万元；冰雪世界供水扩建工程，完成建设，全年完成投资40万元；丛林菌厂给水管道工程项目，新建供水管网2.7千米，完成投资90万元；松涛湾水库排花山水厂至红岩供水管道改建工程，新建DN110给水管道5千米，完成投资90万元。

*引水工程* 共计3个项目，其中续建工程2个，新建工程1个，总投资约2.81亿元，2018年计划投资4444万元，上半年累计完成3544万元，完成投资比例80%。其中鲤鱼河引水工程，拦河枢纽全部完工，引水隧洞9606米全线贯通，隧洞二期衬砌7310米全部完成，全年投资3244万元；汤家沟分干渠项目，分干渠洞室开挖累计完成2980米，基本完工，全年完成投资200万元；金南分干渠工程，完成线路方案比选，全年完成投资100万元，该项目因缺少资金向管委会、区发改局提交调整2018年投资计划的请示。

*水库建设* 共计2个项目，总投资约3.12亿元，2018年计划投资8000万元，全年累计完成约3300万元，完成投资比例41%。其中凉风水库工程，完成大坝土石方开挖、一期导流、左右岸坡以及坝肩喷锚、坝体埋石混凝土及下游消力池施工，全年完成投资3000万元；板辽水库扩建工程，完成可研编制并向发改申请审批，并完成初设报告（讨论稿）编制，全年完成投资300万元，该项目因缺少资金向管委会、区发改局提交调整2018年投资计划的请示。

*河道治理项目* 共计2个项目，总投资约6391万元，2018年计划投资1904万元，全年累计完成约800万元，完成投资比例42%。刘家河

河道治理工程，综合治理河长7千米，通过护岸护坡、清障清淤和绿化美化手段使该河段达到防洪标准，基本改善水生态环境，全年完成投资700万元；洗布河河道治理工程，开展初设（代可研）设计报告以及各类子专题报告的编制工作，全年完成投资100万元，该项目因缺少资金向管委会、区发改局提交调整2018年投资计划的请示。

其他项目　共计2个，总投资约520万元，2018年计划投资520万元，上半年累计投资520万元，完成投资比例100%。其中丛林蘑菇总动员外停车场复绿项目，完成对1.33公顷违法用地停车场和其他设施进行复土，并播种格桑花等草籽，全年完成投资20万元；2018年高效节水灌溉项目，完成新建集水井2口、蓄水池7口，泵站1座、低压管道灌溉工程336公顷，滴灌工程0.67公顷；改造泵站1座，全年完成投资500万元。

南桐煤矿废水处理厂

（重庆盛荣控股有限公司　供）

【经营管理】　2018年，重庆盛荣控股有限公司实现主营业务收入919.45万元，其中水务公司557.4万元，黑山供排水公司362.05万元；营业外收入4.8万元，利润总额85.77万元（水务公司、黑山供排水公司合计数）。

（蔡玲玉）

## 重庆万盛国有资产经营管理有限公司

【概况】　重庆万盛国有资产经营管理有限公司（以下简称万盛国资公司）成立于2001年3月30日，注册资本金41700万元，有内设机构5个，即综合管理部（党委办、纪检室）、财务融资部、土地经营部、资产管理部（房地产开发部）、资产经营部（商业管理部）。有下属子公司2个，即重庆盛欣贸易经营管理有限公司、重庆盛基土地资产运营有限责任公司，员工编制总数34人。

【经营管理】　万盛国资公司经营范围主要有运用国有资产进行投资、转让、租赁、参股、控股，代理国有资产各种收益业务；房地产开发（三级，按资质证书核定范围经营）；实施城市市政设施建设，对城市规划区范围内的土地进行整治和储备（含拆迁安置补偿）；农业、种养殖业，农业基础设施建设；粮食收购、加工、储备。

【在建工程】　万盛经开区为民服务场所装修项目　总投资额4000万元。计划工期6个月，2019年1月开工，预计2019年6月底竣工。项目业主重庆万盛国有资产经营管理有限公司子公司（重庆盛欣贸易经营管理有限公司）。负责国能天街奥特莱斯A馆三、四楼1.31万平方米室内装修，包含天棚工程、楼面工程、墙面工程、水电工程、消防工程、办公软硬件设备及部分家具采购等内容。项目于2018年8月方案经万盛经开区党工委管委会审核通过，9月完成施工图设计，11月获发改局概算批复，12月完成装修部分公开招标。

（万　静）

## 重庆黑山谷旅游投资有限公司

【概况】　重庆黑山谷旅游投资有限公司（以下简称万盛经开区旅投公司）于2008年注册成立，

注册资金2.14亿元，系国有独资企业，为重庆市万盛经开区开发投资集团有限公司子公司。有内设部门6个，即综合部、财务资产部、规划建设部、市场营销部、安全质量部和战略策划部，中层管理人员中经理5人，副经理5人，主管1人。下辖全资、控股（参股）子公司22个。其中直接（委托）管理子公司9个，由其他合资单位管理的控股（参股）子公司9个；其他参股二级子公司4个。公司主要参与旅游景区、宾馆、游乐、旅游商品、旅游交通、旅游设施等项目的开发与经营，除承担着万盛经开区全域旅游景区和体育产业及其基础设施的投资建设、国有资产运营管理，研究旅体产业与其他产业的融合发展及体旅文化的挖掘创新外，还负责万盛全民健身事业发展的具体实施。2018年，万盛经开区旅投公司资产总额50.84亿元。

**【项目建设】** 2018年，投入景区基础设施建设资金2212万元，完成黑山谷景区停车场智能化改造、八角游客接待中心停车场消防设备安装、黑山谷景区人行天桥、黑山谷景区人车分流等18个工程建设项目；完成响水村宾馆、黑山谷度假酒店的提升改造方案；建成丛林食用菌专业化生产厂房，日产量2万余包，年产值约3000万元；投入资金1100万元，启动南川区南平镇至丛林镇丛林农业示范产业园区10千伏供电线路跨区域建设，年内完成丛林境内杆线架设，预计2019年4月完工投入运行。

**【经营情况】** 2018年，万盛景区累计接待游客168.17万人次，其中黑山谷和石林景区接待游客110.97万人次，三湖景区接待游客57.2万人次。公司营业合并收入2.23亿元。主要包括公司资产处置类营业收入8269.98万元，子公司营业收入1.40亿元。

（万盛经开区旅投公司办公室）

## 重庆市万盛工业园区开发建设有限公司

**【概况】** 重庆市万盛工业园区开发建设有限公司（以下简称工建公司）成立于2017年1月，有内设部门5个，有下属子公司2个。在岗人数41人，其中公司班子成员7人；40岁及以下员工25人，占比60%；大专及以上学历员工35人，占比85%；高级职称3人，中级职称7人。

**【企业经营】** 工建公司主要从事工业园区基础设施和配套设施的投融资及建设、工业园区公共事业投融资与管理，工业园区土地开发整治和经营管理，工业园区项目的股权投资和房屋租赁出售，物业管理服务、仓储物流等。

**【在建项目】** *高新园道路桥梁工程* H1、H7、Z1、Z2路等4条城市支路，标准路幅宽度为16米。道路长度分别为0.21千米、0.4千米、0.25千米、0.44千米、0.35千米。其中H1、Z1路各设桥梁一座，桥梁长度分别为60米、106米、52米、34米。年末，Z2路及桥全面完工，并具备通车条件。H7路完成，H1桥、Z1桥主体完工。

*鱼田堡A03－5/02地块标准厂房* 建设地址位于万盛鱼田堡，建设总用地面积6.76万平方米；总建筑面积12.86万平方米；投资造价约2.5亿元；由8栋生产厂房、2栋门卫房、一个篮球场组成。工程于2017年7月20日开工。2018年，1号楼全面完成建设；4号楼主体结构完成、砌体工程完成；5号楼完成主体结构、砌体工程完成；6号楼主体结构完成，砌体工程完成，1、2、3层交予光宇使用；7号楼砌体完成；8号楼全部完成；9号楼砌体完成、消防、门窗安装完成70%；10号楼结构施工完毕。

*中国信息通信研究院西部分院天馈线检测实验室* 占地面积1.99万平方米，总建筑面积9494.16平方米。一期由政府投资7500万元，其中土建及装修部分4000万元，设备采购3500万元。主要有研发楼2720.78平方米；室内远场暗室5615.4平方米；漏缆测试通道1147.74平方米；门卫室10.24平方米等附属设施，将建成西部地区大型天线检测、测试中心。工程于2016年10月开工，2018年土建部分基本完工。

*万盛鱼田堡至万东南路立交工程* 路线南起于新华小学附近次干路交叉口，北止于万盛大道（南桐矿务局总医院附近支路路口），道路长

628.01米，路幅宽14.5米，桥梁长250.92米，桥面宽9米，桥面最大纵坡为4%，横坡1.5%，桥梁上部结构采用3×40+1×40+2×40米预制箱梁，下部结构桥台采用重力式桥台，桥墩采用矩形柱式墩，基础为盖梁墩柱式配承台桩基础。年末，项目完工。

煤电化园区一般工业固废处置中心工程　位于万盛煤电化产业园区，占地11.33公顷，库容68万立方米，配建污水收纳管网，实现固体废物资源化循环利用。至年末万盛段完成80%，綦江段待征地拆迁工作完成后启动建设。

玻璃检测中心工程　位于重庆市万盛经济技术开发区福耀路100号（重庆市万盛职业教育中心校区用地西端）。用地北临福耀实验学校，西侧为现状市政道路——福耀路。工程建设用地面积约8035.28平方米，总建筑面积11165.42平方米。其中地上建筑面积7597.26平方米，地下建筑面积3568.16平方米。至2018年10月，项目完成混凝土主体框架结构，因等待方案调整，于2018年11月1日停止施工。

（罗　夏）

## 重庆万盛产业发展股权投资基金有限公司

**【概况】**　重庆万盛产业发展股权投资基金有限公司（以下简称股权投资公司）成立于2017年5月，2018年5月组建并开展工作，注册资本金5亿元。4月12日，公司成立党委委员会和纪律检查委员会。5月21日确定为重庆市万盛经开区区属国有重点企业。公司内设部门4个，即综合部、财务部、投资管理部、风险控制部，核定人员编制14人，其中领导职数4人，内设机构负责人3人（不含财务负责人）。公司主要经营股权投资业务。

**【投资项目】**　2018年，股权投资公司投资项目2个，投资金额总计695万元。一是出资500万元，与珠海普瑞达、珠海普泽共同组建重庆普瑞达企业管理有限公司，占股33.34%；二是出资195万元入股重庆云铭科技股份有限公司，用于投资集成电路芯片研发中心和民爆行业大数据分析平台项目，占股13%。

**【项目情况】**　根据重庆市万盛经开区管委会和珠海光宇电池有限公司签订的投资协议，重庆市万盛工业园区开发建设有限公司向重庆普瑞达企业管理有限公司提供借款支持，用于收购哈尔滨光宇电源股份有限公司所持有的珠海光宇电池有限公司9.89%的股份，收购价格1.80亿元，至年末，完成收购工作。2018年12月，重庆云铭科技股份有限公司完成办公大楼的装修，产品研发前期调研工作，初步确定2019年产品研发规划，团队建设取得积极进展，各项制度基本建立。

**【经营管理】**　2018年，重庆市万盛经开区开投集团委托股权投公司管理4家入股参股企业，即重庆能投渝南售电有限公司、重庆陕煤运销煤炭储运有限公司、重庆中铁国际租赁有限公司、重庆星环航空科技有限公司。

重庆能投渝南售电有限公司　注册资本为7804.358万元，万盛经开区开投集团以货币形式出资780.435万元，持股比例10%。至年末，收入总计1.71亿元，实现净利润收入479.1万元。

重庆陕煤运销煤炭储运有限公司　万盛工业园区开发建设有限公司以货币形式出资130万元，出资比例13%。至年末，累计收入17.09亿元，实现净利润1667.8万元。

重庆中铁国际租赁有限公司　注册资本金4000万美元，万盛经开区开投集团认缴400万美元，实际出资2530万元人民币，持股比例10%。至年末，公司收入累计9108元，累计亏损69.3万元。

重庆星环航空科技有限公司　注册资本为1亿元，万盛工业园区开发建设有限公司以货币形式实际出资2200万元，出资比例30%，2018年收入总计255.9万元，亏损501.2万元。

由股权投资公司投资的重庆普瑞达企业管理有限公司和重庆云铭科技股份有限公司，处于前期建设阶段，2018年暂无经营性收益。

（金登琼）

万盛城区

（曹永龙　摄）

# 社会事业

# 科学技术

## 科　　技

**【概况】**　重庆市万盛经济技术开发区科技局（以下简称万盛经开区科技局，挂万盛经济技术开发区地震局牌子）有内设职能科室3个，即办公室、创新促进科、科技发展科；有下属事业单位3个，即万盛经济技术开发区知识产权局、万盛经济技术开发区地震监测站、万盛经济技术开发区生产力促进中心。年末，万盛经开区科技局有在岗公务员11人，在岗事业编制人员12人。

**【科技创新主体】**　2018年，万盛经开区科技局指导推荐金鑫公司等企业申报重庆市新型研发机构，“科创大厦”成功创建重庆市科技型企业孵化器，院士专家工作站通过复审验收。新认定镁合金精密压铸成型工程技术研究中心、万盛煤化产业技术协同创新中心、建筑节能玻璃工程技术研究中心3家首批区级研发机构，为加快推进工业强区建设奠定科技创新基础。加强企业的创新引导培育，新增市级科技型企业49家、国家科技型中小企业17家、市级高成长性企业4家、国家高新技术企业3家。

**【创新创业项目引进】**　2018年，加强与浪潮集团、爱在物联、元巫科技、上海柔孝机器人、肖凯团队等创新创业项目团队对接，牵头对接重庆磷酸盐研究院项目、中国建筑材料规划研究院项目，新引进寻泊科技、陆杰智能、桌游科技等11个创新创业项目。

**【农业科技园区建设】**　结合乡村振兴战略行动计划，修订完成农业科技园区总体规划，支持凉风村建设凉风梦乡星创天地，绿水人家星创天地被认定为市级星创天地。争取市级资金100万元，组织实施南桐镇蜜柚科技惠农兴镇、青年镇茶叶母本园建设等市级科技特派员项目。重点围绕贫困村产业发展需求，新选派市级科技特派员24名、区级科技特派员12名，为贫困村开展技术培训、技术指导等精准脱贫服务，助力全区脱贫攻坚。

**【知识产权保护】**　2018年，新申请发明专利245件，新增授权发明专利66件。金鑫智慧、博奥镁铝、煌盛管业等6家企业成功认定市级知识产权优势企业。多普泰成功通过知识产权管理体系认证，实现经开区知识产权贯标零突破。金鑫智慧等2家企业入围重庆市企业专利创新100强。万盛浮法玻璃“汽车节能环保灰玻”获市科技进步奖三等奖。组织开展知识产权宣传活动周系列活动，开展专利行政执法20余次，着力营造“倡导创新文化、尊重知识产权”良好氛围。

**【产学研交流合作】**　2018年，多普泰与市中药研究院探索开展合作共建。万盛煤化与西南大学、博奥镁铝与重庆大学开展高校科技资源精准对接获市级肯定，在重庆市区县科技资源精准对接活动推进会上做交流发言。继续支持重庆邮电大学、电信西部院牵头，区内天馈线企业共同参与建立产业创新联盟。促成万盛浮法玻璃与重庆理工大学合作、环保公司与重庆大学合作，共同实施节能环保汽车玻璃智能制造车间应用示范项目和城镇垃圾高效转化利用与安全处置关键技术与示范项目，加快推动经开区绿色发展。

**【科创大厦孵化成果】** 完善设施设备，开展好入驻证照办理、水电费代缴、融资对接等服务，加强对运营管理服务公司的考核，不断优化科创大厦运营服务管理。科创大厦入驻孵化企业37家，入驻率80%，在孵创客、创新创业团队及科技型小微企业获得天使基金、种子基金、风险基金等各类创业投资的超过11家。

**【科技人才培育与认定】** 加大本土人才挖掘培育，指导山林源公司安小凤申报“2018年重庆市‘三百’科技领军人才支持计划”科技创业领军人才，博奥镁铝创新团队被评为“重庆市创新人才团队”。全年认定创新创业人才13人。

**【地震监测预报】** 坚持24小时地震监测值守，2018年，全年监测分析地方震及临近地区地震943个，速报有感地震2次，地震记录连续率99%以上。完成地震监测站的维修维护和应急救援物资添置，进一步增强地震应急救援能力水平。

**【地震灾害防御】** 全年联合开展突发地震应急处置演练40场次。组织开展“5·12”防灾减灾日等特殊时段防震减灾宣传活动，组织地震应急培训和演练。推进重庆一一五中学校国家级防震减灾科普示范学校创建，福耀实验学校成功创建市级防震减灾科普示范学校。

（林晓明　刘文娅）

## 气　象　事　业

**【概况】** 重庆市万盛经济技术开发区气象局（以下简称万盛经开区气象局）有职工17人，有内设科室4个，即办公室（法规科）、防灾减灾科（人工影响天气办公室）、气象台（地面气象观测站）、气象服务中心；有地方气象事业机构2个，即万盛经开区自然灾害预警预防办公室（突发事件预警信息发布中心）、万盛经开区防雷设施监测站。

**【气象服务】** 2018年，万盛经开区出现冰雹天气1次、暴雨天气7次、连阴雨天气过程9次、强降温天气5次、大风天气13次。万盛经开区气象局通过手机短信、电子显示屏、传真、大喇叭等方式，发布每日天气预报及《重要天气服务快报》《气象灾害预警信号》等；如遇重大天气过程及时发布山体滑坡气象等级预报、雨情通报等服务消息，启动短临天气监测预警联动叫应机制，及时电话叫应各部门、镇街做好强对流天气的防范措施；在农作物生长季节发布水稻、玉米等作物的农用天气预报和病虫害防治气象预报。2018年，万盛黑山谷景区、龙鳞石海景区纳入重庆三峡国家气象公园建设。全年坚决实施蓝天保卫战三年行动计划，适时开展人工增雨天气作业，与万盛经开区环保局开展合作，推动万盛经开区生态环境保护与气象事业共同发展。

**【突发事件预警信息发布平台】** 2018年，万盛经开区气象局发布预警信号219期，其中大雾橙色预警信号112期，大风蓝色预警信号18期，暴雨橙色预警信号6期，暴雨蓝色预警信号3期，冰雹橙色预警信号1期，雷电橙色预警信号34期，雷电黄色预警信号2期，森林火险红色预警信号2期，森林火险橙色预警信号1期，高温红色预警信号8期，高温橙色预警信号26期，道路结冰黄色预警信号3期，霜冻蓝色预警信号3期。万盛经开区突发事件预警信息发布平台有分中心及工作站32个，2018年万盛经开区突发事件预警信息发布中心发布短信条735条，61.7万余人次。

**【气象宣传】** 通过开展气象科普知识“进校园”“进社区”“进企业”等活动；围绕“3·23”世界气象日、“5·12”防灾减灾日、“安全生产月”“法治宣传日”及科技活动周等气象科普知识宣传活动，多渠道宣传普及气象防灾减灾科普知识，提升公众防灾减灾的意识和能力。

（周燕秋）

# 教　育

## 综　述

【概况】　重庆市万盛经济技术开发区教育局（以下简称万盛经开区教育局）有职能科室7个，即办公室、教育科、职成幼教科、体育卫生艺术教育科、计划财务科、人事科、安全管理科；有下属事业单位6个，即万盛经开区教育考试中心、学生资助管理中心、关心下一代工作委员会办公室、电教教仪站、电大工作站、教育服务中心；挂靠机构1个，万盛经开区教育督导室。2018年，全区有各级各类学校109所（含民办教育），比上年增加4所，增长3.8个百分点；在校学生3.40万人，比上年增加239人，增长0.7个百分点；有在职教职工2973人，比上年增加97人，增加3.3个百分点。全区学校占地86.38万平方米，比上年增加0.72万平方米，增长0.8个百分点；校舍建筑面积44.67万平方米，比上年增加1.22万平方米，增长2.8个百分点。

【学校基础设施建设】　2018年，全区学校基础设施建设投入资金8679万元，其中上级资金2000万元、区级资金6679万元。投入资金2700万元，新建校舍7456平方米，其中职教中心实训基地建设工程7349平方米；投入资金50万元，新建金桥小学值班室107平方米；投入资金538万元，维修校舍1.30万平方米；投入资金291万元，维修改建塑胶运动场7片；投入资金5100万元，购置中小学教学设施设备及ICT项目设施设备。

【智慧教育建设】　2018年，投入资金5429万元，实施教育装备项目20个，新增多媒体班班通123套、计算机648台、高清安全视频监控摄像头359个。完成中盛小学新校区、关坝小学新建教学楼的设施设备装备和中小学幼儿园明厨亮照、职教中心ICT实训培训基地、中小学办公电脑软件正版化一期等项目。全面建成投用智慧教育平台，教育资源公共服务平台提供优质资源50万余条，上传本地优质资源2.2万余条，资源平台有学生27196人、教师2887人注册开通网络学习空间。开展智慧教育2017—2018学年度先进集体、个人和优秀资源的评选工作，评选出先进集体10个，先进个人100人。万盛经开区教师经常用、普遍用信息技术的局面初步形成。全年开展2017—2018年度“一师一优课”活动网上晒课1806余节，推送优课96节，获部优市优19节，参加第十二届重庆市中小学校园影视评选活动，获市级一等奖3个、二等奖5个。

【教育改革】　继续实施全域课改，加大“高效课堂”建设与管理，定期开展集中研修培训、课改大讲堂、课改论文、优质课评比活动。启动城乡学校一体化发展工作，坚持创新、协调、绿色、开放、共享的发展理念，按照“城乡共建、以强带弱、示范帮扶、资源共享、优势互补、共同发展”的总体思路，搭建城乡一体化发展平台，优化教育资源配置，充分发挥资源要素效益，通过教育理念融通、办学经验交流、学校文化互动、优质资源共享、干部、教师合理流动等多种措施，实现教育精准扶助，缩小城乡教育差距，促进区域义务教育优质均衡发展。万盛经开区四个项目成功申报为重庆市第三期领雁工程项目，并在项目优质课比赛中，小学语文、数学荣获重庆市一等奖。

**【教育教学质量管理】** 2018，万盛经开区成立以局长为组长的教育教学质量管理领导小组，定期研究教育教学管理工作，及时调整管理措施。下发教学质量目标考核方案，落实任务到校到人，形成教育教学质量保证体系，理直气壮抓质量、齐心协力抓质量成为全系统干部教职工的共识。落实中小学教学管理常规，深化高效课堂改革，完善《万盛经开区课堂教学改革督导评估方案及指标体系》，课堂教学改革纳入综合督导、专项督导、日常督导，有效推动“精致教育”策略的实施。建立教学质量激励机制，促进教育教学质量提升。

**【师资队伍建设】** 2018 年，万盛经开区引进高水平教育管理人才 1 人，高水平教育人才 4 人，研究生 2 人，柔性引进高水平人才 11 人。公开招聘和考核招聘教师 4 次，招聘教师 88 人（含学前教育 40 人），全部充实到各中小学（含村小和幼儿园）。组织教师参加 3 个国培项目（示范性、中西部、幼儿教师），共 8 个子项目送培 23 人，合格率 100%；市级培训项目 13 个，培训教师 136 人，合格率 100%；区级培训项目 12 个，培训教师 2133 人次，校本培训 1.3 万余人次；继续教育验证审核 2352 人，合格率 100%。各类优秀教师开展教育教学研究 47 次，送课下乡 98 节。新增正高级职称 2 人，副高级职称 46 人，一级职称 104 人。377 名教师年度考核获优秀等次。评选区级拔尖人才 2 人、优秀人才人 13 人、骨干人才 46 人。校级领导干部交流 2 人。中小学教师轮岗交流 284 人，占符合交流教师比例 40.9%，优秀教师交流比例 37.3%。其中到西藏自治区昌都县援藏教师 1 人，到石柱县支教教师 3 人。教师资格认定 93 人。按 19800 元/人·年标准落实全区中小学教师绩效工资外高出部分考核。按 200 ~600 元/人·月的标准发放乡村教师岗位生活补助，惠及 131 名乡村教师。按 300 元/人·月标准，发放乡镇学校教师工作补贴，惠及 1808 名乡镇中小学教师。

**【教育民生保障资金】** 2018 年，资助困难学前儿童 1306 人次，发放保教费和生活补助 141.05 万元。发放困难寄宿生生活补助费 116.18 万元，受惠学生 1946 人次。开展普通高中困难学生资助工作，全年为农村建卡贫困户等家庭经济困难普高学生免学费 62.01 万元，受惠学生 794 人次。普通高中困难学生发放国家助学金 232.9 万元，受惠学生 2214 人次。为普高品学兼优学生 60 人落实“滋蕙计划”资金 12 万元。落实资金 8.54 万元，为 427 名普高和中职建卡户学生免费提供教科书。落实资金 272.8 万元实施中职免学费，受惠学生 2728 人次。发放中职家庭经济困难学生住宿费补助 11.23 万元，受惠学生 449 人次；发放中职家庭经济困难学生生活费补助 63.45 万元，受惠学生 575 人次。发放高校困难学生助学贷款 1979.91 万元，受益大学生 2548 人。区财政承担贴息和风险补偿金 60.1 万元。实施“你上学，我送行”资助困难大学新生路费活动，发放路费 3 万元，受益学生 47 人。实施“泛海助学”活动，资助困难高校本科新生 41 人，发放资助金 20.5 万元。为建卡本专科学生补助学费 200.5 万元，惠及学生 422 人次。是年，全区投入营养改善计划资金 1677.22 万元，其中膳食资金 987.47 万元（学生“饮用奶”投入 239.97 万元，营养午餐投入 747.5 万元），食堂临聘人员工资 689.75 万元。

**【教育系统安全稳定】** 坚持“安全第一、预防为主、综合治理”的方针，建立“党政同责、一岗双责、失职追责”的安全监管机制。建立局领导联系学校制度，坚持领导班子每月调查研究安全工作，分管领导每月带队检查学校 4 次，主要领导每月带队检查学校 1 次。构建局领导和科室检查、学校自查与联合排查相结合的隐患排查体系。完善学校安全隐患排查治理、学生管理、门卫值班、巡逻值守、防火防灾、食品卫生管理、建筑安全管理、体育器材检查、健康体检等规章制度。加强学校安全工作的监管。274 名校园保安参加“校园安全”专项培训、30 名安保主任参加保卫干部校园安全专题培训，100 余名中小学卫生管理人员参加“卫生安全”专项培训。各中小学校聘请法制副校长，开设法制教育课，全学年不少于12课时。开展“开学第一堂法制课”系列活动和“打排治违、大排查大整治大执法和扫黑除恶”专项行动。每校每期开展1次以上应急疏散救援等演练，实现应急预案简明化、图表化、程序化。纵深推进安全宣传教育活动，每月1次安全主题教育，学校师生安全教育达到全覆盖。利用每周1节安全教育课、班会课、朝会、集会及学科教学、报刊、专栏等多种形式，开展交通、消防、防盗、防暴、防传染病、食品安全卫生等安全宣传教育。设置安全橱窗84块，更换安全宣传展板168块，发送安全信息6万余条，发放安全宣传资料6万余份。开展“安全在我心中”美术书法大赛，南桐小学作品获得重庆市学生绘画组一等奖，持续向纵深推进安全宣传教育，弘扬安全文化。联合辖区各职能部门对全区中小学开展校园周边环境排查整治，发现一般安全隐患77处，整改77处，整治率100%。持续开展“平安校园”工作，“平安校园”复审达标率100%。

（丁庭军）

## 基础教育

**【概况】** 2018年，万盛经开区基础教育阶段在校生3.24万人，其中学前在园幼儿8072人，小学生1.35万人，初中生6192人，普通高中生4600人。以立德树人为根本、素质教育为方向、提升质量为目标，推进公办幼儿园镇街全覆盖工作，小学生综合素质测查工作，深化课程改革和“一校一品”特色建设，全力推进教育优质均衡发展。

**【学前教育】** 2018年，全区有公办幼儿园6所，公办性质幼儿园28所，民办幼儿园38所。开设教学班259个，在园幼儿8072人，全区3～6岁幼儿毛入园率91.5%。普惠性幼儿园55所，惠及幼儿6784人，普惠率84%。出台《万盛经开区第三期学前教育行动计划的实施意见》《万盛经开区义务教育学校和幼儿园规划用地建设管理暂行办法》，制定公办园三年建设布局规划，并纳入全区控制性详规通盘推进。财政性学前教育投入约3277万元。加强普惠园建设，新建青年中心幼儿园、恢复南桐小学、关坝小学2所附属幼儿园，扩大公办园的学位和资源。开展小区配套幼儿园清理，引导走普惠性幼儿园，达到公益普惠目标。制定教师培训的规划，构建四级培训网络，举办区级培训8次，参培教师800余人。配备责任督学，联合公安消防、卫生等相关部门开展年检、等级评定、普惠园认定和办园水平评估工作。通过“小红帽跨园游学计划”为载体，以关坝一心五点打造为学前教育的“游学”基地，建设区域学前教育共生发展联盟。

**【九年义务教育】** 全区小学生综合素质测查，合格率100%。初中毕业生参加中考，平均分520分；总分超联招线90分以上164人；联招上线人数681人。26所公办中小学为外来务工人员子女就读学校，占全区公办中小学的96.60%，全年解决781名农民工子女和171名残障儿童入学问题，入学率98.6%。加大农村薄弱学校建设，整体推进城乡义务教育学校标准化建设。调整招生计划和招生范围，采取划片、就近入学。实施高效课堂改革，强化优质资源共享机制建设，促进城乡一体、优质均衡发展。

**【普通高中教育】** 2018年，全区普通高中招生1503人，参加高考1603人。高考上线1582人（重点本科上线186人），上线率99%。结合地域文化特色、自然资源禀赋，全方位、多层次开发校本课程，两所普高学校校本课程的开放性和选择性增强，特色性初显。优化高中教育资源配置，着力提高效能，持续推进教材应用研究和教学方法改革，主动与高考制度改革接轨，立足“高效课堂”，打造“卓越课堂”。注重教育科研工作，推进教学研讨常态化、学科建设内涵化、教师成长专业化。健全普通高中办学水平和质量评估制度，实行动态化管理，优化教学评价方式。深化重庆一中与重庆第四十九中学、成都七中与进盛实验中学开展帮扶合作，加强干部互动、优化教师互动、强化学生交流、增进教研交流、促进科研带动、拓展资源共享、升级智慧教育交流、密切招生工作。

【民族教育】 将民族团结教育纳入课程，各校利用教师政治学习、集体朝会、班团队会课等时间，对师生进行民族团结教育，少数民族学生较多的青年、关坝、黑山、石林等学校，开展“民族团结教育”活动，石林小学将苗族文化作为学校的特色之一纳入乡村学校少年宫安排。

【中小学德育】 制发《万盛经开区2018年学校德育工作考核方案》，注重过程督导，将10所村校德育工作纳入学校办学评估考核体系，提升德育实效。将社会主义核心价值观与德育活动、课堂教学、校园文化相结合，促进社会主义核心价值观具体化、形象化。全年各中小学校组织开展“学雷锋·树新风”主题活动30场次，开展“我们的节日”系列活动216场次，举办班主任基本功、心中的质量、学宪法、儿童消防作文绘画、低碳环保等征文、演讲、绘画、安全知识网络赛等系列比赛。每月坚持开展“三爱三节”教育活动（爱学习、爱劳动、爱祖国，节粮、节水、节电）。结合革命传统教育、爱国主义、热爱家乡、文明旅游、爱护环境等内容，精心编写德育校本教材，提高德育教学水平和质量。注重学校特色与中华优秀传统文化教育、家国情怀教育、社会关爱教育、孝善美德教育深度融合，多维度打造校园文化，多形式建设班级文化，全面营造立德树人良好氛围。推进特色教育，强化品牌意识。在各校“一校一品”的基础上，推进“一校一品”“一校多品”建设，年末，万盛经开区有国家级特色校2所，市级特色校10所，区级特色校21所。全年教师获国家级奖励16人次，市级表彰奖励64人次；学生获国家级奖励20人次，市级表彰奖励40人次；集体获市级以上表彰奖励17次，19个学校被评为区级文明校园。

（雷卢锋）

## 职业教育

【概况】 2018年，万盛经开区有职业高中学校2所，即重庆市万盛职业教育中心（以下简称万盛职教中心）、重庆市南桐技工学校。职业高中招生835人，职业高中招生占高中阶段招生比例35.71%。总体办学规模与上年度持平。万盛经开区与中国信息通信研究院西部分院、重庆电子工程职业学院和浙江华为通信技术有限公司进行信息产业合作，投入2000多万元在万盛职教中心建设电子信息技术专业实训场室，在万盛职教中心开设电子信息技术类的通信技术、无线传输、物联网三个专业中职教育，开展电子信息产业类社会培训。

【万盛职业教育中心】 2018年，万盛职教中心在校学生2276人，毕业学生590人，学生参加高考人数20人，上线率100%，其中本科上线9人，本科上线率45%。成功创建为市级改革发展示范校。学生组队参加职业教育技能大赛文明风采比赛，获市级一等奖7人、二等奖11人、三等奖41人；第二十二届全国教师教育教学信息化大奖赛一等奖1人，三等奖4人；获区级教师信息化课件制作大赛一等奖1项、二等奖2项、三等奖4项；获重庆市2018年度优秀教学设计评选活动一等奖1人；区中职高效课堂优质课大赛1人获三等奖；3名教师获区“德育管理先进个人”称号，8名教师获区“学科教学先进个人”称号，3名教师获区“优秀教育工作者”称号。万盛职教中心积极争取市级项目，成功取得市级高水平骨干专业建设和双基地建设立项，建设期内每年将获得市级财政补助175万元，助推校企合作的深入开展。

【南桐技工学校】 原名重庆市南桐矿业公司技工学校，位于重庆市万盛经开区南桐镇观音岩603号，学校占地2.10公顷，建筑面积7994平方米，开设矿山机电、开采技术、选矿技术、机电运输4个专业。教学设施基本具备，配有多媒体教室、微机室、网考室、实验室及1600平方米的实训车间。2016年12月，万盛经开区启动重庆市南桐矿业公司技工学校剥离企业移交地方管理工作，2017年10月28日签订移交协议，12月22日举行南桐技工校移交交接仪式，将其移交给万盛经开区管委会管理，由万盛经开区国资局履行出资人职责，区人力社保局履行行业主管部门职责，教育局负责日常管理职责，作为区属国有企业对待，开展市场化运营，更名为重庆市南桐技工学校，业务上负责原南桐矿业公司的所有业务培训，同时鼓励其拓展业务。学校于2015年下半年停止招生，学校非全日制注册507人，成教注册48人，全年开展各类社会培训1.37万人次。

（李明国）

## 成 人 教 育

【概况】 2018年，全区352人报名参加各类成人高校招生统一考试，其中高中起点升本、专科261人、专升本91人，本、专科录取280人，录取率80%。高等教育自学考试本科段开考专业25个，专科段开考专业20个，全年组织自考2次，报考人数367人次，总科次893科次，全年为11人（本科6人、专科5人）办理自考毕业证书。是年，电大春、秋两季新招收本专科学生248人，其中成人教育专科招生135人，奥鹏远程网络教育招生113人。成人教育专科开设工商企业管理、法律事务、学前教育、药学4个专业，在籍学员314人。奥鹏远程网络教育与北京外国语大学、华中师范大学、东北大学联办，开设金融学、会计学、土木工程、建筑工程技术、法学、行政管理、工商管理、教育管理、汉语言文学、学前教育、人力资源管理、社会工作（社区管理）、旅游管理等专业，在籍学员324人。

（丁庭军）

# 文　化

## 文化艺术

**【概况】**　重庆市万盛经济技术开发区文化广播电视新闻出版局（以下简称万盛经开区文广新局），有内设科室4个，即办公室、文化科、广播电视科、市场科（挂新闻出版科牌子）。有下属事业单位5个，即文化市场行政执法大队、文物管理所、文化馆、图书馆、博物馆5个事业单位。其中执法队、文管所与机关合署办公。有机关编制16人，在职在岗12人；文化馆编制13人，在职在岗13人；图书馆编制11人，在职在岗7人；博物馆编制5人，在职在岗4人。年末，万盛经开区有文化馆1个、图书馆1个、博物馆1个、影剧院1个、镇（街）级文化站（文化活动中心）10个、村（社区）级文化活动室92个、文化馆分馆10个、图书馆分馆20个、农家书屋57个、文化农家乐5家和文化中心户52个、有线电视户数6万户、电视差转站1座，电视人口覆盖率98.5%、广播覆盖率98.5%。

（陈业伟）

**【群众文化活动】**　完成2018年“三节”系列文化活动。举办新年音乐会、“十年转型看万盛”成果展、广场舞大赛、孝子河浪书画摄影作品展、公共文化服务精品节目展演等系列群众文化活动，受益群众16万人次。围绕全区“全域旅游”，完成科普教育、老年大学养生健康讲座、手机智能使用培训班、老年大学书法绘画班、军事夏令营、“湿地生态行”研学旅行、走进博物馆、卡拉OK培训、广场舞培训、第三届“好歌大家唱”群众歌手赛等12项“文化上山”活动100余场。在万盛影剧院内按照“每季度一场演出、每周三场电影”模式，完成“中国梦·巴渝风·万盛情·原创舞台”文艺专场演出4场。开展“送文化”服务。开展“渝州大舞台”送演出进基层19场；“万盛大舞台”送演出进镇街40场；“戏曲进校园”活动10场；流动文化服务进村（社区）活动280场，其中送演出108场，送图书阅览进村62场，送展览讲座58场，送辅导培训27场，送法规政策宣讲25场；完成惠民电影889场放映任务。开展全民阅读活动。开展全民阅读启动仪式、农村少年儿童阅读实践活动、阅读征文活动、“读山水·看万盛”诵读比赛等有组织的不同形式的阅读活动100余场次，在全社会形成崇尚阅读、喜爱读书的风气。在旅游度假区举办“重庆市第三届民间艺术之星”选拔赛初赛，通过具有影响力的盛大赛事，探索文旅融合发展道路。

（罗晓利）

海孔洞

（区文广新局　供）

**【文物保护】** 2018年，万盛经开区有全国重点文物保护单位1处，重庆市文物保护单位1处，万盛区级文物保护单位34处。开展文物安全大检查、节前文物安全检查、博物馆及古建筑消防安全大排查等3项专项检查，排查出隐患22条，推进整改销号。启动全区36处区级及以上不可移动文物保护单位保护范围测绘、划定工作。加大文物保护巡查力度，全年无文物安全事故。

（沈 玥）

**【万盛第二批非物质文化遗产名录】** 9月6日，万盛经开区管委会办公室印发《关于公布第二批区级非物质文化遗产名录的通知》，共11项入选。分别是民间文学（Ⅰ）：腰子老街灯谜（东林街道）；传统音乐（Ⅱ）：丛林威风锣鼓（丛林镇）；传统舞蹈（Ⅲ）：更鼓红苗芦笙舞（青年镇）；民俗（Ⅹ）：石鼓红苗礼歌（石林镇）、茶树红苗长桌宴（石林镇）；传统医药（Ⅸ）：更鼓红苗兽医（青年镇）；传统技艺（Ⅷ）：老黑山传统棕编编织技艺（黑山镇）、隆林火烧糯米酒制作技艺（石林镇）、书画装裱传统技艺（南桐镇）、溱溪河竹艺家具传统制作技艺（关坝镇）、红苗竹木制品防蛀处理传统技艺（青年镇）。

**【非物质文化遗产保护】** 2018年，万盛新增区级非遗项目11项，其中9项申报为第六批市级非物质文化遗产代表性项目，即民间文学类《腰子老街灯谜》、传统舞蹈类《更鼓红苗芦笙舞》、民俗类《石鼓红苗礼歌》《茶树红苗长桌宴》、传统医药类《更鼓红苗兽医》、传统技艺类《老黑山传统棕编编织技艺》《隆林火烧糯米酒制作技艺》《溱溪河竹艺家具传统制作技艺》《红苗竹木制品防蛀处理传统技艺》。全年掘国家级非遗项目“金桥吹打”曲牌20首，即《穿红穿绿》《传统》《大号牌》《道沟寺》《逗花轿》《反鸡公调》《高山寒》《急马出山》《轿夫瑶》《凉风吹到月亮湾》《马扯腿》《上八股》《上顶子》《上香炉》《鸭子扑滩》《摇摇摆摆》《一还台二还台和还》《一字清》《早朝》《长田坎》。全年组织非遗项目参加国家级展览1次、市级展览2次；参与市级专业比赛3次；多次组织相关非遗项目成员参与市级非遗特色蜀绣、传统川剧等培训；非遗展厅新添非遗展品传统棕编长龙一条，传统竹制家具一套。

（张天阳）

竹制品

（区文广新局 供）

**【基本公共文化服务】** 2018年，按照“保障基本、服务均衡、特色宣明”的原则，完成关坝镇、石林镇、金桥镇3个镇级综合文化服务中心建设。由各镇街自筹资金，按照“七个一”（一个文化活动广场、一个文化活动室、一个简易戏台、一个宣传栏、一套文化器材、一套广播器材和一套体育器材）的标准完成50个村（社区）级的基层综合文化服务中心升级改造工程。着手打造五和村、凉风村、堡堂村、金堰村等4个乡村文化振兴基层示范点。进一步完善已建成的7个镇（街）级基层综合文化服务中心的设备设施和服务功能，完善文化馆图书馆总分馆制建设，推动文化馆分馆和图书馆分馆的标准化、数字化和智能化服务。按照市级统一部署，依据《乡镇（街道）综合文化服务中心专项治理工作方案》，对各镇（街）和村（社区）级综合文化服务中心开展常态督查与明察暗访，纵深推进专项治理工作。各镇（街）综合文化服务中心结合辖区特点，在特色上下功夫，至少打造一项公共文化服务阵地的品牌服务项目。

（罗晓利）

**【文化市场监督管理】** 2018年，万盛经开区有规模以上文化企业7家，规模以下文化企业210家，文化产业个体经营户410家，全区文化行业相关从业人数4000余人。2018年度区财政落实到文化企业支持文化产业发展的专项资金（专项补助）累计5040.61万元，7家规模以上文化企业实现营业收入3.2亿元。全年开展各类执法检查102次，检查文化市场生产经营场所436家；同各部门、镇街开展联合执法检查及专项行动11次。全年督促文化市场各类主体治理安全隐患125处，其中现场督促整改落实的67处；限期整改58处，所有隐患全部完成整改并通过复查验收，整改合格率100%。全年受理各类举报投诉12起；立行政案件10件，全部办结，行政罚款4.20万元，吊销许可证1件。收缴非法图书700余册，收缴非法销售的领导人肖像挂历40余幅，取缔擅自销售出版物的游商地摊2个，劝止9个；劝止非法演出3场，取缔2场。全年组织市场主体开展培训3次，其中消防安全培训2次，文化市场法治培训1次。开展消防应急演练2次，参训人员500余人次，市场主体参训率100%。

（苏　静　方　堃）

**【广播电视监督管理】**　强化广播电视安全播出管理，加大对广播电视播出责任单位检查力度，确保安全播出未出纰漏；加强对播出机构频率、频道管理，确保全区有线及无线播出机构频率频道使用有序规范；加强对电视广告播放管理，确保自办频道无违规广播播出；继续推进“无小耳朵社区”创建工作，协同文化执法大队对润州江山城、三元水岸等2个城市小区进行卫星接收设施的清理整顿工作；加强全区有线电视网络监管，促进全区有线电视网络数字整转工作平稳推进；加强对黑广播的监管监察和打击力度，以人工巡查以及相应技术手段为保障，杜绝区内出现非法黑广播现象。

广播电视监督管理检查

（区文广新局　供）

（梁力耕）

**【电影惠民工程】**　全区92个村和社区开展惠民电影放映工作，丰富每个村（社区）群众的精神文化生活，惠民电影放映889场。万盛影剧院播放免费电影156部，接待观众8000余人。

（罗晓利）

**【万盛图书馆】**　2018年，万盛图书馆接待到馆读者29.20万人次。读者外借9.77万人次，38.77万册次。持证读者数2.07万人。全年开展辅导培训27次，287人参训，图书分馆分编图书5802种、8667册。全年开展各类全民阅读推广活动255次，接待14.90万人次。其中讲座培训82次、接待6141人次。展览42次，接待9.49万人次。万盛图书馆继续保持“全国文明单位”“市级巾帼文明岗”“区级三八红旗集体”称号，被重庆市委宣传部命名为第四批重庆市岗位学雷锋示范点。全年获单位奖项15个，个人奖项7个，参赛奖项38个。万盛经开区图书馆紧紧围绕公共文化服务体系“均等化目标、一体化建设、双重化管理、标准化服务”的运行模式，努力构建“城市15分钟文化圈和农村30分钟文化圈”，与乡镇（街道）综合文化站建设实施图书馆总分馆制，20个分馆全部建设完成，实现一卡通借阅。为规范各镇街图书馆分馆的管理，通过文化下乡、业务指导、活动指导、送展览等活动提高分馆免费开放利用率，知晓率。全年各分馆借阅6.97万人次，21.39万册次；开展全民阅读推广活动300余场次，接待群众14.86万人次，其中讲座培训60余场次，接待群众2400余人次；展览40余场次，接待群众2万人次。

（吴　密）

**【万盛文化馆】**　全年各功能厅室免费对外开放，接待到馆群众、社会团体以及专场演出排练25万余人次。有馆办团队5个，分别是女子合唱团、舞蹈艺术团、群众管弦乐团、群众电声乐团、老年模特团，有团员200余人，全年到馆活动300

余次。全年开设各类免费艺术培训班54个班次，免费培训1500余名学员。全年开展文化下乡系列群众文化活动5场次。参加市级各类比赛及活动8项，组织音乐类《我在万盛的冬天等你》参与第八届重庆市乡村文艺会演获三等奖；组织区戏剧曲艺家协会戏剧类节目《万盛好风光》参与市艺术馆共建美丽家园群众文艺展演活动；组织区戏剧曲艺家协会戏剧类节目《花果山污染案》参加第六届重庆市戏剧曲艺大赛获得三等奖；组织音乐类《青山听雨》参与全国群星奖重庆市选拔活动获得三等奖；组织三支队伍参与全国广场舞重庆市群众广场舞展演活动；送作品到南川参加第三届重庆文化旅游惠民消费季书画影联展活动。完成“万盛文化大讲堂”共9期，开展书画展及比赛活动14场次。2018年，万盛经开区乡镇、街道、园区文化馆覆盖率100%，全年联合各分馆共同开展各类群众文化活动100余场次。全年审核通过各镇街申请的文艺志愿者453人。注册群众文化云账户5000余人，微信关注量1980余人。组织各镇街群众观看第六届重庆市戏剧曲艺大赛颁奖及优秀节目展演活动、第八届重庆市乡村文艺会演等活动网络直播5次。全年完成公共文化配送1033场次，发布信息200余条，注册志愿者210人，注册志愿团队4支，创作文艺作品221个。在群众文化云平台录入45个免费艺术培训班信息，参加报名人数1500余人。开展1次网上领文艺演出门票活动。上传免费艺术培训舞蹈课程视频1条。发动各镇街分馆组织辖区群众观看重庆市各地直播文化活动4次。拍摄文艺活动视频、照片资料250G。

（傅　奇）

**【万盛博物馆】**　2018年，万盛博物馆接待参观观众6.45人，团队238支，免费讲解242场次，先后完成重庆市委书记陈敏尔、市长唐良智到区调研等重要接待任务。在“5·18”国际博物馆日暨第九届重庆文化遗产宣传月启动仪式上，万盛博物馆的“溱州故地·万千盛景”基本陈列荣获优秀奖。该奖项由重庆市文物局、重庆市博物馆协会颁发。通过英国世界纪录认证总部严格的纪录标准审核，同时向全球发出“世界最大唢呐”的挑战标准，万盛博物馆申报的馆藏文物“青山莽”获“世界最大唢呐”世界纪录认证称号。实施万盛博物馆文博书库项目建设并对外开放，它是万盛经开区收藏文博类书籍最多、古籍最集中和类别专业的场所。组织万盛博物馆志愿者参与走进基层宣传、免费讲解、观众服务、研学考察等志愿服务项目，其中“找寻历史见证，重走炭花古道”研学旅行、“追寻先辈创业足迹，见证矿区转型发展”研学旅行、志愿者活动走进旅游度假区等志愿服务项目在社会上产生较大影响力，获“2018年重庆市学雷锋志愿服务先进典型——最美志愿服务站”荣誉称号。开展“我是小小考古家”“拥抱春天·放飞希望”彩绘风筝、民间“非遗”技艺展示、“衍纸行五彩、快乐夏之韵”衍纸艺术体验、万盛场龙门阵故事会等的社教活动。组织策划“文物保护、关系你我”文物普法宣传展、“为和平而战——抗战中在重庆的国际友人展”、万盛经开区首届农耕文化展、“壮哉，大三线！——万盛三线建设历史展览”等特色展览。

（余显杰）

万盛经开区文广新局首届“中国农民丰收节”农耕文化专题展

（区文广新局　供）

## 新　闻　传　媒

**【概况】**　万盛经开区新闻中心挂“万盛电视台”“万盛日报”“万盛广播电台”“万盛网络广播电视台”“万盛手机报”“万盛手机台”牌子，为万盛经开区管委会直属事业单位。中心设主任1人、副主任4人，副总编1人，有职工94人，其中在编人员45人、聘用人员49人，有内设部门13个，即办公室、总编室、技术播出部、经宣部、电视新闻部、电视专题部、电视制作部、报刊记者部、报刊编辑部、报刊通联发行部、新媒体编辑部、外宣部、广播部。2018年，万盛经开区新闻中心获国家级奖项2个，重庆市级奖项27个。《万盛日报》被重庆市文化委评为2018年度优秀区县报。

**【万盛日报】** 2018年，《万盛日报》推出“盛世杂谈”“基层速递”“镇街视窗”“产业一线”“乡村新貌”“体产透视”“行游万盛”等常设新闻专栏136个，刊发图文稿件4200余篇（幅），撰发评论文章41篇。《重庆日报》《重庆晨报》等市级媒体采用刊出稿件196篇（幅），华龙网、光明网等主流媒体采用刊出稿件1300篇（幅）。2018年9月末，《万盛日报·月末版》创刊，《月末版》突出“以文化人”主题，强化报道厚度深度，内容设置紧扣全区中心工作，聚焦地方发展、社会民生、历史文化，进一步凸显导向与服务，增强引导力和影响力。全年《万盛日报》出版220期，880版，刊发图文稿件6000余篇（幅）。适时调整全区各免费赠阅点的《万盛日报》赠阅量，持续巩固和扩大报纸基层无缝覆盖的成果，全免费赠阅发行670万份。

**【万盛电视台】** 2018年，万盛电视台编制《万盛新闻》《新闻纵深》《一周要闻》《走遍万盛》《万盛味道》《一起动起来》等原有电视栏目，制播新闻266期1998条次、《一周要闻》53期371条，推出专题栏目《新闻纵深》52期、《一起动起来》28期、《万盛味道》26期，《走遍万盛》8期。全年万盛电视台在中央电视台上稿播出19条。

**【万盛广播电台】** 万盛人民广播电台开设《盛游盛景》《盛城盛事》《心灵加油站》《蜻蜓思享会》等栏目，到景点、赛场、活动现场开展直播连线近百次，全年播出本土新闻节目《整点播报》4000余期。

**【万盛手机报】** 2018年，优化组合《万盛手机报》版面和栏目设置。全年编辑发行250期，刊发新闻5600余条（幅），图片620余幅。全年万盛手机台开展区内重大活动直播46次，总浏览量突破900万次，月均浏览量与人口比进入重庆市前3位。

**【新闻队伍建设】** 强化干部教育培养。把加强干部能力培养纳入党组会议重要日程，先后4次进行专题研究，坚持德才兼备的选人用人标准。强化采编业务学习。采取送出去、请进来的方式加强业务培训，提升业务能力。年内组织报纸、电视、手机报等从业人员参加国家、市、区组织的各项技能提升培训80人次。开展好稿（作品）评选，将评选结果纳入绩效考核；报送作品（节目）参加国家、市级组织的各类评选活动，年内14件作品获国家、市级奖励。万盛经开区新闻中心推进媒体融合发展、提升新闻宣传效率的有关做法还被中国报业协会评选为2018年全国传统媒体融合发展经典案例，面向全国宣传推广。

**【新闻工作建设】** 2018年，万盛经开区新闻中心注重法制建设，利用报纸、电视、手机报等媒体，开办普法节目，开设法制新闻专栏，强化全区人民及职工的法治教育；注重民生、经济建设，紧扣资源型城市转型发展主线，围绕工业强区、全域旅游、全民健身、智慧万盛建设等重大工作，发挥报纸、电视、电台、手机报、手机台、网络广播电视台、全域重庆·幸福万盛等“全媒体”宣传矩阵优势，开专栏、办专题、推专版，全方位、多角度宣传关注民生、扫黑除恶、推动发展的重大举措和地区经济工作亮点。按照一项任务、一套班子、一抓到底的原则，对经济社会发展、重点民生实事、全区重点工作等，明确宣传工作任务、责任人员、时限要求，有效保障各项重点宣传工作顺利推进；注重生态文明、城区交通秩序整治、扶贫攻坚、民生实事等全区重点工作建设，开设“全面深化改革进行时”“办好民生实事”“整治城区交通秩序·提升万盛城市形象”“扶贫人物志”等专题、专栏，及时反映全区各项重点工作的新思路、新举措和新成效；注重党的建设，对党的十九大、十八届六中全会、市委五届三次全会和党工委（扩大）会精神进行重点解读积极对宣传报道，尤其是对“两学一做”学习教育进行重点宣传，开设“两学一做·不忘初心”“推进‘两学一做’学习教育常态化制度化”“党风廉政看万盛”“党建园地”等专题、专栏，营造浓厚的党建氛围。

（曾　姚）

# 档　　案

**【概况】**　重庆市万盛经济技术开发区档案局（以下简称万盛经开区档案局）是万盛经开区管委会办公室管理的正处级财政全额拨款事业单位，履行全区档案、档案馆、地方志管理职能。万盛经开区档案馆、万盛经开区地方志办公室与其合署办公。万盛经开区档案局有职能科室1个，即档案业务科（挂地方志编辑部、年鉴编辑部牌子），有在职人员8人。

**【档案管理】**　2018年，万盛经开区档案局开展档案移交进馆业务指导30余次；开展社会化职能移交档案整理指导40余人次，开展档案业务指培训1次，培训人数60余人次；开展档案馆档案开放日活动，邀请34家单位41名档案工作者参观新档案馆设施设备和档案信息化集成系统。指导全区机关团体、乡镇（街道）、行政村（社区）2018年的档案整理归档。贯彻落实档案管理业务性文件，规范全区档案。2018年全区67个全宗机关企事业单位共新增4.78万卷、7.03万件档案。印发《关于进一步做好档案安全工作的通知》，就全区树立档案工作新安全观、建立档案安全机制、强化档案安全风险治理和档案安全检查力度，提升应急处置能力等提出要求。印发《关于做好汛期档案安全工作的通知》，督促全区各单位做好汛期档案安全工作，确保汛期档案安全。馆藏档案开放鉴定工作被纳入档案局基础业务工作常态化。推进档案移交进馆工作，接收万盛经开区管委会办公室2016年、2017年文书档案7554件，数字化副本7.06万图幅；接收万盛经开区档案局2017年文书档案743件，数字化副本9654图幅；接收渝盛水资源开发有限公司板辽水库一期项目档案417卷，照片档案11册，数字化副本7.25万图幅。接收南桐矿业公司退休职工档案1.84万卷，数字化副本110万图幅；重庆农商行万盛支行退休职工档案43卷，数字化副本5567图幅。2018年是万盛档案馆成立以来数字化副本数接收最多的一年，也是万盛经开区建立以来，档案馆接收档案数量最多的一年，接收实体档案数量近1.9万卷，档案数字化副本126万图幅。

2018年6月8日，万盛经开区档案局开展“档案开放日”活动

（区档案局　供）

**【档案行政执法】**　2018年，万盛经开区档案局开展“双随机一公开”档案行政执法检查，推进依法治档进程。行政执法人员从4人增至5人，并全部纳入名录库。全年完成行政执法检查20个单位的目标任务，较往年提前2个月。被检查单位及时整改存在的问题。

**【档案查询利用】**　开展简政放权放管结合优化服务改革工作。万盛经开区档案局公共服务事项包含开放档案查询利用、公开现行文件查阅利用、受理政府信息公开申请3项。全年接待档案查询利用服务接待3328人，提供档案7447件，提卷1990卷，5657件档案，内容涉及婚姻、招工、知青、城户下乡、土地承包等方面。

**【档案调研】**　开展“兴调研、转作风”乡村振兴战略档案调研工作。2018年3—4月，万盛经开区档案局开展“兴调研、转作风”乡村振兴战略档案调研工作。通过对村级档案管理人员结构、档案管理基本情况、村级档案室现状等情况分析，就乡村振兴战略中村级档案管理提出意见和建议。

**【馆藏档案数字化】** 2018年，万盛经开区档案局投入170万余元，开展馆藏档案数字化工作，全年完成档案馆32940卷，28341件，共397万余图幅档案的数字化加工工作。馆藏档案数字化处理率超过全馆馆藏档案的95%，投入经费和扫描档案数量均超过前10年的总和。

（区档案局办公室）

# 地方志

**【《重庆市万盛区志（1986—2011）》编修】** 2018年，完成《重庆市万盛区志（1986—2011）》审查定稿工作。按照国务院《地方志工作条例》和市志办印发的《重庆市第二届区县（自治县、市）志编纂规范》文件要求，2018年，《重庆市万盛区志（1986—2011）》通过区部门专项审查、区志编纂委员会审核、市地志办评审等环节，于2018年10月获市政府同意出版发行。《重庆市万盛区志（1986—2011）》除凡例、概述、大事记、附录、索引、编后记外，有32个专篇，彩色插图111张，字数约196万字，主要记述1986—2011年万盛区社会主义经济、政治、文化、社会、生态文明建设成就和改革开放及社会变迁进程。

**【《万盛经开区年鉴》编辑】** 《万盛经济技术开发区年鉴（2017）》于2018年4月完成印刷出版工作。全书设置特载、大事记、政治、经济、社会事业、街道·乡镇、光荣榜、文献、统计资料、附录11个部分，共23个部目、151个分目、877个条目，共59.9万字。《万盛经济技术开发区年鉴（2018）》的编辑，共搜集年鉴稿件约87份；6月完成初稿编辑。年末，完成年鉴的初审、复审以及出版社的三审程序。全书设置10个部分、27个部目，153个分目、830个条目，文字约45万字，彩页图片66张，正文插图70张。

**【《万盛大事》编辑】** 《万盛大事》是反映万盛经开区经济、政治、文化、社会、生态文明等方面的重大成就、重大活动和重大事件的地情资料。全年《万盛大事》编辑12辑、约4.8万字，报送重庆市档案局6辑、重庆市地志办12辑、万盛电子政务网12辑。

（区档案局办公室）

# 社会科学

**【万盛经开区社会科学界联合会】** 重庆市万盛经济技术开发区社会科学界联合会（以下简称万盛经开区社科联），成立于2017年4月，是万盛经开区党工委领导的学术性人民团体，是全区性社会科学学术团体、社会科学研究机构的联合组织，是万盛经开区党工委、管委会联系广大哲学社会科学工作者的桥梁和纽带。2018年，万盛经开区社科联有事业编制3人，内设职能科室1个，即办公室。全年万盛经开区社科联立项课题22个；创办《社科参考》，形成区内社科成果展示阵地；编发《社科普及成果汇编》收录优秀成果40篇。紧扣建设新型智库目标，优化整合社科资源，加强社会科学学术团体之间的联系，推荐社科专家30人。制定《万盛经开区社科类社团管理暂行办法》，加强社科社团备案、审查。做好社科普及工作，出台《万盛经开区社会科学普及基地管理办法》，建成博物馆、图书馆等社科普及基地；开展“科普周”“全国科普日”等主题宣传，实施服务项目38个，覆盖1万余人次。

（孙天容）

# 体　育

## 综　述

**【概况】**　万盛经开区体育局有内设科室4个，即办公室、群众体育科、竞技体育科、宣传科。有下属正科级全额拨款事业单位3个，即重庆市万盛经开区青少年体育运动学校、重庆市万盛羽毛球训练中心、重庆市万盛经开区体育场馆管理中心。万盛经开区体育局机关核定行政编制5人，核定局长1人，副局长3人。全局有干部职工32人。下属事业单位重庆市万盛经济技术开发区青少年体育运动学校，核定财政全额拨款事业编制9人，核定科级领导职数2人，有在编人员9人，其中科级领导2人，羽毛球教练1人，事业工勤1人，借调到局机关4人，借调到体育场馆管理中心1人；重庆市万盛羽毛球训练中心，核定财政全额拨款事业编制7人，核定科级领导职数2人，现有在编人员2人，借调到局机关1人；重庆市万盛经济技术开发区体育场馆管理中心，核定财政全额拨款事业编制6人，核定科级领导职数1人，现有在编人员4人，其中借调到局机关4人。

（曾　蔚）

## 群 众 体 育

**【全民健身活动】**　2018年，万盛经开区体育局组织开展群众体育活动50余项次，500人以上的群众体育活动18次，全区各镇街、部门、行业、协会开展全民健身活动超过2200项次。组织开展“三节”系列群众体育活动、“清凉黑山谷·溯溪体验季”“寻迹”——万盛石林系列定向越野赛、首届“中国农民丰收节”美丽乡村动起来暨万盛青山湖国际跑步节活动、庆“三八节”趣味体育及集体舞比赛、板辽金沙滩趣味运动会、“兴盛杯”职工羽毛球比赛、职工广播体操比赛等重大体育赛事活动。

**2018年万盛经开区主要群众体育活动一览表**

| 序号 | 时间 | 地点 | 活动名称 |
|---|---|---|---|
| 1 | 4月28日 | 关坝镇凉风梦乡渔村 | 2017—2018赛季中国体育彩票健康大赛场暨重庆万盛·凉风梦乡村钓鱼大赛总决赛 |
| 2 | 7月14日 | 黑山八角小镇 | 2018年重庆市避暑纳凉之地全民健身活动启动仪式暨“万盛千里步道”系列健身跑（黑山站）活动 |
| 3 | 8月8日 | 万盛文体中心体育馆 | 2018年重庆万盛“全民健身挑战日—健康万盛动起来”总决赛 |
| 4 | 10月25日 | 万盛文体中心体育馆 | 2018年万盛经开区职工广播体操比赛 |
| 5 | 11月7日 | 万盛文体中心体育场 | 2018年全国老年人健步走大联动活动（重庆分会场）启动仪式暨重庆市老年人持杖健步走比赛 |

续表

| 序号 | 时间 | 地点 | 活动名称 |
|---|---|---|---|
| 6 | 11月9－10日 | 关坝镇凉风梦乡渔村 | 2018年中国体育彩票健康欢乐送暨重庆万盛·凉风梦乡村钓鱼大赛 |
| 7 | 11月17日 | 青山湖国家湿地公园 | 首届“中国农民丰收节”暨2018年青山湖国际跑步节 |
| 8 | 12月5日 | 关坝镇凉风梦乡渔村 | 2018年中国体育彩票重庆万盛凉风梦乡村钓鱼比赛 |
| 9 | 12月6日 | 黑山八角小镇 | 万盛“千里健身步道”户外徒步大会（黑山八角站） |
| 10 | 12月22日 | 丛林镇丛林菌谷 | 万盛“千里健身步道”户外徒步大会（丛林菌谷站） |
| 11 | 12月27日 | 万盛奥林匹克公园 | 万盛经开区2019年“三节”（元旦、春节、元宵节）系列群众体育活动启动仪式暨市民迎新年登高大联动活动 |

**【体育设施对外开放】** 2018年6月1日，万盛文体中心体育场全面改造完成并投入使用；滨江路体育馆改造完成，于2018年12月投入使用；提升改造羽毛球公园，更换篮球架2副，增加室外乒乓球台4张、沙滩排球场1个、气排球场3个。持续推进场馆免费低收费开放，全民健身中心每天服务健身群众超过2万人次，万盛文体中心体育场累计免费服务健身群众210万人次。万盛文体中心体育馆和滨江路体育馆接待健身群众16万人次，其中免费开放服务健身群众6万人次。利用体育馆举办公益性活动45次，全力保障中央电视台《乡约》等大型活动的顺利举行。免费开展国民体质监测6000余人，国民体质监测合格率94.4%。

**【首届“中国农民丰收节”美丽乡村动起来暨2018年万盛青山湖国际跑步节】** 2018年11月17日，首届“中国农民丰收节”暨2018万盛青山湖国际跑步节在万盛青山湖国家湿地公园举行。重庆市体育局、重庆市农业委员会、重庆市万盛经开区管委会、重庆市农民体育协会等领导出席活动仪式，区党工委书记肖猛宣布活动启动，万盛经开区党工委副书记、管委会主任袁光灿致辞，管委会副主任唐应良主持开幕式。比赛设有男、女子10千米跑，男、女子5千米跑两个项目，万盛青山湖国际跑步节成功举办两届，受到跑友喜爱。比赛将跑步节赛道沿线景区景点、自然景观、生态资源、农业和渔业基地、农家乐等各种资源“串珠成链”，设置“美丽乡村越野跑”，使健身步道成为城乡群众的健身之路、富民之路。此次活动旨在推动发展青山湖沿线农村体育事业，实现农民富裕幸福美好生活的关键保障，并有效提升农民的健身理念。活动现场（主会场）布置农作物丰收情景区和互动区。跑者在赛道上亲身感受乡村秀美景色，还有穿着农作物玉米、辣椒、土豆等角色服装的领跑员为运动员和市民作引导。活动现场设置“打糍粑”“五谷绘万盛”“趣味抽奖五谷大礼包”等项目，多方面展现农民丰收节特色。首届“中国农民丰收节”暨2018万盛青山湖国际跑步节吸引600余名跑步爱好者参赛，运动员们在跑步中体验乡村风情，了解民俗文化，把运动和人文景观、自然景观相互融合。《中国体育报》《中国旅游报》《重庆日报》《重庆晚报》《重庆晨报》《重庆商报》《重庆时报》、重庆电视台、华龙网、大渝网、今日头条等城市主流媒体和境内外媒体报道赛事。

（曾　蔚）

## 竞技体育

**【竞赛成绩】** 加强国家羽毛球项目后备人才基地、国家科技体育（定向运动）训练基地和重庆市残疾人羽毛球训练基地建设，不断提升万盛羽毛球队、万盛定向队、市残疾人羽毛球队的竞技水平，全力备战全国羽毛球后备人才基地比赛、全国定向锦标赛、全国残疾人羽毛球锦标赛、全国残疾人羽毛球挑战赛等市级和国家级竞技体育比赛。全年参加国际级比赛获铜牌1枚；国家级体育比赛获得第一名14项次，第二名12项次，第三名5项次，四至八名5项次；参加市级体育比赛获得第一名11项次，第二名13项次，第三名18项次，四至八名50项次。运动员肖祖贤代表中国队参加第三届亚洲残疾人运动会摘得羽毛球项目女双（站立组）铜牌。参加全国残疾人羽毛球锦标赛获1金、3银、3铜。参加重庆市青少年羽毛球精英赛（第一站）获3金、2银、3铜。参加2018年首届全国东西南北中羽毛球大赛青少年赛（万盛站）获金牌10枚。参加重庆市青少年羽毛球锦标赛获6金、4银、2铜。参加重庆市首届全民定向越野挑战赛斩获冠军。参加2018年重庆市青少年武术散打锦标赛获得甲组80千克级第三名、56千克级第五名，乙组52千克第五名。参加2018年重庆市青少年跆拳道锦标赛，分别获女子丙组35千克级、男子丙组52千克级第三名。

**【重庆万盛羽毛球队建设】** 重庆万盛羽毛球队有羽毛球专职教练员5人，均在国家体育总局乒羽中心进行注册，并取得参加全国羽毛球比赛教练员任职资格。羽毛球队有梯队式运动员队伍97人，其中一线运动员15人，二线运动员34人，三线运动员48人。一线运动员采用吃、住、训为一体的训练模式训练，每天训练6小时。

**【后备人才基地建设】** 加强体校业余训练管理，改革训练体制和创新训练模式，全力推进“体教结合”，搞好网点建设。与区中小学校签订合作协议，联合组建羽毛球、定向、田径、跆拳道、游泳、足球、篮球、武术等训练队伍，常年在训人数200余人。

**【2017—2018中国·重庆万盛“黑山谷杯”国际羽毛球挑战赛】** 全年设五场城市分站赛，吸引来自马来西亚、泰国、韩国等国家以及全国10余省市，共80支羽毛球队，1600余人参加比赛，吸引20余万人到万盛旅游。挑战赛在前两届赛制基础上进行创新。取消周赛制，增加参赛队伍。2017—2018年度中国·重庆万盛“黑山谷杯”国际羽毛球挑战赛取消周赛制，举办城市分站赛，增加参赛队伍。走出万盛，分站赛设置在全国4大城市。2017—2018年度中国·重庆万盛“黑山谷杯”国际羽毛球挑战赛分别选择在广州、贵阳、成都、西安四个城市举办分站赛，吸引全国各地的羽毛球爱好者前来参赛。巨额奖金，增设旅游抵扣券。赛事奖金设置由过去周赛前三名改为每站前八名。每站比赛冠、亚、季军将分别获2万元奖金+1万元旅游抵扣券、1.5万元奖金+5000元旅游抵扣券、8000元奖金+2000元旅游抵扣券，四至八名分别获得500～800元不等的旅游抵扣券。赛事吸引近百万人到万盛感受羽球魅力，领略万盛旅游风光。2018年12月21—23日，2017—2018年度中国·重庆万盛“黑山谷杯”国际羽毛球挑战赛总决赛在万盛经开区文体中心体育馆举行，来自全国各地的羽毛球爱好者齐聚万盛。中央电视台主持人洪钢、童可欣倾力助阵。重庆市体育局党组成员、巡视员王霓，万盛经开区党工委书记肖猛，万盛经开区管委会副主任唐应良，重庆市羽毛球协会秘书长杜忠勇等领导嘉宾出席闭幕仪式。总决赛参赛队伍17支，其中有2支为全外籍队伍，12支队伍有外籍球手，参赛选手中外籍选手82人。最终，长沙中旭交通队获年度总冠军，北京火星兔子队获亚军，宁波兴明液压队获季军，武汉新龙达俱乐部获第四名，重庆棕榈泉羽毛球俱乐部获第五名，通宇航空峰羽俱乐部获第六名。重庆电视台文体频道和新华网现场直播总决赛。中央电视台体育频道、《中国体育报》、体坛周报、人民网、新华网、《光明日报》《重庆日报》、重庆卫视、中国羽毛球协会赛事网、国际在线等100余家境内外媒体报道赛事。各媒体发表、转载新闻1000余条。

（曾　蔚）

## 体　育　产　业

**【重点体育产业项目】** 2018年，青年汇巅峰乐园，完成投资1.5亿元，4月底室内活动中心试运营，新增奇幻历险乐园、极漾蹦床公园、汽车总动员、X空间等项目。国家全项目轮滑（滑板）赛训基地建设，邀请国家体育总局社体中心到区实地考察，项目纳入重庆市2018年重点建设项目，完成项目总体规划设计，并通过区规委会审定。万盛奥林匹克公园，完成项目投资2800万元，完成概念性规划、总体规划和评审，奥林匹克文化墙、奥运之路、奥运广场、健身绿道、标识系统、山体灯饰等项目建成投用。奥陶纪景区，新增滑雪项目，建成滑雪场、18 米悬崖秋千，建设蹦极、速滑等游乐设施以及室内冰雕馆、帐篷露营基地。

**【体育彩票】** 全区体育彩票销售网点 34 家，新增体彩销售网点 5 家，其中优质销售网点 1 家。2018 年，体彩销售 9379.7 万元。

**【重庆市体育旅游产业发展大会】** 2018 年 12 月 6 日，由重庆市体育局、重庆市文化和旅游发展委员会主办，万盛经开区管委会承办的重庆市体育旅游产业发展大会在万盛经开区黑山谷 1098 酒店召开，来自重庆市政府、国家体育用品联合会等相关部门和单位，重庆市级相关部门、各区县以及重庆市知名体育、旅游企业负责人、银行等 300 余位业界人士齐聚万盛，共商全市体育旅游未来发展。重庆市政府副市长屈谦、中国体育用品业联合会主席李桦、重庆市文化和旅游发展委员会主任刘旗、重庆市体育局局长丁洪，万盛经开区党工委书记肖猛，万盛经开区党工委副书记、管委会主任袁光灿等领导出席大会。会议由重庆市体育旅游产业发展大会、重庆市体育旅游产业发展研讨会、体育产业发展座谈会、新闻发布会组成。重庆市政府副市长屈谦、中国体育用品业联合会主席李桦、重庆市文化和旅游发展委员会主任刘旗、重庆市体育局局长丁洪在大会上作重要讲话。万盛经开区党工委书记肖猛在大会上致欢迎辞，管委会副主任唐应良作经验交流发言。重庆市体育旅游产业发展大会由重庆市人民政府副秘书长唐慎主持。重庆市体育局在会上发布《重庆市体育产业加快发展行动计划（2018—2022 年）》。与 8 家银行签署支持体育产业发展的战略合作协议。体育产业专家鲍明晓、体育旅游专家于显洋针对体育旅游作主旨研讨发言。300 余名参会代表实地考察万盛体育旅游产业发展情况。中央、市级等 20 家媒体宣传报道大会。

（曾　蔚）

# 医疗卫生

## 综述

**【概况】** 2018年，万盛经开区有卫生机构143家（其中公立医疗机构91家，民营医疗机构数量52家），编制床位1220张，每千人口拥有床位数4.51张；卫生技术人员1863人，其中医生592人、注册护士1001人、医技人员270人。按27万人口算，每千人口拥有卫生技术人员6.9人，其中每千人口医生数2.19人，每千人口护士数3.7人。镇卫生院标准化建设率87.5%。行政村卫生室覆盖率100%，社区卫生服务中心覆盖率100%。

2018年，万盛经开区总诊疗70.17万人次，比上年降低6.91%。其中区级医院总诊疗49.19万人次，降低5.31%；镇卫生院（社区卫生服务中心）总诊疗13.84万人次，降低14.1%；全区公立医院每门急诊人次平均费用267.45元，增长7.9%；镇卫生院（社区卫生服务中心）每门急诊人次平均费用55.97元，降低41.87%。全区公立医院人均住院费用5980.5元，增长0.08%；镇卫生院（社区卫生服务中心）人均住院费用2073.03元，降低1.2%。

2018年，万盛经开区发放离岗乡村医生待遇231人，金额77.5万元。全年全区累计发生医疗纠纷8件，通过医疗纠纷人民调解委员会成功调解8件，累计赔偿50万元。全年新办口腔诊所2家、中医备案诊所1家、民营医院1家。2018年，万盛经开区人民医院、南桐总医院通过市级二甲复审。

**【医药卫生体制改革】** 制定《万盛经开区现代医院管理制度实施方案》，完成万盛经开区人民医院、万盛经开区中医院、南桐总医院、仁爱医院章程制定工作；万盛经开区人民医院公立医院薪酬制度改革试点稳步推进。严格控制医疗费用不合理增长，万盛经开区区级公立医院药占比29.04%（市级指标低于30%），比上年降低1.75%；百元医疗收入消耗卫生材料23.94元，降低0.46%；医疗业务增幅为9.81%（市级指标低于10%），增长0.91%；医疗服务收入占业务收入30.94%，增长11.44%。

**【基本药物制度和供应保障体系】** 规范药品采购行为，所有医疗机构统一在药交所平台上进行备案采购药品，2018年各医疗单位无线下采购药品现象。万盛经开区人民医院基本药物使用占比48.48%，万盛经开区中医院基本药物使用占比60.55%，其他基层医疗机构基本药物使用占比均在95%以上。

**【医疗机构医联体建设】** 推行市、区、镇医疗机构医联体建设全覆盖。2018年，在重医附一院与万盛经开区人民医院建立医联体基础上，万盛经开区中医院与市人民医院签订医联体协议，区人民医院与5家民营医院建立医联体，实现医联体区、镇、村三级全覆盖。建成区域医学影像云平台，实现医联体单位开展影像、检验、心电远程会诊；基层首诊50个病种推广培训工作，培训基层医务人员162人次；2018年实现远程疾病诊断372例、区域内就诊率为96.3%，区级医疗机构向下转诊1.35万人次。

**【重庆市人民医院与万盛经开区中医院结成医联体示范医院】** 2018年9月21日，重庆市人民医院·万盛中医院医联体在万盛子如广场开展授牌仪式。重庆市人民医院与万盛经开区中医院结为医联体示范医院后，将在重点专科建设、人才培养、分级诊疗、双向转诊等方面深入合作。同时，市人民医院专家对经开区开展专题讲座、教学查房、急诊急救、学术传承、重点学科建设和绿色通道的建立等技术援助活动。

**【创建“全国健康促进区”动员大会】** 2018年12月29日，万盛经开区召开创建“全国健康促进区”动员大会。万盛经开区党工委委员、管委会副主任唐竹出席会议。会议指出，“全国健康促进区”创建将于2019年年末进行验收，创建工作分为四个阶段：2018年8—10月为筹备阶段，2018年11—12月为宣传动员阶段，2019年1—8月为全面推进创建阶段，2019年9—12月为自查迎检阶段。通过创建，要建立把健康融入全区所有政策的工作机制，出台促进健康的公共政策，倡导健康优先、健康教育先行理念，探索建立健康促进区工作模式和长效机制，建设健康支持性环境，营造健康氛围，提高居民健康素养和健康水平。

**【健康扶贫】** 落实国家和重庆市健康扶贫各项方针政策，牵头制定相关政策措施。与区扶贫、财政、民政、人社部门密切配合，在重庆市贫困人口医疗救助“7道保障线”（基本医保、大病保险、民政医疗救助、扶贫济困医疗基金、健康扶贫医疗基金、精准脱贫保、红十字会疾病应急救助基金）政策基础上，争取出台《万盛经开区健康扶贫医疗救助基金使用管理暂行办法》，对贫困人口医疗救助实行再兜底，即“7+1道保障线”。明确全区健康扶贫定点医院17家，方便贫困人口及时就医，切实降低贫困人口医疗负担，全区建档立卡贫困人口住院自付比例为9.68%，门诊重特大疾病自付比例为11.12%。建立完善万盛经开区健康扶贫医疗救助基金一站式结算系统，于2018年12月29日上线，实行贫困人口就医先诊疗后付费，实现贫困人口就医一站式即时报销。农村贫困人口家庭医生签约服务覆盖率100%；三个一批分类救治率100%，大病救治475人次，重病兜底132人次。

**【卫生计生宣传】** 全区各级开展各类宣传服务义诊活动110余场次。持续在电视台、报纸开设健康专栏，在城乡150辆公交车车载视频播放卫生健康公益宣传片，在城乡70个公交站台设置国家基本公卫卫生服务项目宣传栏，优化完善设置卫生计生户外宣传300余处，累计开展健康科普知识讲座400余场，服务群众4万余人次。

**【重点项目建设】** 万盛经开区人民医院住院部综合业务楼项目和委托项目区残疾人托养综合服务中心项目有序推进，主体工程完工；万盛经开区妇幼保健计划生育服务中心综合业务楼项目于2018年8月12日启动建设任务。

（刘 燕 刘茂雪）

## 医政管理

**【概况】** 2018年4月13日，万盛经开区卫生计生局印发《关于印发进一步改善医疗服务行动计划（2018—2020年）实施方案的通知》，完成胸痛中心、卒中中心、创伤救治中心、危重孕产妇救治中心、危重新生儿救治中心建设工作。开展全区“三基三严”（指基本理论、基本知识、基本技能，严格要求、严密组织、严谨态度）考核大比武活动，17家医疗机构1500余名医务人员参与。根据新修订《重庆市献血条例》加大献血工作宣传，结合“世界献血者日”、公卫活动等相关活动，开展宣传57余场次，覆盖8000余人。2018年参加自愿无偿献血5343人次，每千人口献血率19.79‰，临床用血100%来自无偿献血。全面推进医疗机构、医生、护士电子化注册管理，完成1678人次电子化注册工作。

**【中医药事业发展】** 2018年，万盛经开区卫生计生局以“科教兴区和人才强区行动计划”为契机，引进全国名中医郭剑华教授、全国名中医王辉武教授、国家级名老中医传承导师朱丹教授。于5月22日，在区中医院14楼大会议室举行引进全国名中医传承工作启动暨拜师仪式。党工委委员、管委会副主任唐竹出席并为“全国名中医传承工作室”揭牌，万盛经开区卫生计生局向3名教授颁发聘书。万盛经开区区中医院院长杨林相、区中医院针灸科主任张燕等6名中医师拜3名教授为师，成为全国名中医传承弟子。2018年，开展中医大型义诊活动3次，组织专家30余人，为500余市民提供中医服务，发放宣传资料3000余份。组织辖区中医确有专长人员报名考核工作，经过层层筛选出15名中医专长人员参加市级审核。2018年万盛经开区基层中医药适宜技术应用4.2万人次。

**【医德医风及行风建设】** 2018年5月10日—6月30日，万盛经开区卫生计生局党委联合驻卫生计生局纪检组在人民医院启动为期50天的蹲点式医德医风专项整治行动，开展医德医风突出问题专项整治，收集查找问题161个，完成问题整改127个，建立健全医德医风长效机制。整改后，患者满意度98%，比整改前提升10个百分点。

**【卫生计生法治】** 2018年，万盛经开区卫生计生局编制完成权责清单303项，其中行政许可类19项，行政确认类9项，行政给付类5项，行政处罚类172项，行政强制类18项，行政征收类1项，行政检查类6项，行政奖励类8项，其他服务事项类65项。双随机完成率94.74%、完结率100%，行政处罚9件、处罚金额9000元。全年接到各类投诉举报9起，经调查核实存在违法行为并立案处罚5起，移送相关部门3起。全年开展药店依法执业检查5次，查处药店非法行医、销售违规消毒产品等各类违法行为10起，罚款人民币2.7万元。

**【卫生人才队伍建设】** 2018年，卫生系统引进高学历、高水平医疗人才21人（研究生以上学历4人，副高级职称3人，正高级职称8人）。区人民医院成功引进儿科博士杨山、西南医院内分泌科主任、博士后陈兵等高水平医疗人才；区中医院成功引进王辉武、郭剑华、朱丹全国名中医，成功建设“全国名中医传承工作室”3个。2018年全区通过初级职称考试116人、中级职称考试61人，通过副高级职称评审28人；组建“区域学科联盟”，将全区各二级医院优势学科强强结合，打破各医院紧缺人才各自为医、视野受限现象，进一步实现医疗资源共享，医疗服务能力提升。2018年，开展区级继续教育34场次，完成509名医师定期考核工作。

（刘　燕　刘茂雪）

## 公　共　卫　生

**【基层卫生人员培训】** 2018年，万盛经开区卫生计生局派送15名基层医务人员参加重庆市全科医师转岗学习。全年开展疾病预防、妇幼保健、卫生监督等方面的知识培训500余人次。参加继续医学教育970余人，基层卫生人员远程培训48人。

**【家庭医生签约服务】** 在“覆盖全区所有村居、覆盖所有重点人群”两个全覆盖的基础上，稳定签约数量，巩固覆盖面。2018年累计签约城乡居民9.76万人，签约覆盖率36.2%。建卡贫困户和计划生育特殊家庭签约覆盖率100%。

**【公共卫生服务】** 2018年，全区累计建立城乡居民电子健康档案23.7万份，建档率87.97%。动态更新电子健康档案15.3万份，健康档案使用率64%。健康管理高血压患者1.58万人，规范管理1.05万人，规范管理率为66.54%；健康管理糖尿病患者4825人，规范管理人数3314人，规范管理率68.68%；登记在册严重精神障碍患者1186人，患者检出率4.35‰，规范管理率79.01%。65岁及老年人中医药健康管理24834人，健康管理率67.69%；0～3岁儿童中医药健康管理6137人，健康管理率78.78%；理肺结核患者271人，管理率97.48%，按照要求规则服药的肺结核患者147人，患者规则服药率94.84%。各医疗卫生机构设置健康宣传专栏110块，更换专栏660余期次，举办健康教育讲座300场次。全年15.5万余人次接受健康教育宣传，发放健康教育处方及有关宣传资料近18.4万份。全区11个接种门诊的功能布局、冷链管理、疫苗出入库记录等管理规范。各接种门诊严格执行疫苗管理规定，履行“一岗双责”。接种12种生物制品常规免疫5.29万人次，平均报告接种率99.70%。四苗基础全程接种率100%，以乡镇为单位达标率100%，合格接种率85.71%；八苗（指甲肝疫苗、乙肝疫苗、流脑疫苗、乙脑疫苗、麻风腮疫苗、脊灰疫苗、百白破疫苗、卡介苗）基础全程接种率100%。全年登记传染病病例和网络报告病例均为1634例，报告率、报告及时率均100%。全年无甲类传染病报告。突发公共卫生事件相关信息报告率100%。全年举办卫生计生监督协管员培训3期，其中专题培训2期、医疗培训1期，开展卫生计生监督协管相关宣传、培训活动22期次，开展卫生计生监督协管巡查1319次，巡查覆盖率100%；发现并报告事件和线索458次，信息报告率100%。

（刘　燕　刘茂雪）

## 妇幼保健

**【概况】** 2018年，万盛经开区产妇数2235人，活产数2256人，早孕建册2132人，早孕建册率94.50%；产后访视2145人，产后访视率95.08%。2018年活产2256人，新生儿访视2163人，新生儿访视率95.88%；7岁以下儿童15125人，健康管理1.37万人，健康管理率90.85%；5岁以下儿童死亡11人，死亡率4.88‰；婴儿死亡9人，婴儿死亡率3.99‰。完成农村妇女宫颈癌筛查7008人，乳腺癌累计筛查7014余人。

（刘　燕　刘茂雪）

## 疾病预防与控制

**【传染病防治】** 2018年，全区报告乙类传染病10种658例，占传染病总发病数52.56%，发病率253.08/10万人，较2017年同期降低9.12%；报告丙类传染病6种594例，占传染病总发病数的47.44%，发病率228.46/10万人，较2017年同期增长61.27%；全区无重大突发传染病公共卫生事件发生。

**【卫生应急】** 万盛经开区成立卫生计生系统扫黑除恶专项斗争工作领导小组，印发《万盛经开区卫生计生系统扫黑除恶专项斗争工作方案》《万盛经开区卫生计生系统扫黑除恶专项斗争宣传活动方案》《万盛经开区卫生计生系统扫黑除恶专项斗争联系指导工作制度》等系列文件，与各医疗机构签订目标责任书，张贴扫黑除恶宣传海报120张、悬挂标语25条、制作举报箱16个、制作桌牌45块、播放宣传视频600余分钟。2018年，万盛经开区卫生计生局成功处置“1·5”“4·5”关坝小学腮腺炎聚集疫情、“4·2”中盛小学水痘聚集疫情、“8·3”黑山远景怡然不明腹泻聚集事件，做到“快速、妥善、可控、有效”处置，未发生疫情扩大升级。医疗救援组参与救治“8·1”南桐镇麒麟坝车祸5人受伤事件、“8·9”黑山面包车坠崖3人事件。受理来自信访系统、政府公开信箱、群众来信来访等信访件15件。全年全系统无集体上访、无信访积案和到市进京等非正常上访情况发生。

（刘　燕　刘茂雪）

## 爱国卫生

**【概况】** 2018年，万盛经开区新创区级卫生单位8个，巩固市级优秀卫生单位5个，巩固市级卫生单位22个，巩固区级卫生单位96个。按季度在政府门户网站龙头水监测进行公示，全年农饮水工程水质监测合格率77.08%，城市饮用水和龙头水监测合格率100%。2018年完成卫生改厕2016户，其中实施建档立卡贫困户卫生厕所改造228户。

（刘　燕　刘茂雪）

## 计划生育

**【出生人口性别比治理】** 2018年，万盛经开区卫生计生局开展查处“两非”（指非法鉴定胎儿性别；非法选择胎儿性别终止妊娠）联合执法专项行动，集中专项督查2次，督查6家医疗机构。督查中未发现“两非”违法行为，全区出生人口性别比在正常范围内。

**【计划生育奖励扶助】** 开通就医“绿色”通道，家庭医生签约服务实现全覆盖，计划生育特殊家庭联系人制度落实率100%，计生困难家庭见面率、覆盖率100%，兑现奖特扶资金733人、586万元。

**【全面二孩实施】** 强化优生优育宣传，提升出生人口质量。出生上报（含往年）2392人，其中二孩出生1045人，占43.69%。全区办理生育服务证1977个、再生育服务证110个、独生子女父母光荣证162个。

**【生育关怀行动】** 全区检查育龄夫妇404对808人，评估382对，完成率95%，累计完成早孕随访173例，妊娠结局随访136例，正常分娩人数132例，完成优生健康教育4期。

（刘　燕　刘茂雪）

**【万盛经开区计生协会】** 2018年春节期间，万盛经开区计生协会走访慰问计生特殊家庭人员718人，见面率和覆盖率100%，投入经费16.3万元。配合落实计生特殊家庭“3+X”［“3”指1名村社区联系人（村、社区干部）、1名街道联系人（从街道干部、党政领导中任选1人）、1名医务联系人（家庭签约医生）；“X”指特约联系人，包括志愿者、心理咨询师、律师等］联系人制度，每2个月开展一次扶助活动情况落实到位，计生特殊家庭人员情绪稳定，无聚集上访苗头。全年，各镇街开展各类计生活动104场次，宣传人数8011人，开展走访慰问51场次，慰问人数477人。继续与中国大地财产保险股份有限公司重庆分公司南川支公司合作，投入经费13.15万元，为729名计划生育特殊家庭人员购买住院护理保险，全年，中国大地财产保险股份有限公司重庆分公司南川支公司为349人赔付66.7万元。

（刘　燕　刘茂雪）

## 主要医院简介

**【万盛经开区人民医院】** 位于万盛经开区万东北路，是一所集医疗、教学、科研、预防、急救于一体的国家二级甲等综合医院、国家“爱婴医院”、国家基层胸痛中心、交通事故“绿色救助定点医院”、各类医疗保险定点医院，承担着全区27万人口和毗邻区县部分人口常见病、多发病、疑难病、急危重症的诊治任务以及一、二级医院的转诊任务，也是万盛经开区各乡镇卫生院的进修基地。业务用房面积约3.5万平方米，2012年11月，挂牌为重庆医科大学附属第一医院万盛医院。医院各种配套设施、设备较为齐全。2018年，全院编制床位500张，开放病床600张，职工661人，其中正高职称4人、副高职称64人。2018年，万盛经开区人民医院以多种形式引进高层次专家8人，引进硕士研究生3人、规培医师1人；兰世才等8人分别获区级拔尖、优秀、骨干人才称号；胸痛中心等五大中心建设有序推进；成功与重医护理职业学院签订教学基地合作协议；与各基层医院建立医联体云影像平台，实现区域医学影像数据共享和诊疗协同。全年门急诊18.65万人次，比上年增长2.82%；出院1.60万人次，增长0.19%；业务收入1.62亿元，增长4.92%；药占比（不含中药饮片）29.95%（低于30%的指标）；卫材收入占比17.73%（低于20%的指标）；医疗费用增幅为4.92%（不高于10%的指标），法定传染病报告率、重大医疗过失行为和医疗事故报告率、入出院诊断符合率等指标均达到要求，其余各项指标也较好地完成。

**【南桐总医院】** 位于万盛经开区万东南路与万盛大道交会处，是一家集医疗、教学、科研、预防、保健、社区服务为一体的综合性国家二级甲等医院。下辖塔山分院，是万盛经济技术开发区唯一精神病传染病专科医院。院本部占地面积2.31万平方米，建筑面积3.14万平方米。医院设置临床科室15个、医技科室7个，设有内科ICU、外科ICU、层流手术室、血透室、放疗室、内镜室。麻醉科为重庆市重点专科，创伤外科、疼痛康复科为重庆市医疗特设专科。2018 年，南桐总医院在编员工 620 人，返聘 50 人，其中正高职称 3 人，副高职称 71 人，中级职称 107 人。2018 年，门诊量 21 万余人次、出院病人总量近 2 万人次、住院手术 4500 余台、门诊手术 3000 余台，业务收入突破 2 亿元。2018 年，引进肺功能测试系统、便携式彩超、内窥镜系统等大型设备，完成新业务新技术 16 项，分别是脑电意识指数与伤害敏感指数用于指导全麻精准用药的临床研究、下腔静脉内径与中心静脉相关性研究、数字化乳腺 X 线摄影筛查乳腺癌、腹横肌平面阻滞联合 PCIA 在腹股沟疝修补术术后镇痛的应用研究、输尿管软镜联合钬激光一期治疗上尿路结石、早期肠内营养在危重症患者应用中的细节管、儿童保健技术的应用、丹佛发育筛查(DDST)、降钙素原与 C 反应蛋白水平在指导急性胰腺炎患者抗菌药物使用的应用、床旁支气管镜在创伤性湿肺中的应用、盐酸戊乙奎醚联合阿托品在急性有机磷农药抢救中的应用、支撑喉镜联合鼻内镜在声门暴露困难声带良性病变切除术中的应用、二聚体的联合检测在脑梗死疾病中的应用、血氨在严重肝损伤诊疗中的应用价值、心肌标记物的 POCT 在急诊工作中的应用、围产期 B 群链球菌的筛查。2018 年，南桐中医院获重庆市卫生护理技能大赛“心肺复苏”项目一等奖、“密闭式静脉留置针输液”项目中“二等奖”；重庆市护理学会、重庆市企业医院协会第一届品管圈大赛获“三等奖”；重庆市医学会举办的 2018 年重庆市医学会麻醉学学术年会青年麻醉医师演讲比赛获“三等奖”。南桐总医院是重庆医科大学附属第一医院指导医院、重庆市肿瘤医院肿瘤规范化诊疗基地、重庆医科大学附属儿童医院技术指导医院、达州职业技术学院教学医院、重庆医科学校实习带教基地、高校毕业生就业见习基地。

**【万盛经开区中医院】** 位于万盛经开区万新路，是一所集医疗、教学、科研、预防、急救于一体的综合性国家二级乙等中医院，是万盛经开区医保、工伤、城合、商业保险定点医疗单位，是万盛街道社区卫生服务中心所在地，履行“医疗、预防、保健、康复、健康教育、计划生育技术指导”等服务功能，医院秉承“团结进取，承古纳新”的理念，以建设人民群众满意的中医院为服务宗旨。万盛经开区中医院现占地面积 0.47 公顷，建筑面积 1.24 万平方米，业务用房面积 1.05 万平方米。编制床位 120 张，实际开放床位 256 张，有固定资产 3128 万元。医院有职工 267 人，其中执业医师 73 人（主任医师 2 人，副主任医师 9 人，主治医师 27 人，助理医师 35 人）；护士 102 人（副主任护师 3 人，主管护师 19 人，护师 15 人，护士 65 人）。设有院本部和百花门诊部；院本部门诊开设名医馆、内科、外科、精神科、中风专科、口腔科、针灸科、皮肤美容科等科室，住院部开设外科、骨科、内一科、内二科、急诊医学科、针灸科等科室，其中中风病专科和中医骨科是重庆市特色专科。针灸科为重庆市重点专科。2018 年 5 月建立全国名老中医传承工作室，师带徒 6 人，接诊人次 1500 余人次，诊疗疑难杂症 300 余人次，总结经方验方 100 余张。与市人民医院建立医联体，实施分级诊疗，双向转诊，绿色通道，加强人才培训，学科建设。建立市级专科联盟 4 个。承担市级适宜技术推广应用项目 2 个。引进高水平人才 3 人，全国名中医：郭剑华、王辉武、朱丹；引进高学历人才 3 人：蔡志友博士、刘波硕士、方红苏硕士；新引进中医药专业人才 20 人：招录医学本科生 5 人，聘用专业人才 11 人。遴选医疗骨干人才 11 名到三甲医院进修培训。

**【万盛经开区妇幼保健院】** 位于万盛经开区万新路。2018 年，万盛经开区妇幼保健院职工总数 53 人，在编 26 人，聘用职工 27 人。其中专业技术人员 45 人占职工总数 85%；高级职称 5 人，中级 11 人，初级 29 人。医院拥有乳腺钼靶、彩超、阴道镜、胎儿监护仪、全自动生化仪、微量元素检测仪、LEEP 刀及 AFP 无痛治疗仪、视力筛查仪、骨密度仪等一批先进医疗检查设备。2018 年 1—12 月，接门诊病人 1.31 万人次，门诊业务收入较上年增长约 10%。

**【万盛经开区仁爱医院】** 位于万盛经开区万东北路。医院开设内科、外科、妇产科、儿科、耳鼻喉科、口腔科、皮肤科、急诊医学科、医学检验科、医学影像科、X线诊断专业、超声诊断专业、心电诊断专业、中医科、中西医结合科等科室。医院开放床位150张，医护人员、后勤人员80余人。医院住院部成立后与多家甲等医院缔结合作关系，引进美国GE彩超、DR－X射线摄影系统、全自动生化分析仪、动态心电监测、电子胃镜、气压弹道碎石机、智源肽前列腺治疗仪、6通道经颅多普勒、6导多功能监护仪等多套尖端设备。医院始终坚持团结务实、开拓创新、主动适应市场，建立以“健康体检中心”为基础的全民疾病预防屏障，建立以科技为先导、以技术为依托的发展模式，以良好的医德医风，努力服务于百姓、服务于社会。

**【万盛博爱医院】** 位于万盛区万东北路。医院开设内儿科、外科、妇科、中医科、碎石科、放射科、检验科、皮肤科、口腔科、特检科等诊疗科室，开放床位140张。配备有先进的核磁共振（POER－0.35T）、DR、全自动生化分析仪（cs－t300）、彩超、胃镜、心电图机、钬激光治疗仪、体外冲击波碎石机、腹腔镜、经皮肾镜、麻醉机、妇科微波治疗仪、碳十四幽门螺杆菌检测仪等先进的诊疗设备。万盛博爱医院是区职工医保和居民医保定点医疗机构、城乡医疗大病救助定点医院、中国人寿保险公司、太平洋保险公司定点医疗机构。医院坚持以“病人为中心，患者的利益高于一切”为服务宗旨，以诚信经营、价格合理、环境舒适的服务理念取信于患者。让就医患者享受到最优质、经济、文明、便捷的医疗服务。

**【万盛华伟医院】** 位于万盛经开区松林路，由万盛华伟医院股份有限公司投资8000余万元，与万盛妇幼保健院共同打造一家集医疗、预防、保健、教学为一体的二级综合医院。是城乡居民、城镇职工、生育保险、民政救助、城乡医疗大病救助定点医院。医院开设呼吸心血管内科、消化内分泌内科、普外泌尿外科、骨科、手足外科、妇产科、生殖健康中心、中医康复科、医学影像科等科室。医院使用面积8000余平方米，开放床位200余张。拥有飞利浦32排螺旋CT、进口胸腹腔镜、电子胃肠镜、宫腔镜、前列腺等离子电切镜、钬激光碎石系统、经皮肾镜、乳腺数字钼靶、进口DR、飞利浦四维彩超、东芝800测试全自动生化分析仪、五分类血球仪、电子阴道镜、LEEP刀等先进诊疗设备。

**【万盛安康医院】** 位于关坝镇林地村，是一家集医疗、康复、保健为一体的现代化综合性医院，是重庆市城镇职工基本医疗保险定点医院、城乡居民合作医疗保险定点医院。医院总投资1500余万元，于2015年开业运行，占地面积约2667平方米，建筑面积3000余平方米，开放床位100余张。医院拥有进口螺旋CT、数字DR摄片机、四维彩超、全自动生化分析仪、骨密度检测仪、电子胃肠镜、胸腹腔镜、宫腔镜、膀胱镜、阴道镜、钬激光碎石机，肛门镜等大批先进医疗设备。拥有远程会诊系统、中心供氧系统、中心呼叫系统，采用电子病历和电子管理系统，实现全程管理信息化。医院开设有内科、儿内科、外科、肛肠科、妇科、五官科、康复理疗科、五官科、口腔科门诊；同时开设有内科、康复理疗科、外科、肛肠科、妇科、五官科住院部。医院拥有老、中、青结合的专业医疗队伍，坚持高资历临床医生门诊坐诊和高资历专家担任住院部主任，保障病员就诊的诊疗技术和医疗安全，同时医院与重庆医科大学附属第一医院、綦江区人民医院、万盛经开区人民医院等多家医院开展技术合作，常年聘请其专家团队，拥有较强的技术实力。

（刘　燕　刘茂雪）

# 社会保障

## 社会保险

**【概况】** 重庆市万盛经济技术开发区社会保险局（以下简称万盛经开区社保局）为重庆市万盛经济技术开发区人力资源和社会保障局管理的正处级财政全额拨款事业单位，主要负责全区城乡养老保险、医疗保险、工伤保险及生育保险的经办管理服务工作，内设职能科室12个，即综合科、财务科、稽核检查科、单位参保科、个人参保科、企业职工养老待遇科、居民和机关事业单位养老待遇科、职工医保待遇科、居民医保待遇科、工伤保险待遇科、社会化管理服务科、信息档案科，核定参公编制48人，核定处级领导职数4人，科级领导职数14人。2018年，万盛经开区社保局有在岗职工49人，其中在编在岗人员35人，聘用人员13人，三支一扶大学生1人，处级领导1人，科级领导14人。

**【参保征缴】** 2018年，全区职工养老、居民养老、职工医疗、居民医疗、工伤保险、生育保险参保人数分别为5.88万人、5.85万人、7.16万人、19.08万人、4.85万人、3.58万人，城乡养老保险、医疗保险覆盖率分别为95%、96%。全区职工养老、居民养老、职工医疗（含生育保险）、居民医疗、工伤保险基金征收分别为3.92亿元、1145万元、3.13亿元、4035万元、2400万元。区内超收分成7009万元，其中职工养老超收分成3520万元、居民养老超收分成42万元，职工医保超收分成2725万元，居民医保超收分成87万元，工伤保险超收分成635万元。

**【待遇兑现】** 全年兑现“四险”（指养老保险、医疗保险、工伤保险和失业保险）待遇14.9亿元，比上年增长11.42%，其中养老保险10.4亿元、医疗保险（含生育保险）3.9亿元、工伤保险0.6亿元，做到让老百姓老有所养、病有所医、伤有所治。按时完成2018年企业职工、机关事业单位退休人员、城乡居民和村干部养老待遇调整，企业退休人员基本养老金实现连续14年上涨，全区约5.6万名退休人员受益。

**【社保扶贫】** 全区6458名贫困人员养老、医保实现应保尽保。严格兑现社保扶贫政策。落实政府为困难群体代缴养老保险费政策，为1277名困难人员代缴居民养老保险9.5万元，切实减轻困难群体参保缴费负担。设立贫困人员健康扶贫医疗基金，开通“一站式”结算平台，785人次贫困人员受益，享受基金报销56.05万元。继续落实贫困人员在区公立二级医院住院报销比例提高10%、起付线降低50%的优惠政策，全年有401人次贫困人员享受优惠，医保统筹基金报销121.27万元，享受优惠15.86万元。

**【社保改革】** 推进机关事业单位养老保险改革。继续抓好机关事业单位养老保险制度改革落地，启动转入、转出等业务，完成500名退休“中人”待遇复算准备工作。推进医疗保险改革。首批25个医保药品带量采购成功落地，平均降幅18.8%。2017版国家医疗工伤生育保险2535个药品目录顺利实行，较2009年版目录增加339个药品。推进涉企社保改革。严格落实阶段性社保降费政策，为595家小微企业、497家困难企业在内的参保单位降费减负1.46亿元。继续推进国有企业退休人员社会化管理服务。全面接手南桐矿业公司退休人员养老待遇领取资格核查工作。完成4383名退休党员的组织关系转移，纳入村、社区党组织进行统一管理。完成南桐矿业公司1.83万份人事档案规范化整理和数字化扫描工作。东林街道鱼田堡社区成功创建为市级退休人员社会化管理服务示范社区，万东镇塔山社区纳入2019年创建计划，创建工作在重庆市作经验交流。

**【基金监管】** 完善内部运行机制，实行重大事项集体研究制度，建立基金运行分析制度，防范化解基金运行风险。开展自查自纠，整改市人社局下发的11类问题1643条数据。开展社会保险经办风险三年专项行动整改落实情况检查和居民养老保险经办机构内控检查回头看工作。开展工伤保险内部控制专项检查。调阅档案资料7000余份，全面自查2017年工伤保险伤残待遇、工亡待遇、工程参保等5个方面的业务，整改问题5个。加大稽核力度，制定《2018年度社会保险稽核工作方案》，现场稽核企业7家，稽核补缴社会保险费25.68万元。强化医保监督检查，继续实施医保预算总额控制，完成277家医疗机构协议签订，其中完成17家医院总额控制协议签订，签订率100%。停止执行职工医保个人账户用于购买体育健身服务政策，取消3家体育健身机构定点协议。制定万盛经开区中医康复理疗管理办法，规范中医康复理疗住院病人分类管理，重点从控制项目数量和限定结算标准两方面进行。在项目数量方面，规定对同一住院病人一天使用的中医康复理疗项目，数量最多不超过6项；在结算医疗费用方面，规定对同一住院病人一天使用的中医康复理疗项目的结算金额，一级医院不超过170元，二级医院不超过270元。万盛经开区贫困人员医保报销政策落实情况通过重庆市扶贫办审计组审计。全年出动检查人员1373人次，开展服务监督现场检查590场次，开展夜查11场次，约谈协议机构60场次，暂停网络结算14家。审核拒付结算费用66.65万元，追回违规费用48.91万元，处违约金53.71万元。发现128例因第三方责任导致的意外伤害事故，避免医保基金损失108万元。

**【经办服务】** 优化服务流程，实施社保业务流程再造，按流程设置12个内设科室，其中增设科室2个。开展“解民忧转作风”专项行动。实施37项“最多跑一次路”社保服务事项，18类32项办理社保精简材料清单落地。增添服务举措，采取购买第三方服务的方式为6470人次办事群众提供免费打印复印服务。建立窗口负责人值班制度，安排专人值班，及时处置服务大厅突发事件，维护大厅秩序。为离休干部、军人、75岁以上老人、重度残疾人及孕妇等特殊人群开辟绿色通道，安排专人进行接待引领，方便特殊人群办理业务。改进服务方式，宣传推广重庆社保APP、重庆社保官微移动客户端，居民医疗保险实现微信缴费。启动社保业务档案数字化扫描工作，完成166万页存量档案的前序整理和93万页的数字化扫描。投入资金4.75万元，为社保服务大厅全部窗口和咨询台购买配置19台金保网二合一读卡器，提高业务办理效率和准确性。投入资金14.79万元，为镇街配置29台手持式生存验证器，通过举办活动、主动上门等形式开展验证服务。继续推进异地就医全国联网结算。年末，实现全国15859家异地定点医院就医住院联网直接结算。2018年，全区参保人异地就医联网结算606人次，报销金额480.66万元，使用职工医保个人账户18.62万元。万盛经开区中医院纳入全国异地就医联网结算平台，全区纳入全国异地就医联网结算平台医院3家，办理联网就医结算191人次，报销金额117.11万元，使用职工医保个人账户9.91万元。

（吴贵玲　封仕清）

## 社会救助

**【城乡低保】** 从2018年1月起，城市居民最低生活保障线标准提高到每人每月546元，农村居民最低生活保障线标准提高到每人每月410元。全年累计发放城乡低保8.86万户次、13.09万人次、5633万元。落实节日慰问长效机制，为3.3万人次城乡低保对象发放节日慰问金141.7万元。

开展低保信息核查1161户次、2349人次，核查出问题线索970人次。

**【医疗救助服务体系建设】** 全年救助各类困难群众7.6万人次，支出医疗救助资金2739.14万元。争取市社会救助基金会支持，为经开区2户因病产生大额医疗费用的困难群众争取市级救助基金6万元。

**【临时困难救助】** 全年累计救助各类困难群众906户、1870人、支出救助金303.7万元。

**【流浪乞讨人员救助管理】** 全年救助生活无着的流浪人员513人次，救助流浪未成年人13人、护送5名流浪孩子回校园，救助60岁以上的老人204人，精神病人13人，救助危重病人11人。家庭暴力庇护3人，巡逻劝导313次。为流浪乞讨人员发放送保暖衣裤196套，方便面、矿泉水、八宝粥等食品1130次，发放爱心卡1200张。开展《极寒天气寒冬送温暖专项救助行动》《送流浪孩子回校园专项救助活动》《校园周边环境整治》，开展《农村留守儿童》关爱行动。通过DNA比对、人脸识别、媒体广告、镇街村居张贴启事、电话查询等多种措施寻亲，成功寻亲12例。及时救助四川南部县93岁的高龄病危老人等11位危重流浪老人返乡。与外事和公安部门协调，妥善处置越南偷渡入境的武某；及时妥善处理2名患梅毒、脑瘫等病的流浪精神病人因医治无效死亡后的法医鉴定、尸体运送、认尸寻亲、尸体冷藏、火化、骨灰安置等方面的工作。全年产生救助医疗、救助返乡、生活救助、临时安置，教育矫治等救助费用103万元。

（金宗雯　梁　艳）

## 社会抚恤

**【概况】** 2018年，为873名在乡重点优抚对象发放抚恤、地方优待金及生活补助金923.7万余元（含调标补发）；为8名一至四级残疾军人发放护理费21.7万余元；全年为41名死亡优抚对象增发丧葬补助19.8万元（含调标补发）；做好优抚对象医疗保障工作，为753名在乡重点优抚对象发放门诊定额医疗补助75.3万元，落实168名符合住院医疗补助的优抚对象的住院医疗补助费6.7万元。落实771名重点优抚对象解困资金32.5万余元；“六大节日”及“八一”建军节普慰771名在乡重点优抚对象，发放慰问金77.2万余元；烈士纪念日慰问25名烈属，发放慰问金0.5万元。发放133户义务兵家庭优待金128.45万元。10月底前，全面完成205名重点优抚对象数据核查工作任务，完成率100%。

**【双拥工作】** 在春节和“八一”建军节，区主要领导带队慰问驻区部队；支持驻区消防大队、武警中队建设电脑室、图书室、学习室；组织相关单位、社区为部队官兵送元宵、饺子、粽子、月饼等活动；2018年，为80户军属悬挂光荣牌匾。

**【退伍军人接收安置】** 全年接收2017年秋冬季退役士兵79人，发放77名退役士兵自主就业一次性经济补助222.96万元，安置到机关事业单位1人，安置在央企1人，年度安置率100%。组织57名城乡退役士兵参加职业教育和技能培训，推荐20名城乡退役士兵就业。为失业退役士兵开展就业知识和专业技能教育培训。

（金宗雯　梁　艳）

# 社会事务

## 老龄工作

【敬老院规范化管理】 2018年，万盛经开区民政局争取中央资金2602万元，新建和改扩建万东、南桐、石林片区特困供养机构，按照《老年养护院建设标准》设计完善，配套设施齐备。建成后新增床位342张，在保障农村特困人员集中供养的需求的前提下，这些机构还将为低收入、高龄、独居、失能、失独及其他社会老年人提供便捷可享的社会化养老服务。全区敬老院全年未发生责任事故。

【老龄服务事业】 社区居家养老全面铺开。按照重庆市“千百工程”统一部署，万盛经开区从2018年起将建设30个社区养老服务站，到2020年全区所有城市社区和农村社区都将建成社区养老服务站，为辖区内老年人提供居家服务、康复护理、精神慰藉、文化娱乐等养老服务，真正让老年人感受到“养老就在身边”，实现“新时代、新养老、新生活”的美好愿望。2018年建设完成8个社区养老服务站。为促进社区养老服务站的良性运转，出台《养老社区服务站的建设和运营给予补贴办法》，对养老服务站给予运营补贴。社会养老机构逐渐兴起。出台《关于全面放开养老服务市场提升养老服务质量的实施意见》，对社会组织及私人投资兴办养老机构，从土地供应、财政投入和税费优惠等方面进行政策扶持。鼓励社会力量进入养老服务领域，兴办满足不同需求的养老服务机构。2018年新增社会办养老机构1家。

【惠老政策】 从2018年1月起，特困供养年补助由7800元提高到8520元，环比增长9.23%。全年为925名特困人员发放基本生活费和节日慰问费817.7万元；做好高龄失能老人养老服务补贴审批发放工作，全年为993人发放养老服务补贴228.3万元。做好高龄老人营养补贴的审批及发放，全年为8429名80岁以上老年人发放高龄营养补贴540.9万元，其中经开区23位百岁老人发放营养补贴及节日慰问费12.8万元。

（金宗雯　梁　艳）

## 基层群众性自治组织建设

【村民委员会】 2018年，万盛经开区有行政村57个，农村社区试点村6个，村务公开率100%，村规民约修订完善率100%，落实离任村干部生活补助，全年发放补助215万余元，开展村民自治领域扫黑除恶专项斗争工作，处理2名涉及任职负面清单的村民小组长。

【社区居民委员会】 2018年，全区有城市社区42个，居务公开率100%，居民公约修订完善率100%。

（金宗雯　梁　艳）

## 社会行政事务管理

【地名管理】 2018年，新命名道路6条，即“溪源街”“白云路”“龙湾路”“兴电支路”“绿都路”“新岗路”；补充命名道路2条：“东岳路”“芭蕉路”。更名道路1条，“关电路”更名“兴电路”；变更起止点2条，即“南三路”“滨河路”；新命名桥梁4座，即“曹家店桥”“播州界大桥”“和平桥”“岗上铁交桥”。全国第二次地名普查通过民政部、重庆市民政局的验收，数据库录入地名目录4070条，其中陆地水系类54条，陆地地形类468条，行政区域类12条，群众自治组织类142条，非行政区域类1184条，居民点类1059条，交通运输设施类370条，水利、电力、通信设施类198条，纪念地、旅游景点类67条，建筑物类100条，单位类416条。采集4070处地理实体的相关照片8642张、录像321份、录音9429份，采集率100%。

**【社会组织管理】** 2018年，全区有社会组织155个，其中社团81个，民办非企业单位71个。按照《社会团体登记管理条例》规定，2018年新注册登记社会团体3个，即重庆市万盛经开区党外知识分子联谊会、重庆市万盛经济技术开发区物流商会、重庆市万盛经济技术开发区万东商会。注销社会团体1个，即重庆市万盛区万盛街道综合治理工作协会。2018年，新注册民办非企业单位2个，即重庆市万盛经济技术开发区玻璃产业技术创新研究院、重庆市万盛经济技术开发区益康残疾人托养服务中心。

**【婚姻登记】** 2018年5月10日起，婚姻登记机关在办理登记时，免费当为事人复印存档所需的证件材料。全年办理结婚登记2664对，比上年降低0.94%。离婚登记1610对，降低0.9%。补办结婚登记900对，补办离婚登记197对。

**【收养登记】** 2018年，办理收养登记1宗。

**【殡葬管理服务】** 2018年，万盛经开区火化遗体550具；到万盛龙源殡仪服务中心办理丧事200具；到重庆五零一殡仪服务有限公司办理丧事38具；万盛龙凤陵园全年接埋骨灰400具，销售墓穴423穴。

**【福彩和慈善】** 2018年，万盛经开区福彩投注站进行分级和整顿，劝退3名经营不善的业主，培养自主店1个、便利店11个、快开店18个，年末有投注站30个。开展福彩销售技能培训12次，369人次参加。组织春节促销小卖场5个，开展买彩票抽黄金等促销活动7天，开展福彩爱心圆梦助学活动，资助36名优秀贫困大学生圆大学梦，资助现金14.4万元。销量福利彩票10527万元，筹集福彩公益金1276万元。支持经开区10个基层社区和敬老院建设。全年，万盛慈善会共募集款物51.55万元，开展各类助残、助医、济困等慈善救助活动支出款物22万元。2018年荣获市总会表彰“99公益日”活动先进集体。

（金宗雯　梁　艳）

## 救　灾

**【概况】** 2018年，万盛经开区出现强降温天气过程5次，暴雨天气过程7次，大风天气过程13次。全年上报灾情4次，其中低温冷冻2起、风雹灾害1起、洪涝灾害1起，尤其是“4·13风雹灾害”受灾情况较为严重。全年受灾人口12268人次，倒损农房42户，63间，严重损房26户、101间，一般损房567户，1166间，农作物受灾面积1万余亩，直接经济损失1200万余元。全年兑付2017年倒房重建资金64.5万元，受益农户14户，下拨救灾资金80万元，发放棉被2000床，救助因灾生活困难群众6197人，有效解决受灾困难群众的基本生活需求。万盛经开区民政局组织召开全区防灾减灾救灾工作、加强灾情会商，开展自然灾害救助趋势分析及应对措施，加强救灾物资储备和管理，做好汛前应急救灾备灾工作，完成区级救灾物资储备库工程建设。

（金宗雯　梁　艳）

缥缈盛城

（曹永龙　摄）

# 街道·乡镇

# 街　道

## 万盛街道

【概况】　万盛街道地处万盛经开区政治、经济、文化中心，是万盛经开区党工委、管委会及党政群机关所在地。辖区总面积2.5平方千米，其中陆地面积2.2平方千米，水域面积0.3平方千米，人口密度为16289/平方千米。万盛街道下设8个社区，即万北一社区、万北二社区、新田社区、万新社区、建设社区、松林社区、砚石台社区、江山城社区，辖101个居民小组。2018年，有社区工作人员56人。辖区主要有街（路）10条，即万东北路、万盛大道、旅游文化街、新田路、滨江路、松林路、勤俭路、兴盛路、莲池二路、荣懿路。有城市广场2个，即文化广场、安全文化广场。2018年，辖区住户1.69万户，常住人口5.26万人，户籍人口3.79万人，流动人口6299人。总人口中，汉族3.81万人，占总人口99.37%；另有苗族、土家族、布依族等14个少数民族，共240人，占总人口0.6%，其中苗族人口86人，占少数民族人口35.8%；土家族81人，占少数民族人口33.7%；布依族11人，占少数民族人口4.58%。人口出生率7.94‰，死亡率6.93‰，人口自然增长率1.01‰。

【党务工作】　加快推进社区“一居一品”建设，完成万北一、新田、万新社区文化氛围打造，完成8个社区党支部阵地标准化建设。坚持互联共治，不断整合区域资源、完善体制机制。以“党建+”为抓手，持续夯实抓党建、抓治理、抓服务，城市基层党建融合发展格局基本形成。采取多层次、多形式干部教育培训，开展领导干部上党课14次，联合万盛经开区党校举办2018年街居干部能力素质提升班，举办街居干部“青年夜校”12期，选派街居干部参加市区相关学习培训30余人次。探索“互联网+党建”新模式，建立“网上党支部”31个，累计为党员推送《支部导学》等学习资料18期。落实党风廉政建设责任制，严格执行述职述廉、廉政谈话和个人重大事项报告等制度。推送廉政警示语、学习典型案例等120余次。修订街道内控制度32项，新增18项。采取明察暗访方式，针对项目建设、民生资金等重点领域开展督查30余次。开展党员干部亲属涉权事项公开工作，建立街居党员干部亲属信息库，党员干部报告亲属涉权事项85项，核查110人次，公示166人次。全年立案1件，办理信访案件5件。定期开展意识形态领域工作责任制，专题研究意识形态工作3次。全年开展中心组学习10场次，“三会一课”（指定期召开支部党员大会、党支部委员会和党小组会，按时上好党课）及主题党日活动480次。全年未发生意识形态领域责任事故。广泛开展各类学习宣讲活动，组织开展习近平新时代中国特色社会主义思想和党的十九大精神宣讲近100场次，开展“我们的节日”主题活动23场次，大力弘扬和培育社会主义核心价值观。投入70余万元，建成万盛志愿服务指导中心，组建志愿队伍20余支，全年开展志愿服务活动400余场次。持续开展“学讲做”活动，强化宗教网格化管理，组织开展习近平总书记在民营企业座谈会上的讲话重要精神宣讲8场次，发放侨法宣传周宣传资料200余份、接受咨询50余人次。组织辖区少数民族同胞开展义诊、家庭医生签约、民族团结宣传座谈会等。

坚持正确的选人用人导向，完善街居两级后备干部库，落实领导干部“一对一”帮扶，轮岗交流科级干部2人、提拔社区居委会主任2人。

**【经济发展】** 2018年，万盛街道城镇常住居民人均可支配收入2.9万元，批发零售总额比上年增长16.19%，社会消费品零售总额增长7.26%，住宿餐饮额增长11.56%，规模以上工业总产值10亿元，在地建筑业产值300万元。指导督促交通物流运输企业缴纳税收1000万元。推进统计工作规范化建设，以目标为导向，查漏补缺，定期抽查、指导企业统计业务，提高统计数据质量。完成2018年1%人口抽样调查和城乡住户人均收入调查工作。培育重庆月卉商贸有限公司、重庆林裕源餐饮有限公司、重庆圣曼酒店有限责任公司、重庆锋菇餐饮服务有限公司、重庆市万盛经开区友善餐饮店5家企业升级为限额以上企业，完成全年任务250%。建立日常走访企业机制，全年累计走访企业85次，指导发展民宿9家。采取“地毯式”入户走访清查方式，登记单位、企业、个体相关信息。清查单位数1679户，核查率100%，清查率91.5%；个体户3439户，清查率90.4%，其中无证个体户占38.7%。拟定内控制度，建立万盛街道建筑企业资源库、造价咨询和招投标代理机构资源库，对项目实行半月调度机制。统筹协调街道项目建设进度和资金使用情况，清理核查上报33个国有资金投资项目的招标投标情况（2015—2018年），组织造价咨询单位、招投标代理机构的抽取工作28次，规范整理2015—2017年工程项目档案135份。

**【社会事务】** 优抚救助工作。2018年发放低保、临困等各类救助900余万元、兑现计生扶助金130.8万元，奖特扶167人。发放抚恤优待金30余万元，采集退役军人信息1087条。社会保险工作。围绕退休人员社会化管理，抓实社会保险，参居民医保1.90万人，居民养老保险征收28.2万元，参加职工养老保险1850人、职工医疗保险1200余人。创业就业工作。突出帮扶未就业人员，办理灵活就业补贴696人次，组织800余人参加“春风行动”等招聘会，技能培训4期、147人，实现新增就业人数929人、登记失业人员就业794人，为70名创业者贷款671万元、带动120余人就业。卫生计生工作。全面完成“符合政策生育率”“全员人口信息准确率及覆盖率”等各类人口计生指标任务；开展“灭四害”（指老鼠、苍蝇、蚊子、蟑螂）及控烟等爱国卫生运动；家庭医生签约服务顺利推进，签约1.98万人。社区医养事业。建成投用6个社区卫生服务站，实现“两癌”项目免费筛查574人次，免费孕前优生健康检查82人次；各社区养老服务站开展创意手工、集体生日、粥香腊八节、文化演出等各类活动90余场次，惠及5000余人。文化教育事业。投入100余万元，提档升级4个社区文化服务中心；制定《万盛街道群众文体团队管理办法》；举办“启航2018·拥抱新时代”专场文艺演出、广场舞展演等大型活动；开展“廉洁文化曲艺展演”等文化进社区活动30余场次；开展大型全民阅读推广活动6场次；举办全民艺术普及免费培训、植文化等60余次；开展惠民电影放映80余场次。全民健身。万盛街道新增群众健身器材41件，对已建成337件群众健身设施建立台账，居民小区健身设施实现全覆盖，形成居民5分钟健身圈，人均健身体育场地面积2.5平方米以上，辖区健身路径覆盖及免费开放率100%；成立万盛街道体育分会，加强全民健身骨干队伍的建设，持续开展好体育人、社会指导员专项培训，引导成立22支文体队伍，评选表彰9支先进文体队伍；完成国能天街商圈和江山城社区健身点打造；开展万盛街道2018年全民健身运动会暨健身舞比赛活动，参加“三节”体育活动、镇街男子篮球赛、“兴盛杯”职工乒乓球比赛等区级体育活动，获全民健身挑战日2个团体第一、游泳达标赛男子50米自由泳第一、蛙泳第三，老年人钓鱼比赛第一名，镇街篮球赛第一名等成绩。开展小型分散多样的体育健身活动和健身展示活动80余场次；经常参加体育锻炼人数56.7%；国民体质监测达标率95%。平安建设。全年党政主要领导研究部署安全生产工作24次，组织召开安全工作专题会议5次，累计开展执法检查912家次。投入资金17万元，配置辖区297个单元七层及以下居住建筑楼层灭火器2100余具，完成万新路105号等3处消防设施改造。坚持全年排查整治安全隐患424条，整改率100%。全面完成辖区24口沼气池整治工作，完成233口化粪池开盖检查、标示牌安装及编号管理工作。结合大排查大整治大执法与消防、食品药品、危化烟爆等专项行动，关闭不符合条件的烟花爆竹专营店4家，处罚企业49家次，罚款14.2万元，责令停产停业整顿2家。做好非洲猪瘟防控工作，成立防控工作领导小组及办公室，严格执行“日排查日报告”制度，协助保障猪肉市场供应，落实食堂餐厨剩余垃圾统一收运，切实加强宣传引导和舆情监控。持续完善街道、社区一体化大综治中心平台建设，新增背街小巷摄像头103个，新招录社区巡逻队员21人，组建8支群防群治巡逻队伍，立体化社会治安防控体系基本形成。坚持多渠道开展社会风险隐患排查和“一周一排查”机制，累计排查矛盾纠纷60件，化解58件，化解率97%；区级交办信访件7件次全部办结，成功化解信访积案2件。强化重点群体服务管理，推进社区戒毒康复工作，核对辖区400余名涉毒人员信息，为46名社区戒毒（康复）人员建立专档专卷；全面评估175名精神病人，推进重性精神病人鉴定；推进社区矫正工作，帮教率100%，无一人重新犯罪。扫黑除恶成效显著，持续发挥街道基层优势和作用，开展宣传活动，入户走访群众近2万户次，发放资料5万余份。

**【城市建设】** 环境改造。投入500余万元，完成21队廉租房、嘉禾苑等11处老旧小区环境改造，配齐环卫基础设备，补植补种各类苗木8万余株、3500余平方米。开展破损地面、管网、护栏等基础设施修复整治130余起，新田社区成功创建市级绿色社区。在全区首先探索实施老旧住宅增设电梯工程，完成辰景花园4台电梯安装。生态文明建设。印发《关于进一步健全完善万盛街道生态环境保护工作职责体系的通知》，配齐2名环保专兼职工作人员。更新河长公示牌4块，利用LED屏、QQ群等途径，营造保护环境良好氛围，健全完善“一河一档”资料，完善街居两级举报投诉机制，定期开展巡河护河，全年累计巡河106次，整改问题9个。解决松林路、滨江路等区域油烟污染问题；落实大气污染防治各项措施，2018年城区空气质量优良天数316天；畅通投诉渠道，协调解决辖区噪声、油烟、扬尘等投诉57件。综合执法。集中开展国能天街、滨江路烤鱼街区等重点区域市容秩序专项整治20余次，查处各类违章违规行为3800余起，拆除存量违建2100余平方米，完成目标任务102%，拆除新增违建25起。棚户改造。成功化解万北一社区菱角猪场近十年矛盾纠纷，有力推进城市棚改及城市基础设施建设。开展小坡脚片区综合农贸市场迁建、道路建设项目入户调查、安置意愿调查等工作，及时梳理并反馈居民意愿，稳妥推进。莲池片区新增签订棚改协议30户，拆除棚改房屋5.5万平方米。

（余星呈）

# 东 林 街 道

**【概 况】** 东林街道地处重庆市万盛经济技术开发区南部，与万东镇接壤，办事处设东城大道55号（广进尚都）。辖区东起黑山公路二号桥，西至两河口，面积1.48平方千米，地势较平坦，清溪河从境内穿过，黑山谷大道从辖区南北贯通，是从万盛城区通往黑山谷国家AAAAA级景区的必经之路。全街设腰子口、铁路村、和平村、清溪桥、观井湾、鱼田堡6个社区居民委员会，89个居民小组。辖区户籍总人口2.23万人，东林街道党工委有直属党组织37个，党员1842人。街道内设二级科室5个，事业单位4个，在编人员55人。

**【经济发展】** 项目建设管理规范。出台《关于进一步规范政府性投资项目管理的通知》，开展全街项目培训，完成项目规范建设；厘清发展思路，建立街道2018—2021年项目库，储备包装项目40个，涉及金额9.7亿元。招商引资。引进重庆攻克体育用品有限公司、重庆翁翔云群英汽车销售有限公司等企业19家，注册资金7000万元；支持民营企业发展，利用商会平台，全力做好企业服务，指导洺威汽车、新果元水果销售、翁翔云汽车销售等3家企业成功升限。助推全域旅游升级。建成矿工广场AAA级旅游厕所，开工建设东岳庙AA级旅游厕所1座；发展培育民宿产业10家，举办“浪漫七夕醉美东林”啤酒音乐节；

抓住资源型城市转型、鱼子新区发展等机遇，策划包装腰子口特色美食街、刀子岩主题公园、万盛旅游集散中心、东林城市商圈打造等项目，中心城区优势更加凸显。夯实统计基础。推进全国第四次经济普查工作，开展“地毯式”清查，清查单位数590个，个体1467个；开展城乡住户收支调查，加强“一对一”业务指导，确保统计数据真实准确；加强经济运行分析，及时更新维护企业名录，按时完成各类数据填报，统计业务水平明显提升。2018年，东林街道实现地区生产总值13.69亿元，居民人均可支配收入2.75万元，工业总产值12.27亿元，规模以上工业总产值12.11亿元，建筑业总产值2.52亿元，社会消费品零售总额11.98亿元，批发和零售业商品销售总额62.96亿元，住宿和餐饮业营业收入7.85亿元。

**【社会事务】** 社会职能移交。完成南桐矿业公司、粮食公司等国有企业6063名退休职工社会职能移交，鱼田堡社区成功创建市级退休社会化管理示范社区；创业就业。促进创业就业，开展免费职业培训75人、就业适应性培训59人、领金人员培训46人，实现城镇新增就业1315人，新增创业174人，办理小额担保贷款19户195万元，带动就业46人，办理灵活就业人员社保补贴474人次，121.56万元。惠民政策。办理2018年居民医保参保1.18万人，征收城乡居民养老保险基金42.3万元；发放城市最低生活保障4279户次6310人次，292.10万元，调标补贴29.03万元；发放特困人员生活护理补贴、临时困难补贴、高龄老人营养补贴、残疾人补贴、优抚金及各项救助金、慰问费162.76万元，惠及5700余人次。卫生计生。做好老年人服务，组织老年人体检2047人，建成鱼田堡社区医养结合“康养家园”，配备按摩椅、康复器材等保健设施15套，社区养老服务初见成效；组织适龄妇女参加“两癌”筛查710人，实施家庭医生签约服务1.01万人，申报奖特扶136人、101.3万元，累计献血4.98万毫升；大力开展社区卫生单位创建，抓好“四害”防治活动，不断巩固国家卫生区创建成果。社会事业协调发展。推进殡葬管理暨“活人墓”专项治理工作；推进基层群众性自治组织建设，指导社区修定居民公约，建立健全居民议事会等群众性自治组织；创新推动科技工作，建立“明亮科普站”，腰子口社区成功创建为区级首批科普基地、市级科普示范社区并申报创建全国科普示范社区，作为基层示范点接受国家科委考察。文化活动。开展全民阅读、全民文艺普及，公共文化演出进社区等活动100余场，开展送春联、清明节革命故事会、敬老重阳节等特色传统文化活动12场，放映惠民电影58场，接待渝州大舞台、万盛大舞台来街演出7场，受益人群1万余人次；持续做好街道文化服务中心免费开放，建成社区综合文化服务中心4个，加强社区文化室建设，实现公共文化服务全覆盖；参加区“唱响新时代·赞歌献给党”群众歌咏比赛，获得第一名。全民健身。建成鱼田堡、清溪桥社区健身步道1500余米，新建气排球场1个，新增室外健身路径50件，乒乓球台7张，不断完善“十分钟生活健身圈”；成立东林街道门球协会，大力倡导和推广每天2次广播体操，开展门球、登山、趣味运动会等群众体育活动18场次，组织好体育人志愿者常态化开展健身活动和健身指导，辖区参加体育锻炼人数持续增加；参加区级赛事活动36项次，取得多个第一名好成绩。

**【城市建设】** 环境整治。推进城市棚户区改造，先后启动4个社区棚改工作，完成1040户6.42万平方米；持续实施东林一村等6个老旧小区改造1.2万平方米；鱼田堡家属区菜市场维修整治工程、煤苑C区消防水池维修改造、东林煤矿退管活动用房等28个建设项目建成完工；牵头完成东林和平社区用房及农贸市场棚改区域拆迁工作，推进东林矿工文化特色商业步行街区建设，鱼清立交、东林新工区道路、高速路口至黑山谷大道绿化提档升级等区级重点项目进展顺利。城市管理。加强城管队伍建设，持续开展占道经营、乱停乱放等执法整治，出台《东林商业步行街管理办法》，督促商铺落实门前三包；全力抓好辖区日常清扫保洁和市政基础设施管护，通过市场化外包服务聘请专业公司进行垃圾转运、公厕保洁，实现辖区保洁全覆盖；加强违法建筑整治，拆除违建1632.8平方米，成功控制新增违建10起，全年辖区内违法建筑实现“零增长”。生态文明建设。全面落实“河长制”，街道、社区两级河长全年巡查93余次，巡河100余千米，加大清溪河道常态化保洁，辖区河道内干净整洁；开展和宣传全国第二次污染源普查，全面清查普查辖区工业企业污染源18家、入河排污口74个，接受并通过市普查办、区普查办质量核查3次；加强日常环保保护和监管，开展水污染防治和大气污染防治攻坚行动，摸排式巡查辖区水域问题5次，处理环境投诉8起，完成重庆市环保督查交办任务2件；常态化开展植绿工作，完成绿化市场化外包，持续开展增绿补绿，实现新增绿化植物3万余株；推进生活垃圾强制分类，强化生态文明建设、环境保护宣传，辖区居民环保素质不断提升。

（张双霜）

# 乡　镇

## 万东镇

【概况】　万东镇地处万盛中心城区，是万盛经开区城镇化和工业化主阵地，是万盛经开区政治、经济和文化中心，属万盛中部城市经济发展区、西部及南部工业经济发展区，是万盛全域旅游和全民健身战略重要组成部分。镇政府驻地万东北路46号。镇东、南与黑山镇、石林镇和丛林镇接壤；西、北边缘与南桐镇、金桥镇和丛林镇临界。镇域面积63平方千米，耕地面积600公顷，林业用地面积2686.67公顷，森林覆盖率37%以上。全镇辖红枫、莲池苑、建新、莲池、海棠、塔山、新房、天池、永利、花卉园10个社区居委会，五里、榜上、新华、箐溪、团结、新田、五和、六井、建设9个行政村，辖区常住人口9.8万人，其中农业人口1.2万。万东镇交通便捷，綦万高速、南万高速、三万南铁路贯境而过，乡村公路村村通畅，一元公交全域覆盖。万东镇是西南地区玻璃加工基地，高新技术产业园内生物医药、电子信息等产业集群发展。辖区内有财富广场、永利豪庭等商圈汇聚，奥林匹克公园、方家山公园、马鞍山公园、羽毛球运动主题公园、孝子河滨河公园。有青山湖、紫竹寺、凤凰花海、箐溪竹海、五和梨园等景区景点。

【经济发展】　2018年，万东镇地区生产总值完成约23亿元，比上年增长15%，总量和增幅全区第一；规模以上企业工业总产值49亿元，增长28.9%，总量和增幅均位列全区第一；一般公共预算收入1299万元，增长35%；城乡居民人均可支配收入2.80万元、1.71万元，分别增长9%、11%；确定区、镇两级重点项目112个，总投资94.44亿元，其中区级重点项目57个、区级政府性投资项目92个，分别占全区50.44%、37.7%；成功引进重庆西南铝机电设备工程有限公司等总部经济4家，预计实现营业收入1亿元、纳税近1000万元，万东总部经济名片初步形成；引导社会资本建设民宿10家，总投资约4660万元，其中特色民宿3个、城市民宿4个、农家乐提升改造民宿3个，补充完善全域旅游产业配套，全镇经济社会发展质量呈现稳中向好态势。

【社会事业】　2018年，万东镇城乡居民养老保险、医疗保险参保率99%，惠及4.7万人。发放城乡低保金、特困人员供养金等民生补贴救济资金1390万元，惠及3.26万人。发放农村计生奖扶金489人、56.29万元。办理3266名资助参保、3385名大病救助。全年城镇新增就业1520人，申办财政贴息小额贷款821万元，帮扶590名关闭煤矿失业人员实现再就业，城镇新增就业人数、扶持创业贷款发放金额、新增创业人数等数量和增幅均位列全区第一。全力做好退役军人和其他优抚对象信息采集工作，开展国有企业退休人员社会化管理服务。成功举办“春风十里·和美梨园”梨花文化旅游节、首届中国农民丰收节暨万东镇第三十届农民运动会、“万盛千里健身步道”系列健身跑等大型文体活动4次，组织开展“我们的节日”“孝”文化主题系列活动140余场次，累计参加人数约1万人。开展“渝州大舞台”“万盛大舞台”送演出进基层活动36场次，惠民电影放映104场次。完成镇综合文化服务中心标准化建设，建成村级文化健身广场3

处。举办、参与各类体育赛事近100场次，获各类奖项50项。扫黑除恶专项斗争。开展专题宣传活动225次，举办扫黑除恶专题文艺会演15场次，营造全社会参与的良好氛围。深入摸排、多形式收集、办理辖区涉黑涉恶线索18条。社会治安综合治理。以信访积案化解为重点，建立“1名领导+1名科室负责人”日常接访制度，推行疑难信访积案领导包案化解机制，全年累计化解矛盾纠纷1004件，调解成功率98.1%；办结群众信访件223件，化解重复信访、长期信访件2件。以社会治安防控为抓手，发挥100名社区专职治安巡逻员和54名村巡逻员作用，落实治安岗亭执勤、夜间治安巡逻和校园放学一小时制度。做好重点时段、重点人头管控工作，协调稳控西城花园团购限价房、中亿凤凰城、盛世华城、榜上村拆迁等群体矛盾，应急、处突、劝返70余次，处置群访事件30余次。市级A类重点地区、区级B类社会治安乱点地区成功摘牌，辖区群众安全感指数每季度均达97.5%以上。围绕“保障、监管”两个到位，充实在编在职安全生产监管人员7人，配齐配全道路交通、食药品安全等设施设备，自主开发安全生产数字化管理系统，累计投入安全生产经费121.8万元，实现安全监管投入经费每年以10%的增速递增。全力开展高温汛期、消防安全等大排查大整治，全面加强道路交通、食药品、森林防火等日常安全检查，全年检查生产经营单位、场所3011家，排查、整改安全隐患758条，下达整改指令书569份，查处违法行为635起，执法处罚569家，处罚违规违章行为近10万元。

**【城镇建设】** 2018年，万东镇累计投入700万元，推进垃圾分类处置，添置垃圾桶等环卫设施。收集、清运和处理生活垃圾及无主垃圾4000余吨，清掏防洪沟21条、4500米，疏浚化粪池26个、窨井100个。补植绿化面积3000平方米。集中整治扬尘污染，依法查处违法违规车辆10余辆次，合理利用消纳弃土1.85万立方米。全面清理整治辖区墓材加工、销售经营场所，专项治理违规经营，整治占道经营、游摊21次，治理骑门摊537起、规范游摊1391起；清除“一店多招”门店近100家，拆除违章横幅、破损门牌、广告等1700余处。处置环保投诉43件次，配合查封废气（粉尘）违法排放企业1家、未批先投项目1个。推进“活人墓”专项整治，拆除“活人墓”1600座。专项整治乱停乱放30余次，新增规划停车位近100个。完成团结永利片区城市棚改652户农房丈量、246户改造协议签订，完成超过3万平方米城中村改造农房拆除。强化宣传、巡查、处置，持续加大对违法建筑的管控力度，坚决杜绝新增违法建筑，全年累计拆除1.3万平方米。成立物业管理工作领导小组及办公室，建立物业管理工作联席会议制度，开展物业管理专项调研。全年累计召开联席会议15次，化解物业管理相关矛盾140件次，及时整治海棠晓月小区外墙砖脱落等安全隐患87处。

**【乡村建设】** 提升农村宜居水平。方家山森林防火通道、腰子口—楠竹山公路及平山—黄高山—五和公路（万东段）建成通车。新开通公交客运线路2条，投入资金165万元建成公交车站点92个。修建人行、生产便道2.4万米。推进五里、箐溪、团结农村饮水安全工作，修建蓄水池1440立方米，整治山坪塘2口，协调完成青年灌区汤家沟西干渠管道更换工程，协调推进新田皂角供水站建设。完成农村改厕200户，打造改厕示范点2个。推进农村土地确权，夯实土地资源变活用好基础。做好农村生活垃圾治理，突出整治城乡接合部、村民聚居点、房前屋后等重点区域，清运农村生活垃圾400余车次、近千吨。加强生态文明建设。坚持生态优先、绿色发展，深化河长制工作，清理河道垃圾、美化河道周边环境。深化城周森林屏障保护，有序推进松毛线虫病防治，完成退耕还林266.67公顷和农田林网特色经济林改造153.33公顷。推动266.67公顷中幼林抚育工程建设。推进采沉区植被恢复项目五里村核桃、杨梅27.07公顷抚育管护。脱贫攻坚加强组织领导，实行双组长制，向贫困村派驻、非贫困村选派年轻优秀第一书记，落实一岗双责包片脱贫攻坚责任，压实驻村工作队、村（社区）党组织书记、帮扶干部工作责任，开展脱贫攻坚，全镇贫困发生率、返贫率均为零。坚持100%走访排查、100%清单整改，全年走访农户3936户，完成大排查和动态识别调整工作。投入资金130万元，推进五和蔬菜大棚建设0.21公顷、梨树改种20公顷，打造五和清水鱼塘养殖垂钓基地4公顷。开展“造血式”扶贫，组织扶贫创业就业培训16次、近1000人次，公益性岗位安置38人。持续用力统筹推进产业扶贫、教育扶贫、社保兜底、社会扶贫、金融扶贫等政策，贫困户吃穿住行、医疗教育保障率100%，政策覆盖率100%。

（幸雪冰）

## 南桐镇

**【概况】** 南桐镇地处渝黔复线、重庆三环高速和三万南铁路的重要节点，是万盛经开区的中心城区产业功能承载区，距万盛主城区6千米，距重庆主城区70千米，是重庆市区进入万盛的西大门。全镇面积65平方千米，辖8个社区、10个行政村，常住人口5.3万人。曾获重庆市“百强工程镇”“商贸中心镇”“经济综合开发示范镇”以及“最具活力小城镇”等称号。随着资源型城市转型的推进，南桐镇依托平山园区盛镁、煌盛等企业，初步形成以汽车零配件加工、机械装备制造、新材料等为主导产业的工业集群。辖区内公园、广场等公共设施一应俱全，教育、卫生、医疗全面覆盖，工矿棚户区改造全面完成，采沉治理后塆片区集中迁建项目建成投用。城市建设初具规模，城镇管理逐渐规范，呈现宜居宜业宜商新格局。

**【经济发展】** 2018年，南桐镇固定资产投资2050万元，在地建筑业产值2540万元，规模以上工业总产值47.7亿元，限额以上住宿餐饮业营业额4573.5万元，限额以上批发零售业销售额8102.6万元，限额以上社会消费品零售总额4000万元。启动第四次经济普查工作，完成辖区单位清查703家，个体户清查1372家。全镇规模以上工业企业32家，占全区38.6%，其中年产值上亿元16家，占全区42.5%。

**【城镇建设】** 按计划推进“四好农村路”建设，全年完成8条公路约30千米建设。完成桐梓沟水站扩容改建及饮水主管网改造工程、污水处理厂进场道路桥梁工程。改善农村人居环境，完成农村改厕650户，拆除农村违法建筑5000平方米，建设机耕道、生产便道、沟带路、排灌沟26千米，蓄水池16口。推进南桐片区老年养护中心、南桐镇全民健身中心建设。完成支路社区便民服务中心、后湾社区便民服务中心主体工程建设。推动16个镇级重点项目建设。其中天然气进村、石桥村农业产业及乡村旅游发展等10个项目全面完成，南桐片区老年养护中心等6个续建项目按进度推进；区级重点项目18个，其中平山园区基础设施—东西侧环道桥梁工程、万盛城市垃圾处理场渗滤液处理工程、南桐大道等10个项目完成。渝黔复线征地拆迁工作进展顺利，签订房屋拆迁协议133户，拆除房屋120户。全年完成镇级重点项目投资约3605万元，区级重点项目投资3.88亿元。

**【社会事务】** 开展“文明和谐·幸福南桐”等文化下乡活动36场。18个村（居）新修订村规民约。举办“文明家庭”“身边好人”等文明创建活动10场次。建成镇公共法律服务站，行政村公共法律服务室实现全覆盖。充分利用“杜老师工作室”“爱心课堂”等平台，免费为辖区学生提供书法、绘画等培训120场次，邀请重庆市三峡曲艺团、涪陵歌舞团为辖区115中学演出。启动南桐镇全民健身中心项目建设，新增、修护健身设施150套。组织500余名群众开展全民体质监测。精心组织群众性文化体育活动，开展植树、羽毛球比赛、运动会等活动60场次。医疗卫生服务。实施家庭医生签约服务，本年度新签约6544户，约1.8万人，建立居民健康档案约5万份，建档率97.6%。新生儿建档率、孕产妇住院分娩率100%，7岁以下儿童保健覆盖率99%。开展环境卫生专项整治，群众对卫生状况的满意度95%。

**【乡村建设】** 将岩门村发展为石林、奥陶纪景区旅游配套生活服务区，全力打造樱花温泉，研究金鸡沟、金兰坝发展方向，推进洗布河、定青茶园、蟠桃园、草莓园、白沙洞旅游观光产业发展，发展蟠桃园20公顷、草莓园3.33公顷，新增民宿3家、旅游公厕18座。成功举办石桥草莓园采摘节、岩门美食文化节、民权定青茶园亲子茶文化推广节。全年接待游客3万余人次，实现旅游经济收入1000万元。通过“旅游+生态”，一、二产业带动第三产业融合发展模式助力乡村振兴。

（封　峰）

## 关　坝　镇

【概况】　关坝镇地处重庆市万盛经开区西南部，距万盛城区22千米，位于渝黔两省（市）綦江、桐梓、万盛三区（县）接合部，是重庆市南大门，系重庆煤电化工产业集聚区、城市发展新区工业重镇、重庆煤电化园区后勤保障基地，全镇面积68.4平方千米。关坝镇资源丰富，耕地24平方千米，矿产资源主要是煤炭、硫铁矿、耐火黏土、石灰岩等12种。旅游资源主要是九锅箐自然风景区和“生态凉风·梦乡渔村”。关坝镇以镇中部“关口”为界，自然形成关内、关外，关内有凉风村、坪坝村、兴隆村、田坝村、光明村及兴隆街社区；关外有双坝村、林地村、兴文村、中坝社区，部分地域穿插在綦江区扶欢镇境内，辖8个行政村、2个社区居委会，103个合作社，全镇户籍总人口2.68万人，常住总人口2.02万人。民族主要以汉族为主，少数民族有苗族、藏族、布依族、白族、土家族、侗族、仡佬族。

【经济发展】　2018年，关坝镇地区生产总值15亿元，比上年增长6%；公共预算收入1025万元，增长218%；工业总产值34.6亿元；全社会固定资产投资0.42亿元；建筑业总产值0.53亿元；社会消费品零售总额6165万元，增长5.5%；批发和零售业商品销售总额26.68亿元，增长45.5%；住宿和餐饮业营业收入6525万元，增长1.9%；农村居民人均可支配收入1.45万元，增长8.7%。国电恒泰成功申报为市级“两化”融合企业，川东化工项目成功投产，东方希望碳酸二甲酯项目启动建设，渝南循环经济项目、神华国能重庆电厂环保迁建项目有序推进，车用漆生产、昆仑化工、双丰化工异地新建等项目引入有序推进。凉风“梦乡村”新发展民宿11家，新建旅游公厕7个。四川美术学院写生基地及学生社会实践基地落户凉风。争取凉风“梦乡村”关坝垂钓运动休闲特色小镇项目资金补助300万元，新增限上企业1家，新培育星级农家乐2家，新培育市场主体135个，获批重庆市特色景观旅游名村、重庆市微企特色村，全年接待游客45.17万人次，实现旅游综合收入5042万元。

【社会事业】　关坝小学教学综合楼竣工投用，成功创新中国成立家级篮球特色学校；关坝中学教师周转房开工建设，关坝敬老院、中坝社区养老服务中心、田坝社区便民服务中心建成投用。采煤沉陷治理有序推进，完成726户农房致害责任认定，497户农房安全等级鉴定和面积丈量，实施避险安置37户，签订受损农房治理协议50户，防灾减灾、优抚安置、残疾人工作稳步推进。文化下乡演出20场，惠民电影放映72场，组织开展各级文体赛事活动31次，培育“龙凤舞”特色民俗体育文化、凉风梦乡村红苗文艺队，溱溪手工竹编成功申报为第六批市级非物质文化遗产代表性项目，完成镇综合文化服务中心提升改造工程。关坝全民健身中心建成投用，新建健身步道7千米，公共体育设施免费开放率100%。爱心午餐、“贫困寄宿生生活费”补助分别惠及贫困家庭子女235人、318人，212名贫困家庭子女实现教育资助、学费减免，危房改造、卫生厕所改造、生态公益林补偿惠及贫困户62

2018年建成投用的关坝镇全民健身中心

（区新闻中心　供）

户，“精准脱贫保”、医疗保险、适龄养老保险实现贫困户全覆盖，115户233名贫困人员纳入低保兜底，发放健康扶贫兜底资金近13万元，发放节日慰问费17.7万元。城镇新增就业919人，累计开发公益性岗位151个，完成创业担保贷款203万元，征收城乡居民养老保险167万元，城乡居民医疗保险参保2.33万人，兑付低保金341户542人179.8万元。发放优抚、临时困难救助、残疾人两项补贴等各类补助172.38万元。

**【城镇建设】** 全年审批农房约119户，面积2.00万平方米，农房办理产权证154个。镇域总规（2014—2020）修编通过万盛经开区管委会审批，完成凉风、坪坝、双坝土地利用规划。完成渝黔边城农产品交易中心项目征地报建。“山水春天”商品房实现预售。新建生化池27座，雨污管网15.3千米。新建集镇公共停车场5个，新增停车位295个，改造路板路沿1.5万平方米，油化路面2.4万平方米，拆除违法建筑1826平方米。基础设施建设。渝黔高速扩能项目完成投资4亿元，签订房屋拆迁协议207户，实现交地58.67公顷，光明黄土坎隧道单线贯通，桥梁、互通等控制性工程进展良好。投入资金7216万元，硬化油化“四好农村路”14.5千米，实施公路养护141千米。凉风水库大坝混凝土浇筑完成总工程量70%，完成投资5450万元；完成藻渡大型水库征地移民实物指标调查工作。天然气村村通工程实现全覆盖。落实“河长制”，污水处理设施实现专业化运维全覆盖，集镇污水处理率82%。

**【乡村建设】** 启动兴隆、光明、田坝村土地整治项目240公顷。培育种养殖大户2户，家庭农场1户，专业合作社1个。发展中药材、雷竹、大脚菌60余公顷。基本完成农村土地承包经营权确权登记颁证。开展农村生活垃圾分类减量资源化处理，凉风村代表全区通过住建部验收。大力整治“活人墓”，拆除活人墓59座。推进采煤沉陷区综合治理项目，实施工矿废弃地复垦，复垦土地面积1.4公顷。完成农村公路硬化6.8千米，养护农村公路141千米，投入资金650万元启动兴隆、光明、田坝三村土地整治项目240公顷。实施“厕所革命”，完成农村改厕300户。

（魏春燕）

## 青 年 镇

**【概况】** 青年镇位于万盛经开区西南部，距万盛经开区城区18千米，是重庆市市级特色小镇。镇辖区西与关坝镇、扶欢镇接壤，南与关坝镇、贵州省桐梓县相交，东与石林镇相邻，北与南桐镇、石角镇交界。全镇辖区面积55.5平方千米，耕地面积4777.8公顷，森林面积2027.7公顷。下辖6个行政村、1个社区，41个合作社，其中苗族合作社1个。年末，全镇有人口2.5万人，其中少数民族87户、428人，少数民族中苗族人口364人。镇内有基层党组织20个、党员616人。青年镇地处交通要道，省线公路在镇域内构成“丁”字骨架，是万盛经开区旅游环线公路内环、外环线的必经之地，是重要物资集散地。境内主要矿产资源有煤炭、白云石。镇内文物古迹有10余处，包括建于光绪六年（1880年）的飞龙塔，弥陀寺、张氏祖墓、肖家大院等等。

青年镇场镇一角

（青年镇　供）

**【经济发展】** 2018年，全镇GDP预计完成8.70亿元，增长率2.6%；镇级税收收入预计完成160.00万元，非税收入44.00万元；研究与开发（R&D）投入600.00万元，申报发明专利15个，完成目标任务150%；规模以上工业总产值8.49亿元；“三品一标”农产品总产量突破3万吨，增长率20%；社会消费品零售总额预计完成2.07亿元，增长率7.65%；实际利用区外资金

1025.00万元，完成目标任务100.25%；批发零售业3.87亿元，增长32.1%；住宿和餐饮业收入3349.30万元，增长27.1%；企业实有数582家，个体工商户930家；旅游投入总额2000万元，增长率5.6%，旅游消费总额2800万元，增长率3.5%；城乡规划编制及实施管理目标完成率、违法建筑整治率100%；城镇基础设施建设、农村人居环境改善目标任务完成100%；城市管理水平达标率100%；全年用电消耗16.77万千瓦时，用水消耗2456立方米，汽油消耗14504.8升；生态保护和建设任务全面完成；营商环境持续优化；环境质量全面达标；农村常住居民人均可支配收入1.50万元，增长9.2%，经济定性指标设计内容得以贯彻落实。

青年镇六丰食品厂房

（青年镇　供）

**【社会事务】**　2018年，青年镇累计发放各类补贴、救助金800万元，发放小额担保贷款213万元；开展创业培训166人次；城镇新增就业人数357人，完成目标任务102%；城镇登记失业人员就业人数286人，完成目标任务150.5%；就业困难人员就业人数67人，完成目标任务134%；新增创业人数181人，完成目标任务100.5%；用工信息播放时间1566小时，完成目标任务100%；关闭煤矿失业职工再就业155人，完成目标任务258.3%；40户深度贫困人口全部纳入农村最低生活保障；招聘公益性岗位35人；医保参保面不断扩大，家庭医生签约率稳步提升；非洲猪瘟防控工作扎实有效；全年开展农民工工资专项检查排查4次，未发生拖欠农民工工资问题。文体发展。加强对辖区9个文物保护单位的管理，及时消除各类隐患；开展“大舞台”系列文艺专场、庆丰收·青年镇第五届全民健身运动会等文化体育活动。推进土地确权工作；启动采煤沉陷区治理；推进14.9千米农村公路建设；完成青年中心幼儿园建设；完成天然气“村村通”管网安装；新增公交站点17个。煤矿监管。加大对龙叫煤矿检查力度，严防煤矿技改期间组织生产。严查违章违规行为，加大关闭矿井检查力度，防止煤矿死灰复燃；加强对非煤矿山建设期间安全监管工作，全面开展开采、加工、装卸、运输等生产全过程安全检查，大力整治辅助系统隐患。计划生育工作。全年办理二孩生育服务登记77人；为700余人进行免费体检；常住人口合法生育率98.86%，完成目标任务105.2%；综合避孕节育率87.89%，完成目标任务109.9%；全年开展孕前优生健康检查88人，完成目标任务100%；比对核实人口信息2.47万人，完成目标任务100.5%。全年累计发放城乡低保金224.4万元，发放临时困难救助金24.1万元，累计发放各类定补金189.1万元。

**【城镇建设】**　交通基础设施建设。抓住重庆市交通建设“三年会战”战略机遇，推进渝黔高速公路扩能项目，完成渝黔高速扩能项目征地拆迁房屋安置补偿协议签订285户、土地流转协议898户，兑付补偿款1.52亿元；启动采煤沉陷区治理青年镇道路改建工程（环城东线）建设；建设“四好农村路”14.9千米，解决3个未通达和3个未通畅村民小组出行问题；全镇城乡道路客运一体化发展水平达四级，行政村通公交率100%；完成燕石至关坝、板辽库尾公路的路面油化及安保工程，全镇村民小组通达通畅率100%。水利基础设施建设。全面推进“河长制”，完成河长巡河271次，加强板辽水库、溱溪河、洗布河水生态环境保护，完成大槽水库、毛里水库两个集中式饮用水源地保护区隔离工作；完成板辽湖二期水源工程前期规划申报和实地调查工作；完成雨污管网分流、1500立方米/天的污水处理站改建及10千米配套管网，集镇污水收集率75%；建设污水处理设施11套，全部交由专业环保公司进行运营管理；水功能区水质达标率、农村饮水安全工程水质达标率100%。城镇基础设施建设。新建日处理312吨的垃圾中转站1座，新增垃圾箱20个、分类果皮箱10个、垃圾桶200个、垃圾箱场地硬化2处；新建公共厕所7座；完成田坝街入场口段道路两边人行路板1700平方米，路缘石约1000米改造工程；完善镇域范围绿化养护管理体制，由专业园林公司对绿化、行道树等进行日常养护、补栽及更换。城镇市政管理。配备集镇环卫保洁人员和管理人员36人、农村保洁员49人，垃圾日清运率100%；修建停车场1个，增设临时停车位100多个；累计出动执法人员300余人次，规范占道经营72家，清理流动摊点160余次，规范占道摆设酒席行为110余处；清理违规广告10多块，乱拉横幅50余条，乱堆乱放80余处；更换水篦子、下水井盖50余个，线路2000余米，保证市政设施的完好率95%以上。

**【乡村建设】** 脱贫攻坚工作。严格落实“五级书记”抓脱贫要求，落实脱贫集团、驻村工作队、第一书记、在编干部“一对一”结对帮扶制度，有239名干部参与结对帮扶；建立脱贫攻坚督导机制，调整充实镇脱贫专干队伍，确保压力层层传导、责任层层压实。进一步突出工作重点。筹集资金120.95万元，维修加固或新建32户贫困户和15户困难家庭危房；筹集资金52.95万元，实施“雨露工程”“爱心午餐”“贫困学生学费和生活费减免”“机关暑期社会实践”等助学行动；完成医疗保险、精准脱贫保、适龄养老保险全覆盖，累计报销费用14.68万元；为贫困户办理低保差异性补助、低保兜底、发放节日政策性慰问金、大病救助等9.36万元；组织劳动技能、SYB创业、特色产业发展等各类就业脱贫活动7场，51名建卡贫困户实现就业；开展各类走访慰问活动3000余次，送去慰问资金及物资28万余元；召开扶贫小额信贷宣传动员会11次，有50余户贫困户提交贷款申请，31户提交贷款资料，8户成功放贷，争取扶贫小额信贷惠及更多贫困家庭；采取“一事一议”、优先垫付资金等方式加快脱贫项目实施，各村农村公路、人行便道、供水设施等基础条件不断改善，出行、饮水等困难得到及时解决。按照产业兴旺、生态宜居、乡风文明、治理有效、生活富裕的总要求，把乡村事业不断向前推进。成立以党委书记为组长，镇长为第一副组长，分管领导为办公室主任的青年镇乡村振兴领导小组，召开党政办公会专题研究乡村振兴工作，制定镇乡村振兴工作方案，落实任务分解，强化责任。通过多种形式进行宣传，开展进村入户宣传35次，通过电子大屏幕播放乡村振兴宣传标语1000余次，制定宣传广告牌12幅，全力提升乡村振兴舆论氛围。推进工业园区要素保障和控制性详规优化，完成1.14平方千米征地报件资料，妥善安置工业园区A区第二批农转非人员，控制规划区内乱搭乱建行为。持续推进农业项目发展，总投资110万元的美丽乡村项目、一事一议项目完成前期评审；总投资100万元的采沉区道路建设完成规划设计，采矿损毁土地修复项目进入施工阶段；农综开发项目顺利通过审批，特色效益农业项目开工建设。

（林倩茹）

# 丛林镇

**【概况】** 丛林镇位于万盛东北部，东面和北面与南川区接壤，南与万东镇、黑山镇连界，西与金桥镇相邻。镇人民政府驻地丛林街，距万盛城区12千米（公路距离）。丛林镇是万盛东出渝东南、黔北、湖南的重要门户和对外开放的重要窗口。面积53.77平方千米，集镇建成区面积1平方千米。丛林镇地处四川盆地与云贵高原大娄山脉交界的深丘地带，山脉南北伸展，东高西低，山峦起伏，岭谷相间，以低山、低中山为主，兼有海拔300～600米的平坝、台地，有海拔800～1200米的山原。辖6个行政村，2个社区。2018年，全镇常住总人口1.12万人，其中城镇户口4722人，农村户口6467人，人口密度212.76人/平方千米。丛林镇耕地面积1391.34公顷，其中平地面积32.77公顷，梯田面积397.21公顷，坡地面积961.36公顷。全镇现有林地面积3178.67公顷，森林覆盖率57%，树种以松、杉为主，树龄在150年以上的丁香、麻柳、枫香、香樟等古树11棵。野生动物有山羊、野兔、野鸡等。丛林镇矿产资源丰富，且储量大、品位高，主要有煤、硫铁矿、萤石、白云石、高岭土等。旅游资源丰富，境内有誉为“万盛生命工程”的白龙湖（汤家沟）水库和大型溶洞磨子洞，洞内面积约8万平方米；有万盛首个国家级重点文物保护单位“海孔洞”和7.9万平方米保存完整的“三线建设”遗址群。

**【经济发展】** 2018年，丛林镇实现地区生产总值5.4亿元，工业总产值增长33.3%，社会消费品零售额增长19.4%，批发和零售业商品销售额增长15.2%，住宿和餐饮业营业收入增长13.3%，农村经济总收入增长7.5%，农村常住居民人均可支配收入增长9%。工业方面。顺安盛钛一期项目建成投产，年产钢合铝、钢合钛等复合板材2775吨，产值4250万元；二期项目启动论证。万创钢管厂年产无缝钢管2.33万吨，产值增长48.6%。永润新材料、玉囤矿业等产值分别增长21%、61%。永润二期、万创、若兰、玉囤等技改扩能项目建设加快。策划编制新材料延伸产业项目2个，对接招商引资项目5个，总投资约1.2亿元的天馥生态酒庄项目签约。农业方面。华绿年产5万吨的食用菌工厂化项目实现投产达产，品品鲜年产1000万棒的菌棒厂建成试产，全面达产后可满足创业园、菌林和全镇种植大户生产所需。重庆市委副书记、市长唐良智到镇调研食用菌产业，并给予高度评价。食用菌产业发展上升到全区战略高度，万盛经开区党工委、管委会成立食用菌产业发展工作领导小组，按照“打造西部地区食用菌生产销售基地和产业集聚中心”的目标，统筹推进产业规划、政策扶持、园区建设等工作。旅游业方面。助力蘑菇总动员景区提档升级，全年累计接待游客6.4万人次。“记忆157”项目开工，按照万盛全域旅游重点文化旅游景区和唯一“三线”文化旅游产品定位打造建设。突出特色乡村旅游，发展隐院听风等特色名宿10家，扶持种植油菜花53.33公顷，举办首届新建油菜花节，接待游客3万余人次。村集体经济。全年注册成立专业合作社3家，发展种植大户14户，年产食用菌1000吨，产值增加10%，初步构建“公司+农户+合作社”发展模式。支持香薇家庭农场种植柑橘16.67公顷，实现年收入100余万元；绿水蜜柚、丛绿脆桃、永胜葡萄等特色种植规模133.33公顷，接待游客1万人次，年收入约700万元。“一村一特色”集体经济发展思路更加明晰，全面开展农村集体资产清产核资，绿水“三变”改革试点取得实效，成立洛凡专业合作社，启动发展村级集体经济试点。

**【社会事务】** 脱贫攻坚。投入产业扶贫资金520万元，发展食用菌、蜜柚、柑橘等产业，累计惠及贫困人口800余人。落实各项扶贫政策，实施贫困户危房改造7户，低保兜底贫困人员71人，为78名贫困户家庭学生落实教育扶贫政策，发放节日慰问金8.5万元，实现贫困劳动力转移就业、创业129人，贫困人口医疗和养老保险全覆盖，全年减少贫困人口18人。民生保障。推进创业就业，落实各类创业就业补贴294万元，新增创业主体70户，实现城镇新增就业1600人，城镇登记失业人员就业611人。社会保障，全年发放各类民政救助资金417万元，城乡居民养老保险和城乡居民医疗保险参保人数分别为4041人、9281人。建立常住居民电子健康档案8125份，特殊人群家庭医生签约率100%，重点人群家庭医生签约率71%，建成村级残疾人康复室2个，实施残疾人家庭无障碍改造20户。大力改善农村居住条件，拆除CD级危房51户，实现廉租房配租入住32户。教育文化体育事业方面。完善公共文化服务体系，综合文化站、图书馆分馆及文化馆分馆全天候免费开放。建设村（居）综合文化服务中心4个，建成规范化、标准化“扫黄打非”工作站1个、工作点8个，放映公益性电影89场次。打造“绿水人家·星创天地”农业创新创业服务平台，建成万盛首个乡村科普馆——绿水村科普馆。参加重庆市第八届全民健身运动会、万盛经开区全民健身挑战日等体育赛事17场次，开展首届中国农民丰收节活动暨第四届全民健身运动会等体育活动14场次，新添置健身器材41件，九一一社区成功申报区级社区健身点，组织200余名群众参加全民体质监测。持续巩固国家级无邪教镇成果，打造市级文明村镇和绿水村市级志愿服务示范点，开展春季植树、环境整治等志愿服务活动56次。组织参加元宵节“蝶变·转型十年看万盛”成果展演，“万盛北大门·幸福丛林镇”成果展示和威风锣鼓演出获得好评。举办“渝州大舞台”“万盛大舞台”、厨艺比赛等活动46场次，丰富群众精神文化生活。制定村规民约，开展“十抵制十提倡”宣传，实施清洁文明户评比活动，持续整治农村婚丧礼俗陋习，劝阻大操大办行为32起，整治“活人墓”55处。社会平安稳定。持续开展道路交通、非煤矿山等重点行业领域安全专项整治，深入开展食品安全示范镇创建，完成餐饮“明厨亮灶”建设10家，治理安全隐患845条，责令停产停业3家次，处罚5.9万元，辖区未发生生产安全事故，实现连续安全生产44个月。强化矛盾纠纷化解力度，化解信访矛盾纠纷148件，处置金属镁厂欠薪、涉军群体到区上访、廉租房居民集访等事件29起，协调解决汤家沟水库征地历史遗留问题和方家湾合作社土地权属纠纷，来信来访化解率97.27%。加强防邪反邪宣传，提升群众意识。干部下访群众1450余人次，帮助解决困难问题390余件。强化社会治理，刑事案件同比下降36.4%，群众安全感指数（四季度）排名全区第一，全镇治安形势得到进一步巩固和提升。

【城镇建设】 投入442万元，实施丛林镇农村全域保洁，通过市级卫生镇复查验收，启动国家卫生镇创建，绿水村农村生活垃圾分类和资源化利用市级示范点通过住建部督导检查，海孔村代表万盛通过住建部农村生活垃圾治理验收，农村生活垃圾治理覆盖率100%。提升村容村貌，打造美丽庭院5个，新增绿化面积4000余平方米。全面落实“河（湖）长制”，强化巡查检查、污染防治。建成产业配套公路14.4千米，修建“四好农村路”20千米，行政村通村公路和入户人行便道硬化率100%；开通集镇—海孔公交车。松涛湾水库建成投用，汤家沟分干渠隧道全线贯通，水资源瓶颈制约得到缓解。完成丛林变电站至顺安、华绿、品品鲜等项目供电工程建设，新建丛林现代化农业示范园区一期供电工程，启动建设丛林110千伏变电站。新安装天然气管道10千米、新装用户50户，实现天然气村村通。开展“厕所革命”，新建、改建旅游厕所4座。完善丛林镇总体规划，成功创建市级特色景观名镇。

【乡村建设】 2018年，农村卫生厕所改造104户，普及率79%；处理农村污水5万吨，集镇污水收集率98%。完成国土绿化提升行动和工矿废弃地复垦，恢复植被风貌66.67公顷，新增耕地2.07公顷。

（王　涵）

## 金桥镇

【概况】 金桥镇位于万盛经开区北部，东与南川区石莲镇和万盛经开区丛林镇相邻，南与万东镇、南桐镇交界，西与永城镇接壤，北与隆盛镇相连，距万盛城区约18千米。全镇辖区面积65.22平方千米，耕地面积2773.93公顷，林地面积2541.33公顷，是全国造林绿化百佳乡镇、中国民间文化艺术之乡。镇境东高西低、北高南低，以低山、台地地形为主，山脉连绵起伏，环境优美。气候温热，具有冬暖、春旱、霜雪少、夏热高温多伏旱，热量充足，无霜期长的特点，多年年均气温在17℃～18.5℃之间。年平均降水量在1300毫米左右，全年无霜期330天以上，很少有降雪发生。金桥镇下辖金堰、星河、新木、马头桥、青山、三台6个行政村和金灵1个社区，含47个村民小组和5个居民小组。2018年年末，全镇户籍人口1.78万人，常住人口1.11万人，全年出生婴儿159人，符合政策生育率99.3%。全镇有基层党组织20个，共567名党员。境内探明矿产资源有烟煤、沙石、水泥黏土、耐火黏土等；土壤以紫色土为主，土壤肥力高；水资源丰富，有孝子河、养生河、五布河、楠木河4条河流，有水库7座，其中青山湖水库为中型水库，金桥水库为小（一）型水库，大堰、大炉井、河扁、丰岩沟、仙桃湾水库为小（二）型水库，青山湖湿地公园为国家级湿地公园；乡村旅游资源有流水岩瀑布、崖墓、子如陵园等。金桥镇历史悠久，文化底蕴深厚，中国首批国家级非物质文化遗产——金桥吹打闻名渝南黔北，中国首批著名的实业家、慈善家、爱国者、重庆近代历史名人刘子如享誉神州。

【经济发展】 2018年，全镇实现地区生产总值

4.07 亿元，比上年增长 7%；规模以上工业总产值3.73 亿元；全社会固定资产投资 1020 万元；在地建筑业总产值2950 万元；社会消费品零售总额9636 万元，增长8.8%；农村居民人均纯收入1.39 万元，增长9%；一般公共预算收入 1638 万元，增长4.13%。新培育和引进企业 42 家，总注册资金 6837 万元，其中吸引镇外投资企业 10家，注册资金 3010 万元；培育发展镇内个体工商户和企业 32 家，注册资金 3827 万元。

农业产业发展

（金桥镇　供）

**【社会事务】**　2018 年，结对帮扶贫困户 350 户、1385 人，贫困发生率控制在 0.5% 以下。安装脱贫攻坚户外固定宣传牌和宣传喷绘 24 处，发放《习近平扶贫论述摘编》350 册，开展脱贫攻坚精准识别和动态调整政策学习宣传48 场次，对新申请 3 户贫困户和 2 户退出贫困户按程序予以评议公示，入户走访、慰问、宣讲扶贫政策3500 余人次，发放扶贫政策宣传资料 2700 余份。成立6 支驻村工作组，为 350 户贫困户制定脱贫帮扶措施和产业发展方案。全年新增城乡居民养老保险参保 160 人，征缴社会养老保险基金 139 万元，城乡居民医疗保险参保率 98.1%。服务保障城乡低保对象 525 户、741 人。发放惠民资金 814.28 万元，惠及 2179 户、3750 人次。发放救助资金35.13 万元、救灾衣被 254 件、大米 6 吨。全年新增城镇就业人员 430 人，其中贫困户就业 190人，公益性岗位和非公益性岗位就业 44 人；为107 名城镇就业困难人员和公益性岗位人员申请办理各类补贴 75.24 万元；为 233 名贫困户大学生和中小学生补助发放生活费、学费等 44.37 万元；为全镇贫困户购买精准扶贫保险 13.75 万元，贫困户家庭医生签约率 100%；贫困户医疗保险、养老保险参保实现全覆盖，实施低保兜底 91 户162 人，落实民政补助、临时困难救助、残疾补贴 223 人，发放扶贫惠民资金 13 万元；提请申办小额贷款 56 户，完成审核放款 24 户 27.65 万元。精准安排 581.96 万元资金实施 10 个扶贫项目，完成 176 户贫困户卫生改厕，完成 49 户贫困户CD 级危房改造，解决56 户贫困户饮水困难问题。组织开展清扫保洁员就业适用性培训 5 期 175 人。指导创业个体申请创业担保贷款 21 户 150 万元。2018 年新增奖励扶助对象 26 人，兑现发放计生奖励特扶资金 58.96 万元。建立城乡居民健康档案 2.37 万份，开展健康体检 1529 人、育龄妇女“两癌”筛查 150 人，完成家庭医生签约 2897户、9397 人。开办暑期关爱班 2 期，组织 200 余名小学生和留守儿童学习书法、音乐、绘画、金桥吹打。2018 年，金桥镇排查矛盾纠纷 147 件、调解成功率 98.64%，领导干部完成接访下访 428件次，接待群众 533 人次，问题办结率 100%。全年未发生一起到市进京集访、非法上访事件。开展扫黑除恶专项斗争，办结群众反映涉黑涉恶线索 4 件次，镇扫黑除恶快板宣传队作为全区经验拍成纪录片报送中央扫黑除恶督查组阅看。筑牢社会治安网格化联动机制，优化 33 个基础网格，开展治安巡逻 689 次。全年未发生一起重大治安事件和刑事案件。严格落实安全生产“党政同责、一岗双责”责任制，召开各类安全生产会议 22 次，开展各类安全生产执法检查 798 次，处

金桥镇 2018 年庆丰收 · 全民健身运动会

（金桥镇　供）

罚209起。设置交通安全劝导站6处，落实专职劝导员12人，累计劝导驾乘人员6344人次。全年未发生一起生产安全死亡事故，连续11年实现安全生产零死亡目标。

**【城镇建设】** 2018年，金桥镇列养公路101.7千米、列养公路桥梁4座。全年清理路面塌方3000余立方米，疏通、修补边沟90余千米，修补路面裂缝300余米。筹措资金采购护栏，更换损坏波纹防护栏200余米，设立养护公示牌25块。投资150余万元，建设公交站点85个。修建人行便道28.5千米，安装路灯71盏。全年新修建蓄水池12口，安装管道61千米，检修辖区4个水厂集中式供水管道60千米。新安装天然气管道7800米，实现行政村天然气“村村通”，天然气入户474户。全年收集可回收垃圾37.7吨，收入45万元。新建厕所6座，清掏化粪池10个，新增场镇污水管网1200米。完成金桥农贸市场摊位及地面整治工作，维护路灯20余盏。完成青山、金桥两个场镇导航牌安装，对场镇花园进行增绿、补绿及管护1.33公顷，新增垃圾箱22个。设置废品回收站（点）5个、落实收购人员7人，完成14处污水处理设施服务管理协议签订。全年审批办理规划建设许可证59户，建筑面积1.19万平方米，拆除存量违章建筑2处，拆除违章建筑面积160余平方米。

**【乡村建设】** 2018年，完成青山湖尚古村落景区、金蝶湖景区改造提升，率先在全区制定出台《金桥镇民宿业奖励办法》，建成青山小隐、青山清居、金蝶湖11居、青山泉里等主题民宿4家，开工建设子如书院、Root根等主题民宿7家，青山小隐获重庆市最美旅游民宿称号。全力协助承办青山湖国际跑步节，吸引国内外2000余名选手参赛，进一步扩大青山湖湿地公园、尚古村落旅游品牌知名度、美誉度。全年全镇接待游客7万余人次，实现旅游综合收入5000余万元。培育发展种养大户40余户，成功申请市级生态农业项目1个，培育以特色农业为基础的农庄式、休闲式、康养式田园综合体10处，优质水稻、优质蔬菜、桃樱李猕和清水鱼、淡水虾、孔雀等特色种养业不断壮大，国家有机农产品“夜郎贡米”和国家地理标志证明商标“青山金灵萝卜”两大农业品牌得到持续巩固，全年实现特色种养业产值6500余万元。持续开展农村环境综合整治，完成农村改厕800户，打造美丽庭院60户，启动青山湖美丽家园一期54户农房风貌打造。改善群众出行，新建生产生活便道26千米。实施增绿护绿，培育和管护林地资源395.73公顷。加强青山湖及全镇农房建设管理，开展巡查监管300余次，及时发现制止违建4起，组织拆除违建3起、限期整改1起。培育践行社会主义核心价值观，树立党的十九大代表侯正超、市级劳动模范侯贞碧、见义勇为平民英雄张登泽等先进典型和道德模范。在万金公路沿线建立移风易俗宣传文化长廊，设置“十提倡十抵制”宣传栏17块，发放张贴建设文明金桥倡议书6000份，各村（社区）修订完成村规民约和居民公约，开展“山水之城·美丽之地”等文明志愿服务活动30余场、1500余人次参与，全镇村、社区创建区级文明村（社区）实现100%。推进殡葬改革，拆除重点区域“活人墓”92座。实施“社收集、村集中、镇转运、区处理”的生活垃圾收运机制，建立农村生活垃圾收集保洁网格化，划分居民聚居点86个，收集转运垃圾2200车次，转运总量1080吨，安装森林防火宣传牌101块，签订责任书2587份。落实“七库四河”责任人，配备日常保洁员21名、巡查员20人；更新完善17块“河长制”公示牌内容。对辖区楠木河、养生河、五步河、孝子河进行杂草与垃圾集中清理45次。完成河扁水库供水应急工程、猫洞沟山坪塘抢险工程、三台村精准扶贫安全饮水项目，完成星河村下榜社安全饮水工程项目，解决128户397人，其中有贫困户4户18人。完成金桥、大堰、大炉井、丰岩沟水库及灌溉渠道整治工程，保证水库安全度汛。

（甄　鏋）

## 石　林　镇

**【概况】** 石林镇位于万盛经开区东南部，距万盛城区17千米，距重庆主城区97千米，是万盛经开区重点旅游乡镇和特色农产品产区，是重庆市旅游文化名镇，万盛经开区“红苗歌舞之乡”，

2011 年被评为重庆市“民间文化艺术之乡”。镇境东与贵州省桐梓县羊磴镇毗邻，西与青年镇、南桐镇相连，北与万东镇、黑山镇相接。全镇面积 93.77 平方千米，其中耕地面积 18.6 平方千米，林地面积 66.53 平方千米，全镇建设用地 2.43 平方千米。全镇辖 2 个社区，8 个村委会，设 7 个居民小组、49 个村民小组。全镇户籍人口 1.15 万人，其中农业人口 1.05 万人、非农业人口 948 人，人口密度 122 人/平方千米。常住人口 7586 人，流动人口 5915 人。境内平均海拔 960 米，森林覆盖率 65.16%。境内旅游资源丰富，有国家 AAAAA 级旅游景区龙鳞石海、梦幻奥陶纪景区，有“白花美丽山乡”和南天门旅游观光休闲度假区，有龙涎瀑布、庙坝原乡等乡村旅游景点，有分布在境内被誉为“五朵金花”的中国最古老石林，是重庆主城周边难得的集观光、休闲、避暑、赏雪、科考、探险、乡村民俗旅游为一体的旅游目的地。旅游带动新增创业主体 46 家，比上年增长 10.2%。

（郭小仕）

石扇

（石林镇　供）

【党务工作】　2018 年，石林镇召开党委会 21 次，党政办公会 10 次，研究推进党的建设、乡村振兴、脱贫攻坚、全域旅游、生态保护、经济发展等议题 119 项次。镇党委专题研究意识形态工作 4 次，开展专项整治行动 13 次。推进“两学一做”学习教育常态化制度化，镇党委理论学习中心组组织集中学习 15 次，各基层党组织学习宣传党的十九大精神、习近平总书记系列重要讲话和党章 265 场次，组织主题党日活动 144 场次。组织党建工作会议及专题培训会 8 次，开展基层党建专项督查 2 次。成立镇退休干部党支部，及时清理并撤销非公党组织 2 个。调整党支部书记 1 人，增补支委委员 3 人，选派第一书记 4 人，推进城市基层党组织建设 2 个，完成后进基层党组织整顿转化 2 个。发展预备党员 3 人，预备党员按期转正 6 人。选拔任用科级干部 4 人。开展纪律作风监督、脱贫攻坚、扫黑除恶等专项督查 8 次，接受举报并调查涉嫌违纪问题 9 起。实施“走读式”谈话室、纪委办公室改造建设。

（沈庭建）

【经济发展】　2018 年，全镇地区生产总值 3.72 亿元，建筑业总产值 3.67 亿元，规模以上工业总产值 4453 万元，社会消费品零售总额 2.1 亿元，批发和零售业商品销售额 2.6 亿元，住宿和餐饮业营业收入 4057 万元，比上年增长 22.3%、11.5%。农业增加值增速 2.8%。全体居民人均可支配收入 1.55 万元，增长 8.8%。新增投资 2900 万元，新（改）建精品民宿 10 个，全镇建成民宿、酒店、农家乐 189 家。2018 年，旅游旺季，白花、茶园旅游度假区旅居人员 4.3 万人。石林镇接待旅居游客 280 万人次，增长 161.34%；旅游综合收入 3.92 亿元，增长 164.86%。

（呷底江）

【社会事务】　完成 5 人制笼式足球场建设、文化综合服务中心改造。组织歌咏比赛、诗文诵读会、广场舞表演等 35 场次；组织农民运动会、群众趣味运动会等文体活动 12 场次。开设红苗文化课堂，举行舞蹈、音乐培训等 29 场次。义务教育入学率 100%，义务教育巩固率 100%。家庭医生签约完成率 53.8%，城乡居民健康档案建档率 95.8%。完成石林卫生院、茶树村卫生室改造提升，完成农村卫生厕所改造 100 户。完成城乡居民医疗保险参保 9344 人，发放居民养老保险待遇 298 万元。城镇新增就业人数 147 人，城镇登记失业人员就业 73 人，城镇就业困难人员就业 49 人，发放扶持创业贷款 233 万元，组织职业培训 152 人，新增创业人数 184 人。为 382 户、538 人发放农村低保金 143.25 万元；为 37 户、52 人发放城市低保金 29.17 万元。为 190 名困难群众落实民政医疗救助；累计落实资金5.765万元对22户困难家庭和个人开展临时救助。落实资金96.806万元，保障121名特困人员基本生活。为320名高龄老人发放营养补贴20.97万元，为60名高龄失能老人发放养老服务补贴15.4万元。完成14户残疾人家庭无障碍改造，落实资金18.9万元，帮助群众完成因灾倒房重建3户、残疾人建房3户。开展“活人墓”专项治理。茶园小学教师令狐荣松当选敬业奉献类“重庆好人”。扫黑除恶专项斗争。成立石林镇扫黑除恶专项斗争领导小组，召开各类会议51场次，制作标语横幅90条，宣传实现全覆盖。配合公安等部门开展各类专项行动，联合开展校园及周边安全防范和社会治安综合整治、景区及周边旅游秩序专项整治。建立完善涉黑涉恶工作台账，接收上级移交举报线索9条，受理群众举报线索2条。排查调处矛盾纠纷162件，办理信访件88件。配合区政法、公安、纪检等部门处置涉恶案件1起，党员开除党籍1人。

“石林大舞台”送演出进基层

（石林镇　供）

【城镇建设】　投入资金405万元，完成村级公路硬化3条，共5.8千米；投入资金55万余元，完成41个交通干线公交站点建设；开通211、212、213公交线路，茶树村、庙坝村开通公交车。投入资金267万元，新建蓄水池11口，安装一体化净水设备1座，改造山坪塘1口，铺设、维修供水管网4.68万米。天然气实现村村通，管网覆盖率63%，全镇610户群众用上天然气。投入资金435万元，完成瓦房坝地灾点、抬慈危岩等整治；争取资金3000万元，推进三角箐地灾治理。完成粮食种植面积1066.67公顷，建成10公顷蜂糖李脱贫产业示范片，成功创建“石韵茗香”生态茶叶品牌。管护楠竹、方竹、雷竹766.67公顷，实现产值400万元。有效实施非洲猪瘟防控，实现生猪存栏4200头，山羊存栏2300头，小家禽存栏1.8万只。落实卫生保洁人员56人，配备更换垃圾桶2120个，升级改造垃圾中转站2座；农村生活垃圾分类全面实施城乡保洁区域全覆盖、作业全天候。完成绕镇公路路灯安装和园林美化绿化，落实旅游度假区及重点区域绿化管护。实施573.33公顷国土绿化提升行动管护公益林、退耕还林4446.67公顷。落实河长制工作，推进镇村两级河长巡河常态化，发现并整改问题19件。启动实施茶树村便民服务中心建设。各村（社区）修订完善村规民约，村（居）民议事会、道德评议会、红白理事会等乡村自我管理组织全面成立。村级议事决策机制持续完善，党务、政务、财务、服务等村级事务阳光工程全面落实。

【乡村建设】　2018年，投入资金130万元，完成茶园水厂水处理设施升级改造；完成茶树—奥陶纪、龙背—上天池16千米公路建设启动实施白花农房公共供水管网改造，新（改）建旅游公厕7座，完成石林加油站前期论证，提升旅游要素保障水平。印发《石林镇实施乡村振兴战略行动计划重点工作目标任务责任分解方案》，细化实施重点任务90项。脱贫攻坚。全年石林镇脱贫4户16人，巩固脱贫193户723人，返贫率为零。推进扶贫产业发展，争取扶持资金100万元，启动庙坝特色商业店铺建设；以竹笋、茶叶、蜂糖李为重点，完成长效脱贫产业管护80公顷；发放山地鸡苗4850只，以糯玉米、豇豆为重点发展高山蔬菜20余公顷，短效脱贫产业推进。组织农家乐经营服务培训5期，开展扶贫实用技能培训2期，组织贫困人员参加SYB创业培训12人。推荐贫困人员就业21人次。以竹笋、蜂糖李为重点定向开展管护培训2期，培训90人次。新开发公益性岗位托底安置贫困人员就业10人。全面落实产业扶持、教育扶持、医疗救助、培训转移、低保兜底和危房改造等政策。为全体贫困人口购买

“精准脱贫保”，落实贫困学生教育资助203人，完成贫困户CD级危房改造6户，将128名贫困人员纳入低保兜底救助。

（沈庭建）

## 黑 山 镇

【概况】　黑山镇地处大娄山余脉，四川盆地边缘，位于重庆市万盛经开区东南部，与贵州省桐梓县狮溪镇、羊磴镇和重庆市南川区南坪镇、金山镇接壤，全镇面积98平方千米，辖4个行政村，2个社区，25个村民小组，户籍人口1.02万人，常住人口1.2万余人。黑山镇党委有直属党组织9个，党员316人。镇政府内设二级科室7个，事业单位5个，在编人员61人。

【经济发展】　启动《2018—2035镇域总体规划》编制；完成《黑山镇总体规划2014—2020》；修订完善《黑山旅游度假区控制性详细规划》；美丽宜居村庄规划，通过市城乡建委评审并获得100万元奖补资金。各类规划为统筹城乡发展，实施乡村振兴提供重要依据。2018年实际利用区外资金2.2亿元。成功引进巴渝民宿、遇见等民宿项目。引进重庆筑鹏建筑工程有限公司，发展重庆徕姆新材料科技有限公司等飞地工业企业3家。新培育云来居等限上企业3家。配合区投资促进中心完成管委会与香港俊汇控股科技集团有限公司签订总投资约10.8亿元投资协议，打造万盛地标性项目黑山谷万盛之眼。黑山镇商贸综合服务中心得到重庆市商务委员会表彰，获20万元奖励资金。创新驱动步伐加快。2018年成立黑山镇科学技术协会，召开黑山镇科学技术协会第一次代表大会。对接市农业产业发展专家，成立镇农业发展技术顾问团，定期对辖区土壤、气候、植被、猕猴桃、方竹笋等自然资源和产业基础现状进行分析研判，为全镇农业产业发展总方向提供智库支撑。完成研究与开发（R&D）投入200万元，科技型企业3家，申请发明专利15件，创新驱动呈现良好发展趋势。纵深推进旅游融合发展。打造八角联建房、林口桃花园等民宿集中区域，建民宿18家，民宿接待能力突破400个床位，民宿旅游经济日渐壮大。实施黑山菜园、灵官殿、南门林口桃花源等乡村旅游景点升级打造；引导流转大户和种植大户根据自身优势全力发展乡村旅游，全面提升乡村旅游接待水平和能力。黑山镇连续2年成为国家全域旅游现场会黑山分会场，到镇旅游度假旅客持续增长，全年来镇游客逾650万人次，旅游综合收入32.5亿元。2018年，全年完成GDP 4.9亿元，增长8.2%；完成工业总产值2.52亿元，增长10.4%；完成社会消费品零售总额1.71亿元，增长12.0%；完成批发和零售业商品销售总额6065万元，增长25.3%；完成住宿和餐饮业营业收入8961万元，增长15.1%；完成农业增加值1.21亿元，增长3.2%；完成建筑业产值2.85亿元，完成目标任务102.5%；全体居民人均可支配收入1.95万元，增长9.0%。全年财政收入216.4万元。

【社会事务】　成立扫黑除恶专项斗争工作领导小组，召开党委会、扫黑除恶专项斗争工作会10余次，与4个村（社区）签订扫黑除恶专项斗争工作责任书，扫黑除恶工作扎实有效；完善全域旅游治理新机制，形成景区快捷高效的“联勤联动和联调联治”运行体系。黑山旅游度假区刑事案件比上年降低26.7%，度假区内无重大安全事故、重大涉旅案（事）件和重大网络舆情负面炒作等事件发生，旅游警务实现“零投诉”，景区安全感和满意度位居重庆市前列。持续强化社会保障。发放城乡低保金、优抚补贴等73.6万元。冬春生活救助1046人，发放生活救助、残疾人补贴、高龄老人补贴等87.3万元。建成八角社区、鱼子村2个残疾人康复室。发放扶持创业贷款金额220万元，组织各类招聘会覆盖300余人次。医保缴费9094人，完成目标任务100%；养老保险缴费人数3304人38.1万元，贫困人口医保、养老保险得到有效保障。开展卫生计生。完成计生新增、退出奖扶对象25人，发放扶助金19万元。家庭医生签约3589人，实现重点人群家庭医生签约全覆盖。建立城乡居民健康档案9590份，免费为老年人健康体检1000人次，基本公共卫生服务项目知晓率55%以上。完成农村户改厕目标任务102户；无偿献血140人次，完成区下任务152%。全力抓好殡葬改革。成立“活人墓”专项治理工作领导小组，召开动员、推进会20场次，清理活人墓112座，拆除29座。制止外接坟4起，查处“活人墓”修建案2起，整改4起安葬坟墓。文体活动。开展“蝶变·转型十年看万盛”等10余场文化活动。举办各类讲座、展览，放映惠民电影54场，开展“渝州大舞台”“万盛大舞台”送演出下乡活动20余场。成功举办第三届魅力黑山七色跑和2018年镇街男子篮球邀请赛等体育活动10余场。

【城镇建设】　实施公园36栋供电设施项目；完成江流坝、1098酒店和周正地产低、高压线路电力设施隐患排查整治和高压下地准备工作。完成农村天然气进村入户安装200余户；八角小城天然气安装实现楼盘全覆盖，安装1000余户。全面推进石门、石笋、天籁谷、猫岩、丛黑公路等重要区域通信盲点整改；整改周正地产、半山雅墅、1098酒店、十里原麓通信线路，度假区电、气、通信等基础设施得到升级完善。实施八角小城挡土墙美化提升建设项目，完成总工程量80%。实施黑山旅游度假区环境综合改造提升建设项目，完成总工程量的50%。完成度假区辖区9560平方米荒坡绿化。完成火尖山公园、紫薇3路、综合执法局路口路灯安装，度假区夜景更加靓丽。在南门村广场、爱峡居观景平台、八角游客中心增设花箱；完成绿化节点打造工作，种植各类苗木5万余株。新安装风车2.5万个，度假区旅游氛围日益浓厚，整体环境得到优化。完成度假区一期楼宇路灯供电线路改造，拆除有安全隐患的全部太阳能路灯。完成污水管网修复，常态化管理八角片区、南门江流坝市政设施。旅游旺季，增加垃圾中转转运1000余车次，度假区生产生活垃圾做到日产日清。修建骑行、健身步道路面10余千米。完成游客服务中心AAA级旅游公厕项目立项，安装公厕管理制度牌、导视牌、危险警示牌等近100块。新增408、409线路，调整106、121公交路线，全镇有公交线路6条。住宿餐饮配套齐全，加油站、消防站、医院、农贸市场、金融网点、邮政网点、超市等公共服务配套完善。强化农家乐规范化经营，有序推进农家乐标准化试点打造。开展食品药品安全、消防安全等定期检查，确保辖区农家乐、酒店等餐饮服务行业安全生产经营。开展综合执法，出动执法队员3000余人次、执法车辆700余次，清理、整治、规范违规经营行为2200余起。开展路检路查152次，查车5000余台，劝导驾乘2000余人次，查处交通违法1200余起，全镇综合环境得到较大改善。

【乡村建设】　产业培育。成立乡村振兴工作领导小组，编制《黑山镇乡村振兴战略行动计划实施方案》，明确“城乡融合发展，实施质量兴农，实施乡村旅游升级行动，实施乡村绿色发展行动，实施乡村文化兴盛行动”等11方面工作任务。林口脆桃产业投产，年产值300余万元。实施南门村土地整治项目，建成生产道路8千米，灌溉排水沟渠1千米；土地整改完成260公顷，新增耕地33.33公顷。投入资金46.8万元，实施资产收益扶贫、饮水管网延伸等项目，为136户贫困户发放复合肥22.67吨。帮助515名贫困人口购买“精准脱贫保”保险，贫困家庭城乡医疗养老参保100%；实施健康扶贫医疗救助，贫困户自费医疗部分占总额10%内。低保兜底贫困户20户33人；发放各类补助资金20.3万元；完成贫困人口节假日慰问，发放节日慰问费6.7万元。帮助贫困户小额贷款55万元；完成贫困户D级危房改造；教育扶贫等精准帮扶措施到位，脱贫攻坚成果得到持续巩固。“四好农村路”建设明显，完成龙塘溪至丛黑路、鱼子岗桥至飞炉寺公路路基工程；完成北门村家园社级路等4条产业路前期工作；硬化公路9千米。“重点公路”建设顺利推进，做好丛黑公路、腰鱼八路等3条重要公路用地和矛盾协调，保障工程进度不受影响。公路附属设施完善，完成新场至河沟、四江路、腰江路、鱼子景星大道等60余个公交站点建设。实施污水处置全覆盖，新修污水处理设施4套，全镇现有污水处理设施29套，污水管网6千米，日处理污水能力800吨。投入15万元，完成天星河道清淤2.6千米、6000余平方米；完成杨喝坪水库饮水源规范化建设；启动全域污染源企业普查118家。全面推广“户集、村收、镇运、区处理”的全覆盖垃圾收运模式，全年清运处理农村垃圾7000余立方米。开展美丽宜居村建设，成功申报南门村林口美丽宜居村庄1个，创建农村美丽庭院300余个，1户农户获2018年重庆市“最美庭院”。完成鱼子村市级绿色村庄创建；改善农村人居环境市级示范片获得市综合考核优秀等次，获奖补资金200万元。

（黑山镇办公室）

# 光荣榜

# 光 荣 榜

## 2018 年万盛经开区先进集体名录

### 一、全国表彰

| 序号 | 获奖单位 | 获奖名称 | 授奖单位 | 获奖时间 |
|---|---|---|---|---|
| 1 | 万盛经开区图书馆 | 万盛经开区图书馆“依法办馆 创新发展——新时代公共图书馆建设与服务”主题活动中获得优秀组织奖 | 中国图书馆学会 | 2018 年 6 月 |
| 2 | 万盛经开区图书馆 | 第六次全国县级以上公共图书馆评估定级获一级图书馆 | 文化部 | 2018 年 8 月 |
| 3 | 重庆刘君子如文化研究会 | 全国先进社会组织 | 全国哲学社会科学界联合会 | 2018 年 9 月 |
| 4 | 万盛经开区 | 全国“四好农村路”示范县 | 交通运输部、农业农村部、国务院扶贫办 | 2018 年 9 月 |
| 5 | 原万盛经开区国家税务局稽查局 | 2017 年打击骗取出口退税和虚开增值税专用发票专项工作成绩突出的集体 | 国家税务总局 公安部 海关总署 中国人民银行 | 2018 年 9 月 |
| 6 | 万盛经开区图书馆 | “2018 年全国少年儿童阅读年”——绘画作品征集大赛获优秀组织单位奖 | 中国图书馆学会 | 2018 年 10 月 |
| 7 | 万盛经开区图书馆 | 在 2018 年全国少儿阅读年系列活动之——“魅力声音”全国少年儿童诚信故事音频大赛获优秀组织单位奖 | 中国图书馆学会 | 2018 年 12 月 |
| 8 | 金桥镇青山湖 | 国家湿地公园 | 国家林业和草原局 | 2018 年 12 月 |
| 9 | 万盛经开区工商联 | 2018 年度民营企业调查点工作先进基层单位 | 中华全国工商业联合会办公厅 | 2018 年 12 月 |

# 二、市级表彰

| 序号 | 获奖单位 | 获奖名称 | 授奖单位 | 获奖时间 |
|---|---|---|---|---|
| 1 | 万盛经开区劳动人事争议仲裁院 | 2017年度重庆市人力社保系统优质服务窗口 | 重庆市人力社保局 | 2018年1月 |
| 2 | 金桥镇金灵社区 | 市级合格社区 | 重庆市民防办 | 2018年1月 |
| 3 | 万盛经开区图书馆 | “寻找最美朗读者”重庆市首届诵读大赛优秀组织奖 | 重庆市全民阅读活动办公室 | 2018年1月 |
| 4 | 万盛经开区图书馆 | 2017年度重庆市公共图书馆信息工作先进集体 | 重庆市图书馆学会 | 2018年2月 |
| 5 | 万盛经开区图书馆 | 2018年度重庆市公共图书馆业务技能大赛获优秀奖 | 重庆市文化委员会 | 2018年3月 |
| 6 | 万盛经开区图书馆 | 获重庆市第四批岗位学雷锋示范点 | 重庆市委宣传部 | 2018年3月 |
| 7 | 万盛经开区运管所 | 2017年度安全工作先进单位 | 市运管局 | 2018年3月 |
| 8 | 万盛经开区图书馆 | “常青e路 幸福夕阳”老年人数字阅读系列培训（第一期）获优秀宣传单位 | 重庆图书馆 | 2018年4月 |
| 9 | 关坝镇卫生计生办 | 全国生育状况抽样调查工作成绩突出单位 | 重庆市卫生和计划生育委员会办公室 | 2018年4月 |
| 10 | 万盛经开区宣传部 | 重庆市思想政治工作研究会2017年度团体会员单位优秀研究成果一等奖 | 重庆市思想政治工作研究会 | 2018年5月 |
| 11 | 万盛经开区博物馆 | 2017年度重庆市博物馆优秀展览－优秀奖 | 重庆市博物馆协会 | 2018年5月 |
| 12 | 关坝镇交通安全办公室 | 市级优秀交安办 | 重庆市人民政府安全生产委员会交通安全办公室 | 2018年6月 |
| 13 | 万盛经开区人力社保局 | 2018年度人力资源和社会保障法治知识竞赛（万盛赛区一等奖） | 重庆市人力社保局办公室 | 2018年8月 |
| 14 | 万盛经开区图书馆 | “常青e路 幸福夕阳”老年人数字阅读系列培训（第二期）获优秀组织单位 | 重庆图书馆 | 2018年8月 |
| 15 | 万盛经开区交通局 | 2017年度重庆市区县交通工作目标考核第三名 | 重庆市交委 | 2018年9月 |
| 16 | 万盛经开区全域旅游营销中心 | 重庆市旅游工作先进单位 | 重庆市人力资源和社会保障局<br>重庆市旅游发展委员会 | 2018年10月 |
| 17 | 万盛经开区环保局 | 先进单位 | 重庆市生态环境局、重庆市教育委员会、重庆环境文化促进会 | 2018年10月 |

续表

| 序号 | 获奖单位 | 获奖名称 | 授奖单位 | 获奖时间 |
|---|---|---|---|---|
| 18 | 万盛经开区工商分局市场监督和消费者权益保护科（旅游市场管理局） | 重庆市工商行政管理系统先进集体 | 重庆市工商行政管理系统先进集体<br>重庆市人力资源和社会保障局<br>重庆市工商行政管理局 | 2018 年 10 月 |
| 19 | 万盛经开区创业就业和人才服务局 | 重庆市第二届“渝创渝新”创业创新大赛优秀组织奖 | 重庆市人力社保局 | 2018 年 12 月 |
| 20 | 万盛经开区科技局 | 重庆市科技系统先进集体 | 市人力社保局、市科技局 | 2018 年 12 月 |
| 21 | 万盛经开区关工委 | “中华魂”主题教育活动优秀组织单位 | 重庆市关工委 | 2018 年 12 月 |
| 22 | 万盛经开区图书馆 | “常青 e 路 幸福夕阳”老年人数字阅读系列培训（第三期）获优秀组织单位 | 重庆图书馆 | 2018 年 12 月 |
| 23 | 万盛经开区质监站 | 信息宣传工作较好单位 | 重庆市质监局 | 2018 年 12 月 |
| 24 | 万盛经开区博物馆 | 2018 年度重庆市学雷锋志愿服务先进典型——最美志愿服务站 | 重庆市委宣传部、市精神文明办、重庆市民政局、重庆市农业农村委员会、重庆市文化与旅游发展委员会、重庆市总工会等 | 2018 年 12 月 |

## 三、区级表彰

| 序号 | 获奖单位 | 获奖名称 | 授奖单位 | 获奖时间 |
|---|---|---|---|---|
| 1 | 南桐镇人民政府 | 充分就业镇 | 万盛经开区管委会 | 2018 年 4 月 |
| 2 | 青年镇人民政府 | 充分就业镇 | 万盛经开区管委会 | 2018 年 4 月 |
| 3 | 金桥镇人民政府 | 充分就业镇 | 万盛经开区管委会 | 2018 年 4 月 |
| 4 | 石林镇人民政府 | 充分就业镇 | 万盛经开区管委会 | 2018 年 4 月 |
| 5 | 黑山镇人民政府 | 充分就业镇 | 万盛经开区管委会 | 2018 年 4 月 |
| 6 | 重庆市第四十九中学校 | 第二届万盛经开区青少年科技创新培育奖 | 万盛经开区管委会 | 2018 年 8 月 |
| 7 | 万盛经开区交通局 | 人民建议办理先进单位 | 綦江区委、万盛经开区党工委、綦江区人大常委会 | 2018 年 12 月 |

# 2018年万盛经开区先进个人名录

## 一、全国表彰

| 序号 | 姓名 | 单位 | 获奖名称 | 授奖单位 | 获奖时间 |
|---|---|---|---|---|---|
| 1 | 张少玉家庭 | 万东镇新华村 | 全国最美家庭 | 中华全国妇女联合会 | 2018年5月 |
| 2 | 张祥英家庭 | 万东镇五和村 | 全国最美家庭 | 中华全国妇女联合会 | 2018年5月 |
| 3 | 裴家辉 | 原万盛经开区国税局 | 2017年打击骗取出口退税和虚开增值税专用发票专项工作成绩突出的个人 | 国家税务总局 公安部 海关总署 中国人民银行 | 2018年9月 |
| 4 | 罗昭强 | 万盛经开区税务局 | 全国优秀工会之友称号 | 中华全国总工会 | 2018年9月 |
| 5 | 陈正勇 | 万盛经开区纪工委监察室 | “好信息”奖 | 中央纪委国家监委宣传部、中央网信办网络评论工作局 | 2018年12月 |

## 二、市级表彰

| 序号 | 姓名 | 单位 | 获奖名称 | 授奖单位 | 获奖时间 |
|---|---|---|---|---|---|
| 1 | 黎　倪 | 万盛博物馆 | “不忘初心，牢记使命”主题演讲优胜奖 | 重庆市文化委 | 2018年2月 |
| 2 | 王令囡 | 万盛派出所 | 重庆市“五一劳动奖章” | 重庆市人民政府 | 2018年4月 |
| 3 | 杜　金 | 万盛经开区运管所 | 春运先进个人 | 重庆市交通局 | 2018年4月 |
| 4 | 唐雪皓 | 万盛经开区运管所 | 春运先进个人 | 重庆市交通局 | 2018年4月 |
| 5 | 赵　余 | 万盛经开区运管所 | 春运工作先进个人 | 重庆市运管局 | 2018年4月 |
| 6 | 朱永畅 | 万盛经开区交建公司 | 重庆“五一劳动奖章” | 重庆市总工会 | 2018年4月 |
| 7 | 杨　娅 | 万盛经开区党工委宣传部 | 思想政治教育主题年先进个人 | 民进重庆市委会 | 2018年8月 |
| 8 | 封仕清 | 万盛经开区人力社保局 | 2018年度人力资源和社会保障法治知识竞赛（初赛）最佳选手 | 重庆市人力社保局办公室 | 2018年8月 |
| 9 | 刘　洋 | 万盛经开区人力社保局 | 2018年度人力资源和社会保障法治知识竞赛（初赛）最佳选手 | 重庆市人力社保局办公室 | 2018年8月 |

续表

| 序号 | 姓名 | 单位 | 获奖名称 | 授奖单位 | 获奖时间 |
|---|---|---|---|---|---|
| 10 | 黄玉婷 | 万盛经开区人力社保局 | 2018年度人力资源和社会保障法治知识竞赛（决赛）最佳人气奖 | 重庆市人力社保局办公室 | 2018年8月 |
| 11 | 刘　洋 | 万盛经开区人力社保局 | 2018年度人力资源和社会保障法治知识竞赛（决赛）最佳人气奖 | 重庆市人力社保局办公室 | 2018年8月 |
| 12 | 杨昉炜 | 万盛经开区建设局 | 重庆市扶贫开发工作2018年度先进个人 | 重庆市人力资源和社会保障局、重庆市扶贫开发办公室 | 2018年9月 |
| 13 | 陈　松 | 南桐镇 | 习近平新时代中国特色社会主义思想微宣讲决赛三等奖 | 中共重庆市委宣传部 | 2018年9月 |
| 14 | 王卫国 | 万盛经开区工商分局青年工商所 | 重庆市工商行政管理系统先进个人 | 重庆市人力资源和社会保障局、重庆市工商行政管理局 | 2018年10月 |
| 15 | 张绍波 | 万盛经开区旅发委 | 重庆市旅游工作先进个人 | 重庆市人力资源和社会保障局、重庆市旅游发展委员会 | 2018年10月 |
| 16 | 杨庆伟 | 重庆万盛旅业（集团）有限公司 | 重庆市旅游工作先进个人 | 重庆市人力资源和社会保障局、重庆市旅游发展委员会 | 2018年10月 |
| 17 | 杨　娅 | 万盛经开区党工委宣传部 | 民进重庆市先进会员 | 民进重庆市委会 | 2018年11月 |
| 18 | 曾德兰 | 万东镇 | “重庆基层水利实干家”提名奖 | 重庆市水利局 | 2018年12月 |
| 19 | 陈　松 | 南桐镇 | 2018年度“优秀理论宣讲报告” | 中共重庆市委宣传部 | 2018年12月 |
| 20 | 傅艳艳 | 南桐镇 | 重庆书香家长 | 重庆市委宣传部、教委、妇联及精神文明建设委员会，文化和旅游发展委员会，团委 | 2018年12月 |
| 21 | 李　雪 | 万盛经开区科技局 | 重庆市科技系统先进个人 | 重庆市人力社保局、市科技局 | 2018年12月 |

# 三、区级表彰

| 序号 | 姓名 | 单位 | 获奖名称 | 授奖单位 | 获奖时间 |
|---|---|---|---|---|---|
| 1 | 叶东生 | 陕煤集团澄合矿务局 | 三等功 | 万盛经开区管委会 | 2018 年 1 月 |
| 2 | 张福祥 | 澄合矿务局运销公司 | 三等功 | 万盛经开区管委会 | 2018 年 1 月 |
| 3 | 程体强 | 重庆陕煤运销煤炭储运有限公司 | 三等功 | 万盛经开区管委会 | 2018 年 1 月 |
| 4 | 陈建设 | 重庆陕煤运销煤炭储运有限公司 | 三等功 | 万盛经开区管委会 | 2018 年 1 月 |
| 5 | 王　森 | 重庆市第四十九中学校 | 第四届万盛经开区青少年科技创新主任奖 | 万盛经开区管委会 | 2018 年 8 月 |
| 6 | 邓和珅 | 重庆市万盛经济技术开发区砚石台小学 | 第四届万盛经开区青少年科技创新主任奖 | 万盛经开区管委会 | 2018 年 8 月 |
| 7 | 刘美贤 | 重庆市第四十九中学校 | 第四届万盛经开区青少年科技创新主任奖 | 万盛经开区管委会 | 2018 年 8 月 |
| 8 | 杨博文 | 重庆市万盛经济技术开发区万盛小学 | 第四届万盛经开区青少年科技创新主任奖 | 万盛经开区管委会 | 2018 年 8 月 |
| 9 | 敖　睿 | 重庆市万盛经济技术开发区中盛小学 | 第四届万盛经开区青少年科技创新主任奖 | 万盛经开区管委会 | 2018 年 8 月 |
| 10 | 明　亮 | 重庆市第四十九中学校 | 第四届万盛经开区青少年科技创新辅导员奖 | 万盛经开区管委会 | 2018 年 8 月 |
| 11 | 王天斌 | 重庆市万盛经济技术开发区砚石台小学 | 第四届万盛经开区青少年科技创新辅导员奖 | 万盛经开区管委会 | 2018 年 8 月 |
| 12 | 杨　波 | 重庆市万盛经济技术开发区万盛小学 | 第四届万盛经开区青少年科技创新辅导员奖 | 万盛经开区管委会 | 2018 年 8 月 |
| 13 | 敖正兵 | 重庆市万盛经济技术开发区中盛小学 | 第四届万盛经开区青少年科技创新辅导员奖 | 万盛经开区管委会 | 2018 年 8 月 |

说明：区级考核年度优秀不予记载，获奖时间不明确的不予记载

黑山八角晨雾

（傅剑川　摄）

# 统计资料

# 统计资料

## 2018年重庆市万盛经济技术开发区国民经济和社会发展统计公报

2018年，万盛经开区党工委、管委会带领全区人民深入贯彻落实党的十九大精神，紧紧围绕“两点”定位，“两地”“两高”目标和“四个扎实”要求，统筹推进“五位一体”总体布局和协调推进“四个全面”战略布局，主动适应经济发展新常态。在市委、市政府坚强领导下始终坚持稳中求进工作总基调，紧紧抓住资源型城市转型发展这条主线，突出工业强区、全域旅游、全民健身“三大抓手”，统筹做好稳增长、促改革、调结构、惠民生、防风险各项工作，全区社会保持和谐稳定，经济持续呈现总体平稳、稳中有进、进中向好的高质量发展态势，各项事业取得新进展。

### 一、综合

全年实现地区生产总值（GDP）141.08亿元，按可比价格计算，同比增长6.0%。按产业分，第一产业增加值9.8亿元，增长2.7%；第二产业增加值78.04亿元，增长5.3%，其中工业增加值62.85亿元，增长6.3%，建筑业增加值15.19亿元，增长1.2%；第三产业增加值53.26亿元，增长7.6%。三次产业对经济增长的贡献率依次为3.2%、48.6%和48.2%，其中工业、营利性服务业、商贸贡献突出，分别为46.4%、31.5%和19.4%。三次产业结构比为6.9∶55.3∶37.8，分别较上年下降1.0、下降4.9、上升5.9个百分点。

单位：亿元、%

图1　2014—2018年地区生产总值及增速

按常住人口计算，全区人均地区生产总值51658元，比上年增长5.3%。

单位：元、%

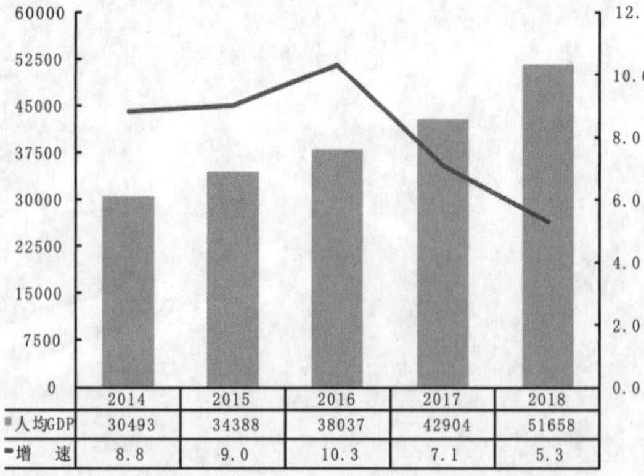


图2　2014—2018年人均地区生产总值及增速

重庆市居民消费价格比上年上涨2.0%，其中食品价格下降3.0%，非食品价格上涨2.2%，消费品价格上涨1.5%，服务价格上涨3.1%。工业生产者出厂价格上涨2.1%，其中生产资料价格上涨3.0%，生活资料价格与上年持平。工业生产者购进价格上涨2.5%。固定资产投资价格上涨5.0%，农产品生产者价格下降0.3%，其中农业产品价格上涨6.3%，林业产品价格下降7.1%，畜牧业产品价格下降5.4%，渔业产品价格下降0.3%。

单位:%

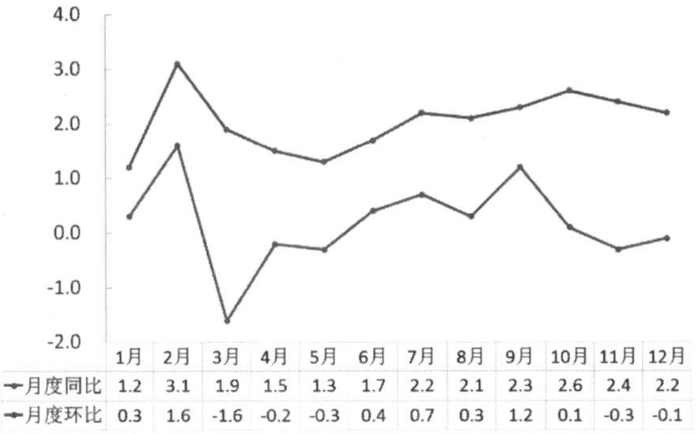


图3　2018年重庆市居民消费价格月度涨跌幅度

## 二、科技创新

全年财政投入科技资金2254万元，同比增长23.8%，其中，上级科技项目补助资金1000万元，下降10.7%。

全年组织实施科技项目74项，包括国家级科技项目3项，市级科技项目21项；完成科技项目55项，包括国家级科技项目4项，市级科技项目12项；推广先进技术项目44项，其中国家级先进技术项目3项，市级先进技术项目17项。登记认定科技成果35项。全年申请专利740件，专利授权671件，其中发明专利授权66件，万人发明专利拥有量7.77件。开发新产品128个，获重庆市高新技术产品认证105个，高新技术企业22家，高新技术企业产值65亿元。

年末拥有研发平台22个，包括国家级产业化基地1个，市级企业工程技术中心3个，市级工程技术研究中心1个，市级产业技术研究院1个。公共服务平台8个，包括协同创新服务中心1个，市级农业科技专家大院5个。全年举办科普宣传活动6次，受众人数45余万人次，人均科普经费投入0.93元。

## 三、农业

全年实现农林牧渔业增加值9.8亿元，比上年增长2.7%，对地区经济增长的贡献率3.2%。其中，农业增加值6.84亿元，增长20.7%；林业增加值1.64亿元，增长7.3%；牧业增加值1.08亿元，减少36.0%；渔业增加值2168万元，减少31.9%；农林牧渔服务业增加值874万元，增长12.1%。农林牧渔业总产值14.32亿元。

全年粮食作物播种面积16.76万亩，比上年减少0.4%。其中，小春面积2.4万亩，减少1.9%；大春面积14.34万亩，减少0.1%。经济作物中，蔬菜播种面积7.93万亩，增长0.6%；油料播种面积0.97万亩，减少1.4%。

全年粮食总产量5.1万吨，比上年增长0.2%。其中水稻产量2.27万吨，减少0.1%；小麦产量0.01万吨，增长7.7%；玉米产量1.1万吨，增长0.2%；红苕产量1.02万吨，增长1.5%。全年蔬菜产量14.7万吨，增长1.1%；油料产量0.13万吨，增长0.8%。

全年出栏生猪64546头，比上年增长0.8%；出栏牛462头，增长1.1%；出栏羊16006只，减少25.5%；出栏家禽78.41万只，增长1.1%；禽蛋产量2377吨，减少10.8%。

**2018年万盛经开区主要农业产品产量表**

| 产品名称 | 单位 | 产量 | 同比±% |
|---|---|---|---|
| 粮食产量 | 吨 | 51056 | 0.2 |
| 谷物产量 | 吨 | 34176 | -0.1 |
| #水稻产量 | 吨 | 22675 | -0.1 |
| 小麦产量 | 吨 | 126 | 7.7 |
| 玉米产量 | 吨 | 10968 | 0.2 |
| 豆类产量 | 吨 | 1968 | 3.6 |
| 薯类产量 | 吨 | 14913 | 0.6 |
| #红苕产量 | 吨 | 10227 | 1.5 |
| 马铃薯产量 | 吨 | 4686 | -1.2 |
| 油料产量 | 吨 | 1289 | 0.8 |
| 蔬菜产量 | 吨 | 146965 | 1.1 |
| 禽蛋产量 | 吨 | 2377 | 10.8 |
| 牛奶产量 | 吨 | 241 | -23.5 |

续表

| 产品名称 | 单位 | 产量 | 同比±% |
|---|---|---|---|
| 猪出栏数 | 头 | 64546 | 0.8 |
| 猪存栏数 | 头 | 26446 | -5.3 |
| 牛出栏数 | 头 | 462 | 1.1 |
| 牛存栏数 | 头 | 507 | -1.6 |
| 羊出栏数 | 只 | 16006 | -25.5 |
| 羊存栏数 | 只 | 10904 | -51.9 |
| 家禽出栏数 | 万只 | 78.41 | 1.1 |
| 家禽存栏数 | 万只 | 33.55 | -4.6 |
| 猪肉产量 | 吨 | 4847 | 2.1 |
| 牛肉产量 | 吨 | 60 | 1.7 |
| 羊肉产量 | 吨 | 242 | -25.5 |
| 禽肉产量 | 吨 | 1194 | 1.5 |

## 四、工业和建筑业

全年完成工业总产值191.84亿元，比上年增长14.3%，其中，104家规模以上工业企业完成产值185.31亿元，比上年增长14.7%，占比96.6%。实现工业增加值62.85亿元，同比增长6.3%，占全区地区生产总值的44.5%，拉动GDP增长2.8个百分点。园区规模工业企业投产用地产出强度58.2亿元/平方千米，同比增长10.6%。

### 2018年万盛经开区规模以上工业总产值表

单位：亿元

| 指标 | 产值 | 同比±% |
|---|---|---|
| 工业总产值 | 191.84 | 14.3 |
| #大中型 | 70.1 | 9.5 |
| #平山产业园 | 96.89 | 18.1 |
| 煤电化产业园 | 27.18 | 46.0 |
| 按轻重工业分 | | |
| 轻工业 | 31.52 | 4.8 |
| 重工业 | 153.79 | 17.0 |
| 按登记注册类型分 | | |
| #股份制 | 155.68 | 11.3 |
| 外商及港澳台 | 29.63 | 36.4 |
| 按工业行业大类分 | | |

续表

| 指标 | 产值 | 同比±% |
|---|---|---|
| #煤炭开采和洗选业 | 10.85 | -28.4 |
| 电力、热力生产和供应业 | 14.46 | 4.8 |
| 非金属矿物制品业 | 48.96 | 38.0 |
| 化学原料与化学制品制造业 | 18.26 | 52.3 |
| 黑色金属冶炼及压延加工业 | 3.34 | 35.4 |
| 金属制品业 | 6.12 | -21.2 |
| 其他运输设备制造业 | 5.45 | -49.0 |

### 2018年万盛经开区规模以上工业产品产量表

| 产品名称 | 单位 | 产量 | 同比±% |
|---|---|---|---|
| 火力发电量 | 亿千瓦时 | 19.05 | -8.3 |
| 水泥 | 万吨 | 260.85 | 40.8 |
| 平板玻璃 | 万重量箱 | 678.29 | 20.0 |
| 钢化玻璃 | 万平方米 | 610 | -8.1 |
| 夹层玻璃 | 万平方米 | 332.18 | -15.2 |
| 中空玻璃 | 万平方米 | 206.1 | 18.8 |
| 甲醇 | 万吨 | 41.72 | 13.4 |
| 无缝钢管 | 万吨 | 5.3 | 11.0 |
| 中成药 | 吨 | 178 | 18.4 |
| 自来水 | 万吨 | 1893 | -4.3 |
| 商品混凝土 | 万吨 | 91.18 | 20.1 |

全年规模以上工业企业实现主营业务收入172.97亿元，比上年增长9.1%；产成品3.3亿元，增长1.9%；利税总额35.52亿元，增长10.7%；利润总额20.11亿元，增长28.9%；全年从业人员平均人数19200人，下降11.4%；产品销售率96.97%，总资产贡献率15.8%，资产负债率56.4%，流动资产周转率3.2%，成本费用利润率12.7%。

全年实现建筑业增加值15.2亿元，比上年增长1.2%，拉动GDP增长0.1个百分点。在地建筑业总产值49.92亿元，比上年下降60.0%，其中，区内企业产值15.92亿元，下降55.8%，区外市内企业产值14.44亿元，下降55.2%，市外企业产值19.57亿元，下降65.5%。

单位：亿元、%

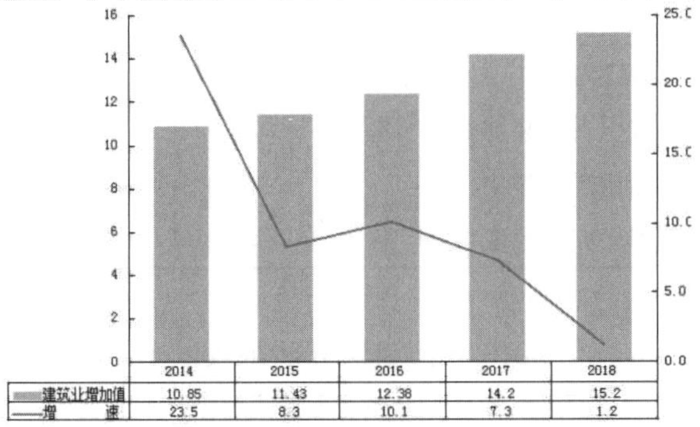


图 4　　2014—2018 年建筑业增加值及增速

年末拥有本区注册的资质等级建筑业企业 28 家，包括总承包企业 22 家，专业承包企业 6 家。总承包企业中一级企业 2 家，二级企业 6 家，三级企业 14 家。全年完成注册地建筑业总产值 23.01 亿元，比上年下降 43.8%，实现利润 0.75 亿元，比上年下降 66.6%。

**五、投资和房地产**

全年固定资产投资总额 83.48 亿元，比上年增长 12.4%，其中，5000 万元及以上项目投资 64.21 亿元，增长 30.7%。基础设施投资 41.73 亿元，比上年增长 28.3%。民间投资 36.24 亿元，比上年增长 30.8%。按构成分，建筑安装工程投资 69.42 亿元，增长 7.5%；设备工器具购置 10.69 亿元，增长 74.2%；其他费用 3.37 亿元，下降 5.3%。按产业分，第一产业投资 1.39 亿元，下降 32.7%；第二产业投资（全部为工业投资）28.29 亿元，增长 31.3%；第三产业投资 53.80 亿元，增长 6.6%，其中房地产开发投资 9.07 亿元，下降 42.4%。

单位：亿元、%

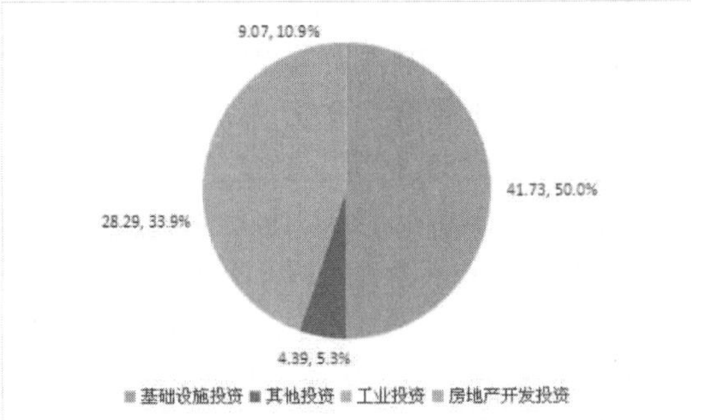


图 5　　2018 年固定资产投资情况

全年 109 个重点项目投资 66.07 亿元。按投资性质分，51 个政府主导类项目投资 20 亿元，58 个市场主导类项目投资 46 亿元。按项目类别分，36 个工业及科技类项目投资 25.15 亿元，18 个旅游类项目投资 5.43 亿元，20 个城市建设及商贸类项目投资 10.37 亿元，22 个基础设施类项目投资 21.09 亿元，13 个社会民生、农业及其他类项目投资 4.03 亿元。

年末房地产开发企业 33 家，房地产开发项目 28 个，其中区内注册企业开发项目 22 个。全年商品房施工面积 161.77 万平方米，比上年下降 31.2%，其中住宅 118.25 万平方米，下降 30.3%，商业用房 23.62 万平方米，下降 27.3%；新开工商品房面积 26.29 万平方米，比上年增长 81.6%，其中住宅 19.21 万平方米，增长 42.4%，商业用房 4.77 万平方米；商品房竣工面积 36.51 万平方米，比上年下降 41.5%，其中住宅 21.48 万平方米，下降 41.8%，商业用房 4.57 万平方米，下降 63.2%；商品房销售面积 45.99 万平方米，比上年下降 28.3%，其中住宅 33.39 万平方米，下降 27.3%，商业用房 3.22 万平方米，下降 71.3%；商品房销售额 19.68 亿元，比上年下降 35.4%，其中住宅 14.36 亿元，下降 22.3%，商业用房 1.81 亿元，下降 81.3%。全年改造城市棚户区 9.2 万平方米，年末城市棚户区面积 29.33 万平方米。

**六、国内贸易**

全年社会消费品零售总额 33.85 亿元，比上年增长 7.6%。其中，限额以上零售额 20.05 亿元，增长 8.0%；限额以下零售额 10.91 亿元，增长 9.8%；异地法人在本区产业活动单位零售额 2.89 亿元，下降 2.9%。

全年批发和零售业商品销售总额 112.23 亿元，比上年增长 22.2%。其中，限额以上商品销售额 58.4 亿元，增长 29.7%；限额以下商品销售额 44.67 亿元，增长 13.6%；异地法人在本区产业活动单位商品销售额 9.19 亿元，增长 22.2%。

全年住宿和餐饮业营业收入 11.78 亿元，比上年增长 12.2%。其中，限额以上营业收入 6.01 亿元，增长 10.7%；限额以下营业收入 5.32 亿元，增长 14.0%；异地法人在本区产业活动单位营业收入 0.4 亿元，增长 12.2%。

全年批发和零售业增加值 11.82 亿元，比上年增长 11.6%；住宿和餐饮业增加值 4.3 亿元，比上年增长 5.2%；商贸经济占地区生产总值的 11.4%，对经济增长的贡献率 19.4%，拉动 GDP 增长 1.16 个百分点。

**2018 年万盛经开区限额以上批发和零售业分行业商品销售额一览表**

单位：万元

| 行业名称 | 销售额 | 同比 ±% |
|---|---|---|
| 米、面制品及食用油批发 | 15324 | 12.5 |
| 果品、蔬菜批发 | 3144 | 9.3 |
| 肉、禽、蛋、奶及水产品批发 | 9183 | 16.3 |
| 酒、饮料及茶叶批发 | 1996 | -70.1 |
| 西药批发 | 620 | 13.4 |
| 医疗用品及器材批发 | 15586 | 27.8 |
| 煤炭及制品批发 | 254038 | 125.5 |
| 石油及制品批发 | 885 | 12.3 |
| 建材批发 | 6538 | -73.9 |
| 其他化工产品批发 | 104661 | -8.3 |
| 百货零售 | 3861 | 133.8 |
| 超级市场零售 | 10830 | 16.1 |
| 其他综合零售 | 4651 | 30.1 |
| 粮油零售 | 4705 | -68.7 |
| 果品、蔬菜零售 | 1078 | 355.8 |
| 酒、饮料及茶叶零售 | 23041 | -0.9 |
| 其他食品零售 | 2355 | 22.9 |
| 纺织品及针织品零售 | 6118 | 8.9 |
| 服装零售 | 479 | -6.3 |
| 文具用品零售 | 95 | -10.0 |
| 珠宝首饰零售 | 3792 | -22.0 |
| 工艺美术品及收藏品零售 | 2425 | 19.7 |
| 药品零售 | 1003 | 9.1 |
| 汽车零售 | 23609 | 77.3 |
| 汽车零配件零售 | 9444 | 66 |
| 家用视听设备零售 | 12538 | -7.6 |
| 日用家电设备零售 | 2161 | 78.2 |
| 计算机、软件及辅助设备零售 | 15360 | 4.5 |
| 家具零售 | 5724 | 26.1 |
| 陶瓷、石材装饰材料零售 | 2379 | 8.3 |
| 生活用燃料零售 | 8900 | 12.4 |
| 其他未列明的零售 | 4292 | 15.1 |

**2018 年万盛经开区限额以上住宿和餐饮业分行业营业收入一览表**

单位：万元

| 行业名称 | 营业收入 | 同比 ±% |
|---|---|---|
| 旅游饭店 | 8919 | 3.3 |
| 一般旅馆 | 7546 | 28.8 |
| 正餐服务 | 32812 | 7.6 |
| 咖啡馆服务 | 1405 | 22.0 |

**七、对外开放和旅游**

全年实际使用区外资金项目 101 个，比上年减少 24 个，其中当年新签约招商引资项目 63 个，比上年减少 15 个。招商引资实际到位资金 53.23 亿元，比上年下降 28.8%，其中，21 个工业类项目 22.55 亿元，下降 26.6%；9 个体育及旅游类项目 2.6 亿元，下降 26.6%；33 个商贸流通类项目 0.55 亿元，下降 91.9%。

全年外贸进出口总额 4169.57 万美元，比上年增长 47.5%，其中，进口总额 336.88 万美元，下降 79.2%；出口总额 3832.69 万美元，增长 216.9%。实际利用外资 8940 万美元。实际利用内资 12.37 亿元，比上年增长 15.4%，其中 5000 万元以上内资项目 21 个，比上年减少 1 个，利用内资 8.77 亿元，比上年增长 14.6%。

全年接待到区游客 2207.1 万人次，比上年增长 22.2%。其中，国内游客 2199.2 万人次，增长 22.3%；国外游客 7.9 万人次，增长 9.7%。旅游总收入 145.85 亿元，比上年增长 59.9%，旅游门票收入 2.01 亿元，比上年增长 24.2%。黑山谷景区接待游客 196.2 万人次，增长 29.6%，门票收入 1.62 亿元；龙鳞石海景区接待游客 96.6 万人次，增长 24.8%，门票收入 3893.5 万元。

全年旅游产业实现增加值 26.1 亿元，占地区

GDP的18.5%；旅游从业人员6.6万人，占本地就业人数的37.3%；旅游税收收入2.5亿元，占地方税收收入的28.1%；农民人均旅游收入3628元，占农村居民人均可支配收入的25.1%；年游客接待人次与本地常住人口之比为80.8：1。

年末拥有星级饭店8家，星级饭店床位1572张，其中四星级饭店3家，三星级饭店3家，二星级饭店2家。拥有农家乐665个，拥有旅行社2个，旅行门市部19个。

## 八、交通和邮政

全年道路运输业总周转量97.5亿吨千米，比上年增长8.2%。其中，货运量9097万吨，增长12.8%，货运周转量97.29亿吨千米，增长8.2%；客运量604万人次，下降0.5%，客运周转量2.66亿人千米，下降5.2%。年末公路里程1250.39千米，年内新增36.63千米，其中等级公路1154.14千米，高速公路21.3千米。公路密度221千米/百平方千米，与上年持平。公路桥梁98座，公路桥梁总延长3843.07米，比上年增长39.5%。行政村公路通畅率100%，行政村客运班车通达率100%。年末拥有货运汽车47706辆，比上年增加2899辆；客运汽车301辆，比上年增加40辆；出租车138辆，与上年持平。

全年邮政业务总量4691.8万元，比上年增长9.2%。其中，代办邮政储蓄银行业务3351.62万元，下降0.8%；代理电商业务161.97万元，下降9.4%；报刊业务115万元，增长25.8%；集邮业务15.87万元，下降70.6%；包裹快递业务74.8万元，增长20.2%；信件业务9.27万元，下降74.9%；汇票业务1.25万元，下降23.3%。

单位：亿元、%

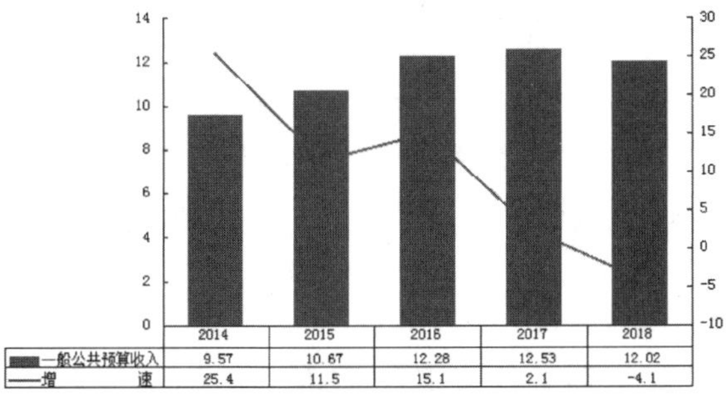


图6　2014－2018年一般公共预算收入及增速

## 九、财政和金融

地方财政收入15.57亿元，比上年下降8.0%。地方财政收入中，一般公共预算收入12.02亿元，下降4.1%；政府性基金预算收入3.0亿元，增长25.7%；国有资本经营收入0.55亿元，下降72.6%。一般公共预算收入中，国税征收3.43亿元，增长14.5%；地税征收5.6亿元，增长5.4%；财政征收3.30亿元，下降26.5%。全年地方税收收入8.71亿元，增长5.2%。

**2018年万盛经开区主要税种区级税收收入一览表**

单位：万元

| 税种名称 | 税收收入 | 同比±% |
|---|---|---|
| 增值税 | 26827 | 9.1 |
| #改征增值税 | 11629 | 1.1 |
| 企业所得税 | 10546 | 36.8 |
| 个人所得税 | 2504 | 26.4 |
| 资源税 | 3113 | 19.4 |
| 城市维护建设税 | 6686 | 19.5 |
| 房产税 | 4029 | 7.5 |
| 印花税 | 2580 | 124.5 |
| 城镇土地使用税 | 11708 | -2.7 |
| 土地增值税 | 4164 | 26.2 |
| 耕地占用税 | 3252 | -57.3 |
| 契税 | 11021 | 16.9 |

单位：亿元、%

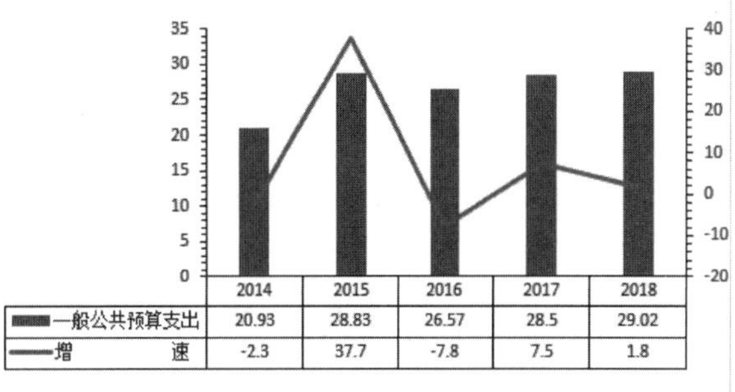


图7　2014—2018年一般公共预算支出及增速

全年地方财政支出38.07亿元，同比增长16.7%，一般公共预算支出29.02亿元，增长1.8%。其中，一般公共服务、公共安全、教育、科学技术、社会保障和就业、医疗卫生与计划生育、节能环保及城乡社区等八项支出合计19.45亿元，增长0.6%。政府性基金预算支出6.62亿元，增长185.5%，国有资本经营预算支出2.42亿元，增长34.2%。

**2018年万盛经开区一般公共预算支出明细表**

单位：万元

| 预算科目 | 财政支出 | 同比±% |
|---|---|---|
| 一般公共服务支出 | 30662 | 11.0 |
| 国防支出 | 106 | -91.2 |
| 公共安全支出 | 16718 | -13.5 |
| 教育支出 | 46144 | 3.9 |
| 科学技术支出 | 1254 | 2.6 |
| 文化体育与传媒支出 | 4909 | -10.0 |
| 社会保障和就业支出 | 38258 | 1.7 |
| 医疗卫生支出 | 31389 | 14.9 |
| 节能环保支出 | 14321 | 2.1 |
| 城乡社区支出 | 15708 | -27.9 |
| 农林水支出 | 22589 | 0.2 |
| 交通运输支出 | 19321 | -15.2 |
| 资源勘探信息等支出 | 15664 | 97.1 |
| 商业服务业等支出 | 2817 | -64.7 |
| 国土资源气象等支出 | 3281 | -65.7 |
| 住房保障支出 | 17263 | 72.8 |
| 粮油物资储备支出 | 2 | -99.3 |
| 债务付息支出 | 6463 | 66.0 |
| 其他支出 | 3333 | 5455.0 |

年末拥有金融机构23家，其中银行机构9家，保险公司6家，证券公司1家，融资担保公司3家，小额贷款公司3家，基金公司1家。

年末金融机构人民币存款余额162.53亿元，比上年下降2.7%，居民储蓄存款108.58亿元，增长8.0%，其中，定期存款71.59亿元，增长11.2%；活期存款37.09亿元，增长2.5%。金融机构人民币贷款余额106.19亿元，比上年增长0.2%，其中，单位贷款61.85亿元，下降12.3%，工业贷款28.14亿元，下降27.7%；个人贷款44.42亿元，增长25.5%。存贷比为65.33%，比上年提高0.89个百分点。

全年保险机构保费收入2.35亿元，比上年增长20.9%，其中人身险1.68亿元，增长26.6%；财产险6466万元，增长8.5%。理赔支出4500万元，比上年增长16.6%，其中人身险赔付1402万元，增长30.8%；财产险赔付3003万元，增长13.0%。

## 十、城市建设和市政管理

年末实有城区道路面积120.63万平方米，当年新增1.03万平方米，其中人行道47.65万平方米，人均道路面积7.2平方米。城区道路长度42.8千米，比上年增长2.4%；城区桥梁17座，城区路灯11218盏，比上年增长22.9%。实有城市排水管道95.1千米，其中污水管道54.6千米。全年供水总量1124.9万立方米，比上年下降1.5%，其中生产经营用水363.5万立方米，居民家庭用水599.6万立方米。全年天然气供气量1.21亿立方米，比上年增长11.0%，其中居民用气1950万立方米，增长16.8%，工业用气2900万立方米，下降65.1%。年末建成区面积14.43平方千米。年末实有房屋建筑面积1311.4万平方米，其中住宅876.7万平方米，商业用房434.7万平方米。

年末城区绿化覆盖面积771.18公顷，比上年增加3.49公顷；园林绿地面积744.73公顷，比上年增加3.49公顷；公共绿地面积218.93公顷，比上年增加2.67公顷，城市人均公共绿地面积13.27平方米。年末拥有公园10个，公园面积181.87公顷。建成区绿化覆盖率45.94%，建成区绿地率43.14%，分别比上年提高0.12、0.14个百分点。年末拥有环卫专用车45辆，其中洒水车11辆，洗扫车4辆，拥有公共厕所50座，公共垃圾站36座。

## 十一、教育和卫生

全年中考联招上线681人，比上年下降2.6%，上线率50.0%，与上年持平。高考上线1582人，比上年下降19.9%，上线率98.7%，比上年提高0.7个百分点。

年末拥有各类学校37所，其中小学22所，普通中学13所，职业中学2所。拥有教师2447人，比上年增加23人，其中小学教师1230人，普通中学教师1083人，职业中学教师134人。在校学生25936人，比上年增加172人，其中小学13502人，普通中学10792人，职业中学1642人。全年各类学校招生6368人，比上年减少251人，毕业6105人，比上年减少809人。年末拥有幼儿园72所，幼儿园教师742人，在园幼儿8072人。

小学学龄儿童入学率100%，小学阶段巩固率100%，初中适龄人口入学率100%，初中阶段巩固率100%，初中毕业生升学率97.0%，高中阶段入学率97.1%，高中阶段毕业率99.9%，三残儿童入学率100%，脱盲儿童入学率100%。

年末拥有卫生机构143个，其中综合医院17个，卫生院8个，专科疾病医院1个，妇幼保健院1个，疾病预防控制中心1个，采供血机构1个，卫生监督所1个，村卫生室69个。医院、卫生院拥有床位2670张，比上年增加724张。卫生机构实有人员1962人，比上年增加383人；其中执业（助理）医师502人，比上年增加70人；注册护师（护士）1001人，比上年增加151人。

初级卫生保健覆盖率100%，5岁以下儿童死亡率4.88‰，孕产妇死亡率0，婴儿死亡率3.99‰，婴儿出生缺陷率15.61‰。

## 十二、文化和体育

年末拥有文化事业机构4个，其中影剧院1个，文化馆1个，图书馆1个，博物馆1个。文化馆面积3972平方米，图书馆面积4200平方米，图书馆藏书33.45万册，图书流通9.7万人次，书刊外借38.8万册次。博物馆年服务人次9.1万人次。

全年开播电视节目150套，电视人口覆盖率98%，开播广播电台8套，广播人口覆盖率98%。自制电视节目22分钟/天，播出电视新闻2080条，其中央视上稿播出16条，重庆卫视上稿播出112条。年末有线电视联网用户7.6万户，其中开通数字电视用户4.7万户，有线电视入户率85%，村村通喇叭500只。

全年举办展览42场次，组织文艺活动510场次，电影放映观众12万人次，艺术演出观众21万人次。

年末拥有体育场4个，体育馆6个，羽毛球场540片。年末达到国家锻炼标准人数15.9万人，等级运动员12人，其中一级运动员4人，二级运动员8人，等级裁判员126人。全年参加市级及以上比赛31项次，参赛运动员290余人次，共获得奖牌74枚，其中金牌37枚，银牌32枚，铜牌33枚。全年举办区内各种运动会49场次，参赛运动员2.6万余人次。

## 十三、人口和就业

年末户籍总户数100820户，比上年增加697户。户籍总人口266748人，比上年减少459人。按性别分，男性132680人，女性134068人，男女性别比为98.96（女性=100），比上年下降0.23个百分点。年末常住人口27.32万人，比上年增加0.02万人，其中城镇人口22.37万人，比上年增加0.46万人，城镇化率81.88%，比上年提高0.82个百分点。全年迁入人口3918人，迁出人口4924人。全年出生人口2622人，死亡人口2063人。符合政策生育率99.28%，人口自然增长率2.09‰。

全年参加各类就业培训2581人，比上年下降24.5%，新增城镇就业人员6494人，安置失业人员5443人。年末城镇登记失业人员2486人，比上年下降2.4%，城镇登记失业率3.98%，比上年下降0.45个百分点。

年末机关事业单位在编人员6097人，比上年增加61人，其中机关单位人员1635人，比上年增加54人。机关事业单位离退休、退职人员3013人，比上年减少51人。年末各类专业技术人员15745人，比上年增长3.1%，其中女性5655人。按职称分，高级职称1925人，中级职称4147人，初级职称9560人。

单位：元、%

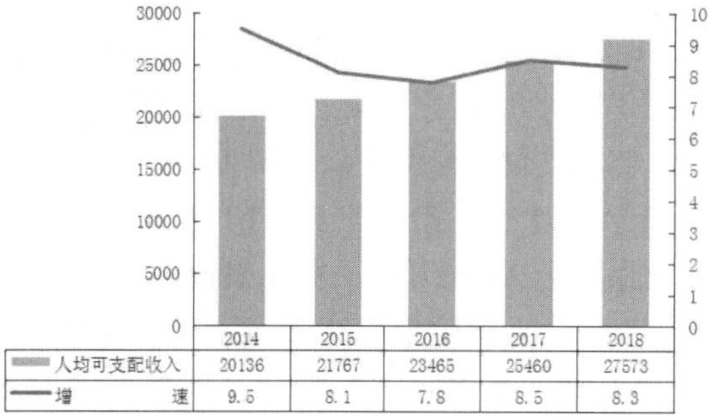


图8　2014—2018年城镇常住居民人均可支配收入及增速

**十四、人民生活和社会保障**

全体居民人均可支配收入25090元，比上年增长8.7%，其中，城镇居民人均可支配收入27573元，增长8.3%；农村居民人均可支配收入14458元，增长8.4%。

单位：元、%

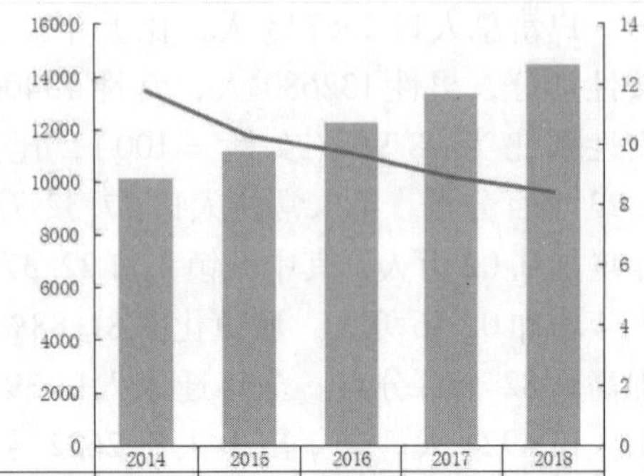


| | 2014 | 2015 | 2016 | 2017 | 2018 |
|---|---|---|---|---|---|
| 人均可支配收入 | 10123 | 11165 | 12248 | 13338 | 14458 |
| 增速 | 11.8 | 10.3 | 9.7 | 8.9 | 8.4 |

图9　　2014－2018年农村常住居民人均可支配收入及增速

年末社会救济总人数10781人，比上年减少708人，其中，城镇低保5726人，农村低保4973人，农村传统救济82人，居民低保覆盖面100%。全年发放居民低保金5634万元，城镇低保标准从500元/月提高到546元/月，农村低保标准从350元/月提高到410元/月。年末社会福利收养单位10个，拥有床位726张，收养414人。全年登记结婚2664件，登记离婚1610件。

年末养老保险参保单位1461个，参保人员13.11万人（不含行统单位，下同），比上年增长5.2%，养老保险退休人员7.82万人，实际征收养老保险金6.34亿元，实际支付养老保险金10.38亿元。基本医疗保险参保人员26.23万人，比上年增长0.6%，实际征收医疗保险金3.53亿元，实际支付医疗保险金3.77亿元。失业保险参保单位1005个，参保职工3.61万人，实际征收失业保险金1738万元，实际发放失业保险1810人，发放失业保险金1388万元。工伤保险参保单位1240个，参保职工4.84万人，实际征收工伤保险金2400万元，实际发放工伤保险金6306万元。城乡养老保险覆盖率95%，城乡医疗保险覆盖率96%。

**十五、社会治安和生产安全**

年末拥有人民警察432人，比上年减少4人。全年刑事案件立案1031起，比上年减少67起，其中重大刑事案件立案23起，比上年减少9起；刑事案件破案812起，比上年减少7起。受理治安案件1604起，比上年减少110起。查处治安案件1494起，比上年增加189起。发生火灾事故35起，比上年增加13起，无重大火灾事故，无事故人员伤亡，直接财产损失46万元。发生人员伤亡交通事故80起，比上年增加6起，无重大交通事故，事故死亡19人，受伤84人，直接财产损失12.6万元。

全年发生工矿商贸企业安全事故4起，事故死亡4人，事故数比上年增加1起，死亡人数比上年增加1人，无较大及以上安全事故。其中，煤矿安全事故1起；其他企业安全事故3起，事故死亡2人。

全年亿元GDP生产安全事故死亡率0.06，煤矿百万吨死亡率0.71。

**十六、资源和环境**

年末水资源总量3.6亿立方米，建成蓄水工程1113个，蓄水工程总库容4428万立方米，与上年持平，其中，中型水库2座，蓄水总量2325万立方米；小型水库16座，蓄水总量1767万立方米。年末实有灌溉面积3050公顷，累计治理水土流失面积55690公顷，其中当年治理2340公顷，比上年增加920公顷。年末实有水电站17座，发电机组34台，总装机容量11220千瓦。

年末实有农用地48017公顷，比上年增加19公顷。其中，耕地12655公顷，比上年增加30公顷；林地30702公顷，比上年减少10公顷；园地2718公顷，比上年减少1公顷；草地1942公顷，比上年减少1公顷。年末建设用地6039公顷，比上年增加40公顷，其中，交通运输用地909公顷，水域及水利设施用地681公顷。

全年植树造林2566公顷，比上年增加1233公顷，其中封山育林2767公顷，年末森林面积31102公顷，森林覆盖率55%。全年退耕还林还草面积1333公顷，零星植树80万株，年末活立木蓄积量197万立方米，比上年增长9.4%。

全年主城区空气环境质量优良以上天数316天，比上年增加18天，城市空气质量达标率

86.6%。城镇生活污水排放量1106.3万吨，地表水达标率100%。环境污染治理投入2.6亿元，未发生一起环境污染与破坏事故。

全年平均气温17.0℃，比上年低0.2℃，最高气温39.0℃，比上年低1.1℃，最低气温-1.4℃，比上年低1.7℃。年总降水量1333.3毫米，比上年增加149毫米，日最大降水量60.5毫米。年日照1165.4小时，比上年增加15小时，年平均相对湿度80%。

**注：**

本公报数据为初步统计数据，最终数据以统计年鉴为准；工业、投资、贸易等数据因上级主管部门统计口径和审核要求调整而与上年数据有异；涉及增加值绝对数按现价计算，增长速度按可比价计算。

**注释：**

户籍人口是指公民依照《中华人民共和国户口登记条例》，已在其经常居住地的公安户籍管理机关登记常住户口的人。这类人口不管其是否外出，也不管外出时间长短，只要在某地注册有常住户口，则为该地区的户籍人口。户籍人口数一般是通过公安部门的经常性统计月报或年报取得的。

常住人口是指在本乡镇（街道）居住半年以上的人口，或虽居住不满半年但离开户口登记地半年以上人口以及户口待定人口。

居民人均可支配收入是指反映居民家庭全部现金收入能用于安排家庭日常生活的那部分收入。它是家庭总收入扣除交纳的所得税、个人交纳的社会保障费以及调查户的记账补贴后的收入。

（万盛经开区统计局办公室）

蓝天白云下的狮子槽

（尹南源　摄）

# 附　录

# 附　录

## 2018年万盛经开区党工委主要文件目录

《关于印发万盛经开区乡村振兴战略行动计划实施方案的通知》（党工委发〔2018〕1号）

《关于印发〈万盛经开区党工委、管委会领导班子贯彻落实中央八项规定精神的实施办法〉的通知》（党工委发〔2018〕2号）

《关于加快发展职业教育的实施意见》（党工委发〔2018〕4号）

《关于印发重庆市万盛经开区区属国有企业领导人员管理办法的通知》（党工委发〔2018〕7号）

《关于加强耕地保护和改进占补平衡的实施意见》（党工委发〔2018〕8号）

《关于印发〈万盛经开区精准脱贫攻坚战实施方案〉的通知》（党工委发〔2018〕11号）

《关于印发〈万盛经开区扫黑除恶专项斗争工作方案〉的通知》（党工委发〔2018〕12号）

《关于深入学习宣传贯彻实施〈中华人民共和国宪法〉的通知》（党工委发〔2018〕13号）

《关于印发〈万盛经开区以大数据智能化为引领的创新驱动发展战略行动计划（2018—2020年）〉的通知》（党工委发〔2018〕14号）

《关于印发〈万盛经开区坚决打好防范化解重大风险攻坚战实施方案〉的通知》（党工委发〔2018〕15号）

《关于加强新形势下党的督促检查工作的实施意见》（党工委发〔2018〕16号）

《关于印发〈万盛经开区污染防治攻坚战实施方案（2018—2020年）〉的通知》（万盛经开委发〔2018〕18号）

《关于推进安全生产领域改革发展的实施意见》（万盛经开委〔2018〕19号）

《关于印发万盛经开区贯彻〈中国共产党党内功勋荣誉表彰条例〉实施细则的通知》（万盛经开委发〔2018〕23号）

《关于全面优化营商环境促进民营经济发展的实施意见》（万盛经开委发〔2018〕25号）

《关于进一步营造企业家健康成长环境弘扬优秀企业家精神更好发挥企业家作用的实施意见》（万盛经开委发〔2018〕26号）

《关于印发〈万盛经开区科教兴区和人才强区行动计划（2018—2020年）〉的通知》（万盛经开委发〔2018〕28号）

《关于加强和完善城乡社区治理的实施意见》（万盛经开委发〔2018〕29号）

《关于印发〈关于推进中华优秀传统文化传承发展工程的实施方案〉的通知》（党工委办发〔2018〕2号）

《关于印发〈深化统计管理体制改革提高统计数据真实性的实施意见〉的通知》（党工委办发〔2018〕3号）

《关于印发〈关于贯彻落实国家机关“谁执法谁普法”普法责任制的实施意见〉的通知》（党工委办发〔2018〕4号）

《关于印发〈万盛经开区“招商＋引才”捆绑行动工作方案〉的通知》（党工委办发〔2018〕5号）

《关于印发〈万盛经开区党工委人才工作领导小组工作规则〉的通知》（党工委办发〔2018〕6号）

《印发〈关于进一步做好关心下一代工作的

意见〉的通知》(党工委办发〔2018〕8号)

《关于印发〈重庆市万盛经开区区属国有企业负责人薪酬制度改革实施细则〉的通知》(党工委办发〔2018〕9号)

《关于印发〈万盛经开区开展农村“三变”改革试点促进农民增收产业增效生态增值的实施方案〉的通知》(党工委办发〔2018〕12号)

《关于印发万盛经开区区属国有重点企业员工管理办法(试行)的通知》(万盛经开委办发〔2018〕16号)

《关于印发〈重庆市监委派出万盛经开区监察室向镇街派出监察机构试点工作方案〉的通知》(万盛经开委办发〔2018〕17号)

《印发〈关于聚焦乡村发展难题精准落实“五个振兴”的意见〉的通知》(万盛经开委办发〔2018〕19号)

《关于印发〈加强乡镇政府服务能力建设实施方案〉的通知》(万盛经开委办发〔2018〕20号)

《关于印发〈关于政法机关服务民营经济发展的实施意见〉的通知》(万盛经开委办发〔2018〕22号)

《关于印发〈万盛经开区纪工委监察室设立纪检监察组、监察组方案〉的通知》(万盛经开委办发〔2018〕23号)

《印发〈关于开展“以案说纪、以案说法、以案说德、以案说责”警示教育的实施方案〉的通知》(万盛经开委办发〔2018〕25号)

《关于印发〈万盛经开区深入开展兴调研转作风促落实行动实施方案〉的通知》(万盛经开委办〔2018〕16号)

《关于进一步健全完善全区河(库)长制组织体系的通知》(万盛经开委办〔2018〕55号)

《关于印发〈万盛经开区2017年脱贫攻坚工作问题整改方案〉的通知》(万盛经开委办〔2018〕56号)

《关于印发〈万盛经开区党政机关和事业单位所属企业集中统一监管实施方案〉的通知》(万盛经开委办〔2018〕65号)

《关于印发〈万盛经开区创建全国全民运动健身模范区工作实施方案〉的通知》(万盛经开委办〔2018〕69号)

《关于进一步提高调查研究实效推动兴调研转作风促落实行动持续深入开展的通知》(党工委办〔2018〕43号)

## 2018年万盛经开区管委会主要文件目录

《关于印发2018年全区安全生产工作要点的通知》(万盛经开发〔2018〕1号)

《关于给予叶东生等四位同志记三等功的决定》(万盛经开发〔2018〕2号)

《关于加强2018年春节期间燃放烟花爆竹管理的通告》(万盛经开发〔2018〕3号)

《关于禁止生产销售燃放“孔明灯”的通告》(万盛经开发〔2018〕4号)

《关于印发万盛经开区区属国有企业优化整合实施方案的通知》(万盛经开发〔2018〕5号)

《2018年森林防火命令》(万盛经开发〔2018〕6号)

《关于印发万盛经开区交通基础设施建设提升行动计划工作方案的通知》(万盛经开发〔2018〕7号)

《关于授予南桐镇等5镇“充分就业镇”称号的决定》(万盛经开发〔2018〕9号)

《关于划分畜禽养殖禁养区、限养区和适养区的通告》(万盛经开发〔2018〕10号)

《关于实施万盛通用机场一期建设项目征收金桥镇三台村丛林等社部分集体土地的通告》(万盛经开发〔2018〕11号)

《关于禁止电鱼毒鱼炸鱼等违法捕捞的通告》(万盛经开发〔2018〕12号)

《关于实施煤电化园区污水处理工程项目征收关坝镇双坝村小沟子社部分集体土地的通告》(万盛经开发〔2018〕13号)

《关于进一步加强控制性详细规划修改管理工作的通知》(万盛经开发〔2018〕14号)

《关于印发万盛经开区万盛城市棚户区改造房屋征收拆除补偿安置方案的通知》(万盛经开发〔2018〕15号)

《关于印发万盛经开区万东片区城市棚户区改造房屋征收拆除补偿安置方案的通知》(万盛

经开发〔2018〕16 号）

《关于印发重庆市万盛经济技术开发区盐业体制改革实施方案的通知》（万盛经开发〔2018〕17 号）

《关于开展第四次全国经济普查的通知》（万盛经开发〔2018〕19 号）

《关于确定区属国有重点企业名单的通知》（万盛经开发〔2018〕20 号）

《关于人民防空警报试鸣放的通告》（万盛经开发〔2018〕21 号）

《关于印发万盛经开区土壤污染治理与修复规划的通知》（万盛经开发〔2018〕22 号）

《关于印发万盛经开区粮食生产功能区和重要农产品生产保护区划定工作实施方案的通知》（万盛经开发〔2018〕23 号）

《关于印发万盛经开区义务教育学校和幼儿园规划用地建设管理暂行办法的通知》（万盛经开发〔2018〕24 号）

《关于第三期学前教育行动计划的实施意见》（万盛经开发〔2018〕25 号）

《关于印发万盛经开区促进儿童事业持续健康发展实施方案的通知》（万盛经开发〔2018〕26 号）

《关于万盛经开区违法建筑整治工作的实施意见》（万盛经开发〔2018〕27 号）

《关于印发万盛经开区开展固体废物大排查行动工作方案的通知》（万盛经开发〔2018〕28 号）

《关于印发万盛经开区品牌兴区奖励补助办法的通知》（万盛经开发〔2018〕29 号）

《关于实施建设煤电化园区一般工业固废处置中心项目征收关坝镇双坝村青塘井社部分集体土地的通告》（万盛经开发〔2018〕30 号）

《关于实施建设煤电化园区一般工业固废处置中心项目征收关坝镇双坝村沙沟子社部分集体土地的通告》（万盛经开发〔2018〕31 号）

《关于废止万盛府发〔2008〕56 号文件的通知》（万盛经开发〔2018〕32 号）

《印发关于做好当前和今后一段时期就业创业工作的实施办法的通知》（万盛经开发〔2018〕33 号）

《关于实施城镇规划建设项目（新田村片区）征收万东镇新田村小坡脚等社部分集体土地的通告》（万盛经开发〔2018〕34 号）

《关于实施万盛通用机场二期建设项目征收金桥镇三台村丛林等社部分集体土地的通告》（万盛经开发〔2018〕35 号）

《转发市政府关于废止和修改部分政府规章、废止部分市政府规范性文件决定的通知》（万盛经开发〔2018〕37 号）

《关于切实做好普通高考综合改革基础条件保障工作的通知》（万盛经开发〔2018〕38 号）

《关于表彰第四届万盛经开区青少年科技创新主任奖的决定》（万盛经开发〔2018〕39 号）

《关于印发万盛经开区万盛东林等城市棚户区改造房屋征收拆除补偿安置方案的通知》（万盛经开发〔2018〕40 号）

《关于印发万盛经开区万东南桐片区城市棚户区改造房屋征收拆除补偿安置方案的通知》（万盛经开发〔2018〕41 号）

《关于印发万盛经开区声环境功能区划分方案的通知》（万盛经开发〔2018〕43 号）

《关于命名 2018 年度万盛经开区科普基地的通知》（万盛经开发〔2018〕44 号）

《关于开展退役军人和其他优抚对象信息采集工作的公告》（万盛经开发〔2018〕45 号）

《关于印发进一步加强城市综合管理规范城市秩序工作方案的通知》（万盛经开发〔2018〕46 号）

《关于石林镇刘家河水库建设征地实物指标调查通告》（万盛经开发〔2018〕48 号）

《关于进一步明确旅游行业安全监督管理职责的通知》（万盛经开发〔2018〕49 号）

《关于印发万盛经开区证明事项取消清单的通知》（万盛经开发〔2018〕50 号）

《关于加强城区露天餐饮油烟污染防治的通告》（万盛经开发〔2018〕53 号）

《关于规范城区占道经营行为的通告》（万盛经开发〔2018〕54 号）

《关于实施渝黔边城农产品交易中心项目征收关坝镇坪坝村街上等社部分集体土地的通告》（万盛经开发〔2018〕55 号）

《关于印发万盛经开区加强质量认证体系建设促进全面质量管理实施方案的通知》（万盛经开发〔2018〕56 号）

# 2018年万盛经开区组织机构及其负责人名单

**万盛经开区党工委**

书　记：肖　猛

副书记：袁光灿

　　　　李　川

委　员：胡　俊

　　　　唐　竹

　　　　马应华

　　　　黄能金（2018年8月离任）

　　　　司　明（挂职，2018年3月离任）

　　　　詹旭东

　　　　张兴安（2018年8月任职）

　　　　饶为富（挂职，2018年1月任职）

**万盛经开区管委会**

主　任：袁光灿

副主任：胡　俊

　　　　唐　竹

　　　　司　明（挂职，2018年3月离任）

　　　　饶为富（挂职，2018年1月任职）

　　　　令狐昌海

　　　　陈　宇

　　　　唐应良

　　　　李华全

**万盛经开区纪工委**

书　记：黄能金（2018年8月离任）

　　　　张兴安（2018年8月任职）

副书记：令狐鞠慧（女）

　　　　程昌键

　　　　王　勇（2018年12月任职）

# 万盛经开区党工委各机构及其负责人

**万盛经开区党工委办公室**

主　任：张　林

副主任：唐有源

　　　　张晓宇（女）

　　　　付凤兰（女）

　　　　周海应

**万盛经开区督查室**

主　任：高立军（2018年1月任职）

副主任：张　盛

**万盛经开区党工委政策研究室**

副主任：姚纪华

**万盛经开区党工委保密局**

局　长：付凤兰（女）

**万盛经开区党工委机要局**

局　长：唐有源

**万盛经开区党工委组织部**

部　长：马应华

副部长：余宗煜

　　　　郝云芬（女，兼职）

　　　　赵　兵

　　　　徐　锋

**万盛经开区机构编制委员会办公室**

主　任：徐　锋（兼职，2018年1月任职）

**万盛经开区党工委老干部局**

局　长：郝云芬（女）

副局长：罗静秋

**万盛经开区党工委离退休干部工委**

书　记：郝云芬（女）

副书记：刘必琪

**万盛经开区党工委非公经济和社会组织工委**

书　记：唐智勇

**万盛经开区直属机关工委**

书　记：赵　兵（兼职）

**万盛经开区党工委宣传部**

部　长：黄敬源

副部长：简云斌
易　莉（女）
蒲从永
胡　明

**万盛经开区文明办**
主　任：易　莉（女）

**万盛经开区网信办**
主　任：蒲从永

**万盛经开区党工委网信办**
副主任：冉　锋

**万盛经开区党工委统战部**
部　长：詹旭东
常务副部长：犹元超
副部长：何　跃
张　萍（女）
黄　苹（女）
胡玉雪（女）

**万盛经开区民宗侨台办**
主　任：黄　苹（女）

**万盛经开区归侨侨眷联合会**
主　席：胡玉雪（女）

**万盛经开区党工委政法委**
书　记：李　川
副书记：令狐昌海
常务副书记：张　勤
副书记：王其勇
李克琴（女）
牟　兵（挂职）
汪　涛
瞿光涛
信访督查专员：翁玉菊（女）

**万盛经开区司法局**
副局长：易永剑

**万盛经开区综治办**
主　任：汪　涛
副主任：邱忠平

**万盛经开区信访办**
主　任：张　勤
副主任：汪　涛
周乐江

**万盛经开区防邪办**
主　任：王其勇

**万盛经开区党工委党校**
校　长：李　川
常务副校长：夏　勇
副校长：严四强
蔡佑祥

**万盛经开区行政学校**
校　长：胡　俊
副校长：夏　勇
胡文彬

**万盛经开区社会主义学院**
院　长：詹旭东
常务副院长：夏　勇

**万盛经开区党工委党史研究室**
主　任：夏　勇
副主任：蔡佑祥

## 万盛经开区管委会各机构及其负责人

**万盛经开区管委会办公室**
主　任：邱正强
副主任：王　旭（女）
余　波
莫飞跃
万春波
罗　单
高立军（2018 年 1 月离任）

**万盛经开区行政服务中心**
主　任：唐德贵（女）
副主任：张永梅（女）

**万盛经开区法制办公室**
主　任：余　波

**万盛经开区档案局（万盛经开区档案馆、万盛经开区地方志办公室）**
局　长：令狐荣芬（女）

**万盛经开区应急救灾管理办公室**
主　任：莫飞跃

**万盛经开区政府信息公开办公室（挂万盛经开区管委会电子政务管理办公室牌子）**
主　任：冯永明

**万盛经开区外事办公室**
副主任：李锦尚

**万盛经开区监察局**
局　长：令狐鞠慧（女，2018 年 2 月离任）
副局长：王　勇（2018 年 2 月离任）
　　　　钟孟权（2018 年 2 月离任）
（说明：2018 年 2 月机构被撤销）

**万盛经开区监察室**
主　任：张兴安（2018 年 8 月任职）
副主任：令狐鞠慧（女，2018 年 12 月任职）
　　　　程昌键（2018 年 12 月任职）
　　　　王　勇（2018 年 12 月任职）
　　　　钟孟权（2018 年 12 月任职）

**万盛经开区发改局**
局　长：胡大章
副局长：张　东（2018 年 2 月任职）
　　　　唐煜斌

**万盛经开区重点项目建设与管理办公室**
主　任：刘洪溢

**万盛经开区旅发委**
主　任：杨学明
副主任：王　科
　　　　张绍波
　　　　傅红强
　　　　犹　玲（女）

**万盛经开区财政局**
局　长：陈昌建（2018 年 6 月被撤职）
副局长：李昌银
　　　　谢　钢
　　　　冯育刚

**万盛经开区金融办**
主　任：李昌银

**万盛经开区经济信息局**
局　长：梁正恒
副局长：周晓东
　　　　侯杰臣
　　　　陈　黎
　　　　邓云曦（女）

**万盛经开区教育局**
局　长：张习杰
副局长：李昌建（兼职）
　　　　杨　洪（女）
　　　　陈永禄

**万盛经开区教育督导室**
主　任：李昌建

**万盛经开区科技局**
局　长：刘洪波
副局长：肖　涛
　　　　周　洋

**万盛经开区规划建设局**
局　长：封云波（2018 年 1 月任职）
副局长：陈继纯（2018 年 1 月任职）
　　　　李折文（2018 年 1 月任职，2 月离任）
　　　　覃　杰（2018 年 1 月任职）

**万盛经开区人防办**
主　任：张方良

**万盛经开区城市规划发展服务中心**
主　任：罗玉平（2018 年 1 月任职）
副主任：蒋鹏程（2018 年 1 月任职）
　　　　张洪斌（2018 年 1 月任职）

**万盛经开区交通局**
局　长：唐富斌
副局长：张立军（2018 年 1 月任职）
　　　　江　文
　　　　李世伟

**万盛经开区农林局**
局　长：张顺林
副局长：陈小平
　　　　邹胜祥
　　　　徐　丽（女）
　　　　苑　勇
　　　　杨晓东

**万盛经开区农综办**
主　任：徐　丽（女）

**万盛经开区扶贫办**
主　任：邹胜祥

**万盛经开区商务局**
局　长：游龙奇
副局长：李世清
　　　　娄弼华
　　　　犹春强

**万盛经开区民政局**
局　长：杜华侨
副局长：娄小平
　　　　甘永红
　　　　杜天伦
　　　　李建萍（女）

**万盛经开区人力社保局**
局　长：胡文彬
副局长：杨小容（女）

**万盛经开区社会保险局**
局　长：江智群（女）

**万盛经开区创业就业和人才服务局**
局　长：李如清

**万盛经开区国土房管局**
局　长：覃政权
副局长：肖富全
　　　　徐　峰
　　　　王　雷

**万盛经开区采煤沉陷房屋治理办公室**
副主任：李国彬
　　　　戴长虹

**万盛经开区环保局**
局　长：梁正和
副局长：李建飞
　　　　邓　红（女）

**万盛经开区城市管理局**
局　长：唐友莉（女）
副局长：龚必胜（女）
　　　　张　欢
　　　　陈昌敏

**万盛经开区城市管理综合行政执法局**
局　长：唐友莉（女，兼职）
副局长：胡　影（兼职）

**万盛经开区城市管理综合行政执法支队**
队　长：胡　影

**万盛经开区水务局**
局　长：陈贵怀
副局长：赵兴健
　　　　黎富刚
　　　　李洪权（2018 年 8 月被撤职）
　　　　黄建辉

**万盛经开区文广新局**
局　长：张果安
副局长：张　跃
　　　　杨　东
　　　　徐明霞（女）

**万盛经开区卫生计生局**
局　长：傅汝琴（女）
副局长：祝向东
　　　　肖玉梅（女，2018年2月离任）
　　　　张洪敏（女）
　　　　魏　鸿

**万盛经开区爱国卫生运动委员会办公室**
主　任：黄云辉

**万盛经开区国资局**
局　长：张果训（2018年5月离任）
党委副书记：金云琳（女，2018年5月主持工作）
副局长：傅　霞（女）
　　　　张青海（抽调投资促进中心挂职1年）

**万盛经开区安监局**
局　长：犹昌毅
副局长：娄方明
　　　　刘天林
　　　　兰国平
　　　　王永红
　　　　朱盛龙

**万盛经开区煤管局**
局　长：杜泽水
副局长：刘天林
　　　　兰国平
　　　　王永红

**万盛经开区统计局**
局　长：潘　良
副局长：张明鸿
　　　　刘　政
　　　　刘　强

**万盛经开区审计局**
局　长：胡小成
副局长：朱启学
　　　　唐　勇
　　　　李　曦（女）

**万盛经开区体育局**
局　长：江玉忠
副局长：蓝庆林
　　　　陈亚莉（女）
　　　　谢永彬

**万盛经开区机关事务局**
局　长：刘明烽
副局长：张　敏（女）
　　　　陈筱梅（女）

**万盛经开区交易中心**
副主任：令狐昌学

**万盛经开区新闻中心**
主　任：胥　涛
副主任：刘文勇
　　　　黄小波
　　　　曾祥东
副总编：徐小华
副主任：傅剑川

**万盛经开区投资促进中心**
主　任：成少斌（2018年1月任职）
副主任：梁正伟（2018年1月任职）
　　　　娄小艳（女，2018年1月任职）

**万盛经开区平山产业园区管委会**
主　任：王　浩
副主任：王　飞
　　　　兰　聪

**万盛经开区煤电化园区管委会**
主　任：李　兵
副主任：肖　吉
　　　　罗　毅

**万盛经开区黑山谷旅游度假区管委会**
主　任：刘　丹
副主任：陈　庆
　　　　向宗杰
　　　　张　敏（挂职）

## 工商联、关心下一代工作委员会

**万盛经开区工商联**
主　席：胡生全
副主席：揭圣贵
　　　　杨志明
秘书长：李自力

**万盛经开区关心下一代工作委员会**
名誉主任：犹春香（女）
顾　问：马礼政
　　　　岳建忠
主　任：李文生
常务副主任：侯加元
　　　　　　杨传华
副主任：吴雪毅（女）
　　　　黄敬源
　　　　郝云芬（女）
　　　　张习杰
　　　　李昌建
秘书长：李昌建

## 万盛经开区群众团体及其负责人

**万盛经开区总工会**
主　席：左青平
副主席：程积刚
　　　　梁　枫
　　　　莫　凡（女，挂职，2018 年 8 月挂职期满）
　　　　夏益容（女，兼职）
　　　　谢志君（兼职）

**共青团万盛经开区委**
书　记：陈晶晶（女）
副书记：李　瑞（女）
　　　　徐　峰（挂职，2018 年 6 月离任）
　　　　丁庭军（兼职）

**万盛经开区妇联**
主　席：王良湘（女）
副主席：戴爱莲（女）
　　　　傅鸣娜（女）

**万盛经开区科协**
主　席：邹　红（女）
副主席：陆克平

**万盛经开区文联**
主　席：胡　明

**万盛经开区残联**
理事长：王慧明
副理事长：罗宗成
　　　　　王建勇

**万盛经开区社会科学界联合会**
主　席：詹建海

## 万盛经开区管理范围内各镇街及其负责人

**万盛街道**
党工委书记：龙雪梅（女）
党工委副书记：潘　峰
　　　　　　　罗中平
办事处主任：潘　峰
办事处副主任：洪华森
　　　　　　　秦北海（2018 年 7 月离任）
　　　　　　　许启科
　　　　　　　罗　伟
人大工委主任：犹明文
人大工委副主任：余旻菡（女）

**东林街道**
党工委记：邱　刚
党工委副书记：米　谷
　　　　　　　张卫东
办事处主任：米　谷
办事处副主任：张　李
　　　　　　　李景模
人大工委主任：李折文（2018 年 1 月任职）
人大工委副主任：袁永斌（兼职）

**万东镇**
党委书记：陈春明
党委副书记：李则友
　　　　　　商利红
镇　长：李则友
副镇长：敖杰敏
　　　　郑　杰
　　　　王维军
人大主席：周光碧（女）
人大副主席：李爱国

**南桐镇**
党委书记：阙洪飞
党委副书记：丁仕军
镇　长：张同忠（2018 年 1 月离任）
副镇长：霍永均（2018 年 1 月离任）
　　　　金世洪（女，2018 年 7 月离任）
　　　　简云强
　　　　龚世林
　　　　曾　杰（2018 年 7 月离任）
人大主席：王　星（女）
人大副主席：刘兴杰（女）

**关坝镇**
党委书记：周用强
党委副书记：李　斌
　　　　　　王　禹
镇　长：李　斌
副镇长：杨永科
　　　　万　飞
　　　　傅　军
　　　　田　敏
人大主席：赵茂开
人大副主席：王　禹

**青年镇**
党委书记：熊基伟
党委副书记：朱启碧（女）
　　　　　　陈春雨
镇　长：朱启碧（女）
副镇长：张华先（女）
　　　　张　强
人大主席：丁仕生
人大副主席：陈明霞（兼职）

**丛林镇**
党委书记：李　霞（女）
党委副书记：李　明
　　　　　　张淑容（女）
镇　长：李　明
副镇长：石洪贵
　　　　罗玉勇
　　　　母少波
人大主席：李　燕（女）

**金桥镇**
党委书记：张同忠（2018 年 2 月任职）
党委副书记：张　东（2018 年 2 月离任）
　　　　　　肖玉梅（女，2018 年 2 月任职）
　　　　　　向明忠
镇　长：张　东（2018 年 2 月离任）
　　　　肖玉梅（女，2018 年 2 月任职）
副镇长：谢同平
　　　　霍越男（女）
　　　　傅光意
人大主席：张元辉

**石林镇**
党委书记：刘　毅
党委副书记：王　涛
　　　　　　张真柏
镇　长：王　涛
副镇长：陈　科
　　　　邓　聪
　　　　娄方娥（女）
人大主席：犹春其

人大副主席：沈庭建（兼职）

**黑山镇**

党委书记：谭　彬
党委副书记：刘　丹
镇　长：刘　丹
副镇长：犹玉梅（女）
　　杨　静
　　刘先泽
人大主席：梁光福
人大副主席：梁　波（兼职）

# 驻万盛经开区各市管单位及其负责人

**万盛经开区公安分局**

局　长：令狐昌海
副局长：刘芝伦
　　张正贵
　　陆　昊
　　李小平
纪委书记：陈　磊（2018 年 12 月离任）
政治处主任：王世林

**万盛经开区国家税务局**

局　长：梁　浩（2018 年 7 月离任）
副局长：沈　昭（2018 年 7 月离任）
　　曾寒蒂（2018 年 7 月离任）
　　潘　琪（女，2018 年 7 月离任）
（说明：2018 年 7 月机构被撤销）

**万盛经开区地方税务局**

局　长：罗昭强（2018 年 7 月离任）
副局长：杨晓明（2018 年 7 月离任）
　　沈　鲜（女，2018 年 7 月离任）
（说明：2018 年 7 月机构被撤销）

**万盛经开区税务局**

局　长：梁　浩（2018 年 7 月任职）
副局长：罗昭强（2018 年 7 月任职）
　　沈　昭（2018 年 7 月任职）
　　杨晓明（2018 年 7 月任职）
　　曾寒蒂（2018 年 7 月任职）
　　沈　鲜（女，2018 年 7 月任职）
　　潘　琪（女，2018 年 7 月任职）

**重庆市工商行政管理局万盛经开区分局**

局　长：李屹立
副局长：吴正荣
　　王　媛（女）
　　李　彦

**重庆市质量技术监督局万盛经开区分局**

局　长：袁自强
副局长：姚爱民
　　李章甫

**重庆市食品药品监督管理局万盛经开区分局**

局　长：陈明信（2018 年 1 月离任）
　　余　雷（2018 年 1 月任职）
副局长：李红梅（女）
　　付新芮（2018 年 5 月任职）

**万盛经开区气象局**

局　长：张　一（2018 年 12 月离任）
副局长：何　竹（2018 年 6 月任职）
　　余世梅（女，2018 年 6 月离任）
　　邱　鹏（2018 年 12 月任职）

**重庆市住房公积金管理中心万盛经开区分中心**

主　任：余　萍（女）
副主任：凌　琦（女）

# 驻万盛经开区部队及其负责人

**万盛经开区消防大队**

大队长：向　勇
教导员：刘振强
副大队长：邓　铁（2018 年 7 月退役转业）
　　陈石柱（2018 年 7 月退役转业）

# 万盛经开区部分重点企业及其负责人

**万盛经开区开发投资集团有限公司**

董事长：张果训（2018年5月任职）
副总经理：陈新国
谭祈元
尤邦令
罗宗敏
田仁禄
卢建华
王启明
张果训（2018年5月任职）

**万盛经开区城市开发投资集团有限公司**

董事长：王　航（2018年4月任职）
总经理：成大彬（2018年4月离任）
副总经理：成大彬（挂职，2018年4月任职）
余海游（2018年4月离任）
余海游（挂职，2018年4月任职）
冯　毅（2018年4月离任）
冯　毅（挂职，2018年4月任职）
周艳燕（女，2018年4月离任）
周艳燕（女，挂职，2018年4月任职）
彭　刚（2018年4月任职）

**万盛经开区交通开发建设集团有限公司**

董事长：张　涛（2018年4月离任）
副董事长：张　涛（挂职，2018年4月任职）
总经理：傅春淼（2018年4月离任）
副总经理：傅春淼（挂职，2018年4月任职）
余　利（2018年4月离任）
余　利（挂职，2018年4月任职）
刘宗军（2018年4月离任）
刘宗军（挂职，2018年4月任职）
黄丽雅（女，2018年4月任职）
张朝宏（挂职，2018年4月任职）
陈小平（2018年4月任职）

**重庆市万盛采煤沉陷区综合治理有限公司**

董事长：尤邦令（2018年4月离任）
副董事长：尤邦令（挂职，2018年4月任职）
总经理：霍之虎（2018年4月离任）
副总经理：霍之虎（挂职，2018年4月任职）
广仲芳（女，2018年4月离任）
广仲芳（女，挂职，2018年4月任职）
陈建军（挂职，2018年4月任职）

**重庆市万盛经开区普益基础设施建设有限公司**

副董事长：龙汉钦（挂职，2018年4月任职）
总经理：宋丽满（女，2018年4月任职）

**重庆江南机场有限公司**

董事长：谭祈元（2018年4月任职）
副董事长：谭祈元（挂职，2018年4月任职）
总经理：范崇元（2018年4月任职）
副总经理：范崇元（挂职，2018年4月任职）
王　玥
苏建军（2018年4月离任）
苏建军（挂职，2018年4月任职）

**重庆盛荣控股有限公司**

总经理：刘健华（2018年4月任职）
副总经理：熊四清（2018年4月任职）
王　维（女，挂职，2018年4月任职）
李俊杰（挂职，2018年4月任职）
陈光平（2018年5月任职）
刘德平（2018年5月任职）
张　雄（2018年12月任职）

**重庆万盛国有资产经营管理有限公司**

副董事长：田仁禄（2018年4月任职）
副总经理：陈晓兰（女，2018年4月任职）
张　伟（2018年4月任职）
犹元平（2018年4月任职）

**重庆黑山谷旅游投资有限公司**

董事长：卢建华（2018年4月离任）
副董事长：卢建华（挂职，2018年4月任职）
总经理：何　昆（2018年4月离任）
副总经理：何　昆（挂职，2018年4月任职）
张利华（女，挂职，2018年4月任职）
张　润（2018年4月任职，8月离任）
熊启洪（挂职，2018年4月任职）

雍小波
王　玥（女，2018年4月离任）

**重庆万盛工业园区开发建设有限公司**
董事长：王启明（兼职，2018年4月离任）
副董事长：王启明（挂职，2018年4月任职）
副总经理：李先凯（挂职，2018年4月任职）
冯　波（2018年4月离任）
冯　波（挂职，2018年4月任职）
刘　毅（2018年4月离任）
刘　毅（挂职，2018年4月任职）
邓云川（2018年4月任职）
何发德
傅锐锐（2018年5月任职）

**重庆万盛产业发展股权投资基金有限公司**
董事长：张果训（2018年5月任职）
副总经理：霍朝锋（挂职，2018年4月任职）

**中国邮政集团公司重庆市万盛经开区分公司**
总经理：黄　励
副总经理：彭文锋

**万盛自来水公司**
总经理：马正渝
副总经理：任永平
叶建波
冯永红

**万盛经开区烟草专卖局**
局　长：何明川
副局长：李晓威（2018年12月离任）

**中国烟草总公司重庆市公司万盛分公司**
经　理：何明川
副经理：张　杰

**中国工商银行股份有限公司万盛支行**
行　长：金　华（2018年4月离任）
万家英（女，2018年4月任职）
副行长：何继龙
张　舰（2018年7月离任）
黎　翔（2018年7月任职）

**中国农业银行股份有限公司万盛支行**
行　长：吕中楷
副行长：赵双飞（2018年5月离任）

**中国银行股份有限公司重庆万盛支行**
行　长：詹洲均（2018年5月离任）
池　俊（2018年5月任职）

**中国建设银行股份有限公司重庆万盛支行**
行　长：郑小丽（女，2018年6月离任）
黄　莉（女，2018年6月任职）

**中国邮政储蓄银行重庆万盛经开区支行**
行　长：叶　薇（女）
副行长：王文玲（女）

**重庆农村商业银行股份有限公司万盛经开区支行**
行　长：刘文华
副行长：官　宇（2018年9月离任）
行长助理：何泽建
胡　畅（2018年9月任职）

**重庆银行股份有限公司万盛支行**
行　长：赵福纯（女）
行长助理：苏　伟

**綦江民生村镇银行股份有限公司万盛支行**
行　长：黎　媛（女）

**重庆三峡银行股份有限公司万盛支行**
行　长：李光堂

**中国人民财产保险股份有限公司重庆市万盛支公司**
总经理：卢子健
副总经理：戴洪美（女）

**中国人寿保险股份公司万盛经开区支公司**
副总经理：张　浩

**中国太平洋人寿保险股份有限公司重庆市万盛支公司**
总经理：王　杰

**中国平安财产保险股份有限公司万盛经开区支公司**

经　理：刘　刚

**阳光财产保险股份有限公司重庆万盛支公司**

总经理：犹睿琦

**泰康人寿重庆万盛支公司**

总经理：莫丰华（2018 年 6 月离任）
　　　　周帮建（2018 年 6 月任职）

**西南证券重庆万盛大道证券营业部**

总经理：尹　丽（女，2018 年 7 月离任）
副总经理：李　康（2018 年 7 月任职）

溱州桥夜景

（李　攀　摄）

# 索　引

# 索　　引

## 说　　明

一、本索引采用主题分析索引法编制。按主题词首字汉语拼音（同音字按声调）顺序排列，若首字拼音相同则按第二字音序排列，以此类推。索引主题词后的阿拉伯数字表示该主题内容所在页码。

二、“大事记”“统计资料”“附录”等部目的具体内容和“综述”“概况”以及正文中的图、表、名单未做索引。

三、部目、分目的索引款目用黑体字排印，其余款目用宋体字排印。

四、以引号、书名号等符号开头的索引词与其他索引词混编。

## D

## H



## J

## K



## L

## M



## N

## P



## Q



## R



## S

## W



## X

## Y



## Z